Günter Schmudlach - **Bergführer Ecuador**

Wanderungen
Trekkingtouren
Bergtouren
Gletschertouren
Klettertouren
Dschungeltouren

ISBN 978-3-926807-82-3

Günter Schmudlach - **Bergführer Ecuador**

Wanderungen
Trekkingtouren
Bergtouren
Gletschertouren
Klettertouren
Dschungeltouren

*Im Gedanken an die Friedensdörfer von San José de Apartadó,
Cacarica und Curvaradó (Kolumbien)*

Impressum

Titelbild	Morurcu und Cotopaxi
Schmutztitel	Pasochoa
Frontispiz	Chimborazo vom Cotopaxi Nationalpark
S.4/5	SW-Grat des Rumiñahui Sur

Autor	Günter Schmudlach
Fotos	Günter Schmudlach, Jochen Köhler, Patrick Mächler
Karten	Günter Schmudlach
Skizzen	Theres Eigenmann
Layout	Ronald Nordmann

3. Auflage 2009

ISBN-10 3-926807-82-2
ISBN-13 978-3-926807-82-3

© Panico Alpinverlag
Golterstr. 12
D-73257 Köngen
Tel. +49 7024 82780
Fax +49 7024 84377
alpinverlag@panico.de
www.panico.de

printed Leibfarth + Schwarz GmbH + CoKg
Rosenweg 7
D-72581 Dettingen/Erms
Tel. +49 7123 9785-0
Fax +49 7123 9785-85
leibfarth@leibfarth-schwarz.de
www.leibfarth-schwarz.de

Haftungsausschluss

Obwohl sämtliche Informationen, Tipps und Ratschläge so gut wie möglich recherchiert wurden, kann keine Garantie abgegeben werden, ob diese auch der Wirklichkeit entsprechen. Bei der Erstellung eines solch umfangreichen Werkes ist man auf die Mithilfe von vielen verschiedenen Quellen angewiesen. Außerdem findet man über sehr abgelegene Berge kaum brauchbares Material. Besonders Gletscherrouten können von Jahr zu Jahr beträchtliche Veränderungen aufweisen. Jeder Bergsteiger muss daher seine eigenen Fähigkeiten und Erfahrungen kennen und einsetzen, um die Gefährlichkeit einer Route richtig einzuschätzen. Aus diesem Grund übernehmen der Autor, der Verlag, die Fotografen und alle anderen im Buch erwähnten Personen keinerlei Haftung bei irgendwelchen Unfällen, Verletzungen und Missverständnissen, die infolge dieses Buches entstanden sind.

Um bei einer möglichen nächsten Auflage die Fehlerquellen zu reduzieren, bittet der Autor nicht nur um Richtigstellung von vorhandenen Falschinformationen, sondern auch um Hinweise und Ratschläge, die in dieser Ausgabe fehlen. Günter Schmudlach.

Inhaltsverzeichnis

Vorwort .... S. 10
   Erste und zweite Auflage .... S. 10
   Dritte Auflage .... S. 11
Hinweise zum Gebrauch des Führers .... S. 12
Geographie und Geologie .... S. 14
Klima .... S. 15
Orientierung .... S. 18
   Grundproblematik .... S. 18
   Karten .... S. 18
   Höhenmesser .... S. 19
   Kompass .... S. 20
   GPS .... S. 20
Gesundheit .... S. 21
   Akklimatisation .... S. 21
   Rettungsdienste .... S. 23
   Wasser .... S. 23
   Hunde .... S. 24
   Kriminalität .... S. 24
Transport .... S. 26
   Bus .... S. 26
   Camionetas colectivas .... S. 26
   Camionetas .... S. 26
   Anhalter .... S. 27
   Leihauto .... S. 27
Hütten .... S. 28
Ausrüstung .... S. 29
   Grundausrüstung .... S. 29
   Gletschertouren .... S. 29
   Klettertouren .... S. 30
   Dschungeltouren .... S. 30
Verantwortungsvoller Tourismus .... S. 32
   Die Kultur .... S. 32
   Der Mensch .... S. 33
   Die Natur .... S. 33
Nomenklatur .... S. 34
   Koordinaten .... S. 34
   Richtungen .... S. 34
Punktreferenzen .... S. 34
Schwierigkeitsgrade .... S. 35
Zeitangaben .... S. 37
Die Geschichte des ecuador. Andinismus ...... S. 38

A   Wanderungen .... S. 46
A1. Cerro Cusín .... S. 48
A2. Fuya-Fuya .... S. 50
A3. Cerro Negro .... S. 52
A4. Sincholagua - Pululahua .... S. 53
A5. Pondoña - Pululahua .... S. 56
A6. Pambamarca .... S. 58
A7. Casitagua .... S. 60
A8. Ilaló .... S. 62
A9. Atacazo .... S. 64
A10. Papallacta .... S. 66
A11. Lava Potrerillos .... S. 68
A12. Pasochoa - Südroute und Nordroute ..... S. 69
A13. Pasochoa - Nordwestroute .... S. 71
A14. Von Agoyán nach San Pedro .... S. 73

B   Trekkingtouren .... S. 74
B1. Río Oyacachi .... S. 76
B2. Papallacta - Oyacachi .... S. 82
B3. Cotopaxi - Antisana .... S. 86
B4. Llanganati .... S. 90
B5. Cordillera de Angamarca .... S. 98
B6. Umrundung Tungurahua .... S. 102
B7. Altar-Trekk .... S. 110
B8. Osogoche .... S. 114
B9. Nationalpark Cajas .... S. 120

C   Bergtouren .... S. 122
C1. Volcán Chiles .... S. 124
C2. Yanaurcu de Piñán .... S. 126
C3. Imbabura - Normalroute .... S. 129
C4. Imbabura - Südroute .... S. 132

Inhaltsverzeichnis

C5.	Saraurcu	S. 134
C6.	Pichincha Rucu - Normalroute	S. 139
C7.	Pichincha Rucu - Nordroute	S. 143
C8.	Pichincha Guagua	S. 144
C9.	Tablarumi	S. 149
C10.	Corazón - Nordostgrat	S. 152
C11.	Corazón - Südwestgrat	S. 154
C12.	Rumiñahui Máxima	S. 155
C13.	Rumiñahui Central	S. 158
C14.	Rumiñahui Sur	S. 159
C15.	Iliniza Norte	S. 162
C16.	Quillushapa	S. 167
C17.	Casaguala	S. 168
C18.	Tungurahua - Normalroute	S. 172
C19.	Tungurahua - Südroute	S. 177
C20.	Cubillín	S. 179
C21.	Quilimas	S. 183
C22.	Achipungo	S. 184
C23.	Soroche	S. 186
C24.	Tintillán Grande	S. 190

D	Gletschertouren	S. 192
D1.	Cayambe	S. 194
D2.	Antisana	S. 200
D3.	Cotopaxi - Nordroute	S. 207
D4.	Cotopaxi - Südroute	S. 214
D5.	Chimborazo	S. 217

E	Klettertouren	S. 228
E1.	Cotacachi	S. 230
E2.	Las Puntas	S. 234
E3.	Sincholagua	S. 237
E4.	Iliniza Sur	S. 239
E5.	Morurcu	S. 244
E6.	Quilindaña	S. 248
E7.	Carihuairazo Máxima	S. 252
E8.	El Altar	S. 258
E9.	Felstürme von Atillo	S. 266

F	Dschungeltouren	S. 274
F1.	El Reventador	S. 276
F2.	Volcán Sumaco	S. 282
F3.	Cerro Hermoso	S. 292
F4.	Sangay	S. 300

Anhang		S. 314
	A. Adressen	S. 314
	B. Bibliographie	S. 316
	C. Fußnoten	S. 320
	D. Liste der Ziele - alphabetisch	S. 324
	D. Liste der Ziele - nach Höhe	S. 327

Vorwort zur ersten und zweiten Auflage

Wäschetrocknen am Quilindaña

Zwischen Dezember 1997 und Februar 1999 hielt ich mich in Quito, der Hauptstadt von Ecuador auf. Wie in den Schweizer Alpen wollte ich meine Freizeit mit Bergtouren verbringen. Ecuador lockte mit abwechslungsreichen Wanderungen, eisbedeckten Vulkankegeln und einsamen Dschungelbergen. Die Umsetzung dieses Vorhabens offenbarte sich jedoch mangels Informationen als schwierig. Die wenigen Daten, die ich zusammentragen konnte, waren oft widersprüchlich. Meist blieb nichts anderes übrig, als auf Geratewohl einen Berg zu suchen, von dem manchmal nur der Name und die ungefähre Lage bekannt waren. Die komplizierten Wetterverhältnisse vereinfachten die Aufgabe auch nicht gerade. So träumte ich oft von einem Bergführer, der konkrete Angaben, wie Höhen, Richtungen, und Koordinaten sowie gute Skizzen enthielte. Aus der Besorgnis, den Rückweg zur Zivilisation nicht wieder zu finden, notierte ich bereits auf den ersten Touren Informationen zu den begangenen Routen. Bald hatte sich eine Menge von Daten angesammelt, die es mir wert erschienen, durch gezielte Recherchen vervollständigt zu werden.

Der so entstandene Führer beschreibt verschiedenste Routen auf die bekanntesten Berge Ecuadors. Meistens wurde dabei das Schwergewicht auf die Beschreibung der Normalrouten gesetzt. Außerdem enthält der Führer Routenbeschreibungen zu einigen Trekks und Wanderungen. Mit dieser Auswahl sind alle Berge und Gebiete Ecuadors abgedeckt, die von andinistischem Interesse sind. Die meisten Routen beging ich zu zweit mit meiner Partnerin Theres Eigenmann. Auf einigen Touren begleitete mich mein Freund Jochen Köhler. Auf drei Touren schloss ich mich dem Andinismusclub Nuevos Horizontes an. Die Freude, die Routen auf eigene Faust zu finden, blieb stets groß genug, um auf die Dienste eines Bergführers zu verzichten. Fast alle Routenbeschreibungen basieren deshalb auf eigenen Erfahrungen. Nur bei wenigen Routen musste ich auf Informationen mir gut bekannter Andinisten zurückgreifen. Durch dieses Vorgehen wollte ich eine möglichst große Homogenität in der Beschreibung sicherstellen. Trotzdem enthält diese Buch vermutlich etliche Ungenauigkeiten oder sogar Fehler. Für die Zuschrift von Berichtigungen oder Ergänzungen bin ich deshalb dankbar.

Zürich, März 2001

Vorwort zur dritten Auflage

Die Bergwelt Ecuadors ist einem Wandel unterworfen, wie wir dies von den Alpen nicht kennen. Der Gletscherschwund nimmt ein dramatisches Ausmass an. Es ist davon auszugehen, dass in wenigen Jahren nur noch die vier großen Schneeberge nennenswerte Gletscher aufweisen werden. Größeren Veränderungen sind auch die aktiven Vulkane unterworfen. Dies gilt insbesondere für den El Reventador, Pichincha Guagua, Tungurahua und Sangay. Nicht zu unterschätzen sind außerdem die Veränderungen durch einen sehr lebendigen Erschließungsprozess, der sich kaum leiten lässt durch raumplanerische Leitplanken. Alle diese Veränderungen machten zwei weitere, längere Aufenthalte in Ecuador notwendig. Leider war es aus Zeitgründen aber nicht möglich allen beschriebenen Bergen einen erneuten Besuch abzustatten. Deshalb ist mit Fehlern (z.B. Fahrpläne, Preise) bei einigen der beschriebenen Touren zu rechnen. Dafür konnten einige neue Berge und Touren aufgenommen werden.

An dieser Stelle möchte ich meinen vier wichtigsten Begleitern, Theres Eigenmann, Jochen Köhler, Patrick Mächler und Vinicio Coronel meinen herzlichen Dank aussprechen für ihre Ausdauer und Geduld während den Besteigungen. Besonderer Dank geht an Evelio Echevarría, mit dem ich seit zehn Jahren einen spannenden Briefkontakt über die Geschichte des Andinismus pflege und an Lieni Roffler, ohne den dieses Buch nie entstanden wäre.

Baños, Januar 2008

Einleitung

Hinweise zum Gebrauch des Führers

Der vorliegende Führer umfasst in sechs Hauptkapiteln 65 Tourenbeschreibungen. Diesen Hauptkapiteln sind einführend verschiedene Kapitel zum Andinismus in Ecuador vorgestellt. Hier finden sich Informationen zu den Themen Geographie, Geologie, Klima, Orientierung, Gesundheit, Transport, Hütten, Ausrüstung, verantwortungsvoller Tourismus, Nomenklatur sowie eine Zusammenfassung der Geschichte des ecuadorianischen Andinismus. Die folgenden sechs Kapitel enthalten die eigentlichen Tourenbeschreibungen. Jedes Unterkapitel beschreibt gewöhnlich einen Berg oder eine Tour. Die Unterkapitel sind stets nach dem gleichen Muster strukturiert: Einer tabellarischen Kurzinformation folgt eine ausführliche Beschreibung zum Berg. Hier sind Angaben zu Geographie, Geologie, Flora, Fauna sowie zur „andinistischen" Geschichte nachzulesen. Der folgende Abschnitt enthält jeweils Informationen zur Anfahrt mit Bus oder Taxi. Aus verschiedenen Gründen setzt dieser Führer auf öffentliche Verkehrsmittel (siehe S. 26). Der Abschnitt „Annäherung" umfasst eine Routenbeschreibung zum Basislager bzw. zur Berghütte. Im daran anschließenden Abschnitt „Aufstieg" erfolgt die Routenbeschreibung auf den Gipfel. Schließlich rundet ein Abschnitt „Empfehlungen" die Informationen zu den einzelnen Bergen ab. Bei einigen Bergen oder Touren musste aus unterschiedlichen Gründen von diesem Schema abgewichen werden.

Um den Gebrauch des Führers zu vereinfachen, wurden die Berge nicht nach geographischen Kriterien geordnet, sondern in sechs verschiedene Gruppen eingeteilt: Wanderungen Trekkingtouren, Bergtouren, Gletschertouren, Klettertouren und Dschungeltouren. Eine solche Einteilung ist natürlich problematisch, da ein Berg die Charakteristika mehrerer Gruppen aufweisen kann. Immerhin kann die Einteilung als Hinweis verstanden werden, um welchen Typ Berg es sich in etwa handelt. Innerhalb einer jeder dieser Gruppen wurden die Berge von N nach S geordnet.

Der Anhang enthält verschiedene Kontaktadressen, eine ausführliche Bibliographie, sowie die Fußnoten.

Sincholagua von den Hochlandweiden der Laguna Limpipungo

Einleitung

Geographie und Geologie

Am Schnittpunkt von Anden und Äquator liegt zwischen Kolumbien und Peru die Republik Ecuador. Mit 283'520 km2 Fläche ist Ecuador der kleinste Andenstaat, übertrifft in seiner Größe aber doch noch knapp Großbritannien. Von N nach S durchschneiden zwei Andenketten das Land und gliedern es in drei grundsätzlich verschiedene Zonen: Im W das pazifische Küstenland (Costa), im E ein Stück des oberen Amazonasbeckens (Oriente) und im Zentrum das innerandine Hochland (Sierra). Die westliche Andenkette wird Cordillera Occidental genannt, während die östliche Andenkette die Bezeichnung Cordillera Central oder Cordillera Real trägt. Fälschlicherweise wird im Zusammenhang mit dieser Kette oft von der Cordillera Oriental gesprochen. Ein Blick auf eine topographische Karte des gesamten Andenzuges zeigt jedoch, dass in Ecuador, im Gegensatz zu den Nachbarstaaten im N und S, gar keine Cordillera Oriental vorhanden ist. Die beiden ecuadorianischen Andenketten liegen in einer ungefähren Distanz von 50 km zueinander entfernt. Zwischen den beiden Ketten befindet sich das innerandine Hochland, Lebensraum für ungefähr die Hälfte der ecuadorianischen Bevölkerung. Einige der wichtigsten Städte, vorab Quito, aber auch Ibarra, Latacunga, Ambato, Riobamba und Cuenca liegen in diesem Becken. Die durchschnittliche Höhe des innerandinen Hochlandes bewegt sich zwischen 2500 und 3000 m. Die Andenketten erreichen eine durchschnittliche Höhe von 4000 m im Falle der Cordillera Occidental, bzw. 4200 m im Falle der Cordillera Central. Wie Schornsteine auf einem Dachfirst sitzen auf beiden Ketten Reihen von isolierten Vulkanbergen. Die Cordillera Occidental kulminiert im Schneedom des Chimborazo, der mit 6310 m die höchste Erhebung Ecuadors ist. Der dank seinem perfekten Vulkankegel bekannteste Berg Ecuadors, der Cotopaxi (5897 m), liegt in der Cordillera Central. Östlich der Cordillera Central kann eine Kette von tieferen subandinen Bergen ausgemacht werden, die parallel zu den großen zwei Andenketten liegt: Im N ist dies die Cordillera Napo-Galeras, im Zentrum die Cordillera Cutucú und im S die Cordillera El Cóndor. Diese Ketten sind aufgrund ihrer geringen Höhe (ca. 2500 m) von einem dichten, primären Regenwald überzogen. Einzig der Volcán Sumaco ragt mit einer Höhe von 3780 m deutlich aus der Waldzone heraus.

Die Andenketten bildeten sich durch die Senkung der pazifischen Platte unter die kontinentale Platte Südamerikas (Subduktion). Die Cordillera Central wurde dabei als erste aufgefaltet. Sie besteht aus kristallinen Schiefern, Gneiss, Tonschiefern, schiefrigen Diabasen und Grünschiefern, die stellenweise von Diorit- und Granitmassen durchbrochen sind. Im Einzugsbereich der Vulkane ist diese Grundmasse allerdings von Eruptivgesteinen überlagert. Die Cordillera Occidental ist jüngeren Datums. Sie ist aus dunklen Schiefern, Sandstein, Kalkstein und Konglomerat zusammengesetzt. Diese Kette wurde in hohem Masse von jungvulkanischen

Eruptivgesteinen, wie Porphyr, Porphyrit, Diorit und Diabas zugedeckt.

Entlang der Bruchlinie zwischen der pazifischen und der südamerikanischen Platte entstanden in exemplarischer Art und Weise mehrere Reihen von Vulkanen. In Ecuador muss zwischen den Vulkanen der Inselgruppe Galapagos, den Vulkanen des äußersten Südens und den Stratovulkanen des Nordens unterschieden werden. Für den Andinisten sind v.a. die Stratovulkane des Nordens von Interesse. Diese Vulkane werden von einem gleichförmigen Kegel der Neigung 30 bis 35 Grad gebildet. Während den Eruptionen stoßen sie Gase und Eruptivgesteine aus, die den Kegel aufbauen. Erlischt ein solcher Vulkan, können die Erosionskräfte einsetzen. Vom einst symmetrischen Kegel bleibt nur ein unregelmäßig geformtes Skelett aus den beständigeren Gesteinen übrig. Man glaubt im allgemeinen, dass die Entstehung der meisten Vulkane in die Epoche Pleistozän-Pliozän fällt, also in die Zeit vor 3 bis 4 Millionen Jahren. Acht Vulkane des zentralen und nördlichen Ecuadors (Guagua Pichincha, Quilotoa, Antisana, Cotopaxi, Tungurahua, Sangay, Reventador, Pululahua) werden heute als aktiv angesehen oder befinden sich zumindest in einem latent aktiven Zustand, und könnten jederzeit in eine aktive Phase treten.

Klima

Wie der Name schon sagt, liegt Ecuador am Äquator. Da am Äquator die Sonneneinstrahlung über den Jahreszyklus nur wenig variiert, herrschen in etwa konstante Temperaturen während des ganzen Jahres. Die Ecuadorianer sprechen zwar auch von Jahreszeiten (verano, invierno), meinen damit aber Wetterperioden. Gemäß einem groben Schema lässt sich von zwei Regenperioden und von zwei Trockenperioden sprechen. Die eine Trockenperiode beginnt im November und dauert bis Ende Februar. Vor allem diese Periode wird deshalb von einheimischen Andinisten für anspruchsvolle Besteigungen genutzt. Spätestens Mitte März beginnt die große Regenzeit, die bis Ende Juni andauern kann. Juli und August sind in der Regel wieder trockener. In Höhenlagen herrschen aber zu dieser Jahreszeit oft starke Winde. Während dem September und Oktober ist wieder vermehrt mit schlechtem Wetter zu rechnen. Störende Einflüsse wie das „fenómeno de niño" oder „niña" relativieren allerdings in den letzten Jahren dieses Schema. Gewisse Autoren sprechen von unterschiedlichen Wetterverhältnissen in der Cordillera Occidental und in der Cordillera Central. Die Unterschiede sind gemäß der Erfahrungen etlicher Andinisten aber nicht eindeutig.

Das Wetter wird nicht wie in den Alpen durch stabile Hochdruck- und Tiefdrucklagen bestimmt, sondern durch ein unvorhersehbares Chaos von Regen, Schnee, Wolken und Sonne. Deshalb ist eine Wettervorhersage (zum Instituto Nacional de Meteorología e Hidrología, siehe Anhang), die einen solchen

Einleitung

Namen verdient, in diesen Breitengraden eine Unmöglichkeit. Einzig im Wetterablauf während des Tages lässt sich eine gewisse Regelmäßigkeit beobachten: Wenn der Himmel in der Nacht aufklart, besteht Aussicht, dass der Tag mit einem wolkenlosen Himmel beginnt. Mit dem Sonnenaufgang bilden sich aber bereits die ersten Quellwolken. Oft sind um 9.00 h die Gipfel bereits eingenebelt. Zur Mittagszeit beginnen die ersten Regenfälle und dauern bis in den Nachmittag hinein. Für den Andinisten bedeutet dieser Wetterverlauf, dass er den Gipfel bei Sonnenaufgang oder wenig später erreichen sollte. Manchmal kehrt sich dieses Schema allerdings um: Der Morgen beginnt mit dichten Wolken. Regenfälle setzen ein, die erst wieder am Nachmittag aufhören. In den letzten Stunden des Tages klart der Himmel auf. Irgendwann mitten in der Nacht verschlechtert sich das Wetter wieder. Als Andinist ist man angehalten, den aktuellen Wetterverlauf gut zu beobachten, da sich das Wetter mit einer gewissen Wahrscheinlichkeit am nächsten Tag wiederholt. Nur zu oft enttäuscht oder beglückt dann allerdings der nächste Tag mit einem ganz unerwarteten Wetter.

Das Fehlen von Jahreszeiten im europäischen Sinn zeigt sich auch in Bezug auf Schneefall und Schneemengen. Für gewisse Bergtouren ist die Kenntnis über den aktuellen Schneestand von Bedeutung. Bei den Schneebergen wünscht sich der Andinist möglichst viel Schnee, der die Gletscherspalten gut zudeckt. Für die Felsberge sind jedoch schneefreie Gräte und Flanken von Vorteil. Nun sind weniger die Jahreszeiten, sondern viel mehr das Wetter der vergangenen Wochen oder Monate bestimmend für die Schneemenge in den Bergen. War das Wetter eher schlecht, so kann viel Schnee liegen. Waren die vorhergehenden Tage durch viel Sonneneinstrahlung geprägt, liegt eher wenig Schnee. Die Schneemenge kann örtlich allerdings stark variieren. Nach heftigen Stürmen sind auch tiefere Berge manchmal von einem feinen Weiss überzuckert. Meistens handelt es sich aber nicht um Schnee, sondern um Hagelkörner.

Leider muss gesagt werden, dass das Bergwetter in Ecuador im Allgemeinen eher schlecht ist. Um so eindrücklicher zeigt sich die ecuadorianische Bergwelt, wenn sich wider Erwarten das Wetter am Gipfel trotz allem noch zum Guten wendet.

Einleitung

Orientierung

Grundproblematik

Die schwierigen Wetterverhältnisse, viel Niederschlag und Nebel, stellen hohe Anforderungen in Sachen Orientierung mit Karte, Kompass, Höhenmesser und GPS. Um die Orientierung zu vereinfachen, enthält dieser Führer viele Informationen über Höhen und Kompassrichtungen. Bei schönem Wetter mögen diese Angaben überflüssig und die Route klar ersichtlich sein. Im Normalfall ist aber mit schlechten Sichtverhältnissen zu rechnen. Es kann gar vorkommen, dass ein Gipfel nie wirklich gesehen wird, weder vor, noch während, noch nach der Bergtour.

Bei allen Touren ist deshalb der folgende Grundsatz zu beachten: Jeder Schritt darf nur dann getan werden, wenn er mit Garantie auch wieder umkehrbar ist. Umkehrbar wird ein Schritt bspw. durch Geländemarkierungen, Aufnahme von Koordinaten mittels GPS oder eben einer klare Vorstellung davon, wie die Route verläuft. Falls bei solchen Touren der weitere Verlauf nicht mehr zu bestimmen ist, kehre man eben um und begebe sich wieder zum Ausgangspunkt zurück.

Besonders problematisch sind Touren, die ständig Neuland betreten. Dies ist beispielsweise bei den Trekkingtouren der Fall. Bei solchen Touren muss unbedingt der Fall miteinbezogen werden, dass noch am letzten Tag die Rückkehr zum ursprünglichen Ausgangspunkt angetreten werden muss. Dies bedeutet dass mindestens zwei Personen in der Lage sein sollten die Route in umgekehrter Richtung zu begehen. Dies bedeutet aber auch, dass ein Notproviant mitgenommen werden muss.

Karten

Das Instituto Geográfico Militar (IGM) produziert gute topographische Karten in den Maßstäben 1:250 000, 1:100 000, 1:50 000 und 1:25 000. Die Serie 1:50 000 ist beinahe vollständig, in der Regel empfiehlt sich die Benutzung dieser Karten. Die 1:25 000er Reihe ist nicht vollständig. Außerdem ist der Maßstab so groß, dass v.a. die Fehler zum Vorschein kommen. Gemäß eigenen Erfahrungen genügen die 1:50 000er Karten. Das Relief (Höhenlinien mit einer Äquidistanz von 40 m) ist gewöhnlich sehr exakt. Allerdings ist in einzelnen Fällen mit Fehlern zu rechnen, z.B. falsche Höhenquotierungen, fehlende oder imaginäre Erhebungen. Alle weitere Eintragungen, wie Wälder, Wege, Häuser, Straßen sind weder genau noch aktuell. Insbesondere auf die Waldbegrenzungen ist kaum Verlass. Dies ist deshalb problematisch, weil der Wald auch mit Machete oft absolut undurchdringbar ist. Größere Straßen sind normalerweise relativ genau eingezeichnet, aber nicht besonders aktuell. Wege und Pfade enthalten die Karten viel weniger, als in der Natur vorzufinden sind. Oft sind die Pfade, die auf der Karte eingezeichnet sind (gestrichelte Linie) in Wirklichkeit Fahrwege. Wenig Verlass ist auf die eingezeichneten Bäche. Auf die Darstellung von Felsstrukturen wurde gänzlich verzichtet. Es setzt Erfahrung voraus, mit Hilfe der Höhenkurven festzustellen, an welchen Stellen vermutlich Felswände anzutreffen sind. Leider stimmen oft auch die Namensbezeichnungen der Karte nicht überein mit jenen Bezeichnungen, die von der Bevölkerung im Gebrauch sind. Das führt oft zu einem Achselzucken, wenn nach Namen gefragt wird, die offenbar nur den Kartographen bekannt sind. Trotz diesen Einschränkungen sind die ecuadorianischen Karten ein unerlässliches Werkzeug für erfolgreiche Bergtouren in Ecuador.

Leider sind die Karten ausschließlich im IGM von Quito erhältlich (Adresse im Anhang). Das IGM befindet sich auf einem Hügel östlich der Altstadt. Die weisse Kuppel des zum IGM gehörenden Planetariums ist von vielen Stellen Quitos gut sichtbar. Vom Stadtpark El Ejido wird das IGM in 15 Gehminuten erreicht. Am Eingang ist den Militärs ein Ausweis abzugeben. Das Prozedere für den Kauf einer Karte ist etwas langwierig: In der „mapoteca" sind Ordner mit allen verfügbaren Karten ausgelegt. Zunächst stelle man eine Liste der Namen (mit Maßstab) jener Karten zusammen, die gewünscht werden. Nach Abgabe der Liste wird der Käufer bald darauf durch Namensaufruf aufgefordert, die Rechnung zu begleichen. Durch Abgabe der Quittung können an einem besonderen Schalter die Karten abgeholt werden. Oft sind Originale nicht verfügbar, so dass man sich mit Kopien begnügen muss. Gewisse Karten unterliegen einer militärischen Beschränkung. Durch das Ausfüllen eines Formulars und die Abgabe einer Passkopie können allerdings auch einige dieser Karten erworben werden.

Wer speziell zum Cotopaxi Kartenmaterial sucht, dem sei die topographische Karte von Climbing-Map im Maßstab 1 : 40000 empfohlen. Sie deckt das Gebiet des Nationalparks Cotopaxi ab, sodass auch die Vulkane Rumiñhahui und Sincholagua Platz finden. Zudem enthält die Karte Krokis zu den Bergen Imbabura, Cayambe, Pichincha, Ilinizas und Chimborazo. Bestellt werden kann die Karte über das Internet unter: http://www.climbing-map.com.

Höhenmesser

Der Höhenmesser stellt ein weiteres, unerlässliches Instrument für die Orientierung in den Bergen dar. Der vorliegende Führer listet deshalb eine Vielzahl von Höhenquoten auf. Oft weichen jedoch die gemessenen Werte erheblich von den auf der Karte verzeichneten Höhen ab. Angenommen die Höhe am Fuße des Berges ist mehr oder weniger bekannt und der Höhenmesser wird dementsprechend kalibriert, so ist damit zu rechnen, dass auf dem Gipfel die vom Höhenmesser behauptete Höhe um bis zu +/- 80 m von der auf der Karte eingetragenen Höhe abweicht. Mehrere Fehlereinflüsse addieren sich in den ecuadorianischen Anden: Das erste Problem stellt sich mit dem Kalibrieren des Höhenmessers. Wegen der hohen Äquidistanz von 40 m (1:50000er Karten) kann niemals mit Sicherheit die genaue Höhe festgestellt werden. Im besten Fall ist eine Genauigkeit von ± 30 Meter möglich. Ein weiteres Problem ergibt sich dadurch, dass die Drucksäule am Äquator von jener in mitteleuropäischen Breitengraden abweicht. Das

Einleitung

heißt der Druckunterschied zwischen beispielsweise 0 m.ü.M. und 1000 m.ü.M. ist in Ecuador nicht derselbe wie in den Alpen. Da die im Handel erhältlichen Höhenmesser auf die mitteleuropäische Drucksäule geeicht sind, resultiert ein Fehler, wenn mit diesen Instrumenten am Äquator Messungen vorgenommen werden. Nicht zuletzt addiert sich der übliche Fehler, verursacht durch Druckschwankungen infolge des täglichen Wetterablaufes.

Auf jeden Fall ist nicht damit zu rechnen, dass gemessene Höhen mit jenen auf der Karte oder in diesem Führer aufgelisteten exakt übereinstimmen. Trotzdem bleibt der Höhenmesser eine wichtige Informationsquelle auf Bergtouren in Ecuador.

Kompass

Neben Höhenquoten listet dieser Führer eine Fülle von Daten über Marschrichtungen auf. Es liegt in der Natur des Kompasses, dass Richtungsmessungen höchstens auf ± 3 Grad vorgenommen werden können. Eine solche Genauigkeit reicht aber in den meisten Fällen, um eine Marschrichtung nachvollziehen zu können. Die Deviation ist auf allen ecuadorianischen Karten aufgelistet, kann aber ignoriert werden, da sie in den meisten Gegenden 1 Grad nicht überschreitet. Entsprechende Werte sind auf jeder IGM-Karte vermerkt.

GPS

Ohne Zweifel kann ein GPS auf Bergtouren in Ecuador nützliche Dienste erweisen. Es wäre aber fahrlässig ohne Kompass, Höhenmesser und Verstand sich ganz auf das GPS zu verlassen. Unterdessen ist die Zuverlässigkeit des GPS zwar relativ hoch, dennoch ist stets damit zu rechnen, dass die aktuelle Position wegen eines Defekts, leeren Batterien oder einem satellitenfreien Horizont nicht zu bestimmen ist. Besondere Aufmerksamkeit muss der Eingabe von Koordinaten geschenkt werden. Die Fehleranfälligkeit beim Ablesen vom Buch oder von der Karte und auch bei der manuellen Eingabe ist hoch. Deshalb sollte eine Marschrichtung, die vom GPS vorgeschlagen wird immer kritisch hinterfragt werden.

Bevor das GPS genutzt werden kann, muss das Positions-Format und das Karten-Datum richtig eingestellt werden. Alle ecuadorianischen Karten benutzen das internationale Positions-Format UTM-UPS. Als Karten-Datum kommen die folgenden zwei Normen zur Anwendung. Die älteren Karten basieren noch auf dem Karten-Datum PSAD56 (Provisional South American Datum 1956). Erst die neueren Karten basieren auf dem internationalen Karten-Format WGS84 (World Geodetic System 1984). Da die meisten Karten auf dem Karten-Datum PSAD56 basieren, beziehen sich alle Koordinaten im vorliegenden Führer auf dieses Karten-Datum. Es ist deshalb naheliegend das GPS auf UTM-UPS und PSAD56 einzustellen. Sollte das Karten-Datum PSAD56 nicht vorkonfiguriert sein, können bei allen handelsüblichen GPS die entsprechenden Normwerte auch userspezifisch konfiguriert werden (Da = -251, Df = -0.000014192702, DX = -278, DY = +171, DZ = -367).

Gesundheit

Akklimatisation

Bei Bergtouren in Ecuador kann der Höhenakklimatisation nicht genügend Aufmerksamkeit geschenkt werden. Dies gilt v.a. bei Besteigungen der 5000er, fällt aber auch bei den niedrigeren Bergen ins Gewicht. Mit 2950 m liegt Quito bereits auf einer Höhe, die zu deutlichen Symptomen fehlender Akklimatisation führen kann, sofern innerhalb kurzer Zeit von einer geringen Höhe angereist wurde. Bevor überhaupt der erste 4000er oder 5000er in Angriff genommen wird, empfiehlt sich deshalb ein einwöchiger Aufenthalt auf der Höhe des innerandinen Beckens. Das Kapitel „Wanderungen" bietet genügend Ideen, um sich schon während dieser ersten Woche zu betätigen.

Die Schwierigkeit bei der Behandlung dieses Themas liegt vor allem in der stark individuellen Reaktion auf Höhenverlagerungen. Jede Person reagiert auf unterschiedliche Art und Weise. Es gibt Leute, die sensibler reagieren, und solche, die immuner sind in Bezug auf Höhenverlagerungen. Auch kann nicht davon ausgegangen werden, dass eine Person jedes Mal auf dieselbe Art und Weise reagiert, wenn sie einen bestimmten Höhenunterschied in einer bestimmten Zeit bewältigt. Die Besteigung eines konkreten Berges kann vier mal gut gehen und trotzdem beim fünften Mal an starken Symptomen der Höhenkrankheit scheitern, auch wenn dieselbe Taktik bei der Besteigung angewandt wurde. Die im Folgenden aufgezählten Empfehlungen gelten deshalb als grobe Richtlinie. Letztlich bleibt dem Andinisten keine andere Wahl, als eigene Erfahrungen über sein individuelles Reaktionsschema zu sammeln.

Insbesondere die Besteigung der vier hohen Schneeberge, Cotopaxi, Chimborazo, Cayambe und Antisana setzt eine vorsichtige Höhenanpassung voraus. Es kann immer wieder beobachtet werden, wie leichtsinnig mit diesem Thema umgegangen wird. Die meisten Gipfelanwärter dieser Berge planen zwei Tage für eine Besteigung ein. Nicht zuletzt resultiert diese Entscheidung aus dem Angebot von Reiseagenturen oder „Bergführrern", die solche Besteigungen in der Regel als Zweitagestouren anbieten. Nicht nur vermindert eine solche Planung die Aussichten auf eine erfolgreiche Besteigung, sondern diese Leute riskieren auch ihre eigene Gesundheit, wenn nicht sogar ihr Leben. Es sei an dieser Stelle ausdrücklich betont, dass bei einer zweitägigen Besteigung einer der vier hohen Schneeberge alle Regeln der Höhenanpassung systematisch verletzt werden. Ein Besuch auf der Hütte am Cotopaxi zeigt exemplarisch, was mit solchen Gipfelanwärtern geschieht. Am späten Nachmittag reisen diese Leute von Quito her per Taxi zur Hütte an. Der in kurzer Zeit überwundene Höhenunterschied von 1800 m führt zu Schlaflosigkeit während der wenigen Stunden, die für eine Erholung vorgesehen sind. Übernächtigt begeben sich diese Leute

Einleitung

um 23.00 h auf die Route zum Gipfel. Im besten Fall wird nach 400 Höhenmetern realisiert, dass wegen Schwäche, Kopfschmerzen oder Übelkeit der Aufstieg abgebrochen werden muss. Dass ecuadorianische Reiseagenturen und „Bergführer" dieses Thema auf die leichte Schulter nehmen, kann eigentlich nur damit erklärt werden, dass ein Abbruch der Besteigung willkommen ist. Jedes Angebot, das nicht eine vorsichtigere Anpassung vorsieht, ist deshalb unseriös.

Untersuchungen haben gezeigt, dass die Höhenkrankheit erst mit einer gewissen Verzögerung (ca. 6 h) auf die Höhenverlagerung in Erscheinung tritt. Dies bedeutet, dass bei einem kurzzeitigen Aufstieg, gefolgt durch einen unmittelbaren Abstieg, keine Schwierigkeiten zu gewärtigen sind, auch wenn der Höhenunterschied beträchtlich war. Die Tagesziele sollten jedoch nicht mehr als 1500 m über der letzten Schlafhöhe liegen. Die Probleme beginnen erst, wenn nach einem Anstieg mehrere Stunden auf der erreichten Höhe ausgeharrt wird. Konkret bedeutet dies, dass ein Cotopaxi vermutlich in zwei Tagen bestiegen werden könnte, wenn anstatt auf 4800 m die Übernachtung auf 4200 m vorgenommen würde. Aus dieser Beobachtung folgt deshalb der Ratschlag, Übernachtungen möglichst tief anzusetzen. Die medizinische Bergliteratur leitet aus diesem Ergebnis die Regel ab, dass oberhalb der sogenannten Schwellenhöhe (2500 m) jedes weitere Camp nicht höher liegen sollte als 400 m über dem vergangenen Camp. Außerdem sollte alle zwei bis drei Tage bzw. alle 1000 Höhenmeter ein Ruhetag eingelegt werden. Wenn diese Forderung im Falle des Cotopaxi umgesetzt würde, so wären ca. drei Akklimatisationsnächte (auf 3400 m, 3800 m und 4200 m) zu verbringen, bevor auf der Hütte (4800 m) übernachtet werden darf. Wenigstens eine einzige Akklimatisationsnacht auf der Höhe von 4000 m einzuplanen, ist deshalb sicher nicht übertrieben. Um die Akklimatisation zu erleichtern, sei übrigens nach der Erreichung eines Camps ein kurzer Aufstieg um 200 bis 500 Höhenmeter mit anschließendem Abstieg empfohlen.

Die Höhenmedizin spricht von milder Höhenkrankheit, starker Höhenkrankheit, Höhenhirnödemen und Höhenlungenödemen. Es ist wichtig, die Symptome der milden Höhenkrankheit gut zu kennen. Das Leitsymptom der milden Höhenkrankheit sind Kopfschmerzen. Wenn diese Kopfschmerzen gleichzeitig auftreten mit einem oder mehreren der Symptome Müdigkeit, Schwäche, Appetitlosigkeit, Übelkeit, Schlaflosigkeit, ist die Diagnose eindeutig. Es darf auf keinen Fall weiter aufgestiegen werden. Die betroffene Person sollte sich keinen weiteren Belastungen aussetzen. Nehmen die Symptome zu, muss sofort abgestiegen werden bzw. der Patient abtransportiert werden. Die Behandlung der milden Höhenkrankheit ist verblüffend einfach. Durch nichts weiteres als einen Abstieg um einige hundert Höhenmeter lösen sich die Symptome in der Regel in nichts auf. Betreffend der Symptome der starken Höhenkrankheit, des Höhenhirnödems und des Höhenlungenödems sei auf die im Handel verfügbare Spezialliteratur verwiesen.

Gesundheit

Zu guter Letzt sei noch angefügt, dass bei guter Akklimatisation die Höhe kaum wahrgenommen wird. Gewiss muss tiefer geatmet werden und die Belastungsfähigkeit nimmt bei zunehmender Höhe ab, aber bis zu Höhen von 6000 Meter kann der Körper recht gut angepasst und ohne Beschwerden sein. In der Höhenmedizin wird davon ausgegangen, dass bis 5300 m eine perfekte Akklimatisation möglich ist. Ab dieser Höhe ist der Mensch nicht mehr in der Lage langfristig zu überleben.

Rettungsdienste

Ein „Entwicklungsland" wie Ecuador kann sich den Luxus eines Rettungsdienstes, basierend auf einer Hubschrauberflotte, nicht leisten. Zwar ist der ecuadorianische Bergführerverband ASEGUIM (Adresse im Anhang) in der Lage, eine Rettungskolonne zu organisieren, wie schnell und wie effizient eine Rettung jedoch vorgenommen werden könnte, ist ungewiss. Es ist deshalb wichtig, sich stets bewusst zu sein, dass man als Andinist letztlich auf sich selbst gestellt ist. Wer sich drei Tagesetappen entfernt von der Zivilisation aufhält, wird spätestens hier realisieren, dass auch nur ein geringfügiger Unfall einer Katastrophe gleichkäme. Eine eindringliche Warnung, auf Bergtouren in Ecuador defensiv vorzugehen, ist deshalb sicher nicht fehl am Platz.

Die Mitnahme eines guten Zeltes, eines Schlafsackes und genügend Notproviant sind aus diesen Gründen eine Selbstverständlichkeit. Auch sollten mindestens zwei Personen jeder Gruppe in der Lage sein, auch bei schwierigen Witterungsverhältnissen auf eigene Verantwortung den Weg zurück in die „Zivilisation" zu finden.

Bei einem Unfall informiere man als erstes den Hüttenwart, sofern ein solcher vorhanden ist. Andernfalls versuche man Kontakt mit der ASEGUIM aufzunehmen. Aktuelle Notnummern werden mit Vorteil vorgängig beim ASEGUIM ausgemacht. Dazu sehe man als erstes auf der Homepage (http://www.aseguim.org) nach, ob solche Nummern veröffentlicht sind. Andernfalls schreibe man vorgängig ein E-Mail an die Organisation (aseguim@punto.net.ec).

Wenn sich zeigt, dass diese Versuche nicht zur gewünschten Rettung führen, informiere man die Botschaft. Vermutlich ist es wichtig, bei einem Unfall die Verantwortung nicht ganz in fremde Hände zu legen, sondern die Bergrettung aktiv in eine erfolgversprechende Bahn zu lenken.

Wasser

Normalerweise ist in den Bergen Ecuadors die Versorgung mit Frischwasser kein Problem. Die hohe Niederschlagsmenge führt zur Existenz vieler Bäche und Seen. Vermutlich ist die Wasserqualität in der Regel auch recht hoch. Da aber im Einzelfall die Wasserqualität nicht bekannt ist, sollte das Wasser behandelt werden. Dabei stehen drei Methoden im Vordergrund:

1. Abkochen

Da sich die Camps bei Bergtouren in Ecuador in der Regel auf großer Höhe befinden, sollte das Wasser mindestens 5 Minuten nach dem

Siedepunkt weitergekocht werden. Einige Autoren sprechen gar von 20 Minuten.

2. Filtern

Die Firma Katadyn hat einen kleinen, handlichen Filter auf den Markt gebracht, mit dem Wasser behandelt werden kann, ohne dass große Energiemengen nötig wären oder der Geschmack des Wassers verändert wird. Bei stark verschmutztem Wasser sind diese Filter allerdings wenig leistungsfähig, da sie dauernd gereinigt werden müssen.

3. Mikropur Forte

In der richtigen Konzentration eliminiert Mikropur Forte relativ schnell ($1/2$ h bis 2 h) und zuverlässig Bakterien, Viren und einige Protozoen. Nachteilig muss allerdings ein unangenehmer Chlorbeigeschmack in Kauf genommen werden.

Zur nachfolgend beschriebenen Möglichkeit wird heute aus gesundheitlichen Gründen abgeraten: Früher wurde oft Jod zur Sterilisierung von Wasser verwendet. Die künstliche Zufuhr von Jod kann jedoch den Jodhaushalt des Körpers durcheinanderbringen.

Hunde

Jedem Haus sein Hund. So kommen in Ecuador ganze Hunderudel zusammen, was schnell zu unerfreulichen Begegnungen führen kann. In der Regel wird die Sache aber halb so heiß gegessen, wie gekocht. Die Hunde Ecuadors haben in der Regel schmerzliche Erfahrungen mit Stöcken und Steinen gemacht, so dass oft bereits eine einfache Geste der Steinaufhebens genügt, um die Hunde zu vertreiben. Dennoch ist es ratsam sich einen Stock zuzulegen, sobald ein Dorf oder ein Hof in Sicht kommt.

Kriminalität

Armut erzeugt Kriminalität! Ecuador ist keine Ausnahme von dieser Regel. Das Risiko, Opfer eines Diebstahls oder eines Überfalls zu werden ist gewiss höher in Lateinamerika, als beispielsweise in Europa. Wer sich bei den Vielreisenden Lateinamerikas umhört, kann sich mit den unglaublichsten Geschichten in beliebiger Quantität eindecken. Bei all den wahren, übertriebenen und erfundenen Geschichten ein Gefühl für das tatsächliche Risiko zu bekommen, ist nicht einfach.

Der mit teuren Ausrüstungsgegenständen beladene Tourist stellt ein attraktives Opfer für Diebe und Räuber dar. Insbesondere Trickdiebstähle ereignen sich oft, meistens an den klassischen Orten: Märkte und überfüllte Busse. Leider kommt es hin und wieder auch zu bewaffneten Überfällen. Am häufigsten geschehen solche Überfälle nach Mitternacht in der Nähe von Bars und Diskotheken, die bei Touristen beliebt sind. Etliche Male sind auch schon Bergsteiger in der freien Natur überfallen worden. Den Opfern solcher Ereignisse blieb bisweilen nicht viel mehr als Hose und Hemd. Solche Überfälle fanden vorzugsweise in der Nähe bekannter, touristischer Ziele statt: Laguna Limpipungo (Parque Nacional de Cotopaxi), Laguna Mojanda, Laguna Cuicocha, Incatrail, Aufstieg zu den Hütten von Chimborazo, Ilinizas, Tungurahua und Aufstieg zum Pichincha Rucu. Abseits der

Gesundheit

Markt in Otavalo

ausgetretenen Pfade sinkt das Risiko, Opfer eines Überfalls zu werden auf annähernd null. Die Einheimischen sind normalerweise freundlich und alles andere als wohlwollend gegenüber Räubern und Dieben eingestellt. Sie wurden gelegentlich selber Opfer von Diebstählen oder Überfällen und haben mangels Vertrauen in die öffentliche Hand bisweilen auch schon zur Selbstjustiz gegriffen. Der SAEC (Adresse im Anhang) führt eine Hompage mit aktuellen Informationen zur Reisesicherheit in Ecuador.

Einleitung

Transport

Bus

Das öffentliche Transportwesen in Ecuador ist auf eine ganz eigene Art und Weise vorbildlich. Zwischen größeren Städten verkehren fast pausenlos Busse. Auf den ersten Blick scheinen die Abfahrtszeiten ziemlich willkürlich, meistens halten sich die Busse aber an einen strikten Fahrplan. Die Verbindung zwischen größeren Städten und Dörfern ist schon etwas schwieriger. Je nach Wichtigkeit des Dorfes verkehren ein bis zehn Busse pro Tag und Richtung. Die Abfahrtszeiten sind dabei auf die Bedürfnisse der Dorfbewohner ausgerichtet. D.h. zu früher Morgenstunde (nicht selten bereits am 4.00 h oder 5.00 h) fährt ein Bus zum nächsten wichtigen Marktplatz. Die Rückfahrt erfolgt in der Regel in den frühen Nachmittagsstunden. Die meisten Busse halten an jeder beliebigen Stelle, sofern ein klares Zeichen gegeben wird. Nähere Angaben zu Tarifen, Abfahrtszeiten und Busterminals findet man in einem der vielen Reiseführer zu Ecuador. Der vorliegende Bergführer enthält zudem eine Fülle von Informationen, wie die beschriebenen Berge am einfachsten erreicht werden können. Es liegt in der Natur der Sache, dass solche Informationen schnell veralten, trotzdem können sie aber als Richtlinie dienen.

Im Frühling 2009 wurde der neue Busbahnhof „Terminal Terrestre de Quitumbe" ganz im Süden von Quito eröffnet (GPS: 0772, 376, 9967, 686). Dieser Busbahnhof wird am einfachsten per Trolleybus erreicht. Dabei besteige man am besten einen Bus C4, der bis zur Endstation in Quitumbe fährt. Wenn allerdings der Norden Ecuadors das Ziel ist, bedeutet dies einen enormen Umweg, der ohne weiteres einen Zeitverlust von zwei Stunden mit sich bringt. Es empfiehlt sich deshalb einen in Nordrichtung fahrenden Bus irgendwo auf der Av. Occidental anzuhalten. Ein guter Umsteigeplatz befindet sich bspw. dort wo die Av. Gasca (Verlängerung der Av. Colón) in die Av. Occidental mündet.

Camionetas colectivas

Auf einigen Wegstrecken, vor allem auf schlecht befestigten Straßen, wird der Personenverkehr durch sogenannte „Camionetas colectivas" aufrechterhalten. Dabei handelt es sich um Pick-Ups, die ohne weiteres bis zu 20 Personen transportieren können. In der Regel fahren diese Camionetas ab, sobald sie voll sind. Genau wie Busse können die Camionetas colectivas an jeder beliebigen Stelle angehalten werden.

Camionetas

Auf sehr abgelegenen Wegstrecken verkehren oft weder Busse noch „Camionetas colectivas". Wenn solche Abschnitte nicht zu Fuß bewältigt werden, bleibt nur das Anheuern eines Taxis. Da es sich stets um unbefestigte Schotterstraßen handelt, muss normalerweise eine mehr oder weniger geländetaugliche „Camioneta" gemietet werden. Auf den meisten Dorfplätzen warten solche Camionetas auf Kunden. Mit dem Fahrer muss zuvor ein Preis ausgehandelt werden. In der Regel existiert ein starres Preissystem. Vor allem an Orten, wo Touristen die hauptsächlichen Kunden darstellen (z.B. Lasso), versuchen die Fahrer jedoch Phantasiepreise durchzusetzen. Es ist deshalb wichtig, eine ungefähre Vorstellung vom Wert einer Fahrt zu haben. Als Richtlinie gelten je nach Qualität der Straße 0.50 - 1.00 US$ pro Kilometer unbefestigter Straße. Der vorliegende Führer enthält für jede Bergtour, bei der das Anheuern einer Camioneta empfehlenswert ist, einen Richtpreis.

Anhalter

Vor allem auf selten befahrenen Straßen ist das Anhalten von Fahrzeugen jeglicher Art üblich. Am Ende der Fahrt erkundige man sich nach den Kosten („cuanto le debemos?") und begleiche diese, sofern sie sich in einem vernünftigen Rahmen bewegen.

Leihauto

In größeren Städten bieten die bekannten Verleihfirmen Mietautos an. Die direkten und indirekten Kosten sind aber im Vergleich zu den Preisen von Taxis oder Camionetas hoch (dies gilt vor allem für geländegängige Fahrzeuge). Außerdem ist der Fahrstil in Ecuador recht eigen und nicht jedermann Sache. Nicht zuletzt besteht ein beträchtliches Risiko, dass ein unbewacht abgestelltes Auto verschwindet. Aus all diesen Gründen muss vom Mieten eines Fahrzeugs dringend abgeraten werden.

Rennovationsarbeiten an der Estación Cotopaxi

Einleitung

Hütten

Mit rund sieben öffentlichen Berghütten sind die ecuadorianischen Anden schlecht erschlossen. Nur touristisch besonders attraktive Berge, wie Cotopaxi, Chimborazo, Cayambe, Iliniza und Tungurahua sind mit gut ausgestatteten Berghütten bestückt. Die Schlafräume solcher Hütten weisen eine Anzahl von Kajütenbetten mit Schaumstoffmatratzen auf. Decken sind aber nie vorhanden, so dass ein guter, warmer Schlafsack mitgenommen werden muss. In der Küche ist in der Regel ein Gasherd verfügbar. Es ist aber keine schlechte Idee, einen eigenen Kocher mitzunehmen, da die Kochstellen oft belegt sind. Einige dieser Hütten bieten abschließbare Fächer, um die Ausrüstung während

Name	Berge	Höhe	Betten	Telefon
José F. Ribas	Cotopaxi	4800 m	60	+593-(0)22-222 22 40
Hermanos Carrel	Chimborazo	4840 m	30	+593-(0)23-294 22 15
Edward Whymper	Chimborazo	5000 m	50	+593-(0)23-294 22 15
Ruales-Oleas-Bergé	Cayambe	4600 m	50	+593-(0)22-222 22 40
Nuevos Horizontes	Iliniza Norte, Sur	4740 m	24	+593-(0)94-969 90 68
Nicolás Martínez	Tungurahua	3800 m	18	-
Defensa Civil	Pichincha Guagua	4560 m	15	-

Zeltlager am Quilotoa (R. Troya)

Hütten - Ausrüstung

des Aufstieges relativ sicher zu verwahren. Solche Schließfächer können aber nur mit einem eigenen Vorhängeschloss abgesperrt werden. Die Preise für eine Übernachtung bewegen sich zwischen 10 und 16 US$. Eine Bettenreservation ist in der Regel nicht möglich, aber auch selten wirklich notwendig. In den Hütten am Cotopaxi, Cayambe und Chimborazo führen die Hüttenwarte einen Kioskbetrieb.

Flora andina

Ausrüstung

Grundausrüstung

In diesem Kapitel geht es weniger darum bis zur Unterhose aufzuzählen, welche Ausrüstungsgegenstände für den ecuadorianischen Andinismus notwendig sind, sondern v.a. die Unterschiede zum europäischen Alpinismus aufzuzeigen:

Wie bereits erwähnt, ist bei Bergtouren in Ecuador mit viel Regen und Nebel zu rechnen. Ein qualitativ hochwertiges Gebirgszelt (mindestens Dreisaisonzelt) ist vor allem für mehrtägige Touren unabdingbar. Da die Nächte kalt sein können, ist ein guter Schlafsack erforderlich (Temperaturen bis einige Grade unter Null). Eine wasserdichte Regenjacke sowie Regenhose schützen in der Regel erst dann gut vor Nässe, wenn sie aus gummibeschichteten Materialien bestehen. Dies ist insbesondere für die Regenhose wichtig, da vom hohen Gras oft literweise Wasser abgestreift wird. Nylon oder auch Goretex können dem stundenlangen Regen nicht standhalten.

Auf gewissen Touren ist das Gelände dermassen feucht, dass nur Gummistiefel auch langfristig vor nassen Füßen schützen. Wenn mit Bergschuhen gegangen wird, sollten unbedingt Gamaschen angezogen werden, um das Eindringen von Nässe möglichst hinauszuzögern. Damit die Ausrüstungsgegenstände im Rucksack trocken bleiben, wird empfohlen vor Bepackung des Rucksackes einen großen Abfallsack einzulegen. Trotzdem sollte der Schlafsack in einen zweiten, dichten Plastiksack eingepackt sein. Wenn das Wetter schön ist, schützen Sonnenhut, Sonnencreme und Sonnenbrille vor der sehr starken Sonneneinstrahlung. Selbstverständlich sind Höhenmesser, Kompass, Karte und v.a. das nötige Wissen, wie mit diesen Werkzeugen umzugehen ist.

Gletschertouren

Für die hohen Schneeberge muss die gesamte Hochtourenausrüstung mitgenom-

Einleitung

men werden. Die Kälte kann v.a. bei starkem Wind arktische Ausmasse annehmen. Dicke Handschuhe, Mütze und mehrere warme Pullover sind deshalb ein Muss. Um die Route zu markieren, sei die Mitnahme von mehreren Fahnenstangen (ca. 20 - 30 Stück) empfohlen. Durch Mitnahme eines kleinen Vorhängeschlosses können nicht benötigte Ausrüstungsgegenstände relativ sicher in den Fächern der Hütte verschlossen werden.

Klettertouren

Die Felsqualität auf Kletterbergen oder kombinierten Touren ist in der Regel dermassen schlecht, dass der Helm zum wichtigsten Ausrüstungsgegenstand wird. Sofern am Seil geklettert wird, sollte nicht mit Keilen, Friends, Schlingen, Schneestaken oder Eisschrauben gespart werden, da die Qualität der Sicherungen in der Regel schlecht ist.

Dschungeltouren

Wenn schon auf normalen Bergtouren hohe Anforderungen an die Wasserdichte der Ausrüstung gestellt werden, so gilt dies im besonderen Masse für die Dschungelberge. Bei allen Dschungeltouren sollte unbedingt mit Gummistiefeln gegangen werden. Auch die teuersten Bergschuhe wären schon am ersten Tag hoffnungslos durchnässt und würden vermutlich nie wieder trocknen. Gute Gummistiefel bis Größe 42 können in Ecuador für rund 5 US$ erworben werden und bieten einen erstaunlich hohen Gehkomfort. Ausser im Falle des Sumaco, der Llanganati und der Umrundung des Tungurahua ist die Mitnahme einer Machete nicht wirklich notwendig. Eine Machete stellt aber einen Sicherheitsfaktor dar. Wer den Pfad endgültig verliert und sich durch das Dickicht Schlagen muss, ist ohne Machete aufgeschmissen (vielleicht auch mit Machete). Des weiteren ermöglicht eine Machete auch das Schlagen von Markierungen in querliegenden Bäumen. Um außerdem wichtige Punkte der Route für den Rückweg markieren zu können, sei die Mitnahme von farbigen Stoffbändern (30 bis 60 Stück) empfohlen. Da der Körperkontakt mit der Natur im Falle der Dschungeltouren ziemlich intensiv ist, sei die Mitnahme von Gartenhandschuhen oder leichten Lederhandschuhen angeraten.

◀ Ecuadorianischer Kletter-Crack
▶ Immer feuchter, andiner Bergwald

Einleitung

Verantwortungsvoller Tourismus

Ecuador ist ein armes Land. Nach den in der unten stehenden Tabelle[1] aufgelisteten Daten gehört Ecuador gar zu den ärmeren Ländern Südamerikas.

Die Armut findet sich allerorts, auf dem Land, in Vorortsvierteln, v.a. aber unter der indigenen Bevölkerung. Auf den von Touristen bereisten Routen und Orten versteckt sich diese Armut allerdings oft hinter einer Fassade von neuem Reichtum. In einem Land, das geprägt ist von Armut, stehen Mensch und Natur in einem widersprüchlichen Verhältnis. Der Raubbau an der Natur stellt oft die letzte Möglichkeit für ein mehr oder weniger menschenwürdiges Dasein dar. Tourismus in einem derartigen Umfeld verlangt besondere Verhaltensregeln, wenn er nicht schädigende Wirkung für Mensch und Natur entfalten soll. Im Grunde genommen handelt es sich bei all diesen Verhaltensregeln um Selbstverständlichkeiten, die es kaum wert sind, notiert zu werden, da sie alle dem gesunden Menschenverstand entspringen.

Die Kultur

Jede Kultur entwickelt ein unterschiedliches System von Verhaltensweisen. Oft erscheinen uns Verhaltensweisen anderer Kulturen wenig einleuchtend. Es ist wichtig, sich stets daran zu erinnern, dass diese Fremdheit vor allem mit dem Unwissen über die fremde Kultur zusammenhängt. Eine vorgängige Einarbeitung (Sprache erlernen, geschichtliche, soziologische, politische und literarische Studien) kann zwar zu vermehrtem Verständnis führen und ist auch angeraten, vermutlich verbleibt aber immer eine Barriere an Fremdheit. Respekt gegenüber nicht nachvollziehbaren Verhaltensweisen von Menschen anderer Kulturen wird deshalb zur wichtigsten Voraussetzung bei Reisen in derartigen Ländern. Im Falle von Ecuador gilt dies insbesondere für die von der abendländischen Kultur so unterschiedlichen indigenen Gemeinschaften. Dass dieser Vorsatz nicht immer einfach umzusetzen ist, steht auf einem anderen Blatt.

Land	Pro-Kopf-Einkommen (2006)	Lebenserwartung (2005-2010)	Alphabetismusrate (2001)	Geburtensterblichkeit (2005-2010)
Ecuador	3097 US$	72 / 78	91 %	21 ‰
Argentinien	5528 US$	72 / 79	97 %	13 ‰
Bolivien	1101 US$	63 / 68	87 %	46 ‰
Deutschland	34'955 US$	77 / 82		4 ‰
Schweiz	50'247 US$	79 / 84		4 ‰
USA	43'562 US$	76 / 81		6 ‰

Verantwortungsvoller Tourismus

Nationalpark-Grenze im Verfall

Der Mensch

Bei Kontakten mit den Einheimischen Ecuadors beachte man stets die Gebote der Freundlichkeit und des Respektes. Dies lässt sich einfacher schreiben, als in die Tat umsetzen, da der Tourist oft einem gewissen Druck ausgesetzt wird, seinen Geldbeutel zu öffnen. Im Falle von bettelnden Kindern hat sich die Erkenntnis durchgesetzt, dass ein Beitrag zu einem Kinderhilfeprojekt weit bessere Wirkung zeigt als die Übergabe von ein paar Groschen. Der SAEC (Adresse im Anhang) vermittelt gerne Adressen derartiger Projekte. Wer Bettler unterstützen möchte, findet in den vielen älteren Bettlern ebenfalls dankbare Empfänger. Fotos von Menschen dürfen nie ohne das explizite Einverständnis der abgelichteten Personen gemacht werden. Wenn in der Nähe von Siedlungen oder Höfen campiert wird, sollte stets vorgängig das Einverständnis des Besitzers eingeholt werden. Bei gewissen Haciendas ist außerdem eine Bewilligung beim Besitzer erforderlich, wenn dessen Territorium überschritten wird.

Die Natur

Es gelten die gleichen Verhaltensregeln, die sich auch bei uns seit einigen Jahrzehnten durchgesetzt haben: Aller Abfall wird mitgenommen (auch benutztes WC-Papier), Feuer sollten vermieden werden. Flora und Fauna dürfen nicht zerstört werden. Wenn Wege oder Pfade vorhanden sind, soll diesen der Vorzug gegeben werden.

Einleitung

Nomenklatur

Koordinaten

Alle aufgeführten Koordinatenangaben basieren auf dem Positions-Format UTM-UPS und auf dem Karten-Datum PSAD56. Die meisten ecuadorianischen Karten wurden basierend auf diesem Positions-Format und Karten-Datum erstellt. Entsprechend sind die Karten mit einem Kilometernetz überzogen. Am Kartenrand ist das Kilometernetz numeriert. In W-E-Richtung sind die Angaben dreistellig (eine kleine Zahl, zwei große Zahlen). In N-S-Richtung sind die Angaben vierstellig (zwei kleine Zahlen, zwei große Zahlen). Um einen bestimmten Punkt auf der Karte darzustellen, werden wie üblich die Koordinaten in der folgenden Weise dargestellt: (GPS: 776, 200, 9758, 400) bzw. (MAP: 776, 200, 9758, 400). Die ersten zwei Zahlen bestimmen die Position in W-E-Richtung, die letzten 2 Zahlen die Position in N-S-Richtung. Der Vermerk GPS bzw. MAP gibt an, ob die Koordinate von einem GPS gemessen wurde oder aus der Karte abgelesen wurde. Wegen der Ableseungenauigkeit der Karten ist eine GPS-Koordinate in der Regel genauer. In einigen Fällen wurde der Koordinate noch die Höhe in Metern beigefügt. Dies sieht dann folgendermassen aus: (GPS: 776, 200, 9758, 400; 6310 m).

Wenn nun eine Karte ausnahmsweise auf einem anderen Kartendatum basiert (z.B. WGS84) müssen die in diesem Führer angegebenen Koordinaten umgerechnet werden, sofern der entsprechende Punkt auf der Karte bestimmt werden soll. Dazu stelle man das GPS auf PSAD56, und gebe den Koordinatenpunkt im GPS ein. Anschließend stelle man das GPS auf WGS84 um und lese die resultierende Koordinate vom GPS ab. Nun kann der Punkt auf der WGS84-Karte gefunden werden. Diese Operation kann auch annäherungsweise von Hand durchgeführt werden. Um eine PSAD56-Koordinate in eine WGS84-Koordinate umzurechnen subtrahiere man in X-Richtung 259 m und in Y-Richtung 374 m. Umgekehrt muss bei der Umwandlung einer WGS84-Koordinate in eine PSAD56-Koordinate in X-Richtung 259 m und in Y-Richtung 374 m addiert werden.

Richtungen

Die im Führer angegebenen Richtungen beziehen sich auf das 360 Gradmass. Angaben, wie rechts und links, beziehen sich auf die Laufrichtung. Wenn solchen Angaben der Vermerk „orographisch" beigefügt ist, sind sie jedoch auf die Gewässerrichtung bezogen.

Punktreferenzen

Die Kartenserien des IGM enthalten eine Menge Höhenquoten. Diese Höhenquoten können auch als Ortsbezeichnungen fungieren. In einem solchen Fall werden sie mit „Punkt XXXX" referenziert. Wenn also beispielsweise vom „Punkt 4537" die Rede ist, so ist jener Ort auf Karte gemeint, der die beschriftete Höhe von 4537 m aufweist. Solche Bezüge wurden jedoch selten verwendet, da verschiedene Ausgaben einer Karte nicht immer die gleichen Punkte referenzieren.

Nomenklatur

Schwierigkeitsgrade

Die Bewertung der Schwierigkeiten erfolgt nach den Richtlinien des Schweizer Alpenclubs (SAC). Es werden verschiedene Skalen für drei Geländetypen verwendet. Die Skalen überlappen sich, so dass es nicht immer möglich ist nach objektiven Kriterien zu beurteilen, welche Skala zur Anwendung kommt. Für die vollständige Erklärung der Skalen muss auf die Homepage des SAC verwiesen werden (http://www.sac-cas.ch).

1. Berg- und Alpinwandern

Diese Skala kommt bei Bergwanderungen und Alpinwanderungen zur Anwendung, die nicht als eigentliche Hochtouren oder Klettereien bezeichnet werden können. Man beachte, dass eine Alpinwanderung der Schwierigkeit T5 oder T6 ähnliche Anforderungen stellen kann, wie eine Hochtour der Schwierigkeit WS oder ZS.

T1 Weg gut gebahnt. Gelände flach oder leicht geneigt, keine Absturzgefahr. Auch mit Turnschuhen geeignet. Orientierung problemlos, in der Regel auch ohne Karte möglich.

T2 Weg mit durchgehendem Trassee. Gelände teilweise steil, Absturzgefahr nicht ausgeschlossen. Etwas Trittsicherheit. Trekkingschuhe sind empfehlenswert. Elementares Orientierungsvermögen.

T3 Weg am Boden nicht unbedingt durchgehend sichtbar. Ausgesetzte Stellen können mit Seilen oder Ketten gesichert sein. Eventuell braucht man die Hände fürs Gleichgewicht. Falls markiert: weiss-rot-weiss. Zum Teil exponierte Stellen mit Absturzgefahr, Geröllflächen, weglose Schrofen. Gute Trittsicherheit. Gute Trekkingschuhe. Durchschnittliches Orientierungsvermögen. Elementare alpine Erfahrung.

T4 Wegspur nicht zwingend vorhanden. An gewissen Stellen braucht es die Hände zum Vorwärtskommen. Falls markiert: weiss-blau-weiss. Gelände bereits recht exponiert, heikle Grashalden, Schrofen, einfache Firnfelder und apere Gletscherpassagen. Vertrautheit mit exponiertem Gelände. Stabile Trekkingschuhe. Gewisse Geländebeurteilung und gutes Orientierungsvermögen. Alpine Erfahrung. Bei Wettersturz kann ein Rückzug schwierig werden.

T5 Oft weglos. Einzelne einfache Kletterstellen. Exponiert, anspruchsvolles Gelände, steile Schrofen. Gletscher und Firnfelder mit Ausrutschgefahr. Bergschuhe. Sichere Geländebeurteilung und sehr gutes Orientierungsvermögen. Gute Alpinerfahrung und im hochalpinen Gelände. Elementare Kenntnisse im Umgang mit Pickel und Seil.

T6 Meist weglos. Kletterstellen bis II. Meist nicht markiert. Häufig sehr exponiert. Heikles Schrofengelände. Gletscher mit erhöhter Ausrutschgefahr. Ausgezeichnetes Orientierungsvermögen. Ausgereifte Alpinerfahrung und Vertrautheit im Umgang mit alpintechnischen Hilfsmitteln.

Panico Alpinverlag

2. Hochtourenskala

Für eigentliche Hochgebirgstouren kommt die bekannte französische Skala für gemischte Gesamtschwierigkeitsgrade zum Einsatz. Die Skala umfasst mehrere Kriterien, wie Typ des Geländes, technische Schwierigkeit, Exponiertheit, Schwierigkeit der Routenfindung, Möglichkeit der Absicherung, Abbruchmöglichkeit und Felsqualität.

L	Einfaches Gehgelände (Geröll, einfacher Blockgrat). Einfache Firnhänge, kaum Spalten.
WS	Meistens noch Gehgelände, erhöhte Trittsicherheit nötig, Kletterstellen übersichtlich und problemlos. In der Regel wenig steile Eishänge, kurze steilere Passagen, wenig Spalten.
ZS	Wiederholte Sicherung notwendig, längere und exponierte Kletterstellen. Steilere Eishänge, gelegentlich Standplatzsicherung, viele Spalten, kleiner Bergschrund.
S	Guter Routensinn und effiziente Seilhandhabung erforderlich, lange Kletterstellen erfordern meistens Standplatzsicherung. Sehr steile Hänge, meistens Standplatzsicherung notwendig, viele Spalten, großer Bergschrund.
SS	In den schwierigen Abschnitten durchgehende Standplatzsicherung nötig, anhaltend anspruchsvolle Kletterei. Anhaltendes Steilgelände im Eis, durchgehende Standplatzsicherung.

3. Felsklettereien

Gemäß den Richtlinien der UIAA:

I	Geringe Schwierigkeiten. Einfachste Form der Felskletterei (kein leichtes Gehgelände!). Die Hände sind zur Unterstützung des Gleichgewichtes erforderlich. Anfänger müssen am Seil gesichert werden. Schwindelfreiheit bereits erforderlich.
II	Mäßige Schwierigkeiten. Fortbewegung mit einfachen Tritt- und Griffkombinationen (Drei-Haltepunkte-Technik).
III	Mittlere Schwierigkeiten. Zwischensicherungen an exponierten Stellen empfehlenswert. Senkrechte Stellen oder gutgriffige Überhänge verlangen bereits Kraftaufwand.
IV	Große Schwierigkeiten. Erhebliche Klettererfahrung notwendig. Längere Kletterstellen erfordern meist mehrere Zwischensicherungen.
V	Sehr große Schwierigkeiten. Zunehmende Anzahl der Zwischensicherungen ist die Regel. Erhöhte Anforderungen an körperliche Voraussetzungen, Klettertechnik und Erfahrung. Lange hochalpine Routen im Schwierigkeitsgrad V zählen bereits zu den ganz großen Unternehmungen in den Alpen.

VI	Überaus große Schwierigkeiten. Die Kletterei erfordert überdurchschnittliches Können und guten Trainingsstand. Große Ausgesetztheit, oft verbunden mit kleinen Standplätzen. Passagen dieser Schwierigkeit können in der Regel nur bei guten Bedingungen bezwungen werden.
VII	Aussergewöhnliche Schwierigkeiten. Ein durch gesteigertes Training und verbesserte Ausrüstung erreichter Schwierigkeitsgrad. Auch sehr gute Kletterer benötigen ein an die Gesteinsart angepasstes Training, um Passagen dieser Schwierigkeit sturzfrei zu meistern. Neben akrobatischem Klettervermögen ist das Beherrschen ausgefeilter Sicherungstechnik unerlässlich.

Ein ernstes und immer wieder zu heiklen Situationen führendes Missverständnis ist die Annahme, dass Wandern dort aufhört, wo die Hochtourenskala einsetzt. In Wirklichkeit ist eine Alpinwanderung im oberen Schwierigkeitsbereich (T5, T6) in aller Regel bedeutend anspruchsvoller als beispielsweise eine Hochtour mit der Bewertung L. Ein wesentlicher Unterschied zur leichten Hochtour liegt darin, dass auf einer T5 oder T6 Route selten bis nie mit Seil oder sonstigen Hilfsmitteln gesichert werden kann und deshalb das entsprechende Gelände absolut beherrscht werden muss, was ein hohes technisches wie auch psychisches Niveau erfordert. Typische Beispiele dazu sind extrem steile Grashänge, wegloses Schrofengelände mit schlechtem Fels oder sehr exponierte Gratpassagen. Auf Grund der unterschiedlichen Merkmale einer typischen Hochtour und einer typischen „Extremwanderung" lässt sich ein Vergleich kaum anstellen, doch kann man davon ausgehen, dass eine T6 Route vergleichbare Anforderungen stellt wie eine Hochtour im Bereich von WS bis ZS-!

Schwierigkeitsgrade sind immer nur ungefähre Richtwerte. Insbesondere in den ecuadorianischen Anden, wo die Gebirgswelt einer großen Wandlung unterworfen ist und die Schwierigkeit mit den aktuellen Verhältnissen erheblich variieren kann, ist die Bewertung äußerst subjektiv.

Zeitangaben

Der vorliegende Führer enthält zu jeder Bergtour eine Menge von Zeitangaben. Es ist einleuchtend, dass solche Daten sehr subjektiv sind und erheblich von Gruppe zu Gruppe abweichen können. Es wird von einer kleinen, mobilen Gruppe ausgegangen, die geübt ist in der Begehung von schwierigem Gelände, deren Teilnehmer eine gute Kondition aufweisen und gut akklimatisiert sind. Außerdem wurde angenommen, dass keine Zeit mit Routensuchen verloren geht. Pausen sind in den angegebenen Werten nicht eingerechnet.

Einleitung

Die Geschichte des ecuadorianischen Andinismus

Schon zu präkolumbianischen Zeiten waren die Anden Ecuadors bewohnt. Inwieweit die Indios dieser Zeit auf Berge stiegen, ist nicht bekannt. An einigen strategischen Stellen hinterliessen diese Kulturen Festungen (Pucará). Eine solche Festung liegt auf einem Hügel namens Pambamarca (siehe S. 58-A6.). Mit Sicherheit besuchten die Indios außerdem die Gletscher einiger Schneeberge, um sich mit Eis einzudecken (Imbabura, Cotacachi, Chimborazo). Die erste schriftlich überlieferte Besteigung stammt aber aus dem Jahre 1582. In diesem Jahr bestieg ein José Toribio Ortiguera zusammen mit weiteren fünf Spaniern den Pichincha Guagua, um die Quelle des Ascheregens mit eigenen Augen zu untersuchen. Der deutsche Geologe Alphons Stübel hinterliess zwar einen vagen Hinweis auf einen spanischen Soldaten namens Olmedo, der im 16. Jhd. einen der Gipfel am Casaguala bestiegen haben soll, im Allgemeinen wird der Beginn des ecuadorianischen Andinismus aber in der Exploration von José Toribio Ortiguera festgelegt.

Mit der Ankunft der Geodesischen Mission im Jahre 1736 beginnt die systematische Erschließung der ecuadorianischen Anden. Die Académie de Sciences schickt den Mathematiker Charles-Marie de la Condamine und den Astronomen Pierre Bouguer in das heutige Ecuador, um einen Bogengrad am Äquator auszumessen. Ziel der Expedition ist die Beilegung des wissenschaftlichen Streites um die Form der Erde. In den folgenden Jahren durchstreifen die französischen Wissenschaftler jeden Winkel der ecuadorianischen Anden, um das Gebiet zwi-

Cotopaxi und Morurcu (A. Von Humboldt)

schen Ibarra und Cuenca zu vermessen. Die Andenberge dienen ihnen zu diesem Zweck als ideale Triangulationspunkte. So verbringen sie im Jahr 1737 auf dem Gipfel des Pichincha Rucu drei Wochen, um auf gute Sichtverhältnisse zu warten. Im Jahre 1738 besteigen sie den damals noch von ewigem Schnee bedeckten Corazón. Vier Jahre später inspizieren die Wissenschaftler den Krater des Pichincha Guagua. Am Chimborazo dringen sie im Jahre 1746 bis auf eine Höhe von 4750 m vor. Nach siebenjähriger Arbeit und etlichen Schwierigkeiten bestätigt die Expedition die Theorie Newtons über die abgeplatteten Polkappen. Charles-Marie de la Condamine begibt sich anschließend auf eine abenteuerliche Rückreise, die ihn entlang des Amazonas bis zum Atlantik und zurück nach Frankreich bringen sollte.

Der nächste Meilenstein in der andinistischen Geschichte Ecuadors bildet die Amerikareise von Alexander Von Humboldt und Aimé Bonpland. Im Januar 1802 trifft Humboldt von Kolumbien anreisend in Quito ein. Im Hochland von Ecuador wird er vom Botaniker zum Geologen. So stattet er dem Vulkan Pichincha drei abenteuerliche Besuch ab. Am Cotopaxi und Antisana gelangt er bis zur Schneegrenze. Bei diesen Besteigungen sammelt er wichtige Daten, die ihm später bei der Ausarbeitung seiner Pflanzengeographie nützen sollten. Im Juni 1802 bricht er mit der festen Absicht, den nach damaliger Ansicht höchsten Berg der Welt, den Chimborazo zu besteigen nach Riobamba auf. Die Beschreibung des misslungenen Besteigungsversuches in seinen Schriften lässt erkennen, dass die Motivation nicht mehr einfach nur wissenschaftlicher Natur war, sondern bereits die Charakteristik eines eigentlichen Alpinismus trägt. Auch wenn später die von Humboldt gemessene Höhe von 5881 m auf wahrscheinlichere 5550 m herabgesetzt wurde, bleibt die Leistung Humboldts und seiner Begleiter angesichts schlechter Ausrüstung und mangelnder alpinistischer Kenntnisse doch beträchtlich. Der kolumbianische Autodidakt Francisco José de Caldas, ein glühender Bewunderer von Humboldt, führt die von Humboldt begonnene Arbeit fort. Auf seinen Erkundungsreisen durch die Anden gelangt er bis zur Schneegrenze am Cotacachi. Am 15. September 1802 erreicht er, begleitet vom Campesino Salvador Chuquín, nach einem gefahrvollen Aufstieg den Gipfel des Imbabura.

Im Juli 1831 trifft der französische Agronom und Chemiker Jean Baptiste Joseph Boussingault in Ecuador ein. Wie bei den meisten Forschungsreisenden gilt sein Hauptinteresse in Ecuador der Geologie, Mineralogie und der Vulkanologie. Er besteigt den Pichincha und stattet dem Antisana sowie dem Cotopaxi einen Besuch ab. Im Dezember 1831 versucht er über dieselbe Route, die Humboldt benutzte, den Chimborazo zu besteigen. Welche Route Humboldt und Boussingault benutzten, ist nicht einwandfrei geklärt. Gemäß Whymper versuchten sie die Besteigung über die heutige Whymper-Route. Meyer hingegen ist der Ansicht, dass sie den Berg von SSE angingen. Begleitet wird Boussingault von einem amerikanischen Colonel namens Francis Hall. Nach

Einleitung

Die Pichinchas und die Stadt Quito um 1870 (T. Wolf)

den Messungen Boussingaults gelangt er auf eine Höhe von 6004 m, wo er vermutlich von der gleichen Gletscherspalte wie Humboldt aufgehalten wird. Edward Whymper zieht später diese Behauptung ebenso in Zweifel wie jene von Humboldt.

Mit der Ankunft von Alphons Stübel und Wilhelm Reiss im Jahr 1868 beginnt die systematische Erfassung der ecuadorianischen Vulkane. Aus einem geplanten Aufenthalt von einigen Monaten werden zehn Jahre. Während diesen Jahren durchstreifen die zwei Vulkanologen auf getrennten Wegen die Anden Ecuadors, nehmen Gesteinsproben auf, skizzieren Landschaftsformen, vermessen Berghöhen und zeichnen Landkarten. Viele noch heute auf der Landkarte eingetragene Höhenquoten gehen auf die Vermessungen von Reiss und Stübel zurück. Bei ihren Wanderungen statten sie fast allen Bergen Ecuadors einen Besuch ab. Am 11. November 1872 setzt Wilhelm Reiss mit sei-

nem Diener Angel María Escobar als erster seinen Fuß auf den Kraterrand des Cotopaxi. Wenige Monate später, am 8. März 1873 folgt ihm Alphons Stübel über dieselbe Route auf der SW-Seite des Kegels. Kurz zuvor, am 8. Februar 1873 erreichte Stübel, begleitet von fünf Dienern außerdem als erster den Gipfel des Tungurahua. Stübel entdeckt in Quito den ecuadorianischen Künstler Rafael Troya, der einen großen Teil der wunderschönen Landschaftsskizzen zu Ecuador anfertigt, mit denen die Werke der Wissenschaftler illustriert werden. Stübel und Reiss statten außerdem den Bergen Altar, Antisana, Chimborazo und Quilindaña einen Besuch ab.

Der deutsche Geograph und Geologe Theodor Wolf, der an der Technischen Hochschule in Quito unterrichtete, erreicht am 9. September 1877 über die NW-Flanke den damals höchsten Punkt des Cotopaxi. Der Vulkanausbruch vom Juni 1877 hatte das Eis schmelzen lassen und hinterliess auf dieser Seite eine ide-

Geschichte

ale Aufstiegsroute. Der Freiherr Max von Thielmann folgt ihm ein Jahr später auf derselben Route.

Noch immer sind zu diesem Zeitpunkt die meisten Berge Ecuadors, vorab der Chimborazo unbestiegen. Im Dezember 1879 trifft der englische Alpinist Edward Whymper im Hafen von Guayaquil ein. Begleitet wird Edward Whymper von Juan Antonio Carrel und dessen Neffen Louis Carrel. Der erstere war damals einer der besten Bergführer von Valtournache. Am 4. Januar 1880, einen Monat nach ihrer Ankunft, stehen sie bereits auf dem Hauptgipfel des Chimborazo. Es folgen Erstbesteigungen des Sincholagua (23.2.1880), Antisana (10.3.1880), Cayambe (4.4.1880), Saraurcu (17.4.1880) und Cotacachi (24.4.1880). Außerdem besteigen sie den Cotopaxi, Pichincha und Corazón. Edward Whymper versucht zweimal den Iliniza Sur zu besteigen, scheitert aber beide Male an schlechtem Wetter und schlechten Verhältnissen. Seinen beiden Führern gelingt es jedoch am 4. Mai 1880 bei einer Rekognoszierungstour den Gipfel des Iliniza Sur zu besteigen. Im Juni besuchen sie den Altar, sehen aber wegen schlechtem Wetter von einem Besteigungsversuch ab. Ende Juni nähern sie sich dem Chimborazo von der N-Seite. Ein Besteigungsversuch des Carihuairazo bringt sie bis auf einen unbestimmten Gipfel des Hauptgrates. Am 3. Juli gelangt Whymper über die Ruta de las Murallas Rojas zum zweiten Mal auf den Gipfel des Chimborazo. Mit dabei sind dieses Mal die Ecuadorianer Francisco Campaña und David Beltrán. Die Ecuadorianer dienen Whymper als Zeugen, da seine erste Besteigung auf Unglauben gestoßen war. Mit dieser letzten Besteigung endet die für den ecuadorianischen Andinismus folgenreichste Reise. Whymper hinterliess in „Travels amongst the Great Andes of Ecuador" ein wunderbares Dokument, das neben der

Eselkaravane am Arenal des Chimborazo (E. Whymper)

Einleitung

Reisebeschreibung ungezählte Details zu Land, Leuten, Geographie, Geologie und Botanik enthält. Die von Whymper selber erarbeiteten Gravuren überzeugen durch einen schwer nachahmbaren Realismus.

Im Jahre 1903 bereist der deutsche Glaziologe Hans Meyer auf den Spuren Edward Whympers die Anden Ecuadors. Meyers Interesse richtet sich auf die Gletscher und auf die Geologie der ecuadorianischen Vulkane. Als Erstbesteiger des Kilimandscharo (5895 m) stehen natürlich auch einige Besteigungen auf dem Programm. Begleitet wird Meyer durch den Maler Rudolf Reschreiter. In den folgenden Monaten stattet die Expedition dem Chimborazo, Quilindaña, Antisana, Cotopaxi und Altar einen Besuch ab. Eine Besteigung glückt aber einzig am Cotopaxi. Rudolf Reschreiter nimmt jede Gelegenheit wahr, um die angetroffenen Landschaften auf Papier zu fassen. Aus dieser Reise entsteht das schöne Werk „In den Hoch-Anden von Ecuador", illustriert mit den Bildern Reschreiters und ergänzt mit ersten Fotografien zu den ecuadorianischen Bergen. Bis zu diesem Zeitpunkt war die Erschließung der ecuadorianischen Anden in erster Linie ein Werk ausländischer Forschungsreisender. Einheimische erschienen nur als Träger, bestenfalls als Führer. Mit Nicolás Martínez erscheint anfangs des 20. Jhd. ein Ecuadorianer auf der Bildfläche, der dem Andinismus in Ecuador den Weg bereitete. Martínez Leidenschaft galt insbesondere dem Tungurahua, der direkt gegenüber seiner Hacienda lag. Im Januar 1900 betritt er das erste Mal den Kraterrand dieses Berges. In den folgenden Jahren besteigt er den Vulkan etliche Male und verfasst verschiedene geologische Studien zum Vulkanismus. Allmählich stattet Martínez den meisten Bergen

Chimborazo von NW (R. Reschreiter)

Ecuadors einen Besuch ab: Den Antisana besteigt er im Jahr 1904, den Cotopaxi im Jahr 1906 und den Chimborazo im Jahr 1911. Besteigungsversuche am Cayambe und am Quilindaña schlagen fehl. Im Mai 1912 nimmt Martínez die Besteigung des Iliniza Sur in Angriff. Schlechte Verhältnisse zwingen die Gruppe zum Rückzug. Martínez weicht auf den Iliniza Norte aus. Nach einem heiklen Aufstieg geht Martínez als einziger ecuadorianischer Erstbesteiger eines 5000er in die Geschichte des ecuadorianischen Andinismus ein. Aus den vielen Schriften, die Martínez hinterliess, spricht eine unbändige Begeisterung für den Andinismus. Bei Freunden und einflussreichen Leuten Ecuadors wirbt er um Verständnis für den Andinismus und führt im Verlaufe der Jahre etliche Ecuadorianer in die Kunst des Bergsteigens ein. Bei seinem letzten Aufstieg zum Tungurahua im Jahre 1933 begleiten ihn beispielsweise 23 Ecuadorianer. So verwundert es nicht, dass die Hütte am Tungurahua und ein Gipfel des Chimborazo heute nach ihm benannt sind.

Noch sind in Ecuador drei 5000er ohne Erstbesteigung: Der Altar, der Carihuairazo und der Sangay. Im Jahr 1925 versucht der englische Vulkanologe G. W. Dyott eine Besteigung des Sangay, scheitert aber kurz vor dem Gipfel. Dyott besteigt jedoch den Chimborazo und gelangt sechzig Jahre nach Jiménez de la Espada auf den Krater des Volcán Sumaco. Dem Amerikaner Robert T. Moore gelingt es im Jahre 1929 während einer ruhigen Phase die Spitze des Sangay zu erreichen.

Die vierziger Jahre sind die Gründungszeit der ecuadorianischen Andinismusclubs. Heute existieren in Ecuador zwischen 20 und 30 solcher Clubs, die mehr oder weniger aktiv sind. Bis Einheimische die Initiative im ecuadorianischen Andinismus übernehmen würden, sollten aber noch einige Jahrzehnte vergehen.

Im Jahr 1951 besteigt eine Gruppe um Arturo Eichler als erste den Hauptgipfel des Carihuairazo. Eichler flüchtete aus dem Hitler-Deutschland und liess sich in Quito nieder. Hier schreibt er für verschiedene Zeitschriften und nutzt seine Freizeit für Expeditionen in den Dschungel und auf die Berge Ecuadors. Eichler ist auch mit dabei, als eine Gruppe um den italienischen Alpinisten Alfonso Vinci den Quilindaña erstbesteigt. In seinem Buch „Nieve y Selva en Ecuador" dokumentiert er mit phantastischen Schwarzweissfotos seine Abenteuer in den Anden und im Dschungel. Diese letzte Besteigung sorgt für Unruhe unter den ecuadorianischen Andinismusclubs, die ecuadorianische Erstbesteigungen für die verbleibenden Berge einfordern. Anfangs der sechziger Jahre beginnt der Wettlauf um die Gipfel des Altar. Marco Cruz, ein ecuadorianischer Bergführer aus Riobamba unternimmt mehrere Expeditionen, um eine Route auf den höchsten Punkt, den Obispo, zu rekognoszieren. Während zwölf Gelegenheiten versucht er den Gipfel zu erreichen. Im Juli 1963 gelingt es jedoch einer Gruppe erfahrener italienischer Bergführer um Marino Tremonti über die später Ruta Italiana benannte Route den Obispo zu besteigen. Marco Cruz folgt ihnen fünf Monate später über dieselbe Route. Die meisten der verbleibenden Gipfel des

Einleitung

Altar fallen ebenfalls in die Hände ausländischer Gruppen. Marino Tremonti besteigt auf den folgenden Reisen den Canónigo (1965) und den Fraile Grande (1972). Einzig der Fraile Beato (1974), der Fraile Oriental (1978) und der Fraile Central (1979) werden von ecuadorianischen Teams erstbestiegen. Bei diesen Besteigungen treten die ecuadorianische Andinisten um Bernardo Beate, Marco Cruz und Milton Moreno in Erscheinung.

Alle bekannten Berge Ecuadors sind Ende der siebziger Jahre bestiegen. Es bleiben die Nebengipfel am Chimborazo, Cayambe und Antisana. Und natürlich bleibt ein breites Feld, um über neue Routen die genannten Berge zu besteigen. Die siebziger Jahre werden geprägt durch eine Reihe ecuadorianischer Andinisten, die auch für schwierige andinistische Unternehmungen vorbereitet sind. Es folgen verschiedene Besteigungen von Nebengipfeln und die Öffnung neuer Routen. In die siebziger Jahre fällt auch der Bau der meisten Berghütten Ecuadors. Als erste Hütte entsteht im Jahre 1964 am Chimborazo die Hütte Fabián Zurita. Fabián Zurita, Priester und Naturliebhaber, gründet 1970 den Club El Sadday und versucht durch Massenbesteigungen den Andinismus unter der Bevölkerung zu popularisieren. In den achziger Jahren ist der ecuadorianische Andinismus bereit, um schwierigste Besteigungen vorzunehmen. Die Über-

Der Cotopaxi im Nebelmeer

Geschichte

schreitung des Chimborazo (La Integral del Chimborazo) gelingt im Jahre 1980[2]. Die Kraterinnenwand des Altars wird in den Jahren 1984 (Obispo und Canónigo) und 1987 (Tabernáculo) bezwungen. Die Überschreitung aller Gipfel des Altar fällt im Jahre 1995 ebenfalls an eine ecuadorianische Gruppe[3]. Genau genommen wurde nicht direkt der Grat überschritten, sondern der Vulkan lediglich umrundet und dabei allen Gipfeln ein Besuch abgestattet.

Heutzutage wird mancherorts beklagt, der ecuadorianische Andinismus sei eine elitäre Angelegenheit, die bei der breiten Volksmasse kaum auf Interesse stößt. Zwar hat Ecuador brillante Bergsteiger hervorgebracht, aber die meisten Ecuadorianer stehen ihren Bergen indifferent gegenüber. Dafür blüht das Geschäft mit dem Tourismus. Jährlich besuchen Tausende von europäischen oder nordamerikanischen Touristen Ecuador und setzen unter anderem in einer oder mehreren Besteigungen ihr Ziel. Besonderer Beliebtheit erfreut sich dabei der Cotopaxi, Chimborazo, und Iliniza. Im Zuge dieses Bergtourismus wurde der ASEGUIM (Bergführerverband) gegründet, der sich um die Ausbildung von Bergführern kümmert. Es entstanden eine Reihe von Reiseagenturen sowie verschiedene Bergsportgeschäfte.

Wanderungen

Indio-Dörfer am Quilotoa

Die meisten Städte des innerandinen Beckens sind ideale Ausgangspunkte, um eintägige Wanderungen zu unternehmen. Solche Wanderungen eignen sich, um sich mit den ecuadorianischen Verhältnissen vertraut zu machen. Einige der Wanderungen setzen allerdings bereits ein erhöhtes Orientierungsvermögen voraus. Belohnt wird die Anstrengung mit faszinierenden Einblicken in die andine Landschaft Ecuadors.

A1.	Cerro Cusín	S. 48
A2.	Fuya-Fuya	S. 50
A3.	Cerro Negro	S. 52
A4.	Sincholagua - Pululahua	S. 53
A5.	Pondoña - Pululahua	S. 56
A6.	Pambamarca	S. 58
A7.	Casitagua	S. 60
A8.	Ilaló	S. 62
A9.	Atacazo	S. 64
A10.	Papallacta	S. 66
A11.	Lava Potrerillos	S. 68
A12.	Pasochoa - Südroute und Nordroute	S. 69
A13.	Pasochoa - Nordwestroute	S. 71
A14.	Von Agoyán nach San Pedro	S. 73

0
20
40
60
80
100 km
Volcán Chiles
4723 m
TULCÁN
Tufiño
El Angel
Yanaurcu de Piñán
4535 m
Urququí
Cotacachi
4939 m
IBARRA
Imbabura
4621 m
OTAVALO
1
Cerro Cusín
2
3
San Miguel
de los Bancos
Pululahua
5
4
Mojanda
Cayambe
5790 m
Volcán
El Reventador
Casitagua
7
6
Pambamarca
Pichincha Rucu
Saraurcu
4670 m
QUITO
Pichincha Guagua
Las Puntas
8
Tablarumi
SANTO
DOMINGO
Atacazo
9
Ilaló
10
Papallacta
11
12
13
Pasochoa
Antisana
5758 m
Baeza
Volcán
Sumaco
3780 m
Corazón
Sincholagua
Iliniza Norte
5116 m
Rumiñahui
Cotopaxi
5897 m
Iliniza Sur
5263 m
Morurcu
Quilindaña
4877 m
Lasso
Narupa
Guagua
Sumaco
LATACUNGA
Pujilí
QUEVEDO
TENA
San Miguel de Salcedo
Quillourcu
Quillushapa
Casaguala
4537 m
Cerro Hermoso
4571 m
AMBATO
El Triunfo
Carihuairazo
5018 m
Baños
14
Chimborazo
6310 m
Tungurahua
5016 m
PUYO
Guaranda
RIOBAMBA
Volcán El Altar
5319 m
Cubillín
Quilimas
Alao
Sangay
5230 m
MILAGRO
Atillo
Alausí
Totoras
Achipungo
Sasquines
Soroche
4689 m
Macas
Filo Cajas
4580 m
Azogues
Migüir
CUENCA
N

A Wanderungen

A1. **Cerro Cusín** (3989 m)

Koordinaten	MAP: 817, 700, 0017, 970
Anzahl Tage	1
Schwierigkeit	T3
Karten	Cayambe 1:50 000, San Pablo del Lago 1:50 000
Plan	S. 131, Imbabura
Höhen	Cajas 3148 m, Cerro Cusín 3989 m, Anglas 3130 m
Zeiten	Aufstieg 3 ½ h, Abstieg nach S. Pablo 3 h

Der Cerro Cusín liegt südlich des Imbabura in der gleichnamigen Provinz. Seine nach NW gerichtete Hufeisenform offenbart, dass es sich um eine Caldera handelt, die durch die Gletscher des Pleistozäns reduziert wurde. Die Umgebung des Cerro Cusín ist dicht besiedelt von armen, noch sehr ursprünglichen Indios. Auf den Bergrücken des Cerro Cusín stechen auffällige Gräben ins Auge, die in gerader Linie quer durch die Landschaft führen. Diese werden „Zanjas" genannt und grenzen Territorien voneinander ab.

Eine besonders schöne Unternehmung ist es den Cerro Cusín zu überschreiten. Wer anschließend in San Pablo del Lago übernachtet, kann am nächsten Tag die Tour auf den Imbabura oder den Cerro Cubilche anhängen.

Anfahrt

Im Terminal Terrestre von Quito oder irgendwo auf der Avenida Occidental (Av. Mariscal Antonio José de Sucre) besteige man einen Bus Richtung Otavalo oder Ibarra. Nach einer guten Stunde Fahrt, passiert der Bus die Ortschaft Tabacundo. Ca. 16 km später gelangt man nach Cajas, wo sich die Straßen Tabacundo - Otavalo und Cayambe - Otavalo vereinen. Genau bei der Kreuzung steige man aus.

Aufstieg (3 ½ h)

Von der Straßenkreuzung gehe man 200 m auf der Hauptstraße in Richtung Cayambe, bis linkerhand eine Schotterstraße abzweigt. Über diese Straße steige man in Richtung ENE bis zum letzten Haus. Bei diesem Haus zweige man nach rechts auf einen horizontalen Weg ein. Über diesen Weg erreicht man nach 300 m eine ausgeprägte Rippe, die als Kuhweide benutzt wird. Über diese Rippe steige man hoch in Richtung NE bis zu einer Baumgruppe auf 3320 m. Von der Baumgruppe steige man nach ENE, wobei sich die Rippe allmählich in der W-Flanke der Loma Pugyaro auflöst. Bald erreicht man den Páramo, so dass mühsam durch hohes Gras über die steile Flanke aufgestiegen werden muss. Kurz vor Erreichen der Loma Pugyara passiert man einen auffälligen Graben, der wie mit dem Lineal in die Landschaft einge-

Grenzmarkierung am Cerro Cusín

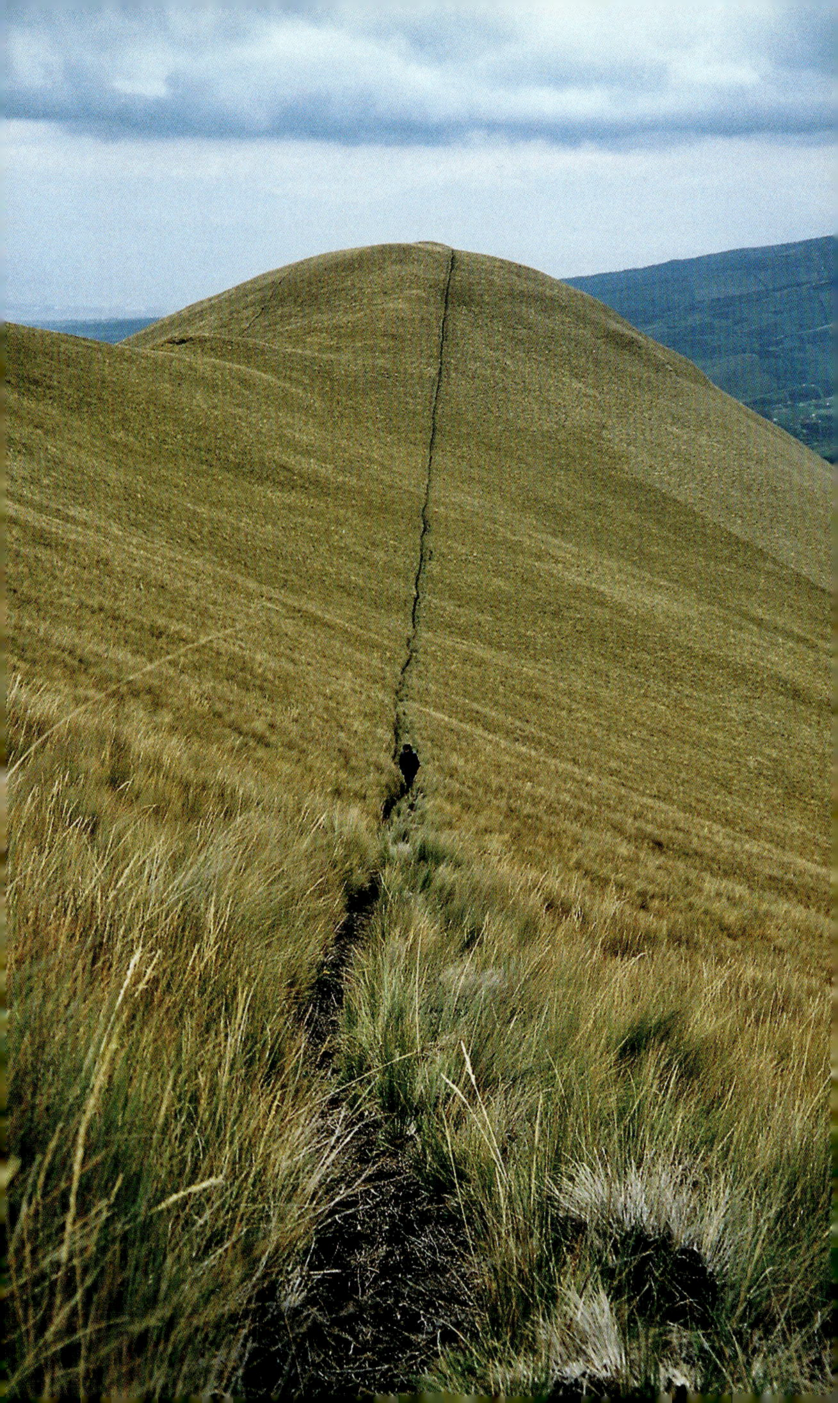

zeichnet scheint. Wenn diesem Graben in Richtung NE gefolgt wird, kann in kürzester Zeit der Sattel nordöstlich der Loma Milán erreicht werden. Alternativ können natürlich auch die Bergkuppen der Loma Pugyaro und der Loma Milán überschritten werden. Vom erwähnten Sattel führt eine gute Spur in Richtung NE auf die Loma Turubamba (3933 m). Nun folge man in Richtung N stets der Schneide des Hauptgrates. Nach einem Kilometer auf und ab gelangt man auf den Hauptgipfel des Cerro Cusín (3989 m).

Abstieg nach San Pablo (3 h)

Man folge der unsteil abfallenden Gratschneide in Richtung NE. Auf 3800 m verdichten sich die Wegspuren zu einem eigentlichen Weg. Dieser Weg nähert sich bis auf 500 m der Loma Atuhuasi, um dann die Hauptrippe zu queren und im Zickzack zur Q. Tumapamba abzusteigen. Ab 3600 m gelangt man zu einer eingezäunten Zone, dessen linkem Rand man folge, bis auf 3520 m ein regulärer Weg beginnt. Nach einem knappen Kilometer Abstieg über diesen Weg in Richtung N gelangt man auf 3420 m zu einem Wasserreservoir. Jetzt wird klar, dass die eingezäunte Zone wahrscheinlich als Trinkwasserschutz gedacht ist. Vom Reservoir führt im Zickzack eine Erdstraße hinab zur Ebene von Túqeres Alto. Auf dieser Ebene angekommen folge man der Fahrstraße in der Richtung NW, an einer Hacienda vorbei, bis man bei einer zweiten Hacienda auf die Hauptstraße gelangt. Man biege nach links auf die Hauptstraße ein und folge dieser einen Kilometer hinab, um zur Straßenkreuzung von Anglas zu gelangen.

Ab Anglas fahren Busse im Halbstundentakt via San Pablo, González Suárez bis nach Otavalo. Der letzte Bus fährt 18.30 h. Zu Fuß kann die Strecke nach San Pablo in einer guten Stunde bewältigt werden.

Anstatt über die Fahrstraße zum Wasserreservoir abzusteigen kann übrigens auch direkt über die Loma Turupamba und dessen NW-Ausläufer bis nach Gualabi abgestiegen werden.

A2. **Fuya-Fuya** (4279 m)

Koordinaten	MAP: 801, 550, 0015, 150
Anzahl Tage	1
Schwierigkeit	T3
Karten	Mojanda 1:50 000
Höhen	Laguna Mojanda 3720 m, Fuya-Fuya 4279 m
Zeiten	Aufstieg 2 $^1/_2$ h

A1. Cerro Cusín - A2. Fuya-Fuya

Rund 10 km Luftlinie südlich von Otavalo liegen in einer stark erodierten Caldera die Lagunas de Mojanda. Der Kraterrand kulminiert in verschiedenen Gipfeln. Der Cerro Negro und der Fuya-Fuya bilden die zwei höchsten Erhebungen in der Kraterkette. Der einstige Vulkan entstand vermutlich während des Pleistozän und muss die Ausmasse eines Cotopaxi oder Chimborazo angenommen haben, wie die Basis von 20 km des Massivs vermuten lässt. Leider erschließen heute mehrere Fahrstraßen das Gebiet der Lagunas Mojanda. Für Mehrtagestouren fehlt deshalb in der Regel die gewünschte Abgeschiedenheit. Da das Gebiet beliebt ist unter Touristen, kam es in den letzten Jahren außerdem zu Überfällen.

Der Fuya-Fuya befindet sich westlich der Laguna Mojanda Grande. Er besteht aus zwei identischen Gipfelköpfen, die auf der Linie W-E angeordnet sind. Von erhöhten Punkten in Quito kann die typische Silhouette dieses Berges gut identifiziert werden. Früher wurde dieser Berg El Puyupuyu genannt. „Puyu" stammt aus dem Quichua und bedeutet „Nebel". Der Gipfel kann von der Laguna Mojanda Grande bequem in kurzer Zeit erreicht werden. Eine interessante Tour ergäbe sich durch den Aufstieg vom westlich gelegenen Atahualpa.

Anfahrt

Als Ausgangspunkt für die Besteigung des Fuya-Fuya bietet sich die Laguna Mojanda an. Der Aufstieg zur Laguna ist recht monoton und weit, so dass es nahe liegt, mit einer Camioneta anzureisen. Camionetas können in Otavalo z.B. an der Abzweigung von der Panamericana zur Laguna Mojanda gemietet werden. Diese Abzweigung liegt ca. 500 m nach der Abzweigung zum Zentrum von Otavalo. Eine Camioneta zur Laguna Mojanda kostet in jeder Richtung um 12 US$. Man kann mit dem Camionetista eine Uhrzeit ausmachen, um abgeholt zu werden. Dann ist aber bereits zuvor der halbe Fahrpreis für die Rückfahrt zu entrichten.

Aufstieg (2 $^1/_2$ h)

Vom westlichen Ende des Sees (3720 m) steige man in Richtung W über Páramo zu einer schwach ausgeprägten Rippe (3940 m). Gleich zu Beginn sind dabei zwei Gräben zu übersteigen. Man folge dieser Rippe in Richtung SW bis unter die SE-Flanke des Berges (4060 m). Nun halte man sich nach NW und besteige diese Flanke. Kurz vor Erreichen des Grates erscheinen links der Route ein paar Felsen. Die letzten Meter werden direkt auf der grasigen Gratschneide bis zum E-Gipfel zurückgelegt (4263 m). Wer auch den W-Gipfel (4279 m) besteigen möchte, folge dem Grat nach W. Die Gratfelsen des W-Gipfels werden dabei in der S-Flanke umgangen.

A · Wanderungen

A3. **Cerro Negro** (4263 m)

Koordinaten	MAP: 805, 300, 0013, 700
Anzahl Tage	1
Schwierigkeit	T4
Karten	Mojanda 1:50 000, Cayambe 1:50 000
Höhen	Tocachi 2952 m, Cerro Negro 4263 m, Tabacundo 2860 m
Zeiten	Aufstieg 5 h, Abstieg nach Tabacundo 3 $1/2$ h

Dieser Berg steht wenig südlich der Laguna Mojanda Grande. Mit 4263 m Höhe wird er vom Fuya-Fuya (siehe S. 50 - A2.) nur um wenige Meter überragt und bildet somit den zweithöchsten Punkt im Kraterrand der Caldera von Mojanda. In Quichua wird der Berg „Yanaurcu" genannt, was wie „Cerro Negro" zu deutsch „Schwarzer Berg" heißt. Die Basis dieses Berges kann über verschiedenste Routen erreicht werden. Landschaftlich abwechslungsreich ist der Aufstieg von Tocachi und der Abstieg nach Tabacundo. Die resultierende Wanderung ist allerdings aufgrund ihrer Länge physisch anspruchsvoll.

Anfahrt

Der Ausgangspunkt für diese Wanderung ist Tocachi. Dieses Dorf kann wie folgt erreicht werden: Man nehme im Terminal Terrestre von Quito einen Bus nach Otavalo. Diese Busse können auch irgendwo auf der Occidental (Av. Mariscal Antonio José de Sucre) angehalten werden. Dem Fahrer teile man mit, dass man an der Abzweigung nach Tocachi aussteigen möchte. Die Fahrt dauert eine gute Stunde. An der Abzweigung warte man auf einen Transport bis nach Tocachi. Die meisten Fahrzeuge nehmen Fahrgäste mit.

Aufstieg (5 h)

Tocachi (2952 m) befindet sich am unteren Ende eines langen Bergrückens. Diesem Bergrücken ist nach N bis auf die Cerros de Toachi (3997 m) zu folgen. Über den Bergrücken führt v.a. im unteren Bereich ein verwirrendes Netz von Wegen, so dass eine genauere Beschreibung sinnlos ist. Man halte sich grundsätzlich nach oben (N) und lasse sich nicht entmutigen von verschwindenden Wegen. Ab 3600 m schwenkt die Grundrichtung des Bergrückens nach NE. Bei guter Sicht ist von den Cerros de Toachi bereits der Gipfel des Cerro Negro 3 km nordöstlich zu erkennen. Anschließend steige man in Richtung NE ab zu einem Pass der Höhe 3910 m. Vom Pass folge man einer Rippe zur Basis des Berges in Richtung NNE. Nach einem knappen Kilometer ab dem Pass wird dabei eine Fahrstraße überschritten. An der Basis des Berges suche man sich einen Durchgang durch Büsche und kleine Wälder. Man halte sich in Richtung NE, um zum Beginn der langen S-Flanke zu gelangen. Der entsprechende Hang ist in seiner ganzen Länge zu besteigen. Oben verengt sich der

A3. Cerro Negro - A4. Sincholagua

Hang zu einem Couloir. Von unten sieht dieser Bereich problematisch aus. Da der ganze Hang aber mit Páramo-Gras bewachsen ist, sind keine Probleme zu erwarten. Man verlasse im oberen Bereich das erwähnte Couloir nach links und gelangt so auf den SW-Grat, über den man in wenigen Schritten den Gipfel (4263 m) erreicht. Wer mit dem Wetter Glück hat, wird mit einer prächtigen Aussicht auf die drei Kraterseen des einstigen Vulkanes von Mojanda belohnt.

Abstieg nach Tabacundo (3 ½ h)
Zunächst steige man über die S-Flanke ab. Im unteren Bereich halte man sich aber vermehrt nach links. Auf 3960 m wird eine Fahrstraße erreicht. Wenn dieser Straße nach links gefolgt wird, gelangt man bald zur Vereinigung mit der Straße Tabacundo - Mojanda. Man folge nun dieser Straße hinab bis nach Tabacundo. Die ersten paar Kehren können dabei über eine Páramo-Rippe abgekürzt werden.

A4. **Sincholagua - Pululahua** (3356 m)

Koordinaten	MAP: 782, 350, 0004, 250
Anzahl Tage	1
Schwierigkeit	T4
Karten	Mojanda 1:50 000
Plan	S. 55, Pululahua
Höhen	Mitad del Mundo 2460 m, Sincholagua 3356 m, Krater 2505 m, Mirador 2820 m
Zeiten	Wanderung 6 ½ h

Ca. 25 km nördlich von Quito, unmittelbar auf dem Äquator, liegt der Nationalpark Reserva Geobotánica Pululahua. Kernstück dieses Parks ist das Überbleibsel einer von wilder Vegetation überzogenen Caldera. Diese Caldera weist einen ungefähren Durchmesser von 5 km auf und ist nach NW offen. Der ehemalige Kraterrand wird von einer Kette attraktiver Gipfel gekrönt: Loma Papatena (3331 m), Loma Mirador (3259 m), Cerro Sincholagua (3356 m) und Loma Maucaquito (3300 m). Mitten im Krater bildeten sich in der Endzeit der aktiven Phase zwei Vulkankegel:

Cerro Pondoña (2989 m) und Cerro El Chivo (2705 m). Die letzten Anzeichen von Aktivität liegen bereits mehrere tausend Jahre zurück, so dass die Caldera und auch die zwei Vulkankegel stark erodiert sind.

Die komplizierte Topographie in Kombination mit starken Westwinden schafft eine Reihe von unterschiedlichen Mikroklimas. Auf der fruchtbaren Vulkanerde gedeiht eine hohe Zahl von Pflanzenarten. Diese Zonen bilden in der Folge ideale Refugien für verschiedenste Vogelarten. Im Jahre 1966 wurde deshalb die Umgebung des Kraters in einer Fläche von 3'383 ha

Wanderungen

zum ersten Nationalpark Ecuadors erklärt. Seit Menschengedenken ist der Grund des Kraters bewohnt. Damit gehört der Pululahua zu einem der zwei einzigen bewohnten Krater der Welt. Die Campesinos leben vorwiegend vom Mais- und Bohnenanbau. Während der Agrarreform (1972) wurde die ehemalige Hacienda aufgelöst und Parzellen an die Landarbeiter verteilt. Ein Teil des Landes blieb in Gemeinschaftsbesitz und bildet ein soziales Auffangnetz für die Mitglieder der Gemeinschaft.

Die Nähe dieses Parks zur Hauptstadt Quito macht den Park zum idealen Ziel für eintägige Ausflüge. Die Gipfel im Kraterrand sowie die beiden Vulkankegel inmitten des Kraters (siehe S. 56 - A5.) bilden dabei hervorragende Ziele für den Bergwanderer. Weitere attraktive Ziele stellen die Aguas Termales beim Río Blanco und die Orchideennische in der Q. La Reventazón dar.

Dieses Kapitel beschreibt die Begehung eines Teiles des Kraterrandes, inklusive die Besteigung ihres höchsten Punktes, des Sincholagua. Dieser Berg ist nicht zu verwechseln mit dem gleichnamigen Berg im Nationalpark Cotopaxi. Die Wanderung ist als Rundtour angelegt, die durch unterschiedliche Zonen des Parks führt.

Anfahrt

Der Ausgangspunkt dieser Wanderung ist Mitad del Mundo. Um nach Mitad del Mundo zu gelangen, nehme man einen der vielen Busse, die am Redondel Miraflores (Av. Universitaria y Nicaragua) ihre Endstation haben und anschließend entlang der Av. América nach Mitad del Mundo fahren. In Mitad del Mundo sorge man sich um eine Fahrgelegenheit zum Complejo recreacional y deportivo Pucará. Entweder miete man sich ein Taxi, warte auf einen Bus nach Calacalí oder versuche eines der vielen Autos anzuhalten, die in Richtung Calacalí fahren. Der Complejo recreacional y deportivo Pucará (2600 m) befindet sich ca. 3 km nach Mitad del Mundo in Richtung Calacalí und ungefähr 200 Meter rechts der Straße.

Wanderung (6 $^1/_2$ h)

Vom Complejo recreacional y deportivo Pucará überquere man zunächst eine trockene Quebrada. Jenseits der Quebrada wird ein Weg erreicht, der in Richtung N zu einem Pass (2860 m) zwischen dem Cerro Sincholagua und der Loma La Marca führt. Vom Pass aus folgt der Weg einer wenig ausgeprägten Rippe direkt zum Gipfel (3356 m). Nun steige man über den NNW-Grat ab, bis eine Höhe von 3220 m erreicht wird. Hier teilt sich der Hauptgrat in einen ENE-Grat und einen NW-Grat. Man suche einen Durchschlupf durch das Gebüsch am Wegrand und vergewissere sich, dass man nach links über den NW-Grat absteigt. Anschließend folge man stets den Wegspuren, die über den Grat nach N führen. Auf 3100 m wird ein Sattel erreicht, von dem aus anschließend zur Loma del Hospital (3145 m) aufgestiegen werden muss. Diesen Gipfel verlasse man über den NW-Grat. Nun folge man dem Grat, bis er auf einer Höhe von 3060 m in einem Pass endet, der von E über eine Fahrstraße erschlossen wird. An diesem Pass beginnt ein verwachsener Weg,

A4. Sincholagua

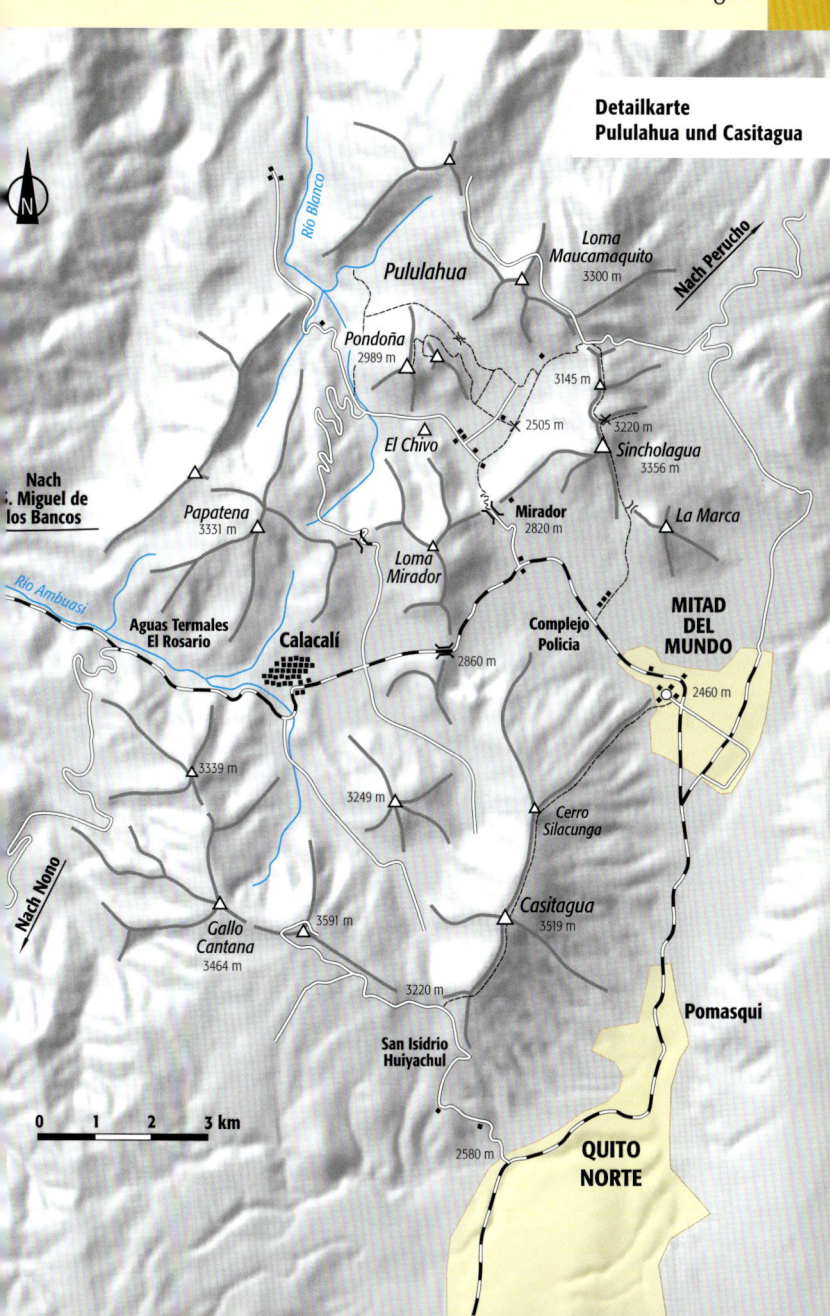

Detailkarte Pululahua und Casitagua

Wanderungen

der nach SW in den Krater hinabführt. Über viele Kehren erreicht man bald den Grund des Krater (2505 m) und damit auch den ersten Hof (MAP: 781, 250, 0005, 600). Man folge einer der Fahrstraßen, die in Richtung SW zum südlichen Ende des Kraters führen. Nach 2 km trifft man auf den Mauleselweg, der zum Mirador (2820 m) hochführt. Direkt bei der Einmündung zum Mauleselweg befindet sich ein Hof (MAP: 780, 200, 0004, 000), in dem Getränke zu kaufen sind. Der Weg zum Mirador weist eine Vielzahl von Kehren auf und wird von vielen Besuchern begangen. Oben angekommen lässt sich in der Regel ohne viele Probleme eine Fahrgelegenheit nach Mitad del Mundo organisieren. Ist dies schwierig, laufe man die 1.5 km hinunter zur Hauptstraße Calacalí - Mitad del Mundo. Hier fahren mindestens stündlich Busse bis zum Redondel Miraflores.

A5. **Pondoña - Pululahua** (2989 m)

Koordinaten	MAP: 778, 950, 0005, 500
Anzahl Tage	1
Schwierigkeit	T4 bzw. T6 (Hauptgipfel)
Karten	Mojanda 1:50 000
Plan	S. 55, Pululahua
Höhen	Mirador 2820 m, Krater 2505 m, Pondoña 2989 m
Zeiten	Aufstieg 4 $\frac{1}{2}$ h

Mitten in der Caldera von Pululahua (siehe S. 53 - A4.) steht das Überbleibsel eines sekundären Vulkandoms: Der Pondoña. Überwachsen von einer wilden Flora, stellt er ein attraktives Ziel für Ausflüge dar. Drei Erhöhungen krönen das Gipfelplateau: Der E-Gipfel (2900 m), der N-Gipfel (2900 m) und der Hauptgipfel (2989 m) im SW. Ein Weg führt vom Fuß des Berges bis in den Sattel zwischen den beiden erstgenannten Gipfeln. Diese beiden Gipfel lassen sich ausgehend vom Sattel über vage Wegspuren besteigen. Der Übergang zum Hauptgipfel ist schwierig, da die Vegetation auf dem Gipfelplateau erstaunlich hoch und unvorstellbar dicht ist. Die Aussicht auf dem Hauptgipfel ist denn auch wegen dem Gestrüpp stark behindert. Ohne eine breite Schneise der Zerstörung zu hinterlassen, kann der Hauptgipfel kaum erreicht werden. Es wird deshalb empfohlen, sich mit der eben so einsamen E-Erhebung oder N-Erhebung zufrieden zu geben.

Anfahrt

Der Ausgangspunkt dieser Wanderung ist Mitad del Mundo. Um nach Mitad del Mundo zu gelangen, nehme man einen der vielen Busse, die am Redondel Miraflores (Av. Universitaria y Nicaragua) ihre Endstation

A4. Sincholagua - A5. Pondoña

haben und anschließend entlang der Av. América nach Mitad del Mundo fahren. In Mitad del Mundo beschaffe man sich eine Fahrgelegenheit zum Mirador. Entweder miete man sich für 3 US$ eine Camioneta bis zum Mirador oder man versuche eines der vielen Autos anzuhalten, die in Richtung Calacalí fahren. Jede Stunde fährt übrigens ein Bus direkt von Miraflores bis nach Calacalí. In diesem Fall steige man bei der Abzweigung zum Mirador (4 km nach Mitad del Mundo) aus und gehe die fehlenden 1.5 km zu Fuß.

Aufstieg (4 $^1/_2$ h)

Am Mirador (2820 m) kann bei guter Sicht der Krater eingesehen werden, da man sich bereits auf dem ehemaligen Kraterrand befindet. In der Mitte des Kraters liegt gut sichtbar der Berg Cerro Pondoña (2989 m), kaum höher als der aktuelle Standpunkt. Zunächst muss knapp 300 Höhenmeter über einen Maulleselweg mit vielen Kehren abgestiegen werden. Ca. 50 m vor dem ersten Haus biege man scharf nach rechts ab auf eine unauffällige Fahrstraße. Man folge dieser Straße ca. 800 m, bis nach links abgebogen werden kann (2505 m). Die eingeschlagene Richtung weist nun genau auf den Berg Pondoña zu. Nach einem knappen Kilometer wird der Fuß des Berges erreicht. Die nächsten paar Meter schlage man sich durch ein undefiniertes Gelände aus Gebüsch, Wegspuren und Feldbegrenzungen. Bald wird aber ein Weg deutlich, der nach rechts (in Richtung N) ansteigt. Man folge diesem Weg bis auf eine Schulter der Höhe 2800 m, wo der Weg zu verschwinden scheint. In Wirklichkeit setzt sich der Weg aber einige wenige Meter unterhalb der Schulter in nordwestlicher Richtung fort, um die NE-Flanke des Berges sanft ansteigend zu durchqueren. In diesem Abschnitt kann der Weg bereits einigermassen überwuchert sein, so dass eine Machete hilfreich ist. Auf 2840 m schwenkt der Weg in die Ebene zwischen der E- und N-Erhebung ein. Hier ist die Vegetation bereits so hoch, dass sich das

Der bewohnte Krater Pululahua

Gebüsch oberhalb des Weges schließt. Ca. 50 m nach Eintritt des Weges in den Wald zweigen links Wegspuren ab, die bis auf die E-Erhebung (2900 m) führen. Der Weg muss aber je nach Zustand mit der Machete gesäubert werden. Der Hauptweg führt jedoch über viele Richtungswechsel und einen kurzen Abschwung von 10 m bis auf den N-Gipfel (2900 m).

Wer unbedingt den Hauptgipfel des Pondoña (2989 m) besteigen möchte, mache sich darauf gefasst, dass die fehlenden 100 Höhenmeter und die verbleibende Distanz von 500 m zwei bis drei Stunden Schwerstarbeit mit sich bringen. Weder mit einem Weg noch mit Wegspuren ist zu rechnen. Die Orientierung ist insbesondere bei Nebel schwierig, aber auch bei guter Sicht ist es nicht ganz einfach sich zurechtzufinden, da man nur selten zum Gebüsch heraussieht. Das Gebüsch erreicht an einigen Stellen die verblüffende Höhe von über 5 Meter. Unter dem Gebüsch hindurchkriechen ist unmöglich, da die Vegetation zu dicht ist. Deshalb muss oft auf dem Gebüsch über einem schwammigem Boden balanciert werden. Die Folge ist, dass man hin und wieder durch Löcher auf den eigentlichen Boden durchbricht. Ohne Machete ist ein Durchkommen kaum mehr möglich.

Vom N-Gipfel steige man vorerst 30 Höhenmeter nach WNW bis auf ein Plateau ab. Nun durchquere man das Plateau in Richtung W zu einem markanten Felsspitz. Jenseits des Felsspitzes müssen erneut 30 Höhenmeter abgestiegen werden. Anschließend schlage man sich nach SW zum Fuß des Hauptgipfels durch. Im Folgenden muss steil über die NNW-Flanke aufgestiegen werden. Man gelangt auf ca. 2940 m zu einem Vorgipfel, von dem erneut 10 m abgestiegen werden muss. Hier halte man auf einen Felsen zu und traversiere an seinem Fuß nach rechts. Sobald der Felsen sein Ende findet, steige man mühsam auf das Gipfelplateau. Von hier sind es wenige Meter in Richtung S bis zur höchsten Erhebung (2989 m).

A6. **Pambamarca** (4075 m)

Koordinaten	MAP: 810, 940, 9991, 550
Anzahl Tage	1
Schwierigkeit	T3
Karten	Cangahua 1:50 000
Höhen	Cangahua 3170 m, Pambamarca 4075 m, El Quinche 2659 m
Zeiten	Aufstieg 2 $^{1}/_{2}$ h, Abstieg nach El Quinche 4 $^{1}/_{2}$ h

Pambamarca wird eine langgezogene Bergkuppe nordöstlich von Quito genannt. Mit 4075 m ist diese Bergkuppe zwar nicht besonders hoch, bietet aber auf Grund ihrer zentralen Lage phantastische Ausblicke auf die nördliche Sierra Ecuadors. Insbesondere der Cayambe

A5. Pondoña - A6. Pambamarca

Indigene Kulturlandschaft am Pambamarca

ist steter Begleiter auf der Wanderung. Unter Archäologen sind die Bergkuppen von Pambamarca in erster Linie wegen den Überresten einstiger Festungsanlagen (Pucará) bekannt. Diese Pucarás wurden meistens direkt auf Berggipfeln gebaut und bestehen aus konzentrischen Terrassen, die zusammen eine Pyramide bilden. Im Zentrum stand vermutlich das eigentliche Fort. Nach gängiger Ansicht wurden diese Festungen von den Inkas erbaut. Gewichtigster Grund für diese Annahme ist die weite Verbreitung von Chile bis nach Nord-Ecuador. Die Pucarás wurden stets auf strategisch bedeutsamen Gipfeln in der Nähe wichtiger Verkehrsachsen gebaut. Eine der wichtigsten Festungen wurde auf der Bergkuppe von Quitoloma konstruiert. Auf dem Gipfel von Pambamarca kann man die Reste einer weiteren Großen Anlage bewundern.

Anfahrt

Im Paradero der Busse nach Cayambe an der Ecke Manual Larrea y Asunción nehme man einen Bus nach Cayambe. Ca. 8 km vor Cayambe, bei der „Entrada a Cangahua" steige man aus und warte auf einen der häufigen Busse nach Cangahua.

Aufstieg (2 ½ h)

Vom Hauptplatz steige man links der Kirche über eine Gasse Richtung SW. Nach einem Häuserblock muss nach links abgebogen werden. Wiederum nach einem Häuserblock beginnt in südwestlicher Richtung ein erdiger Fahrweg in Richtung der „Comunidad

Indígena de Pucará". Auf einer Höhe von 3440 m gabelt sich der Weg. Über den linken Weg wird in Kürze die „Escuela Padre Velasco" erreicht. Man folge der Hauptstraße in westlicher Richtung bis hinauf zum Páramo. Auf 3800 m wird die Hauptrippe erreicht. Nun verlasse man den Hauptweg, um in Richtung S zur Loma de Toaquiza (3892 m) aufzusteigen. Auf dieser Bergkuppe kann bereits eine große Anlage erkannt werden. Man versteht schnell, dass die Vogelperspektive vermutlich einen eindrücklicheren Blick der Anlage erschließen würde. Nun wende man sich in Richtung SW, um nach einem guten Kilometer schließlich die Pucará von Pambamarca (4075 m) zu erreichen. Der höchste Punkt ist mit einem Triangulationsstein des IGM markiert. Archäologen sind sich nicht im Klaren über das ursprüngliche Aussehen der Festungsanlagen.

Abstieg nach El Quinche (4 ½ h)

Natürlich kann anschließend wieder nach Cangahua abgestiegen werden. Interessant ist aber auch der Übergang nach El Quinche. Vom Gipfel des Pambamarca wechsle man zum Nachbargipfel Cerro Jambi Machay (4078 m), der sich einen guten Kilometer südsüdöstlich befindet. Nun steige man in Richtung SW zu den Hütten von Pacchapamba ab. Von Pacchapamba kann direkt über einen breiten Weg via Chumillos nach El Quinche abgestiegen werden. Interessanter ist es jedoch dem Pucará von Quitoloma zuvor einen Besuch abzustatten. Man besteige deshalb die Bergkuppe Quitoloma (3781 m) südsüdwestlich von Pacchapamba. Vom Gipfel kann in westlicher Richtung zur Comunidad Indígena von Chumillos abgestiegen werden. Hier beginnt eine Fahrstraße nach El Quinche (2659 m).

A7. **Casitagua** (3519 m)

Koordinaten	MAP: 780, 750, 9996, 300
Anzahl Tage	1
Schwierigkeit	T3
Karten	El Quinche 1:50 000
Plan	S. 55, Pululahua
Höhen	Mitad del Mundo 2460 m, Casitagua 3519 m, Autopista 2580 m
Zeiten	Aufstieg 3 ½ h, Abstieg 3 h

Zwischen dem Pichincha und Pululahua, 20 km nördlich von Quito, liegt der langgezogene Kamm des Casitagua. Von Quito sind bei guter Sicht die Flugsicherungsanlagen auf diesem Berg zu erkennen. Der Bergkamm ist das Überbleibsel eines stark erodierten Vulkans, der seit mindestens 100'000 Jahren erloschen ist. Am NE-Fuß des Casitagua liegt der beliebte Ausflugsort Mitad del Mundo. Mit einer Höhe von 3519 m ragt der Casitagua immerhin mehr

A6. Pambamarca - A7. Casitagua

als 1000 Höhenmeter über Mitad del Mundo hinaus. Eine besonders schöne Wanderung ergibt sich durch Überschreitung des Berges, ausgehend von Mitad del Mundo und absteigend zum Vorortsviertel Pusuquí. Dabei kann eine der vielen mit Steinen belegten Straßen Ecuadors bewundert werden, die in mühsamer Fronarbeit erbaut wurden.

Anfahrt

Der Ausgangspunkt dieser Wanderung ist Mitad del Mundo. Um nach Mitad del Mundo zu gelangen, nehme man einen der vielen Busse, die am Redondel Miraflores (Av. Universitaria y Nicaragua) ihre Endstation haben und anschließend entlang der Av. América nach Mitad del Mundo fahren.

Aufstieg (3 ½ h)

Westlich vom Denkmal Mitad del Mundo (2460 m) beginnt eine Rippe, die sich in Richtung SW fortsetzt. Auf dieser Rippe sind Wegspuren zu erkennen. Vorerst verlasse man das Areal des Denkmals nach W, um möglichst bald nach links in eine Quebrada abzusteigen. Jenseits der Quebrada kann bereits die erwähnte Rippe gewonnen werden. Man folge dieser Rippe in Richtung SW, bis man auf den Cerro Silacunga (3318 m) gelangt. Nun begehe man die Hauptrippe in Richtung S. Auf 3400 m schwenkt die Grundrichtung des Grates auf SSW. Der Abschnitt vor dem Gipfel weist mehrere beinahe gleich hohe Erhebungen auf, so dass bei einer Begehung im Nebel nicht ganz klar ist, ob der höchste Punkt (3519 m) bereits erreicht ist. Den höchsten Punkt markiert jedoch ein markanter Betonsockel und ist deshalb leicht zu identifizieren.

Abstieg (3 h)

Man folge dem Hauptgrat weiterhin in Richtung S. Der Abschnitt direkt nach dem

Casitagua aus der Vogelperspektive

Gipfel ist ziemlich überwuchert, so dass nicht direkt die Gratschneide begangen werden kann, sondern in die E-Flanke ausgewichen werden muss. Auf keinen Fall lasse man sich in Versuchung geraten, über die E-Flanke direkt nach Pomasqui abzusteigen, da dichte Vegetation ein Durchkommen erschwert. Bald gelangt man zu einer ersten Flugleitstation (Antennen in einer Umzäunung). Ab hier ist es wieder möglich die Gratschneide zu begehen. Die Richtung des Grates weist nun auf SSW. Es folgen zwei weitere Flugleitstationen. Nach der dritten Flugleitstation wird das Gelände steiler. Man steige in Richtung W ab zu einem Pass auf 3260 m. Hier trifft man auf einen Weg, der sich, wenn ihm nach links gefolgt wird, bald mit einer größeren Fahrstraße vereinigt (3220 m). Wer Glück hat, findet auf dieser Straße eine Mitfahrgelegenheit, ansonsten folge man der Straße abwärts bis zur Autopista Manuel Cordova Galarza. Über diese Straße verkehren die Mitad del Mundo Busse, so dass eine Rückkehr nach Quito kein Problem ist.

A8. **Ilaló** (3188 m)

Koordinaten	MAP: 787, 500, 9971, 300
Anzahl Tage	1
Schwierigkeit	T2
Karten	Sangolquí 1:50 000
Höhen	El Tingo 2450 m, Ilaló 3188 m, La Merced 2580 m
Zeiten	Aufstieg 3 h, Abstieg nach Tumbaco 2 h , Abstieg nach La Merced 1 ¹/₂ h

Inmitten des Valle de Chillo, 10 km südöstlich von Quito liegt der Vulkankegel Ilaló. Dieser Kegel gehört zu einer Reihe von erloschenen Vulkanen der innerandinen Ebene: Imbabura, Cerro Cusín, Ilaló, Pasochoa und Rumiñahui. Die Gletscher des Pleistozän reduzierten den Ilaló zu seiner heutigen Form. Mindestens seit den Zeiten dieser Vergletscherung ist der Vulkan erloschen. Mit einer Höhe von 3188 m überragt er nur um wenige Meter die Stadt Quito. Gegenüber dem Talgrund des Valle de Chillo ergibt sich aber immerhin ein Höhenunterschied von 850 Höhenmeter. Am Fuße des Berges liegen die Dörfer Tumbaco (N), San Pedro del Tingo (SW), La Merced (SE) und Guangopolo (W). Von allen diesen Dörfern kann der Ilaló über abwechslungsreiche Routen bestiegen werden. Durch den Aufstieg von einem der Dörfer und dem Abstieg zu einem anderen lassen sich schöne Überschreitungen zusammenstellen. La Merced ist bei den Quiteños für seine warmen Bäder bekannt und beliebtes Ziel für Wochenendausflüge. Bei einem Abstieg nach La Merced könnte die Wanderung mit einem warmen Bad kombiniert werden.

A.7 Casitagua - A8. Ilaló

Anfahrt

Ein idealer Ausgangspunkt für die Besteigung des Ilaló ist San Pedro del Tingo. Entsprechende Busse verlassen Quito im unteren Bereich von La Marín. Diese Busse fahren anschließend nach La Merced weiter. Der Bus fährt vorerst hinab ins Valle de Chillo in Richtung Sangolquí, biegt dann aber 5 km vor Sangolquí nach links ab. Nach weiteren 3 km wird eine Brücke überquert. Gleich darauf wird San Pedro del Tingo in einer Rechtskurve erreicht.

Aufstieg (3 h)

Nordöstlich von San Pedro del Tingo (2450 m) erhebt sich der Ilaló. Bei gutem Wetter ist hoch oben ein Kreuz erkennbar. Eine unverkennbare Rippe führt hoch zu diesem Kreuz. Um zum Beginn der Rippe zu gelangen, muss aber zuerst ein Gemäuer über einen Weg links umgangen werden. Am Ende der Mauer verzweigt der Weg. Der rechte Weg führt zum Beginn der beschriebenen Rippe. Ihr unterer Bereich ist mit Häusern überbaut, bald wird der Siedlungsbereich aber verlassen. Man folge stets dem Weg bzw. den Wegspuren auf der Rippe in Richtung NE. Auf 3097 m wird das erwähnte Kreuz erreicht. Man befindet sich aber erst auf einem Vorgipfel des Ilaló (Cerro Angamarca). Um zum Hauptgipfel zu gelangen steige man ab über den Verbindungsgrat in Richtung NE zu einem Sattel. Von diesem Sattel führen Wegspuren weiterhin in Richtung NE bis zum Hauptgipfel (3188 m).

Abstieg nach Tumbaco (2 h)

Vom Hauptgipfel des Ilaló begebe man sich zunächst ca. 500 m auf dem Gipfelplateau in Richtung NE. Hier spaltet sich der Hauptgrat in zwei Rippen. Man vergewissere sich, dass man über die linke Rippe in Richtung N absteigt. In diesem Bereich ist kein durchgehender Weg vorhanden, Wegspuren sind aber eine große Hilfe. Im ersten Abschnitt muss über steiles Gras abgestiegen werden. Bald wendet sich die Rippe nach NW und es sind gar ein paar Meter zum Vorgipfel Atuhachana (3078 m) aufzusteigen. Ab hier ist mit einem durchgehenden Weg zu rechnen, der stets in Richtung NE der Rippe folgt. Auf einer Höhe von 2980 m wird erneut ein Kreuz passiert. Auf ca. 2600 m verbreitert sich der Weg zu einer schlechten Fahrstraße. Wer dieser Fahrstraße folgt, gelangt nach 3 km zur Hauptstraße Quito - Cumbaya - Tumbaco - Pifo. Auf dieser Strecke fahren ständig Busse nach Quito.

Abstieg nach La Merced (1 1/2 h)

Vom Gipfel des Ilaló folge man einem Weg, der über eine markante Rippe in Richtung ESE führt. Bald betritt man einen Wald. Nach einem knappen Kilometer trifft man auf eine schlechte Straße, der bis nach La Merced gefolgt werden kann. Es empfiehlt sich jedoch die vielen Kehren querfeldein in Richtung SE abzukürzen. Am W-Rand von La Merced befinden sich die Thermalbäder, die vor allem an Wochenenden gut von Quiteños besucht sind.

Panico Alpinverlag

A | Wanderungen

A9. **Atacazo** (4457 m)

Koordinaten	MAP: 765, 250, 9960, 950
Anzahl Tage	1
Schwierigkeit	T3
Karten	Amaguaña 1:50 000, Quito 1:50 000
Plan	-
Höhen	La Victoria 3040 m, Atacazo 4457 m, Autopista 3150 m
Zeiten	Aufstieg 4 ½ h, Abstieg 4 ½ h

Nur 22 km südwestlich von Quito liegt der Atacazo und bietet somit verschiedene Möglichkeiten für Tagesausflüge. Wie nicht weiter verwundert, ist auch der Atacazo vulkanischen Ursprungs. Vermutlich entstand er während des Pleistozän. Die ehemalige Caldera soll große Ausmaße angenommen haben und sehr viel weiter westlich gelegen haben. Die Wirkung der Gletscher ließ jedoch nur einen Rest der E-Flanke übrig. Der Gipfelbereich dieses Berges ist heute mit einer Vielzahl von Antennen übersät, so dass die Schönheit dieses Berges vor allem in der Aussicht auf die entferntere Umgebung liegt: Pichincha und Quito im NE, mit Primärwald überwucherte Hügellandschaft im W. Wenige Kilometer südwestlich des Atacazo versteckt sich in der dichten Vegetation ein weiterer Vulkan: Der Niñahuilca. Dieser Vulkan hatte angeblich vor 2370 Jahren seinen letzten Ausbruch. Die 1:50 000er Karte nennt ihn Cerro Minasguilca und unterscheidet zwischen zwei Gipfeln: Cerro Minasguilca Chico: 3834 m, (MAP: 762, 850, 9958, 000), 3 km südwestlich vom Atacazo und Cerro Minasguilca Grande: 3773 m, (MAP: 758, 550, 9957, 200), 7.5 km west-südwestlich vom Atacazo. Da diese Gipfel von einer dichten Vegetation überwuchert sind, dürfte eine Besteigung mit gewissen Problemen verbunden sein.

Die vorliegende Route startet in La Victoria - Paquisha, ganz im Süden der Stadt Quito. Genauso gut könnte aber auch über San Juán, erreichbar vom Stadtviertel „La Libertad de Chillogallo" auf den Gipfel aufgestiegen werden.

Anfahrt

Zunächst mit dem Trolleybus zur südlichen Station El Recreo. Das Gebäude der Station liegt an der Av. Pedro Vicente Maldonado (Panamericana). Man überquere diese Straße und warte auf der anderen Seite auf einen Bus der Cooperativa „7. de Mayo", der mit La Victoria - Paquisha angeschrieben ist. Diese Busse fahren über die Panamericana bis zum äußersten Süden von Quito. In Guamaní (eine Quadra nach einer eingestellten Zahlstelle) verlassen die Busse die Panamericana und fahren nach rechts in die zu Füßen des Atacazo gelegenen Viertel La Victoria und Paquisha. Kurz vor der Endstation passiert der Bus eine auffällige moderne Kirche.

A9. Atacazo

Aufstieg (4 ½ h)

Von der Endstation wende man sich eine halbe Quadra nach N, eine Quadra nach W, eine Quadra nach N, wiederum eine Quadra nach W und schließlich zwei Quadras nach N. Derart gelangt man auf eine leicht als Ausfallstraße erkennbare Schotterpiste. Über diese Straße könnte mit einem geländegängigen Wagen leicht bis zu den Antennen des Punktes 4184 gefahren werden. Man folge der Straße bis zu zwei Kehren, die in Form eines „S" angeordnet sind (3640 m). Wenig nach der 2. Kehre erreicht man die letzten Häuser. Man besteige querfeldein den Bergrücken westlich dieser Häuser und folge ihm in Richtung W. Auf 4000 m gelangt man auf eine flache Erhebung (MAP: 766, 700, 9962, 100). In Richtung 259 Grad liegt ein Vorgipfel (4184 m) mit etlichen Antennen. Südlich dieses Vorgipfels liegt ein Pass (4140 m). Man steige über vage Wegspuren in Richtung WSW zu diesem Pass. An diesem Pass beginnt ein Weg, der zunächst über eine unausgeprägte Rippe nach Süden ansteigt. Wo sich die Rippe in der NE-Flanke des Atacazo auflöst, steigt der Weg im Zickzack auf die markante Lücke im NW-Grat zu. Kurz vor Erreichen der Lücke schwenkt der Weg ab nach S, um in einer weiteren, kleineren Lücke den Hauptgrat zu erreichen. Nun folge man dem NW-Grat bis auf den dicht mit Antennen übersäten höchsten Punkt des Atacazo.

Antennenwald auf dem Atacazo

Abstieg (4 ½ h)

Vom Hauptgipfel steige man über den anfänglich steilen SSW-Grat ab zu einem Vorgipfel (El Arenal). Von diesem Vorgipfel folge man dem Hauptgrat, der nun in Richtung SE verläuft. Bald verdichten sich die Wegspuren zu einem eigentlichen Weg. Auf 4080 m verlässt der Weg den Hauptgrat, um in der SW-Flanke den Gipfel 4164 zu umgehen. Ca. einen Kilometer südlich von diesem Gipfel erreicht der Weg den Hauptgrat in einem Pass (MAP: 765, 900, 9958, 100), wo sich mehrere Wege vereinigen. Man wähle jene Fahrstraße, die in Richtung S die E-Flanke des San Francisco El Picacho durchquert. Auf ca. 3700 m verlässt die Fahrstraße die erwähnte E-Flanke, und bietet Zugang zu den Wiesen nördlich des Cerro La Viudita. Man verlasse hier die Fahrstraße nach rechts, um eine weglose Zone mit überwucherten Quebradas und hohem Páramo-Gras zu durchqueren. Die Kompassnadel weist in diesem Bereich stets nach S. Auf ca. 3540 m gelangt man zu einem Pass, der den Cerro La Viudita vom San Francisco El Picacho trennt. Nach E wird in kurzer Distanz eine Hacienda erreicht, bei der eine Fahrstraße beginnt. Diese Fahrstraße umgeht den Cerro La Viudita in seiner E-Flanke. Auf ca. 3340 m verlässt der Weg einen Wald und man gelangt zu den ersten offenen Kuhweiden. Die Hauptstraße S. Domingo - Aloag liegt in einer Entfernung von 3 km Luftlinie in Richtung SE. Um möglichst schnell zu dieser Hauptstraße zu gelangen, durchquere man zunächst nach S ein wegloses Gebiet mit Feldern, hohen Zäunen und Weiden. Nach 2 km gelangt man auf eine Fahrstraße, der in Richtung SE bis zur Hauptstraße zu folgen ist.

A10. **Papallacta** (bis 4370 m)

Koordinaten	-
Anzahl Tage	1
Schwierigkeit	T3
Karten	Oyacachi 1:50 000, Papallacta 1:50 000
Plan	S. 85, Papallacta
Höhen	La Virgen de Papallacta 4070 m, Antenas 4370 m, Papallacta 3180 m
Zeiten	Wanderung 5 h

Papallacta wird ein Dorf genannt, das 45 km südöstlich von Quito am Abhang der Cordillera Central zum Oriente liegt. Durch Papallacta führt eine der zwei wichtigen Erschließungsstraßen zum Oriente. Diese Straße windet sich von Quito über ungezählte Kurven bis zum Pass Virgen de Papallacta (4070 m). Jenseits des Passes endet der Asphalt. Über Schotter folgt die Straße anschließend dem wilden Tal des Río Papallacta und Río Quijos in Richtung Oriente. Ca. 15 km nach der Virgen de Papallacta passiert die Straße die Ortschaft Papallacta (3160 m). Papallacta ist berühmt für seine heißen Bäder. Wie behauptet wird, sind hier die besten Bäder Ecuadors zu finden. Die Umgebung um Papallacta bietet zahllose Möglichkeiten für ein- oder mehrtägige Wanderungen. Nördlich der Passstraße befindet sich ein einsames Seengebiet. Seitentäler laden zu spannenden Erkundungstouren ein.

A9. Atacazo - A10. Papallacta

In Höhenlagen unterhalb 3800 m überrascht der urwüchsige andine Bergwald durch seine Vielfältigkeit.

Die vorliegende Wanderung beginnt am Pass Virgen de Papallacta und endet bei den heißen Quellen Termas de Papallacta. Dabei passiert die Route nicht weniger als sieben Bergseen. Auf der Wanderung kann in exemplarischer Weise der Übergang vom Páramo zum andinen Bergwald beobachtet werden. Ein idealer Eintagesausflug, wenn da nicht der Nebel und Regen wäre. Tatsächlich sind die Tage gezählt, während denen gute Sichtverhältnisse herrschen. Sicherheit im Umgang mit Karte, Kompass und Höhenmeter sind deshalb unabdingbare Voraussetzung, um nicht irgendwo am E-Abhang der Anden verloren zu gehen.

Blick über die Laguna Parcacocha

Anfahrt

Im Terminal Terrestre von Quito nehme man einen Bus, der in Papallacta vorbeifährt. Alle Busse mit Ziel Lago Agrio oder Tena fahren über Papallacta. Dem Busfahrer teile man mit, dass man auf dem Pass, bei der Vírgen de Papallacta auszusteigen wünscht. Dieser Pass befindet sich auf 4070 m bei den Koordinaten (MAP: 811, 600, 9963, 500).

Wanderung (5h)

Ab der Vírgen de Papallacta folge man der alten Passstraße 50 Meter nach NE, bis eine Fahrstraße nach rechts abzweigt. Diese Fahrstraße führt zu den Antenas auf 4370 m (MAP: 812, 950, 9965, 100). Vom höchsten Punkt steige man in westlicher Richtung wenige Meter ab, bis man auf Wegspuren trifft. Diesen Wegspuren ist in Richtung NNE zu folgen. Auf 4180 m wird ein erster See links umgangen. Anschließend folge man einem deutlichen Weg in Richtung NE, der allmählich absteigend bis ans Ufer der Laguna Paracocha führt. Durchs Schilf schlage man sich durch bis zu einem Fahrweg, der von Papallacta herkommend die Laguna Parcacocha erschließt. Dieser Fahrstraße ist über einige Kehren zu folgen, bis sie auf die Straße Papallacta - Oyacachi trifft (MAP: 818, 000, 9964, 600). Man folge ihr nach S, entweder direkt bis nach Papallacta oder nur bis zu den Bädern (Termas de Papallacta) am Beginn der letzten Ebene (MAP: 817, 500, 9960, 200; 3249 m).

A11. **Lava Potrerillos** (bis 3876 m)

Koordinaten	-
Anzahl Tage	1
Schwierigkeit	T3
Karten	Papallacta 1:50 000
Plan	S. 203 Antisana
Höhen	Laguna de Papallacta 3340 m, Laguna 3460 m, Cerro Chimbo Urcu 3876 m
Zeiten	Aufstieg 4 h

Wenige Kilometer oberhalb des Dorfes Papallacta liegt an der Passstraße nach Quito die Laguna Papallacta. Dieser See wurde im Jahre 1773 durch den Lavafluss Potrerillos aufgestaut. Der Lavafluss entstammt einer Erdspalte, die dem Vulkan Antisana zugerechnet wird. Heute ist der Lavafluss von einer Flora überwuchert, die sich deutlich vom Umland abhebt. Ein guter Weg führt von der Passstraße über diesen Lavafluss bis zu einem weiter oben liegenden See, der ebenfalls durch den Lavafluss aufgestaut wurde. Über diesen Weg kann bis auf den Páramo des Antisana gelangt werden, weshalb diese Route auch als Annäherung zum Antisana geeignet ist. Vom oberen Vulkansee kann auch der Cerro Chimbo Urcu bestiegen werden. Hierbei handelt es sich genau genommen zwar um eine Krete, nichtsdestotrotz überrascht dieser Berg bei guten Wetterverhältnissen durch eine phantastische Aussicht auf den Vulkansee, den Lavastrom und auf den Antisana.

Anfahrt

Im Terminal Terrestre von Quito nehme man einen Bus, der in Papallacta vorbeifährt. Alle Busse mit Ziel Lago Agrio oder Tena fahren über Papallacta. Dem Busfahrer teile man mit, dass man bei der Laguna de Papallacta (3340 m) auszusteigen wünscht. Dieser See erscheint auf der linken Seite ca. 20 Minuten nach der Passüberquerung (La Virgen de Papallacta). Der Bus folgt zunächst dem rechten Seeufer. Am Seeende, dort, wo der See durch einen Lavafluss aufgestaut wird, quert der Bus zur gegenüberliegenden Talseite. Von links zweigt die alte Passstraße ein, die dem linken Seeufer entlanggeht. Rechts führt eine Straße zu einer Kiesgrube.

Wer von Papallacta anreist, folge ca. 3 km der Hauptstraße in Richtung Quito bis zum Seebeginn und den erwähnten Straßenkreuzungen. Da ein Marsch entlang der Hauptstraße nicht besonders vergnüglich ist (Staub, Sattelschlepper), empfiehlt sich das Mieten einer Camioneta. Natürlich kann auch versucht werden, eines der vielen Autos anzuhalten. Die Busfahrer hingegen haben wenig Freude an Reisenden, die zwei Minuten später bereits wieder aussteigen.

A11. Lava Potrerillos - A12. Pasochoa

Aufstieg (4 h)

Man folge der Straße, die zur Kiesgrube führt. Nach ca. 100 m wird eine Barriere passiert. Nach weiteren 100 Metern erreicht man einen silbrigen Zylinder von ca. 10 Metern Höhe. Hier zweigen in verschiedenen Richtungen Straßen ab. Man wähle die Straße unmittelbar links des Zylinders. Nach 200 Metern verzweigt sich die Straße erneut. Die linke, untere Straße führt zu einem Haus links des Lavastromes. Man entscheide sich für die rechte Straße. Bald reduziert sich die Straße zu einem Fußweg. Der Fußweg folgt einer sanft ausgeprägten Rippe am linken Rand des Lavastromes. Nach knapp 3 km kommt links ein See in Sicht, der ebenfalls durch den Lavastrom aufgestaut wurde. Der Weg verlässt die Rippe nach links, durchquert ein kleines Tälchen und setzt sich durch einen Wald fort bis zum Seeufer. Dieser letzte Abschnitt ist oft ziemlich matschig. Wer zum hinteren Ende des Sees gelangen möchte, folge den Wegspuren, die dem östlichen Seeufer in einigem Abstand folgen. Diese Wegspuren führen durch lichten Wald und matschige Kuhweiden. Nach ca. 200 m ab Seebeginn gelangt man zu einer ersten einfachen Strohhütte. Ca. 100 m oberhalb dieser Hütte liegt eine zweite, größere Strohhütte, die aber nur noch aus einem zerfallenen Dach besteht. Von dieser zweiten, oberen Strohhütte kann über Wiesen leicht zum hinteren Seeende abgestiegen werden. Anstatt zum See abzusteigen, kann auch in südöstlicher Richtung zum Cerro Chimbo Urcu (3876 m) aufgestiegen werden. Der Aufstieg erfolgt über anfänglich steile Kuhwiesen in Richtung SE. Auf 3720 m gelangt man auf eine Grasrippe, der in östlicher Richtung bis zum Cerro Chimbo Urcu zu folgen ist. Kurz vor dem „Gipfel" wird die Grasrippe spitzer und steiler. Primärer Bergwald begrenzt die Flanke links der Rippe. Vom Cerro Chimbo Urcu könnte man der Hauptrippe in Richtung SE folgen bis auf einen wirklichen Gipfel der Höhe 4163 m (MAP: 817, 400, 9954, 300). Insbesondere im letzten Abschnitt ist aber mit ziemlich dichter Vegetation zu rechnen.

A12. **Pasochoa** - Südroute und Nordroute (4199 m)

Koordinaten	MAP: 780, 700, 9948, 900
Anzahl Tage	1
Schwierigkeit	T4
Karten	Machachi, Sincholagua, Pintag und Amaguaña - jeweils 1:50000
Plan	S. 211, Cotopaxi
Höhen	Hacienda San Miguel 3360 m, Pasochoa 4199 m, Amaguaña 2580 m
Zeiten	Aufstieg über die S-Route 4 h, Abstieg über die N-Route 4 h

Wanderungen

In Sachen Höhe kann der Pasochoa nicht mit Rekorden aufwarten. Dafür liegt er nahe bei Quito und bietet deshalb unzählige Möglichkeiten für Tagesausflüge. Vor mehreren hunderttausend Jahren zerstörte eine Phase von starken Eruptionen die W-Wand des ursprünglichen Kraters. Die Erosion setzte das Zerstörungswerk fort, so dass heute nur noch ein gerundetes Stück der östlichen Kraterwand zu erkennen ist. Der ehemalige Krater ist heute von einem der letzten Beständen an ungestörtem andinen Bergwald des innerandinen Beckens bedeckt. Der Kernbereich dieses Waldes (310 ha) wurde deshalb 1982 zum Bosque Protector erklärt. Die private Naturschutzorganisation Fundación Natura hat sich der Verwaltung angenommen. Über hundert verschiedene Arten von Vögel und viele seltene Pflanzen wurden im Parkbereich gezählt. Die Eintrittsgebühr zum Park beträgt ca. 5 US$. Ein Netz von farbig ausgeschilderten Wegen erschließt einen Teil des Naturschutzgebietes.

Viele Wege führen auf den Gipfel des Pasochoa. Besonders schön ist es, diesen Gipfel von Machachi nach Amaguaña zu überschreiten (S-Route bzw. N-Route). Eine weitere empfehlenswerte Route beginnt im Naturschutzgebiet Bosque Protector de Pasochoa, umgeht den Pasochoa nordöstlich und gelangt zum Schluss über die E-Flanke auf den Pasochoa (NW-Route). Da der Gipfel jedoch von gut begehbaren Páramos umgeben ist, kann eine Besteigung aber nahezu von allen Seiten erfolgen.

Anfahrt

Häufige Busse fahren von Quito nach Machachi. Die Busse starten beim alten Terminal Terrestre (ausserhalb des Gebäudes in der Av. Cumandá, ca. Nr. 533) oder bei der Villa Flora (Av. Alamor y Panamérica). Die Fahrt nach Machachi dauert ca. 1 Stunde. Von Machachi fahren seltene Busse nach Güitig Alto. Da in Güitig Alto aber schwer Camionetas zu finden sind, empfiehlt es sich schon in Machachi eine Camioneta zur Hacienda San Miguel anzuheuern. Die Hacienda San Miguel befindet sich ca. 4.5 km oberhalb von Güitig Alto bei den Koordinaten (MAP: 778, 000, 9943, 000). Eine entsprechende Tafel am Hauptweg signalisiert die Abzweigung. Auf der Karte ist die Hacienda zu weit oben eingetragen. Der Fahrpreis bewegt sich um 7 US$.

Aufstieg über die S-Route (4 h)

Man folge dem Fahrweg, der bei der Tafel in Richtung NE abzweigt. Allmählich wendet sich die Fahrstraße nach ENE. Man lasse sich nicht in Versuchung geraten, querfeldein in Richtung Pasochoa zu halten, da eine schwer einsehbare Quebrada den Weg versperrt. Nach ca. einer halben Stunde gelangt man in der erwähnten Quebrada zu einer Furt. Kurz vor der Furt zweigt links ein Weg ab und führt zu einer Fußbrücke. Diese Variante verhindert nasse Füße. Anschließend wird über mehrere Kehren die Gegenseite der Quebrada bestiegen. Oben angekommen wird ein weisses Haus passiert, das schon von der Hacienda San Miguel aus sichtbar war. Ab hier sind verschiedenste Varianten möglich. Grundsätzlich halte man sich im Folgenden stets in Richtung NE. Bald wird der offene Páramo erreicht. Im

A12. Pasochoa - A13. Pasochoa

Páramo ist nicht mehr mit einem durchgehenden Weg zu rechnen, nur gelegentliche Wegspuren erleichtern das Vorwärtskommen. Auf 3705 m wird die Loma Las Atlas passiert. Anschließend führt die Route am Punkt 3804 m vorbei zu einem Pass links der Loma Verde Cunga (3970 m). Der Gipfel liegt genau 1.5 km nördlich von diesem Pass; eine Felsnadel in nordwestlicher Richtung erweist sich als tieferer Vorgipfel. Vom Pass aus folge man der Rippe in Richtung der Felsnadel (NW) und traversiere erst auf ca. 4060 m in Richtung NNE. Kurz vor dem Gipfelkopf wird der Hauptgrat erreicht. Um auf den Gipfelkopf zu gelangen muss über einen steilen, steindurchsetzten Páramo-Grat geklettert werden.

Abstieg über die N-Route (4 h)

Man folge dem Hauptgrat wenige Meter in Richtung N, bis durch die steile E-Flanke abgestiegen werden kann. Sobald das Gelände dies erlaubt, drehe man ab in Richtung NE. Auf ca. 3880 m wird ein breiter Weg erreicht. Man folge dem Weg in Richtung NNE zu einer Loma. Ab hier ist mit endlosen Wegverzweigungen zu rechnen. Grundsätzlich halte man sich in Richtung NW. Der Weg führt an der auf der Karte mit Pasochoa bezeichneten Erhöhung vorbei (3650 m) und gelangt bald darauf zu einer Kreuzung (ca. 3560 m). Rechts lädt ein breiter werdender Fahrweg zum Abstieg ein. Links zweigt jedoch ein schmalerer Weg ab, der bald auf einer Wiese verschwindet. Nach der Überquerung dieser Wiese erscheint bald ein eingezäuntes Haus, wo eine Fahrstraße beginnt. Man folge dieser Fahrstraße bis zu den ersten Siedlungen und bis zur Hauptstraße, die Amaguaña mit Sangolquí verbindet. Hier nehme man einen der Busse nach Sangolquí. Ab Sangolquí fahren nahezu rund um die Uhr Busse nach Quito.

A13. **Pasochoa** - Nordwestroute (4199 m)

Koordinaten	MAP: 780, 700, 9948, 900
Anzahl Tage	1
Schwierigkeit	T4
Karten	Amaguaña 1:50 000, Pintag 1:50 000
Höhen	Bosque Protector 2800 m, Pasochoa 4199 m
Zeiten	Aufstieg 5 h

Diese Route auf den Pasochoa geht vom Bosque Protector Pasochoa aus. Dabei wird einer der markierten Wege in seiner vollen Länge begangen. Der Park enthält einen der letzten Bestände von andinem Bergwald. Dem entsprechend hoch ist die Artenvielfalt. Sogar der Puma soll hier heimisch sein. Der Park weist ein feines Netz von markierten Wanderwegen auf. Weitere Informationen zum Pasochoa befinden sich auf S. 69 ff.-A12.

Wanderungen

Anfahrt

Zunächst muss das Dorf Amaguaña erreicht werden. Dieses Dorf liegt rund 20 km südlich von Quito und ist durch einen regelmäßigen Busverkehr mit Quito verbunden. Entsprechende Busse fahren ganz unten in La Marín ab. Es gibt zwei verschiedene Busse. Die einen fahren über eine komplizierte Strecke bis zum Hauptplatz von Amaguaña. Die anderen benutzen die Autopista Sangolquí - Tambillo und umfahren Amaguaña. Sofern man in einem dieser Busse anfährt, teile man dem Busfahrer mit, dass man bei der Abzweigung nach El Ejido (entrada a El Ejido) auszusteigen wünscht (MAP: 777, 250, 9957, 650). Vom Hauptplatz Amaguañas bis zu dieser Abzweigung sind es ca. 1.5 km. Nun folge man der Schotterstraße, die in El Ejido beginnt und über mehrere Haciendas bis zum Eingang des Parks (MAP: 776, 300, 9953, 650) führt. Diese Straße verläuft für die ersten 5 km in südsüdwestlicher Richtung und schlägt zum Schluss während einem guten Kilometer eine südöstliche Richtung ein. Natürlich kann in Amaguaña oder in El Ejido auch eine Camioneta angeheuert werden. Der Fahrpreis bewegt sich um 5 US$.

Aufstieg (5 h)

Am Eingang des Parks (2800 m) entrichte man die obligatorische Eintrittsgebühr und orientiere sich mit Hilfe des ausgehängten Planes. Der nördliche Teil des Parks (Q. Santa Ana) ist durch ein Netz von markierten Wegen erschlossen. Zunächst folge man ein kurzes Stück dem roten Weg. Bald zweigt aber nach rechts der gelbe Weg ab. Nun folge man diesem Weg bis nach rechts der grüne Weg abzweigt. Anschließend steige man über den grünen Weg bis zur Abzweigung des braunen Weges. Hier zweige man wiederum nach rechts ab und halte sich stets an den braunen Weg. Dieser Weg folgt jener Rippe, die die Q. Santa Ana und Q. Sambache trennt. Daraufhin steigt man versunken in zauberhaftem andinen Bergwald allmählich in Richtung SE an. Auf 3300 m erreicht man den offenen Páramo. Der Weg setzt sich in östlicher Richtung fort bis auf einen breiten Bergrücken (3546 m). Dieser Bergrücken bildet bereits den NW-Ausläufer des Pasochoa. Man folge bis auf 3800 m diesem Bergrücken in Richtung Pasochoa. Anschließend muss durch die N-Flanke des N-Gipfels nach E gequert werden. Nach dieser Querung gelangt man auf den NE-Ausläufer des N-Gipfels. Hier trifft man auf einen breiten Weg, der in der E-Flanke des Pasochoa in Richtung Gipfel führt. Diesem Weg ist bis auf eine Höhe von ca. 3880 m zu folgen. Man befindet sich nun ca. einen Kilometer nordöstlich des Hauptgipfels. In diesem letzten Teil muss querfeldein gegangen werden. Allenfalls ist mit vereinzelten Wegspuren zu rechnen. Man ersteige in Richtung SW die E-Flanke des Pasochoa. Der letzte Abschnitt ist in einem steilen Grashang zu bewältigen. In der Regel wird der Grat wenig nördlich der höchsten Erhebung erreicht, so dass dem Grat nur noch in einigen unproblematischen Metern nach S zu folgen ist.

A14. **Von Agoyán nach San Pedro** (bis 1640 m)

Koordinaten	-
Anzahl Tage	1
Schwierigkeit	T2
Karten	Baños 1:50 000
Höhen	Presa de Agoyán 1640 m, San Pedro 1460 m
Zeiten	Wanderung 3 h

Diese Wanderung nahe bei Baños folgt auf dem rechten Ufer dem Río Pastazo. Dabei wird eine üppige Vegetation, unterbrochen durch idyllische Siedlungen durchschritten. Der agrarwirtschaftlichen Erschließung sind hier wegen der enormen Steilheit des Geländes enge Grenzen gesetzt. Der Primärwald bleibt deshalb ständig in Sichtweise, wird aber nie wirklich berührt. Das Ergebnis ist ein spannender Kontrast zwischen Natur und Kultur.

Anfahrt

An der Ecke Eloy Alfaro y Martínez in Baños besteige man einen der dunkelroten Stadtbusse nach Ulba und Agoyán. Kurz nach der Staumauer der Presa de Agoyán, bevor der Bus die Brücke über den Río Pastazo befährt steige man aus.

Wanderung (3 h)

Direkt bei der Brücke beginnt ein guter Weg, dem in sanftem auf und ab zu folgen ist. Kurz nach Guamba müssen ca. 150 Höhenmeter in Zickzack gewonnen werden. Sobald das Elektrizitätswerk genau gegenüberliegt, wird ein unscheinbarer Bach überquert. Hier verzweigt der Weg. Der obere, falsche Weg führt zu einer Hütte auf einer Kanzel. Man folge dem unteren Weg in allmählichem Abstieg bis nach Chinchín. Ca. 100 m nach der Schule von Chinchín verzweigt der Weg erneut. Der obere Weg führt zu einem Haus in einer Plantage. Der untere Weg hingegen führt nach San Pedro. In San Pedro angekommen besteige man eine abenteuerliche Seilbahn zum gegenüberliegenden Ufer (0.50 US$).

Es kann auch versucht werden weiter bis nach El Placer zu wandern. Einige 100 m des Weges werden aber selten begangen, so dass der Weg oft sehr überwuchert ist.

Flusswanderung entlang dem Río Pastaza

Trekkingtouren

El Altar von der Laguna Patacocha gesehen

Im Gegensatz zu dem Alpen, die bis weit hinauf von Menschenhand geprägt sind, beherbergen die Anden noch große zusammenhängende Naturlandschaften. Entsprechend vielseitig die Möglichkeiten an Trekkingtouren. Typisch für viele Trekks ist die hügelige Páramo-Landschaft mit einer Vielzahl eingebetteter Seen. Ganz anders hingegen sind jene Trekks, die durch andinen Bergwald bzw. durch den Dschungel führen. In beiden Fällen ist kaum mit Wegen, allenfalls mit Wegspuren zu rechnen. Trekken in Ecuador ist deshalb immer mit größeren Anforderungen an Kondition und Orientierung verbunden.

B1.	Río Oyacachi	S. 76
B2.	Papallacta - Oyacachi	S. 82
B3.	Cotopaxi - Antisana	S. 86
B4.	Llanganati	S. 90
B5.	Cordillera de Angamarca	S. 98
B6.	Umrundung Tungurahua	S. 102
B7.	Altar-Trekk	S. 110
B8.	Osogoche	S. 114
B9.	Nationalpark Cajas	S. 120

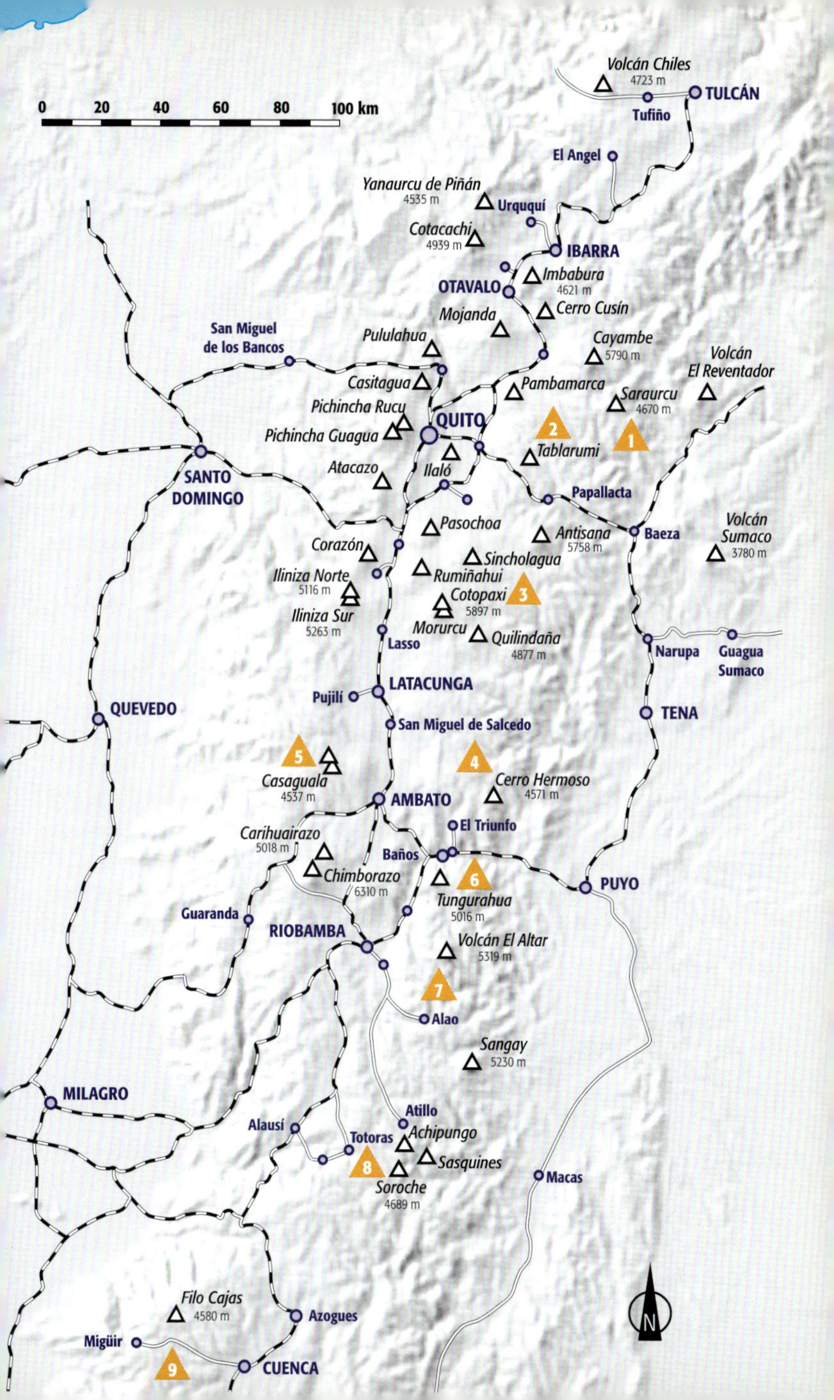

0 20 40 60 80 100 km
Volcán Chiles 4723 m
TULCÁN
Tufiño
El Angel
Yanaurcu de Piñán 4535 m
Urququí
Cotacachi 4939 m
IBARRA
Imbabura 4621 m
OTAVALO
Cerro Cusín
Mojanda
Cayambe 5790 m
San Miguel de los Bancos
Pululahua
Volcán El Reventador
Casitagua
Pambamarca
Saraurcu 4670 m
Pichincha Rucu
QUITO
Pichincha Guagua
2
1
Tablarumi
SANTO DOMINGO
Atacazo
Ilaló
Papallacta
Pasochoa
Volcán Sumaco 3780 m
Antisana 5758 m
Baeza
Corazón
Sincholagua
Rumiñahui
Iliniza Norte 5116 m
Cotopaxi 5897 m
3
Iliniza Sur 5263 m
Morurcu
Quilindaña 4877 m
Lasso
Narupa
Guagua Sumaco
LATACUNGA
Pujilí
QUEVEDO
TENA
San Miguel de Salcedo
5
4
Casaguala 4537 m
Cerro Hermoso 4571 m
AMBATO
El Triunfo
Carihuairazo 5018 m
Baños
Chimborazo 6310 m
6
Tungurahua 5016 m
PUYO
Guaranda
RIOBAMBA
Volcán El Altar 5319 m
7
Alao
Sangay 5230 m
MILAGRO
Atillo
Alausí
Achipungo
Totoras
Sasquines
8
Soroche 4689 m
Macas
Filo Cajas 4580 m
Azogues
Migüir
9
CUENCA
N

B Trekkingtouren

B1. **Río Oyacachi** (bis 3180 m)

Koordinaten	-
Anzahl Tage	3
Schwierigkeit	T5
Karten	Oyacachi 1:50 000, Santa Rosa de Quijos 1:50 000
Plan	S. 79, Rio Oyacachi
Höhen	Oyacachi 3180 m, Río Cedro 2150 m, San Juan 1760 m
Zeiten	Erste Etappe 7 h, Zweite Etappe 7 h, Dritte Etappe 3 ½ h

Der Río Oyacachi ist einer der wichtigen Flüsse im Ostabhang der nördlichen ecuadorianischen Anden. Zu präkolumbianischen Zeiten muss eine Handelsroute entlang des Flusses von den Anden in den Oriente geführt haben, wovon ein steinbelegter Weg zeugt, der auf der nachfolgend beschriebenen Route immer wieder sichtbar wird. Das Dorf Oyacachi liegt in idyllischer Tallage am oberen Lauf des Río Oyacachi. Da die Verbindungsstraße von Cayambe erst 1995 fertiggestellt wurde, hat Oyacachi seinen ursprünglichen Zustand einer typischen andinen Indiogemeinschaft bewahrt. Dies könnte sich in absehbarer Zeit jedoch ändern. Wegen der heißen Quellen hat Oyacachi ein touristisches Entwicklungspotential und könnte sich in ähnlicher Weise wie Papallacta entwickeln. Wegen der Abgelegenheit wurde Oyacachi bisher jedoch noch nicht vom Tourismus erfasst. Noch vor wenigen Jahren war die Route entlang dem Río Oyacachi ein Abenteuer mit etlichen Unbekannten. Insbesondere die Überquerung der vielen Seitenflüsse brachte ein gewisses Risiko mit sich. Unterdessen arbeitet sich jedoch die Fahrstraße Stück um Stück in Richtung Oriente vor. Außerdem wurden drei der größeren Seitenflüsse mit – allerdings bereits wieder modernden – Hängebrücken entschärft. Dennoch v.a. auf der letzten Etappe ist vom ursprüngliche Weg fast nichts mehr übrig.

Anfahrt

Oyacachi wird am einfachsten von Cayambe erreicht. Um nach Cayambe zu reisen, empfiehlt es sich einen der häufigen Busse zu nehmen, die in der Manual Larrea y Asunción, nahe dem Parque El Ejido abfahren. Zwischen Cayambe und Oyacachi verkehrt ein Bus der Cooperativa „Turismo Oyacachi". Im Jahre 2002 fuhren die Busse an Wochenenden am 8.00 h und 17.00 h ab. Montags, mittwochs und freitags fuhren die Busse am 15.00 h ab. Der Abfahrtsort in Cayambe befindet sich an der Ecke 10 de Agosto y Restauración.
Wem dieser Fahrplan zu wenig Optionen bietet, steigt am besten ca. 8 km vor Cayambe bei der „Entrada a Cangahua" aus und wartet dort auf einen der häufigen Busse nach Cangahua. In Cangahua kann für 20 bis 25

Die Wildwasser des Río Oyacachi

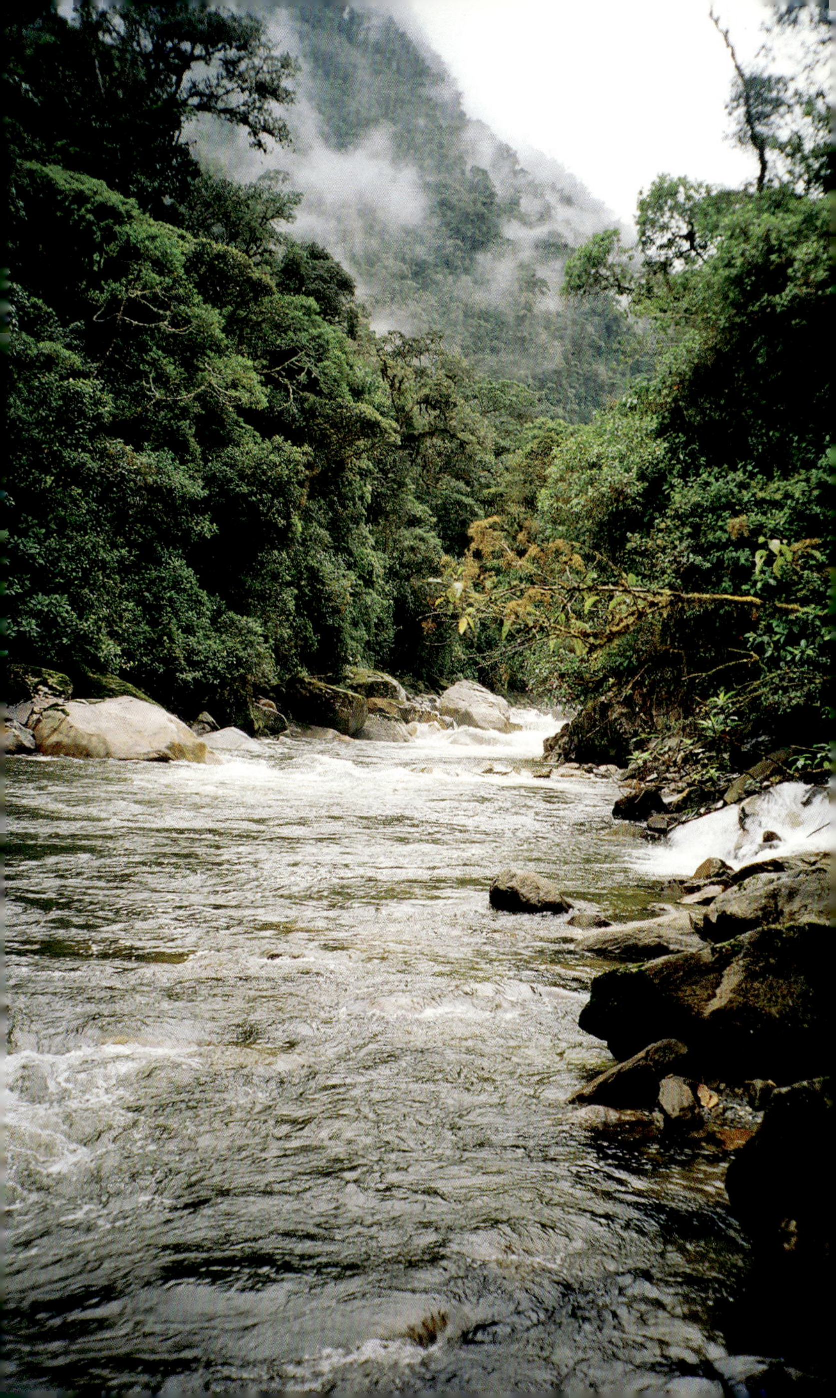

Trekkingtouren

US$ eine Camioneta zum 30 km entfernten Oyacachi gemietet werden. Die Fahrt führt über einige Comunidades Indígenas, eine wunderschöne Páramo-Landschaft, einen 3940 m hohen Pass und einen steilen Abstieg bis nach Oyacachi hinab.

Erste Etappe (7 h)

Oyacachi liegt auf einer Höhe von 3180 m, bei den Koordinaten (MAP: 824, 500, 9976, 800). Auf der 1:50000er Karte des Jahres 1976 ist Oyacachi um 2 km zu weit östlich eingezeichnet. Am ersten Tag wird gewöhnlich bis zum ca. 20 km entfernten Río Cedro gelaufen. Dieser Fluss markierte bis anhin die Agrargrenze. Das heißt am ersten Tag wird der Wanderer durch ein von Landwirtschaft geprägtes Gelände geführt. Dem entsprechend gut ist der Weg.

Von Oyacachi folge man auf der rechten Seite des Río Oyacachi einer neuen Schotterstraße nach Osten. Nach 2 km trifft man auf die Ruinen von Viejo Oyacachi, die an die Bauweise der Steinhäuser des Tessins erinnern. Nachdem die Fahrstraße den Río Oyacachi zwei mal überquert hat, gelangt man auf einer Höhe von 2660 m zum vorläufigen Ende der Straße. Über einen anfänglich guten Weg folge man weiterhin dem Verlauf des Río Oyacachi. Auf einer Höhe von 2420 m wird auf den Río Chalpi Grande gestoßen. Bis vor kurzem konnten die Bewohner von Oyacachi mit ihrem Vieh diesen Fluss nur bei tiefem Wasserstand überqueren. Durch den Bau einer neuen Hängebrücke im Jahre 2002 ist dieses Hindernis allerdings aus dem Weg geschafft. Ab dem Río Chalpi Grande wird die Landschaft wilder, der Bosque Primario ist in Reichweite. Auf einer Höhe von 2150 m gelangt der Wanderer schließlich an das Ziel der ersten Etappe, den Río Cedro. Auch über diesen Fluss wurde im Jahre 2002 eine neue Hängebrücke gebaut.

Zweite Etappe (7 h)

Wenn am ersten Tag innert rund 7 h problemlos noch 20 km überwunden wurden, so sind es am zweiten Tag kaum mehr als 7 km. Ziel ist die Überwindung der Zone zwischen dem Río Cedro und dem Río Santa María. Dieser Bereich ist geprägt durch kaum berührten andinen Regenwald. Es führt zwar ein Weg entlang des linken Ufers des Río Oyacachi, dieser Weg ist aber in einigen Bereichen stark überwachsen. Zudem verliert er sich an einigen Orten am Ufer des Río Oyacachi.

Sanft ansteigend setzt sich der Weg jenseits der Brücke fort. Nach ca. einer Stunde wird der Río El Muerto just unterhalb eines schönen Wasserfalls erreicht. Ab diesem Punkt folge man dem Verlauf des Río Oyacachi während ca. 20 m, um den Eingang in den Dschungel zu finden. Kurz vor Erreichen einer auffälligen Flussschlaufe des Río Oyacachi (MAP: 177, 800, 9973, 250) stößt der Weg auf einen Bergrutsch. Man lasse sich an dieser Stelle nicht in Versuchung führen abzusteigen, sondern steige ganz im Gegenteil weiter nach oben. In nächster Zeit ist der Weg oft recht unklar, so dass man die ganze Aufmerksamkeit auf Wegmarken lege. Kurz vor Ende der Flussschlaufe endet der Weg im Bachbett des Río Oyacachis. Man folge für ca. 200 m dem breiten Bachbett, bis der Fluss

B1. Río Oyacachi

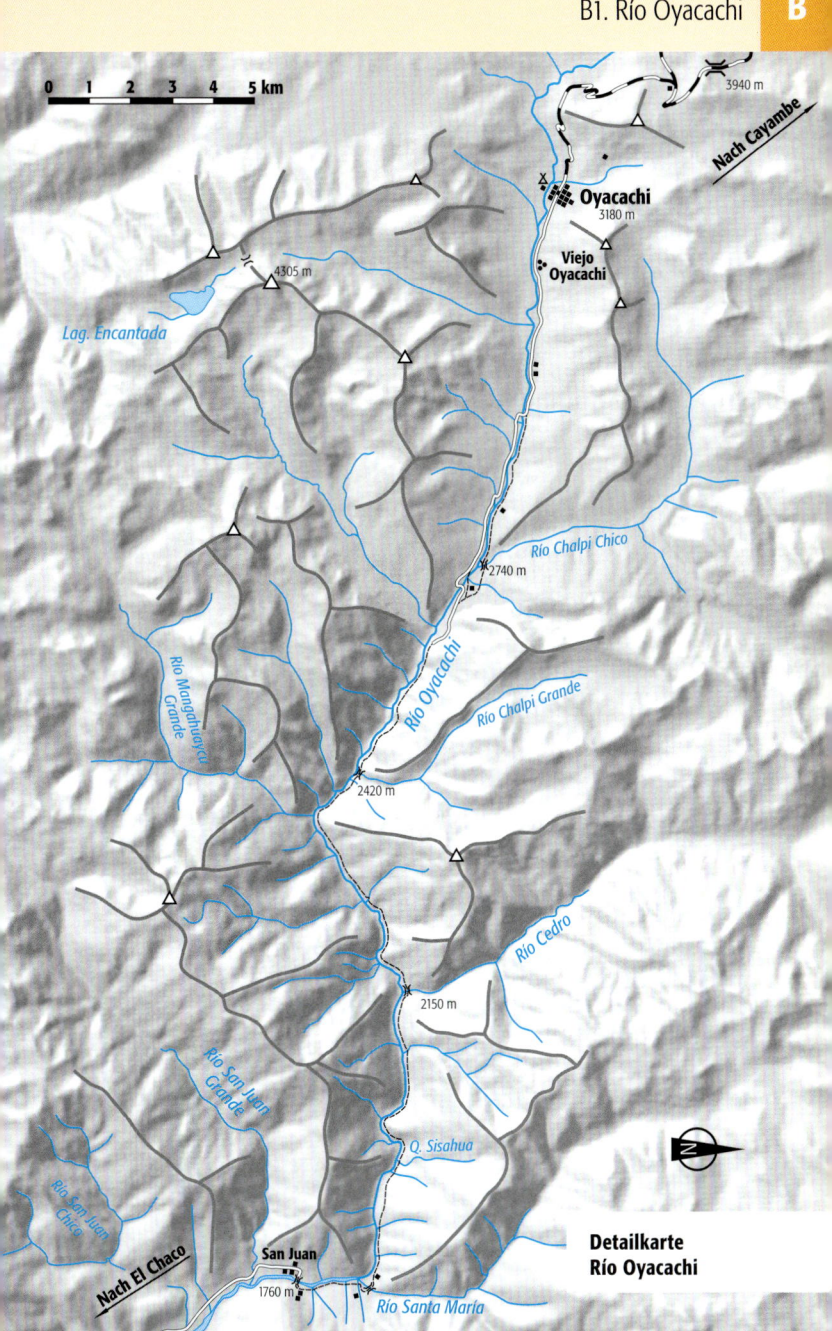

Detailkarte Río Oyacachi

- 3940 m
- Nach Cayambe
- Oyacachi 3180 m
- Viejo Oyacachi
- 4305 m
- Lag. Encantada
- Río Chalpi Chico
- 2740 m
- Río Mongahuayco Grande
- Río Oyacachi
- Río Chalpi Grande
- 2420 m
- Río Cedro
- 2150 m
- Río San Juan Grande
- Río San Juan Chico
- Q. Sisahua
- San Juan 1760 m
- Nach El Chaco
- Río Santa Maria

Trekkingtouren

Die Indio-Dorfgemeinschaft Oyacachi an der Wende zur Moderne

wider das gesamte Bett einnimmt. Hier dringe man in den Dschungel ein, um nach wenigen Metern auf Wegspuren zu treffen. Nach ca. 400 m wird der tief eingeschnittene Kanal des Río Sisahua angetroffen. Man folge diesem Seitenbach für ca. 10 m, um dann erneut über klare Wegspuren in den Urwald einzudringen. Nach ca. 250 m verliert sich der Weg auf einem breiten baumlosen Delta, das geprägt ist durch große Steinblöcke. Um an dieser Stelle möglichst wenig Zeit zu verlieren, begebe man sich bis ans äußerste östliche Ende dieses Deltas. Dazu folge man zunächst dem Seitenbach bis zur Mündung in den Río Oyacachi und schließlich dem Bachbett des Oyacachi, bis ein Weitergehen auf dem Bachbett problematisch wird. An dieser Stelle schlage man sich in den Wald und steige über eine steile Flanke senkrecht nach oben. Nach ca. 50 Höhenmetern stößt man auf den ursprünglichen Weg. Sollte dieser Weg wieder nach unten führen, ist man nicht weit genug nach oben aufgestiegen. Der Weg steigt allmählich an und entfernt sich vom Río Oyacachi. Nach einem guten Kilometer nähert sich der Weg wieder dem Hauptbach, um dort einen auf der Karte verzeichneten namenlosen Seitenbach zu überqueren (MAP: 180, 650, 9972, 600). Der nächste ebenfalls auf der Karte verzeichnete Bach (MAP: 181,

… B1. Río Oyacachi

220, 9972, 600) wird nach einem verblüffend steilen Abstieg erreicht. Der Bach wird just unterhalb eines geneigten Wasserfalls erreicht. Der letzte Abschnitt führt durch eine sumpfige Uferlandschaft. Kurz vor Erreichen der Hängebrücke über den Río Santa María gelangt man zu einer Hütte in der übernachtet werden kann.

Dritte Etappe (3 ½ h)

Der letzte Tag ist ein Spaziergang im Vergleich zu den ersten beiden Tagen. Nach Überqueren der Hängebrücke folge man dem Hauptweg 2 km nach Süden bis zu einer Hängebrücke über den Río Oyacachi. Nun wechsele man zum rechten Ufer des Río Oyacachi, wo bei einem Hof (San Juan) die Fahrstraße nach El Chaco beginnt. Nach ca. 12 km wird schließlich besagtes Dorf erreicht, wo einer der häufigen Busse nach Quito genommen werden kann. Jeden Morgen zwischen 8.00 h und 9.00 h fährt übrigens eine Lechera (Milchwagen) von San Juan nach El Chaco.

Empfehlungen

Seit dem Bau dreier Hängebrücken müssen nur noch marginale Seitenbäche überquert werden. Bei Hochwasser können diese Bäche aber zum Problem werden. Die Mitnahme einer 30 m langen Repschnur und eines Anseilgürtels sei deshalb empfohlen. Eine Machete ist für den zweiten Tag unerlässlich. Falls die Route für eine mögliche Rückkehr markiert werden soll, empfiehlt es sich Stoffband mitzunehmen. Für diesen Trekk muss auf jeden Fall mit Gummistiefeln gelaufen werden. Die Route ist oft dermassen matschig, dass sich auch die besten Lederschuhe bald aufgelöst hätten.

Bergsteigerkarte Cotopaxi, 1:40'000

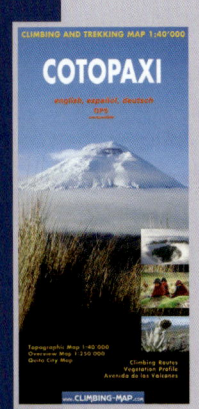

Die Karte enthält Aufstiegsrouten, Übernachtungsmöglichkeiten und alle besonderen Sehenswürdigkeiten mit exakten Höhenangaben. GPS-kompatibel.

Die topografische Karte im Massstab 1:40'000 ist doppelseitig gedruckt, beinhaltet Fels-, Gletscher- und Reliefdarstellung, Routenbeschreibungen, in den drei Sprachen Spanisch, Englisch und Deutsch, eine Übersichtskarte 1:250'000, diverse Illustrationen und nützliche Informationen für den Bergsteiger aus der ganzen Welt.

Ergänzend zum Cotopaxi sind kleinere Zusatzkarten der Vulkane Imbabura, Cayambe, Pichincha, Ilinizas und Chimborazo abgebildet. Die ideale Ergänzung zum Reiseführer, als Vorbereitungshilfe und Einstimmung für alle Bergsteiger, zur Orientierung am Berg, sowie als schönes Souvenir danach.

ISBN 978-3-9523294-2-9, Ausgabe: Juni 2009

Zu beziehen unter **WWW.CLIMBING-MAP.com**

Trekkingtouren

B2. **Papallacta - Oyacachi** (bis 4493 m)

Koordinaten	-
Anzahl Tage	4
Schwierigkeit	T4
Karten	Oyacachi 1:50 000, Cangahua 1:50 000, El Quinche 1:50 000
Plan	S. 85, Papallacta
Höhen	La Virgen de Papallacta 4070 m, Erstes Camp 4140 m, Zweites Camp 4240 m, Drittes Camp 4130 m, Checa 2600 m
Zeiten	Erste Etappe 5 h, Zweite Etappe 5 ½ h, Dritte Etappe 5 ½ h

Nördlich der Passstraße Pifo - Papallacta befindet sich in einer selten besuchten Gegend das Seengebiet von Papallacta - Oyacachi. Die IGM-Karten verzeichnen um die 50 Seen. Da diese Seen bereits östlich der Cordillera Central liegen, ist die Niederschlagsmenge hoch und das Wetter oft schlecht. Nach E geht das Plateau allmählich in die dichte Vegetation des E-Abhangs der Anden über. Die einzige bewohnte Siedlung liegt nordöstlich der Seen und wird Oyacachi genannt. Seit einigen Jahren erschließt die Fahrstraße Papallacta - Oyacachi - Cangahua - Cayambe das Gebiet.

Diese Straße wurde v.a. für ein Großprojekt gebaut, das Wasser in das innerandine Becken umleiten soll. Oyacachi ist außerdem über einen abenteuerlichen Pfad mit El Chaco im Oriente (siehe S. 76 f. - B1.) verbunden. Westlich des Seengebietes liegen in einer von S nach N ausgerichteten Bergkette die höchsten Gipfel der Gegend, im S der Tablarumi (siehe S. 149 f. - C9.), im Zentrum die Loma Yaragala und im N Las Puntas (siehe S. 234 f. - E2.). Das Gebiet eignet sich für ausgedehnte Trekks, die mit der Besteigung von einsamen Berggipfeln verbunden werden können.

Anfahrt

Im Terminal Terrestre von Quito nehme man einen Bus, der in Papallacta vorbeifährt. Alle Busse mit Ziel Lago Agrio oder Tena fahren über Papallacta. Dem Busfahrer teile man mit, dass man auf dem Pass, bei der Vírgen de Papallacta auszusteigen wünscht. Dieser Pass befindet sich auf 4070 m bei den Koordinaten (MAP: 811, 600, 9963, 500).

Erste Etappe (5 h)

Ab der Vírgen de Papallacta folge man der alten Passstraße 50 m nach NW, bis eine Fahrstraße nach rechts abzweigt. Diese Fahrstraße führt zu den Antenas von Potrerillos auf 4370 m (MAP: 812, 950, 9965, 100). Vom höchsten Punkt steige man in westlicher Richtung wenige Meter ab, bis man auf Wegspuren trifft. Diesen Wegspuren ist in Richtung NNE zu folgen. Auf 4180 m wird ein erster See links umgangen. Am Ende des Sees verlieren sich die Wegspuren im Páramo. Nun durchquere man die Graslandschaft in Richtung N, bis man ein paar hundert Meter

B2. Papallacta - Oyacachi

östlich der Laguna Parcacocha auf einen anderen Weg trifft. Dieser Weg setzt sich in nordöstlicher Richtung bis an das Ende der Laguna Parcacocha fort. Hier biegt er nach E und dann SE ab, um bald darauf einen Sattel (MAP: 814, 500, 9968, 400) zu erreichen. Nach links folge man Wegspuren über Rippen in Richtung NE. Auf ca. 4120 m wird ein unregelmäßiges Plateau erreicht. Man verlasse die Wegspuren und traversiere horizontal nach NE. Sobald eine eindeutig eingeschnittene Quebrada erreicht ist, wende man sich nach N und besteige einen weiteren Sattel. Auf diesem Sattel angekommen, befindet man sich unmittelbar am südlichen Ende einer schönen Laguna (MAP: 815, 400, 9969, 700). Man folge dem rechten Seeufer, bis ein ebener, trockener Zeltplatz gefunden wird. Wer für den ersten Tag noch nicht genug getan hat, besteige den Gipfel 4306 m, der sich südöstlich der Laguna befindet.

Zweite Etappe (5 ½ h)

Zunächst durchquere man das Gebiet zwischen der erwähnten Laguna und einem kleineren See, der sich nordöstlich befindet. Die Kompassnadel weist in diesem Bereich auf NNE. Nach einem halben Kilometer gelangt man in ein Tal. Man steige durch dieses Tal ab bis zu einer großen Ebene. Kurz vor Erreichen der Ebene traversiere man nach N, um in einen zweiten Seitenarm des Haupttales zu gelangen. Über diesen Seitenarm steige man auf in Richtung WNW zu einem Pass (MAP: 815, 900, 9971, 850). Das nächste Ziel ist ein weiterer Pass (4196 m), 3.5 km nordwestlich. Um diesen Pass zu erreichen

müssen zwei Quebradas durchquert werden. Die erste Quebrada ist sehr flach und kaum als solche wahrnehmbar. Die zweite Quebrada ist eindeutiger. Am erwähnten Pass steht ein schon von weitem sichtbares, einsames Bäumchen. Ab diesem Pass folge man stets der Gratschneide nach N, bis die Loma Yaragala (4493 m) erreicht wird. Dabei wird eine Serie von Kuppen überschritten: Zunächst ist für 300 m die Richtung 32 Grad einzuschlagen. Daraufhin halte man sich für 800 m in Richtung 354 Grad. Hier wird der Hauptgrad spitzer und ist für einen kurzen Abschnitt auf 296 Grad ausgerichtet. Auf 4320 m öffnet sich das Gelände. Nun schlage man die Richtung 13 Grad ein und gelange nach 1.5 km auf die Loma Yaragala. Der letzte Abschnitt des Aufstieges ist etwas steiler. Auf der Karte ist bei den Koordinaten (MAP: 812, 700, 9978, 000) ein kleiner See eingezeichnet. Diesen See sucht das Auge aber vergeblich, denn er versteckt sich hinter einem senkrechten Abschwung von ca. 50 Höhenmeter. Östlich von diesem See liegen ein paar Tümpel. Diese Tümpel eignen sich für ein nächstes Lager. Vom Gipfel des Loma Yaragala steige man ab in Richtung 332 Grad. Ein Felskranz wird dabei links umgangen. Nach 1.5 km gelangt man an den Abschwung des erwähnten Sees. Nun halte man sich in Richtung ENE und gelange nach 500 m zu den Tümpeln.

Aufstieg zu Las Puntas

Ein Blick auf der Karte zeigt, dass man sich nach dem zweiten Tag in unmittelbarer Nähe der Puntas (siehe S. 234-E2.) aufhält. Was liegt näher als der Versuch, einige der Spitzen zu besteigen?

Von den Tümpeln aus halte man sich einen Kilometer in südwestlicher Richtung. Man gelangt zum Pass, der die Q. Mullumica von der Q. Aglla trennt. Hier steige man in westlicher Richtung auf die Loma Yunguillas (4390 m). Wegspuren helfen bei der Orientierung. Auf der Loma angelangt, folge man dem Bergrücken in einer Richtung, die zwischen NW, N und NE schwankt. Der erste Gendarm (4355 m) wird dabei in seiner W-Flanke umgangen. Nach 2.5 km ab der Loma Yunguillas gelangt man zum Fuße der Puntas.

Um die nächste Nacht in einer besonders schönen Umgebung zu verbringen, empfiehlt es sich, noch am gleichen Tag von den Tümpeln zur Laguna Oyacachi weiterzuwandern. Von den Tümpeln schlage man eine Richtung von 50 Grad ein. Alsbald gelangt man in ein Tal. Dieses ist aber nach ein paar hundert Metern wieder auf der linken Seite zu verlassen. Man traversiere durch eine Bergflanke, bis man südwestlich des Sees auf eine Kanzel gelangt. Hier sieht man, dass der See in Richtung N entwässert und nicht nach S, wie auf der Karte verzeichnet. Wegspuren führen westlich des Sees hinab zum N-Ende des Sees. Hier sind gute Campingplätze zu finden. Nordwestlich der Laguna Oyacachi lädt eine namenlose Pyramide (MAP: 813, 950, 9979, 800) zum Besteigen ein. Auf der Karte ist anstelle der Pyramide nur eine Bergrippe der Höhe 4240 m eingezeichnet. In Wirklichkeit muss der Berg mindestens 4400 m messen. Für eine Besteigung ist ein Seil und etwas Sicherungsmaterial erforderlich: Vom nördlichen Ende des Sees ist zuerst der Hauptgrat über eine steile Flanke zu besteigen. Nun klettere man so weit wie möglich über die S-Flanke der Pyramide. Im oberen Bereich der Flanke halte man sich nach links und gewinne den Hauptgrat. Der Gipfel wird im Folgenden in kurzer Kletterei erreicht.

Dritte Etappe (5 $\frac{1}{2}$ h)

Für die letzte Etappe stehen mehrere Möglichkeiten offen. Landschaftlich besonders schön ist die Rippe zwischen der Q. Yanasacha o Aglla und der Q. Iguiñaro. Vom nördlichen Ende der Laguna Oyacachi steuere man horizontal auf die E-Flanke der erwähnten Pyramide zu (Richtung NNW). Alsbald stößt man auf Wegspuren, die in der E-Flanke den gesamten Berg umgehen. Sobald die letzten Felsen umgangen sind, muss über eine steile Flanke auf die Hauptrippe gestiegen werden. Die Rippe wird ungefähr beim Punkt 4228 m erreicht. Anschließend folge man stets der Hauptrippe entlang einem Weg, der immer wieder verschwindet, aber stets wieder auftaucht. Diverse Spitzen werden meist in der W-Flanke umgangen. Nach einem Kilometer wechselt die Grundrichtung der Rippe von N auf NW, nach einem weiteren Kilometer gar auf WNW. Auf einer Höhe von 4000 m weitet sich die Rippe zu einer breiten Terrasse (Loma El Tablón). Auf ca. 3600 m wird eine Fahrstraße erreicht. Diese Straße führt über Corral Pamba bis nach Iguiñaro. Auf 3000 m kann links über einen Mauleselpfad eine Abkürzung genommen werden. Mit etwas Glück findet man auf der Fahrstraße eine Mitfahrgelegenheit nach Checa oder El Quinche.

B2. Papallacta - Oyacachi

Detailkarte Papallacta

B3. **Cotopaxi - Antisana** (bis 4370 m)

Quilindaña und Chimborazo, vom Antisana aus gesehen

Koordinaten	-
Anzahl Tage	5-6
Schwierigkeit	T4
Karten	Cotopaxi 1:50 000, Sincholagua 1:50 000, Pintag 1:50 000, Papallacta 1:50 000
Plan	S. 211, Cotopaxi; S. 203, Antisana
Höhen	Morro de Chalupas 4080 m, Laguna Yuragcocha 4060 m, Lagos de Cajas 4040 m, Laguna Toracocha 4220 m, Laguna Santa Lucía 4370 m, Papallacta 3340 m
Zeiten	Erste Etappe 2 $^1/_2$ h, Zweite Etappe 5 $^1/_2$ h, Dritte Etappe 6 $^1/_2$ h, Vierte Etappe 8 $^1/_2$ h, Fünfte 5 $^1/_2$ h

Die Landschaft zwischen Cotopaxi und Antisana eignet in idealer Art und Weise, um die Anden Ecuadors kennen zu lernen. Die sanft gewellte, karge Graslandschaft wird unterbrochen durch die Kegel schroff aufragender Vulkane: Allen voran der Cotopaxi und der Antisana, aber auch der Morurcu, der Quilindaña und der Sincholagua zeigen auf diesem Trekk ihre verschiedenen Gesichter. Das Gebiet um diese Vulkane wird von Menschen kaum aufgesucht. Bei einem mehrtägigen Aufenthalt besteht einige Aussicht, einen Kondor zu sichten.

Jedes der vier Camps liegt in unmittelbarer Nähe zu einem See oder Tümpel. Einige der Camps können als Basecamp für die Besteigung der Vulkane dienen. Leider ist das Wetter auch in diesem Gebiet oft schlecht. Die Landschaft bietet wenig markante Landmarken, so dass absolute Sattelfestigkeit im Umgang mit Karte, Kompass und Höhenmesser gefordert ist.

B3. Cotopaxi - Antisana

Anfahrt

Im Terminal Terrestre von Quito nehme man einen Bus nach Latacunga und steige in Lasso beim Bahnhof (Estación del ferrocarril) aus. Hier warten Camionetas auf Kunden. Dem Camionetista teile man mit, dass man via Aláquez, H. Cuchitingue und der H. Pansachi zum Morro de Chalupas zu fahren wünscht. Nicht jeder Camionetista kennt die Route und ist bereit, die Fahrt zu unternehmen. Der Fahrpreis sollte nicht viel mehr als 30 US$ betragen. Von Lasso nach Aláquez sind 16 km gute Straßen zurückzulegen. Von Aláquez bis zum Morro de Chalupas sind weitere 27 km über schlechte Straßen zu bewältigen. Mit einer Camioneta gelangt man bis zu einer Anhöhe vor dem Morro de Chalupas, wo nach links eine Straße nach La Percha abzweigt (MAP: 789, 500, 9911, 350). Die Verbindung zwischen der H. Pansachi und dem Morro de Chalupas ist auf der 1:50000er Karte Cotopaxi als Pfad (gestrichelte Linie) eingezeichnet, ist in Wirklichkeit aber eine recht gute Fahrstraße. Auf diesem Abschnitt ist mit einem geschlossenen Tor zu rechnen. Theoretisch kann auf der Straße weiter in Richtung H. Chalupas gefahren werden. Allerdings ist ab der erwähnten Anhöhe die Straße dermassen schlecht, dass dies vom Camionetista kaum verlangt werden kann.

Erste Etappe (2 $^1/_2$ h)

Man folge der Straße zur H. Chalupas in Richtung E. Alsbald wird der Morro de Chalupas (4288 m) in seiner S-Flanke passiert. Auf der 1:50000er Karte Cotopaxi ist der Morro de Chalupas übrigens nur als Morro bezeichnet. Man folge der Straße, bis sie eine Acequia quert (4020 m). Nun verlasse man die Straße und begleite diese Acequia über Wegspuren während 2 km bis zum Beginn einer sumpfigen Ebene. Anschließend folge man Wegspuren, die in Richtung NE auf die Anhöhe Loma Jatunconda (4084 m) führen. Nordöstlich dieser Anhöhe liegt die Laguna Yuragcocha.

Zweite Etappe (5 $^1/_2$ h)

Ziel der zweiten Etappe sind die Tümpel Lagos de Cajas, die sich 8 km östlich des Cotopaxi befinden. Diese Etappe bietet bei guten Sichtverhältnissen phantastische Ausblicke auf die E-Flanke des Cotopaxi und auf die Pyramide des Quilindaña: Vom Ausfluss der Laguna Yuragcocha folge man Wegspuren in Richtung NW. Nach 1 km gelangt man zur Sumpfebene des Río Tambo. Dem rechten Rand dieser Ebene folgend, begebe man sich 4 km nach NE. Auf 3880 m, kurz vor dem Einmünden der Quebrada Mala, biege man nach links in die Q. Pucarumi ein. Die Sandflächen dieser Quebrada zeugen von der Nähe zum Cotopaxi. Man steige 4 km in Richtung NW über die unmerklich ansteigende Quebrada auf. Bei guter Sicht weist der Gipfel des Cotopaxi die Richtung. Auf 3960 m biege man ab nach N und halte auf eine Erhöhung in einem unausgeprägten Übergang zu (Cerro Pailón). Von dieser Erhöhung steige man ab nach N zum Lauf des Río Tambovacu. Wer diesem Fluss 2.5 km nach NNE folgt, trifft beim SW-Ausläufer der Loma Yanguagra auf die Straße zur H. El Tambo. Ca. 2 km nördlich, am W-Fuß besagter Loma, liegen auf einer Höhe von 4040 m die Tümpel Lagos de Cajas (MAP: 793, 500, 9926, 000). In der Umgebung dieser Tümpel schlage man das zweite Camp auf.

Dritte Etappe (6 $^1/_2$ h)

Die dritte Etappe führt zum See Laguna Toracocha, 4 km östlich des Sincholagua: Von den Tümpeln Lagos de Cajas halte man sich 3 km nach N zum Beginn der Q. de Alumis. Anschließend folge man dieser Quebrada 2 km in Richtung ENE. Auf ca. 4000 m wende man sich nach NE, um zu einem unausgeprägten Übergang aufzusteigen. Nun traversiere man nach NE haltend zur Q. Chorro de Pansaloma. Jenseits dieser Quebrada kann schließlich in Richtung NE zum Filo de Pishca aufgestiegen werden. Für die nächsten 9 km begleite man diesen unausgeprägten Bergrücken, der in einem Halbrund zunächst nach NNE, allmählich aber nach NNW ausgerichtet ist. Dieser Bergrücken weist mehrere vage Erhöhungen auf: Zuerst der Punkt 4232, dann die Erhöhung Zanjacunga (4247 m) und schließlich die Loma de Carcelén (4290 m). Ungefähr 2 km nordnordwestlich dieser letzten Erhöhung gelangt man nach einem kurzen Abstieg zur Laguna Toracocha (MAP: 796, 800, 9939, 700; 4220 m). Von dieser Laguna könnte der Sinchogalua in einem Tag bestiegen werden. Der Berg müsste aber als erstes nordöstlich umgangen werden, um auf die Normalroute zu stoßen.

Vierte Etappe (8 $^1/_2$ h)

Die vierte Etappe bringt den Wanderer an den W-Fuß des Antisana: Von der Laguna Toracocha traversiere man 2 km horizontal nach E, um auf einen vagen Bergrücken zu gelangen. Man folge diesem Bergrücken sanft absteigend nach NE. Auf 4080 m verlasse man den Bergrücken über dessen NE-Flanke und steige ab zur Ebene von Potrerillos. Von Potrerillos kann anschließend nach E über eine Quebrada zum Pass Santantón Chico aufgestiegen werden. Von diesem Pass halte man sich über mehrere Erhöhungen (Punkt 4138, Punkt 4139) nach NE. Bei den Koordinaten (MAP: 805, 800, 9945, 100) trifft man schließlich auf den Pass Guamaní der Verbindungsstraße Pintag - Laguna Mica. Von diesem Pass steige man nach NNE über einen Bergrücken bis zum Punkt 4228. Anschließend steuere man in Richtung ENE haltend auf den 7 km entfernten Antisanilla (4509 m) zu. Zu diesem Zweck muss aber zunächst die Q. Jatunhuaycu durchschritten werden. Man umgehe den Antisanilla nordwestlich, um zur Laguna Santa Lucía (MAP: 813, 800, 9949, 100; 4370 m) zu gelangen, die unmittelbar nördlich des Antisanilla liegt.

Fünfte Etappe (5 $^1/_2$ h)

Von der Laguna S. Lucía aus schlage man die Marschrichtung 45 Grad ein. Auf ca. 4240 m wird eine Kanzel erreicht. Von unten wird man übrigens feststellen, dass 30 m hohe Felsen die Kanzel begrenzen. Man steige über hohes Gebüsch rechts der Kanzel ab in Richtung N. Auf 4060 m, bei den Koordinaten (MAP: 815, 500, 9951, 600), wird die Vereinigung zweier Flüsse erreicht. Hier wechsle man zum rechten Flussufer. Auf 4000 m entferne man sich vom Fluss, indem man sanft nach rechts ab-

B3. Cotopaxi - Antisana

schweift. Nun folgt eine Steilstufe, die extrem bewachsen ist und auch ein paar Felsen aufweist. Man kämpfe sich durch das Gebüsch steil hinab zu einer sumpfigen Ebene. Ein Blick zurück zeigt, dass sich am südwestlichen Rand der Ebene zwei Flüsse vereinigen, die über kurze Wasserfälle die Steilstufe überwinden (MAP: 815, 250, 9952, 600). Nun überquere man die Ebene in Richtung 20 Grad. Nach einem kurzen, steileren Abschnitt muss erneut eine Sumpfebene überquert werden. Am Ende dieser Ebene steht man am Rand einer tiefen Quebrada. Hier steige man ab bis zum entsprechenden Fluss (3760 m). Nun halte man sich stets auf gleicher Höhe ungefähr in Richtung N. Auf 3720 m wird eine Kante erreicht. Bei guter Sicht kann von hier in nordwestlicher Richtung der Lavastrom von Potrerillos und ein aufgestauter See überschaut werden. Man steige ab in Richtung NW. Etwas oberhalb des Sees wird eine windschiefe Strohhütte (3480 m) erreicht. Von dieser Hütte führen abwärts Wegspuren zu einer zweiten, kleineren Strohhütte. Von dieser Strohhütte folge man in kurzer Entfernung vom See dem Ufer. Dieser Abschnitt kann sehr sumpfig sein. Am Ende des Sees wird der Weg deutlicher. Bald durchquert er ein trockenes Tälchen und steigt auf zu einer Rippe auf dem Lavafluss. Ab hier folge man dem deutlichen Weg über den eindrücklichen Lavafluss bis zu einer Kiesgrube und bis zur Hauptstraße Pifo - Papallacta. Bis nach Papallacta fehlt ungefähr eine halbe Stunde. Hier statte man den heißen Quellen einen Besuch ab und betrachte von einem der Freiluft-Pools bei schönem Wetter den eventuell bestiegenen Antisana.

Die Cordillera Central von Ecuador

B4. **Llanganati** (bis 4018 m)

Koordinaten	-
Anzahl Tage	4 - 6
Schwierigkeit	T5
Karten	San José de Pabló 1 : 50 000, Río Mulatos 1:50 000
Plan	S. 93, Llanganati
Höhen	Q. Milín 3670 m, Laguna Sunchu-Urcu 4018 m, Zweites Camp 3700 m, Valle de los Frailejones 3480 m
Zeiten	Erste Etappe 5 h, Zweite Etappe 5 h, Ausflug ins Valle de los Frailejones 5 h, Vierte und fünfte Etappe je 5 h

Es ist nicht ganz einfach die Faszination für die Llanganati zu verstehen, ohne das Buch von Luciano Andrade Marín (siehe Bibliographie S. 316) gelesen zu haben. Dieser wohlsituierte Gelehrte hat 1933 eine zwei Wochen dauernde Expedition in die Llanganati unternommen. Wer den Llanganati einen Besuch abstattet kann nur staunen über die Ausdauer der Expedition. Natürlich widmet das Buch auch etliche Seiten der Geschichte über den versteckten Goldschatz Atahualpas (mehr dazu auf S. 292 f. - F3.).

Fest steht, dass es sich bei den Llanganati um eines der unzugänglichsten, menschenfeindlichsten Gebiete Ecuadors handelt. Unterhalb von 3800 m liegt ein kaum durchquerbarer andiner Bergwald, der nahtlos in den Amazonasurwald übergeht. Oberhalb von 3800 m liegt ein wilder Páramo mit mannshohem Gras und Gebüsch. Wäre da nicht ein kompliziertes Netz von Tapirspuren, so könnte man die Llanganati als total unzugänglich abschreiben. Dem entsprechend schlug Marín vor die Llanganati auf der Karte mit „Berge für immer unbewohnbar" zu bezeichnen.

Versteckt in mitten der Llanganati liegt ein verwunschenes Tal: Das Valle de los Frailejones. Wie der Name sagt ist das Tal der Standort einer isolierten Population von Frailejones gigantes (siehe S. 124 - C1.). Mangels höherer Berge hat der vorliegende Trekk dieses Tal zum Ziel. Zwar könnten auch die umliegenden Berge bestiegen werden (Cresta del Gallo, Yana-Llanganati, Las Torres), die damit verbundenen Umstände sind jedoch nicht zu unterschätzen. Wenn bis zum erwähnten Tal über eine mehr oder weniger durchgängige Spur gewandert werden kann, so ist am Valle de los Frailejones Schluss mit der relativen Durchgängigkeit. Ab diesem Tal kann jeder Kilometer einen ganzen Tag Arbeit in Anspruch nehmen. Ausdauernde Abenteurer finden aber vor allem in den Felstürmen des Yana-Llanganati ein spannendes Objekt zur Erkundung. Besonders interessant wäre natürlich auch das Auffinden der Verbindungsroute

Der mystische Sunchu-Urcu spiegelt sich im gleichnamigen See

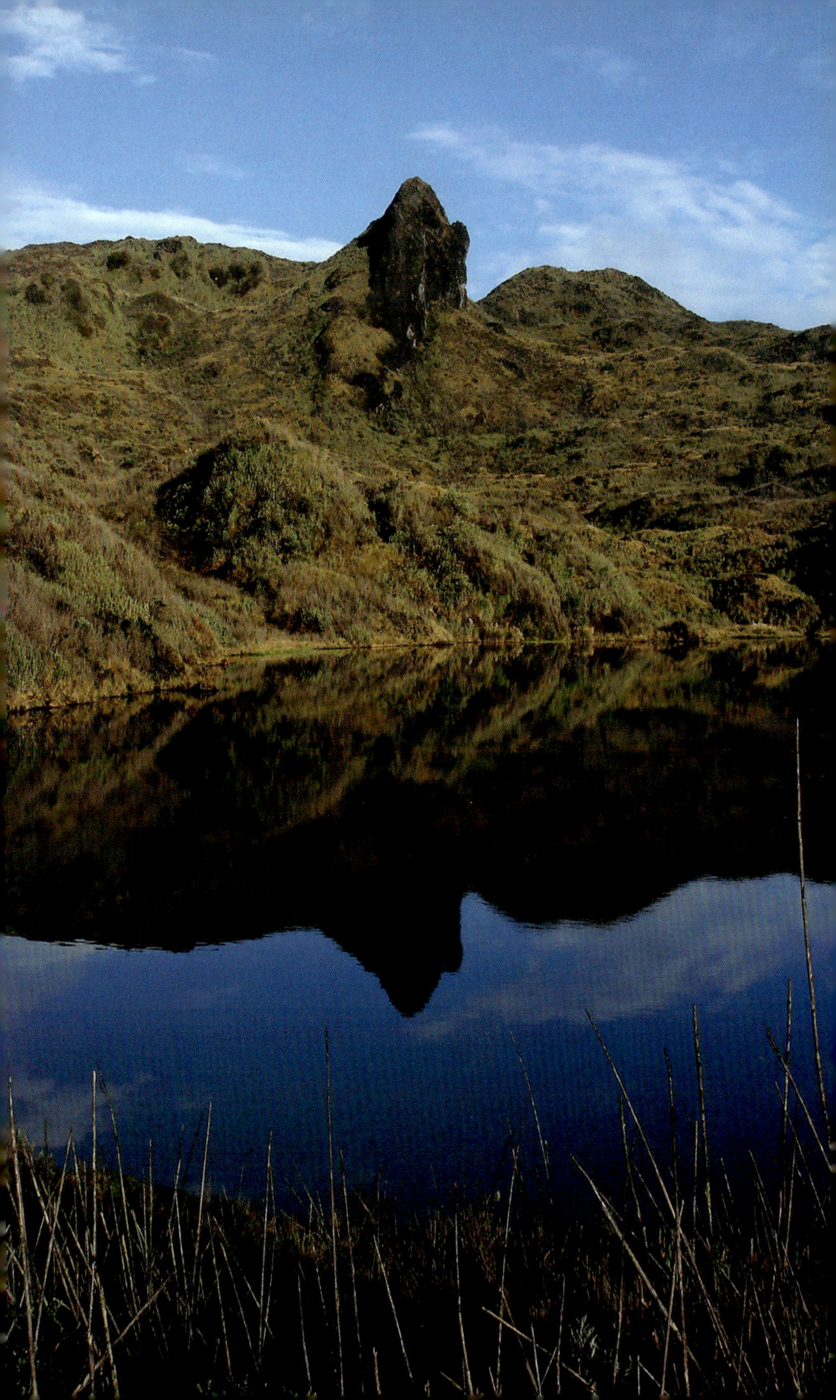

Trekkingtouren

zum Cerro Hermoso. Diese Route muss dem Río Soguillas entlang zum Río Topo hinabführen und anschließend einem geradlinigen Tal hinauf zum W-Ausläufer des Cerro Hermoso folgen. Irgendwo bei der Union der Flüsse soll es eine Thermalquelle geben. Wie bei allen Routen in den Llanganati sei aber vor Übermut gewarnt. Der vorliegende Trekk richtet sich an erfahrene Andinisten, die bereits Kenntnisse über die Spezifika des Ostabhangs der Anden sammeln konnten. Mit Sicherheit ist eine exzellente Orientierungsfähigkeit und ausserordentliche Ausdauer gefragt. Es versteht sich auch, dass auf Expeditionen in die Llanganati immer ein mehrtägiger Notproviant mitgenommen werden muss.

Anfahrt

Ausgangspunkt für diesen Trekk ist das Ende der Schotterstraße, die von Píllaro über die Laguna Pisayambo bis zur Quebrada Milín führt. Die Provinzstadt Píllaro, ist 20 km nordöstlich von Ambato gelegen und hat einen Charme, der vergangene Kolonialzeiten aufleben lässt. Entsprechende Busse verlassen Ambato an der Ecke Colón y Unidad Nacional. Da dieser Ort mehr als einen Kilometer vom Busterminal entfernt liegt, wird empfohlen per Taxi zum „Partidero a Píllaro" anzufahren. Wer von Quito herkommend anreist, steige bereits einige Kilometer vor Ambato an der Abzweigung nach Píllaro aus. Am Markt von Píllaro warten Camionetas auf Kunden. Für 25 - 30 US$ legen sie gerne die 42 km bis zur Q. Milín zurück. Bei guter Sicht bietet die Anreise phantastische Blicke auf die Páramo-Landschaft rund um die Laguna Pisayambo. Auf halber Strecke gelangt man zum Parkeingang (GPS: 784, 502, 9878, 614), wo eine Gebühr von 5 US$ zu entrichten ist. Da man bei der Rückkehr diese Strecke kaum zu Fuß zurücklegen möchte, empfiehlt sich die Bestellung einer Camioneta auf einen bestimmten Tag und eine bestimmte Zeit. Ein zuverlässiger Fahrer, der dann auch wirklich zur angegebenen Zeit auftaucht ist Hector Jacomé Haro (Tel: +593-(0)23-287 36 09).

Erste Etappe (5 h)

Um in zwei Tagen bis zum Verbindungspass ins Valle de los Frailejones zu gelangen, müssen am ersten Tag wenigstens die Lagunas unterhalb des Sunchu-Urcu erreicht werden. Erstes Etappenziel ist die Laguna Aucacocha, östlich des Río Golpe gelegen. Von der Q. Milín (MAP: 794, 125, 9876, 600; 3670 m) folge man der Straße, nach E bis diese allmählich zu einem matschigen Pfad verkommt. Dieser Pfad führt nach E in den Pass (MAP: 796, 475, 9876, 375; 3880 m) zwischen dem Anchilibí (4123 m) und dem Basalto (3961 m). Auf dem Pass angekommen wende man sich nach SE, um den Anchilibí zu umgehen. Allmählich wende man sich nach SSE uns steige ab zu einem kleinen See und anschließend zur großen Sumpfebene des Río Golpe. Sich an dessen linkem Rand haltend gelangt man alsbald zum Río Golpe, wo eine eigenartige Betonhütte (GPS: 797, 910, 9873, 619; 3707 m) steht. Die Hütte ist offen, bietet aber nicht mehr als einen kalten Betonboden und ein dichtes Dach. Eine Fußgängerbrücke ermöglicht den bequemen Übergang über

B4. Llanganati

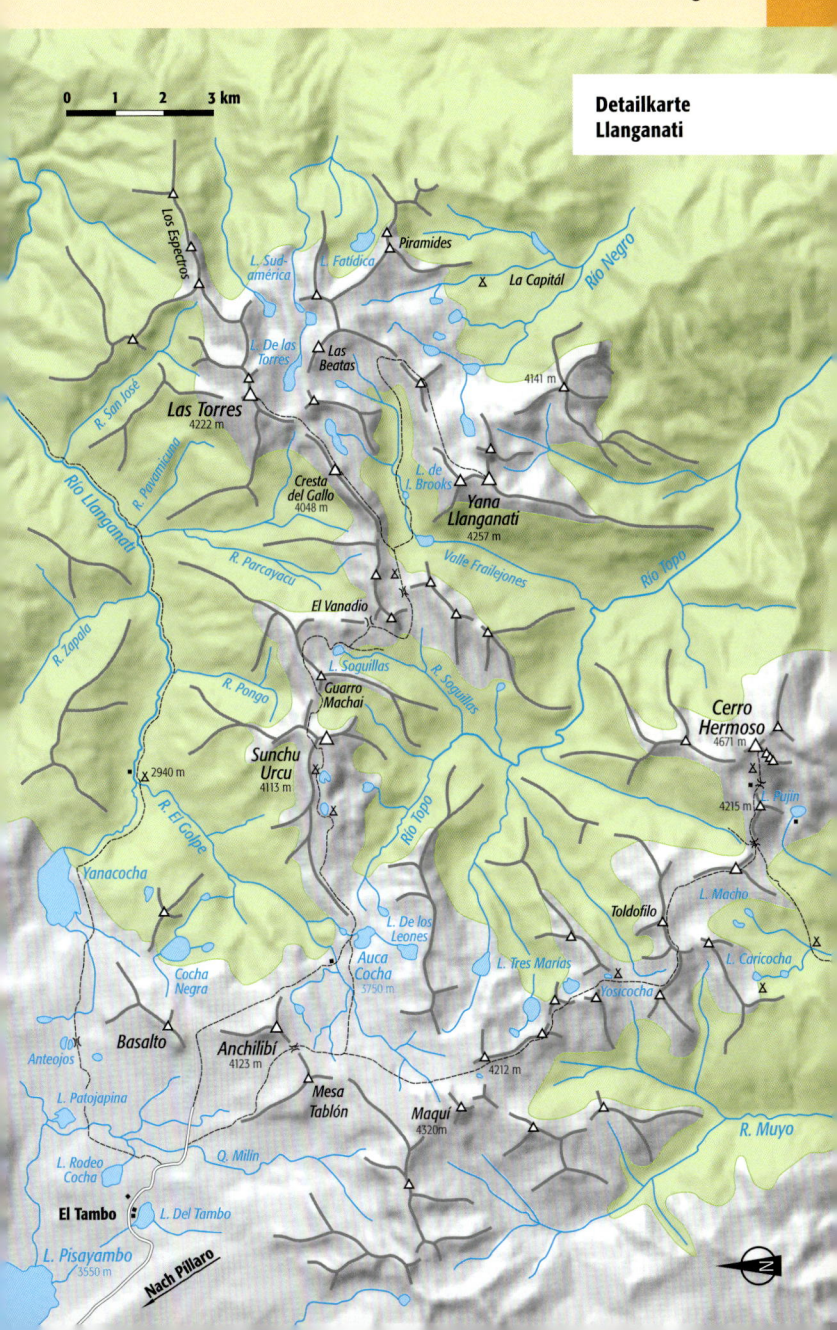

Detailkarte Llanganati

Trekkingtouren

Seltener Ausblick auf den Cerro Hermoso

den Río Golpe. Jenseits des Río Golpe suche man sich eine Spur durch hügeliges Gelände in Richtung ESE, die zum „Pass" zwischen der Laguna Aucacocha und dessen nördlichem kleinen Nachbarsee führt. Hier verdichtet sich die Spur und führt durch offenes Páramo-Gelände hinauf zum Beginn der Cordillera del Primer Cuarzo (GPS: 798, 799, 9873, 183; 3791 m). Sich stets in der rechten Flanke dieser Rippe haltend, gelangt man alsbald zu einer Sumpfebene unterhalb der Laguna El Cable. Die Spur steigt durch ein Tälchen hinauf zu einer kleinen Ebene, die Campspuren aufweist (GPS: 800, 400, 9873, 687). Nun halte man sich nach rechts, um zur Laguna El Cable zu gelangen. Auch hier zeugen Spuren von vergangenen Camps. Die Laguna wird links umgangen. Weiter nach E haltend gelangt man bald zur Laguna Sunchu-Urcu. Auch dieser See eignet sich für Camps (GPS: 801, 429, 9873, 844; 4018 m).

Zweite Etappe (5 h)

Die Laguna Sunchu-Urcu wird wiederum links umgangen. Man folge der Wegspur nach E bis unter den markanten Felsturm des Sunchu-Urcu. Dieser Berg ist wahlweise auch unter den Namen Cerro Pan de Azúcar, Cerro de Mica oder Cabeza de Ati bekannt. Unter dem Felsturm angekommen wende man sich nach links und steuere zur NE-Schulter (GPS: 802, 435, 9874, 024; 4113 m) des Sunchu-Urcu. Von dieser Schulter aus kann der Gipfel des Sunchu-Urcu (GPS: 802,

204, 9873, 707: 4162 m) übrigens leicht erstiegen werden. Von der Schulter steige man steil nach E haltend über die Hauptrippe ab bis zu den Koordinaten (GPS: 802, 844, 9874, 055; 3940 m). Nun muss in die S-Flanke ausgewichen werden, um zwei steile Gratköpfe zu umgehen. Bei den Koordinaten (GPS: 803, 240, 9873, 820; 3860 m) gelangt man in einem Pass wieder auf den Hauptgrat. Zunächst folge man der Hauptrippe nach E, umgehe dann aber den nächsten Gipfel in dessen NNW-Flanke. Bei den Koordinaten (GPS: 803, 837, 9874, 061) gelangt man wieder auf die Hauptrippe. Dieser ist noch ein Stück in Richtung NE zu folgen, bis sie allmählich nach E haltend verlassen wird. In einem Bogen steige man allmählich ab zur Laguna Soguillas. Auch dieser See wird links umgangen. Nach Süden haltend gelangt man nach etwa 200 m zu einer Kreuzung (GPS: 804, 157, 9873, 234; 3690 m). Ein Weg führt gerade aus und scheint dem Río Soguillas nach S zu folgen. Gut möglich, dass über diese Spur der Río Topo und der Cerro Hermoso erreicht werden könnten. Der linke Weg hingegen traversiert durch sumpfiges Gelände nach SE und steigt alsbald hinauf zum Pass El Vanadio (GPS: 804, 576, 9872, 732; 3743 m). Vom Pass steige man hinab in ein südsüdwestlich gelegenes Tälchen in dessen Mitte eine Kuppe steht. Da die ganze Gegend um den Pass El Vanadio voll von verwirrenden Tapirspuren ist, halte man am besten querfeldein hinab ins Tälchen und hinauf zur Kuppe, die auch schon als Camp benutzt wurde. Auf der Kuppe beginnt eine Spur, die in südsüdwestlicher Richtung hinab zu einer Schulter und zum Beginn des andinen Bergwaldes führt (GPS: 804, 366, 9872, 108; 3660 m). Ziel ist es den WSW-Ausläufer der Cresta del Gallo zu umgehen. Dazu müssen Luftlinie 100 m Wald durchquert werden. Hört sich einfach an, kann aber ohne weiteres eine Stunde Arbeit bedeuten. Man folge vorerst der Tapirspur hinab in die buschige Quebrada. Baldmöglichst versuche man aber diese Quebrada nach ESE zu verlassen. Ohne Machete und entsprechender Arbeit ist dies aber kaum möglich. Bei den Koordinaten (MAP: 804, 450, 9871, 975) gelangt man wieder auf offenes Gelände. Man durchquere nach E eine sumpfige Ebene und steige allmählich nach ENE haltend hinauf in einen Pass (GPS: 805, 308, 9872, 065; 3700 m), der den Zugang zum Valle de los Frailejones vermittelt. Etwa 400 m östlich des Passes zeugen Spuren von vergangenen Camps (MAP: 805, 675, 9872, 050).

Ausflug ins Valle de los Frailejones (5 h)

Nun befindet man sich knapp einen Kilometer entfernt vom Valle de los Frailejones. Noch ist aber ein tückisches Hindernis zu überwinden: Ein Abstieg von 200 Höhenmeter durch ein Stück andinen Bergwaldes. Zwar ist davon auszugehen, dass mehrere Tapirspuren mehr oder weniger unbequem hinabführen, die entsprechenden Eingänge aufzufinden ist aber äußerst schwierig. Außerdem haben die Tapirspuren die Tendenz auszufransen. Es bleibt also nichts anderes übrig, als sich einer beliebigen Spur anzuvertrauen und dann wenn sich diese auflöst den Rest mit der Machete zu öffnen. Es versteht sich von selber, dass der Abstieg gut markiert werden

sollte um auch wieder heil zum Camp hinaufzufinden. Die besten Erfahrungen wurden mit der folgenden Strategie gemacht:
Vom Camp folge man vorerst einer Spur nach ENE zum östlichsten Ende der Terrasse auf der übernachtet wurde. Die Spur führt durch ein Gemisch aus Wald und verwildertem Páramo zur Kante, wo das Gelände zum Valle de los Frailejones abbricht. Bei den Koordinaten (GPS: 806, 139, 9872, 313; 3660 m) führt eine Spur geradlinig hinab. Nach ca. 100 Höhenmetern löst sich die Spur aber auf. Nun wie erwähnt geradlinig hinab zum unteren See des Valle de los Frailejones. Jenseits des Hauptbaches stehen bereits die ersten wundersamen Exemplare der Frailejones. Um das Tal noch ein wenig kennenzulernen überquere man den Hauptfluss und folge diesem aufsteigend durch einen Wald von Frailejones. Wo der andine Bergwald das Weitersteigen erschwert, überquere man erneut den Fluss und folge diesem durch ungemein sumpfiges Gelände bis zur Laguna Isabel Brooks. Wegen einem Bergsturz ist nicht mehr klar ersichtlich welcher der vielen Seen, bzw. Sümpfe die eigentliche Laguna de Isabel Brooks ist. Dieser See ist nach der ecuadorianischen Ehefrau eines amerikanischen Colonels benannt, die hier verendet sein soll. Der Colonel musste sie an dieser Stelle zurücklassen, um sich selber retten zu können. Am Ende seiner Kräfte und völlig verwirrt soll er nach Tagen des Überlebenskampfes wieder den Rückweg gefunden haben. Theoretisch ist es natürlich auch möglich im Tal zu campen, ein entsprechendes trockenes Plätzchen zu finden ist allerdings nicht ganz einfach.

Vierte und fünfte Etappe (5 h)

Zurück zur Quebrada Milín. Wenn man sich abholen lassen möchte, warte man am besten bei den Hütten El Tambo, gute 2 km vor der Q. Milín, um im Falle von feuchten Wetterverhältnissen ein schützendes Dach zu finden.

Empfehlungen

Es gelten die üblichen Empfehlungen für Dschungeltouren. Das heißt vor allem Eingummierung von oben bis unten. Eine Machete sollte unbedingt mitgenommen werden und sei es nur für den Bau eines ebenen, trockenen Zeltplatzes auf einer der vielen Kuppen. Es kann eine gute Idee sein eine Tagesration Nahrungsmittel bei der Q. Milín zu verstecken, um für den Fall, dass die Camioneta nicht wie verabredet auftaucht, vorgesorgt zu haben.

Frailejones gigantes in den Llanganati

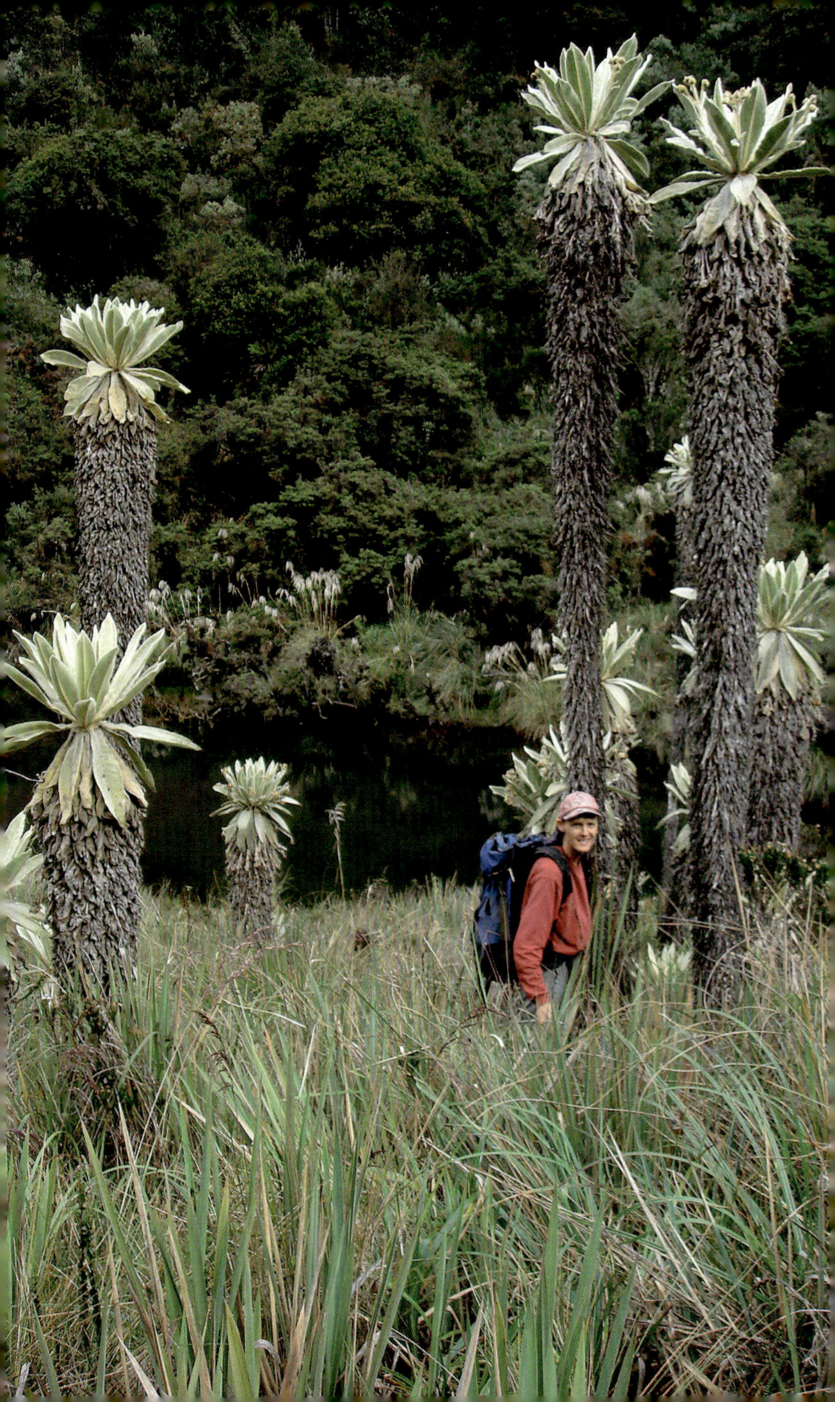

B5. **Cordillera de Angamarca** (bis 4340 m)

Weitläufige Páramo-Landschaft der Q. Sunfo

Koordinaten	-
Anzahl Tage	3 - 4
Schwierigkeit	T4
Karten	Angamarca 1:50 000, Simiatug 1:50 000, Ambato 1:50 000
Plan	S. 101, Casaguala
Höhen	Yanaurcu 3650 m, Erstes Camp 4260 m, Lag. Siquibulu 4120 m, S. Fernando 3230 m
Zeiten	Erste Etappe 5 h, Zweite Etappe 6 ½ h, Dritte Etappe 4 h

Die Cordillera de Angamarca liegt gut versteckt westlich von Pujín, Salcedo und Ambato. Das Gebiet wird vom typischen ecuadorianischen Páramo geprägt. D.h. weite runde Hügelzüge mit etlichen eingebetteten Seen. Einige Felsspitzen bis 4500 m ragen aus der Graslandschaft. Über die Namensgebung dieser Gipfel herrscht viel Konfusion. Dieser Führer verwendet die auf der Karten benutzten Namen. Zu den höchsten Erhebungen gehören sicherlich der Casaguala (siehe S. 168 - C17.) und der Quillushapa (siehe S. 167 - C16.).

B5. Cordillera de Angamarca

Anfahrt

Von Quito nehme man einen der vielen Busse nach Latacunga. Man lasse sich vom Busfahrer beraten wo in Latacunga am besten ausgestiegen wird, um einen Bus nach Pujilí zu nehmen. Am Markt von Pujilí können Camionetas angeheuert werden. Ziel ist Yanaurcu (via Yacubamba), 25 km von Pujilí entfernt. Der Fahrpreis bewegt sich um 20 US$.

Erste Etappe (5 h)

Vom Hauptplatz in Yanaurcu (Schule) steige man über die Hauptstraße einen Kilometer in Richtung SW bis zu den obersten Häusern. Kurz vor dem letzten Haus biegt die Straße nach links ab, um dann bald aufzuhören. Ein Weg steigt nach links in der steilsten Richtung zum Páramo hinauf. Man folge diesem Weg wenige Meter, um baldmöglichst nach links in einen horizontalen Weg einzubiegen. Falls Unklarheit herrscht, helfen die Bewohner von Yanaurcu gerne den Einstieg in die Quebrada Sunfo zu finden. Man folge dem horizontalen Weg, bis er sich nach ca. 2 km just bei der Vereinigung der Q. Sunfo und der Q. Surfotingo auflöst. Nun biege man in die Q. Sunfo ein, wobei man sich besser auf der rechten Seite des Baches hält. Bei ca. 3800 m wird eine Wasserfassung erreicht. Nun folge man der Q. Sunfo während ca. 3.5 km in Richtung S, bis in das Seitental der Q. Yuragashpa eingebogen werden kann. Der Aufstieg ist hin und wieder recht feucht, so dass man am besten nahe dem Abhang der Cuchilla Yanagata wandert. Man überquere den Hauptbach der Q. Yuragashpa und steuere auf den Bergrücken zu, der von der Q. Yuragashpa und Q. Sunfo gebildet wird. Nach einem Anstieg von 400 m erreicht man über offenen Páramo den Punkt 4223. Nun steuere man in Richtung WSW den Pass (4340 m) an, der zwischen dem Cerro Pucajata und dem Cerro Quillushapa liegt. Jenseits des Passes kann in Kürze zu einer feuchten Ebene abgestiegen werden, die an den Rändern gute Campingplätze anbietet (4260 m).

Vom Pass aus kann eine der höchsten Erhebungen der Cordillera de Angamarca, der Quillushapa (siehe *S. 167-C16.*) bestiegen werden.

Zweite Etappe (6 ½ h)

Vom erwähnten Camp in der Ebene westlich des Passes Quillushapa - Pucajata kann in südlicher Richtung über eine Terrasse zum Nordabhang eines weiteren Passes traversiert werden. Dieser Pass trennt die Q. Chiliquín von der Q. Quillurcu. Der Pass liegt 250 m westlich des Punktes 4386 und weist eine Felsformation auf, die an zwei gekreuzte Finger erinnert. Vom Pass steige man in südlicher Richtung zu einem auffälligen Felsturm ab. Wenig unterhalb des Felsturmes muss scharf nach rechts traversiert werden, um zu einem Durchstieg durch ein Felsband zu finden. Sobald das Felsband überwunden ist, kann über Páramo zur Q. Chiliquín abgestiegen werden. Man folge in großem Abstand auf der linken Seite dem Hauptfluss. Alsbald versperrt ein Wäldchen den Weg. Man steige in östlicher Richtung auf den Cerro Casaguala haltend hinauf, um das Wäldchen zu umgehen. Auf 3940 m wird ei-

Trekkingtouren

ne sumpfige Ebene erreicht. Diese Ebene ist in südlicher Richtung zu durchqueren. Das nächste Ziel ist die Besteigung der Cuchilla Mashua Pungu. Um den Kamm zu besteigen, suche man sich eine breite Waldschneise, über die steil zum Kamm hochgestiegen werden kann. Auf dem Kamm angekommen (4060 m), halte man in südöstlicher Richtung auf den Pass zu, der zwischen dem Sombrero Urcu (4156 m) und der Cuchilla Tingo liegt. Dieser Pass weist eine Höhe von 4020 m auf. Ab diesem Pass wird das Wandern leichter, da der weitere Verlauf des Trekks stets über einen Bergkamm führt und somit trocken ist. Die Route führt in der Folge über die Berge Cerro Tingo, Cerro Pasa Pungu und Cerro Curiquingue. Die Grundrichtung liegt stets um die 200 Grad. Man achte aber auf den genauen Gratverlauf, um auch bei Nebel stets die genaue Position auf der Karte bestimmen zu können. Der Cerro Curiquingue (4209 m) weist übrigens ein in den Páramo eingestanztes Kreuz auf und kann somit gut identifiziert werden. Beim Cerro Curiquingue biege man nach links ab, um in Richtung SE über eine Seitenrippe abzusteigen. Alsbald tritt die schöne Laguna Siquibulu (4120 m) ins Blickfeld, wo gute Campingplätze gefunden werden können.

Dritte Etappe (4 h)

Am letzten Tag wird über eine Serie von Bergrippen zum idyllischen Dörfchen San Fernando abgestiegen. Bei schönem Wetter bietet die Wanderung phantastische Blicke auf den Chimborazo, Carihuiarazo und Tungurahua.

Von der Laguna Suiquibulu steige man zunächst in nordöstlicher Richtung auf den Seitengrat auf. Hier trifft man auf Wegspuren, die in südöstlicher Richtung stets dem Bergrücken folgen. Alsbald ändert die Grundrichtung auf S. Auf dem Filo Tambalo (4100 m) angekommen, muss in östlicher Richtung über einen Seitenkamm abgestiegen werden. Nach kurzem Abstieg wird ein auffälliger Wallfahrtsort (Altar mit Betonkabine) erreicht (4060 m). Von diesem Wallfahrtsort führt ein guter Weg in östlicher Richtung zur Loma Cóndor Loma und von dort nach San Fernando. Interessanter ist es aber über den Seitenkamm vom Cerro Pucará nach San Fernando abzusteigen. Der breiten Bergrücken vom Cerro Pucará weist auffällige Löcher im Boden auf. Mit Pucarás werden gewöhnlich Befestigungsanlagen präkolumbianischen Ursprungs bezeichnet. Auf 3740 m, beim Cerro Yanshapa werden die ersten Felder und Hütten erreicht. Von hier führt ein Zickzackweg über die steile Ostflanke des Cerro Yanshapa. Alsbald wird die Verbindungsstraße San Isidrio de Tambaló - San Fernando erreicht. Man folge der Hauptstraße, um über einige Kehren nach San Fernando zu gelangen. Von San Fernando verkehren alle Stunde Busse der Cooperativa „Ambateñita" via Pasa nach Ambato. Der letzte Bus fährt am 18.00 h ab.

Wer in umgekehrter Richtung von Ambato nach San Fernando fahren möchte, findet die Endstation in Ambato in der Calle Francisco Flor y Juan Benigno Vela. Die Distanz zum Terminal Terrestre ist erheblich, so dass am besten per Taxi zur Endstation angereist wird.

B5. Cordillera de Angamarca

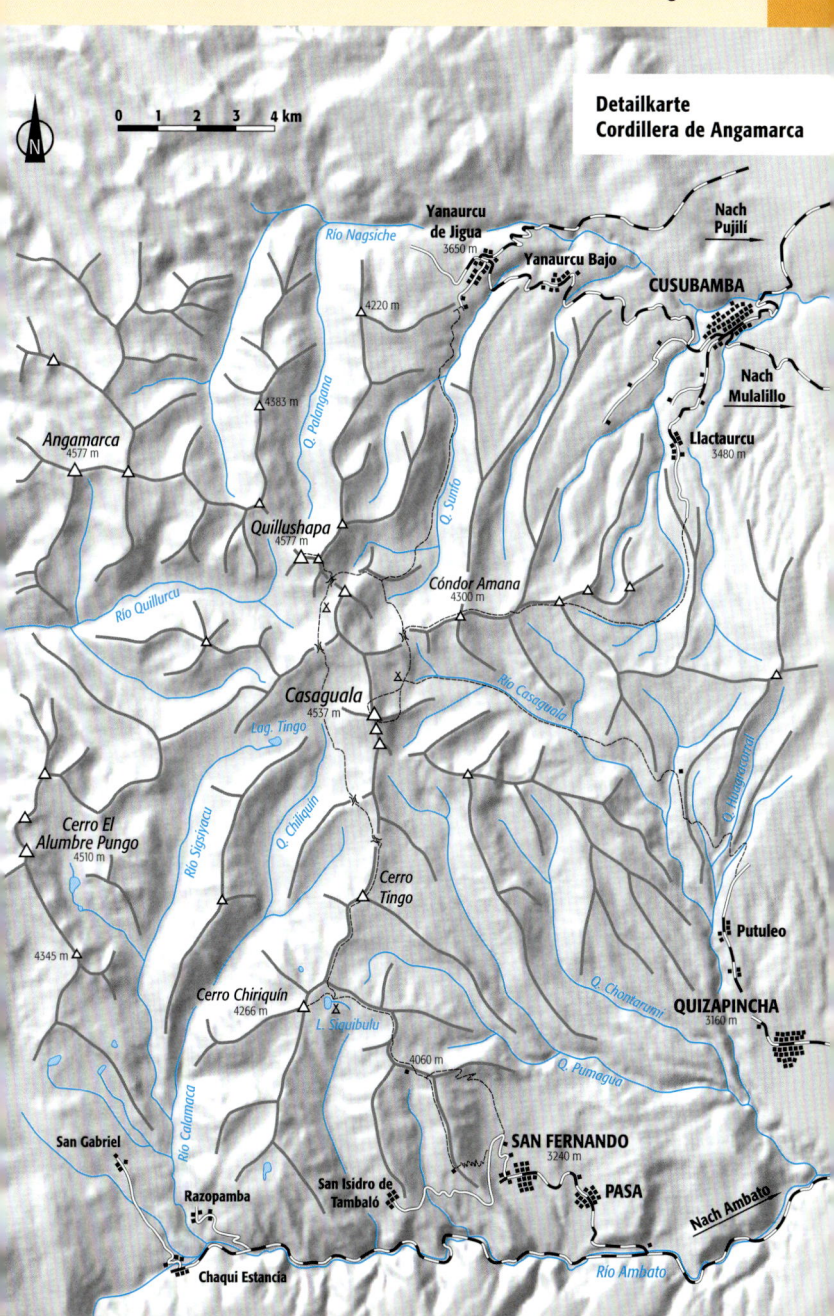

Detailkarte Cordillera de Angamarca

B6. **Umrundung Tungurahua** (bis 3730 m)

Koordinaten	-
Anzahl Tage	3
Schwierigkeit	T6
Karten	Palitahua 1:50 000, Baños 1 : 50 000
Plan	S. 105 Tungurahua
Höhen	Palictahua 2390 m, Lag. Patacocha 3730 m, Rif. Minsas 3590 m, Ulba 1710 m
Zeiten	Erste Etappe 4 ½ h, Zweite Etappe 4 ½ h, Dritte Etappe 10 h

Was liegt näher, als den Tungurahua zu umrunden, wenn es schon auf Grund der vulkanischen Aktivität heikel ist diesen Berg zu besteigen? Ein Blick auf die Karte zeigt schnell, dass die Umrundung vermutlich in drei Etappen möglich ist: Erste Etappe zu einem kleinen Tümpel namens Patacocha (Ausgangspunkt für die Südroute auf den Tungurahua), zweite Etappe zur Laguna Minsas, dritte Etappe Abstieg nach Ulba. Ein genauerer Blick auf die Karte offenbart jedoch, dass der Abstieg nach Ulba vermutlich nicht ganz ohne ist. In der Tat müssen 1900 Höhenmeter durch steile Flanken und über Rippen in wildem andinem Bergwald abgestiegen werden. Früher soll von San Antonio (überhalb Ulba gelegen) ein guter Jägerweg zur Laguna Minsas geführt haben. Seitdem die Jagd aber verboten wurde, nagt der Urwald an diesem Weg. Bergrutsche und eine unheimlich lebendige Vegetation haben ihn zu einer tückischen Spur verkommen lassen. An einer Stelle muss gar zwei mal über 6 m hohe Absätze abgeseilt werden. Schwierig vorherzusagen, wie sich die Situation in Zukunft entwickeln wird. Unter Umständen kann die nachfolgende Wegbeschreibung in ein paar Jahren zum Kapitel „Geschichte des Trekkings in Ecuador" gelegt werden. Auf jeden Fall richtet sich diese Routenbeschreibung nur an gute Alpinisten, die in mehreren Situationen Erfahrungen mit dem andinen Bergwald Ecuadors machen durften. Der Umgang mit Karte, Kompass und Höhenmeter muss in Vollkommenheit beherrscht werden.

Die Gefahr sich bei diesem Trekk zu verrennen ist besonders hoch. Nachdem über die erwähnte Stelle abgeseilt wurde, besteht ein hoher Sachzwang den Abstieg nach San Antonio zu erzwingen. Deshalb sollte man sich die Hinweise in der Einführung besonders zu Herzen zu nehmen. Wichtig: man gebe sich auch bei diesem Trekk die Freiheit, trotz Abseilstellen, umzukehren. Die Mitnahme von Notproviant ist eine Selbstverständlichkeit.

Nach allen diesen Warnungen sei noch angefügt, dass dieser Trekk ohne Übertreibung zum besten gehört, was Ecuador zu bieten hat.

Blick auf den 150 m hohen Wasserfall Río Arenal

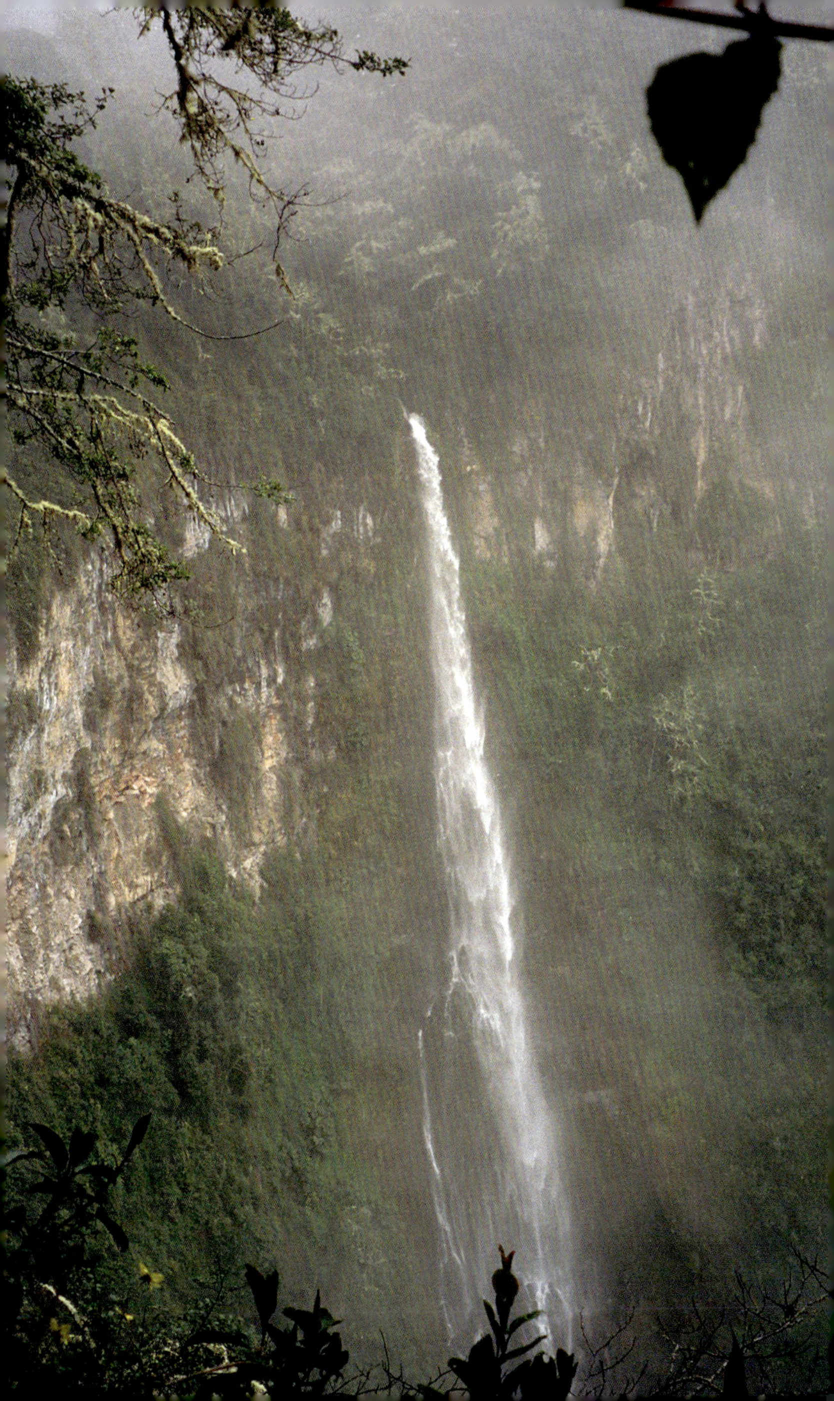

Trekkingtouren

Der Wanderer wird durch eine urwüchsige, sehr abwechslungsreiche Landschaft geführt. Jede Etappe offenbart eine neue Perspektive auf den rauchspeienden Tungurahua. Die Artenvielfalt ist auf Grund der Vielzahl an Klimazonen, die durchschritten werden, hoch.

Anfahrt

Ausgangspunkt zur Besteigung des Tungurahua von Süden ist das Dorf Palictahua. Dieses Dorf liegt rund 7 km südwestlich des Tungurahuas. Von Riobamba aus fahren stündlich Busse der Cooperativa Bayushig nach Palictahua und anschließend nach Puela. Diese Busse fahren im Terminal del Oriente (Espejo y Luis Cordóvez) ab. Die morgendlichen Abfahrtszeiten lauten: 6.25 h, 7.05 h, 8.05 h, 9,05 h, 10.05 h (11/2002). Die Fahrt dauert eine knappe Stunde.

Wenn von Baños angereist werden soll, kompliziert sich die Situation etwas. Früher konnte bequem ein Bus nach Riobamba bestiegen werden, der die direkte Straße Riobamba - Baños befuhr. Wahrend des Vulkanausbruchs im Jahre 2006 wurde diese Straße jedoch definitiv zerstört.

Erste Etappe (4 ½ h)

In Palictahua (2390 m) zweigt direkt vor der Brücke eine Fahrstraße nach rechts ab. Diese Fahrstraße begleitet den Río Puela auf dessen orographisch linker Seite. Nach 3.5 km wird der Fluss zum orographisch rechten Ufer überquert (2475 m). Hier endet die Fahrstraße in einem Parkplatz mit ein paar Hütten. Ein Weg beginnt dort, wo die Fahrstraße endet, verzweigt sich aber bereits nach wenigen Metern. Über den linken Weg kann zu den Aguas Termales de Palictahua gelangt werden. Der rechte Weg folgt in langem auf und ab dem Verlauf des Río Puela. Bald entfernt sich der Weg aber definitiv vom Verlauf des Flusses. Auf 2625 m zweigt nach links ein Weg ab, der aber nur den Zugang zu einer der Weiden bildet. Man folge dem rechten Weg bis zu einem Hof auf einer hübschen Terrasse (2720 m). Wenige Meter nach dem Hof verzweigt der Weg bei einem Schild des folgenden Inhalts: „Prohibido pescar en la naranja". Man biege hier nach links ab. Auf einer Höhe von 2935 m wird erneut einer Abzweigung begegnet. Nach rechts führt ein Weg auf eine Weide. Nach links bieten sich zwei Wege an. Ein unterer Weg folgt einem Rinnsal bis zu einer weiteren Weide. Man folge deshalb dem oberen Weg. Auf 3150 m gelangt man hoch über dem Fluss an den Knickpunkt der Quebrada des Río Puela. Von diesem Ort kann in schöner Aussicht der obere Verlauf des Río Puela und die wilde Landschaft im Osten dieses Flusses eingesehen werden. Man folge weiterhin dem stets deutlichen Weg, der nun in Richtung NE verläuft. Auf 3340 m begegnet man rechter Hand einem etwas versteckten Haus. Wenige Meter nach diesem Haus biegt der Weg scharf nach rechts ab. In den nächsten 30 Metern bildet ein tief eingeschnittener, oben zugewachsener Graben den Weg. Am Ende dieses Tunnels zweigt links ein Weg ab (3355 m). Er folgt stets mehr oder weniger dem Begrenzungsgrat zur Quebrada des Río Puela. Dies ist aber nicht besonders offen-

B6. Umrundung Tungurahua

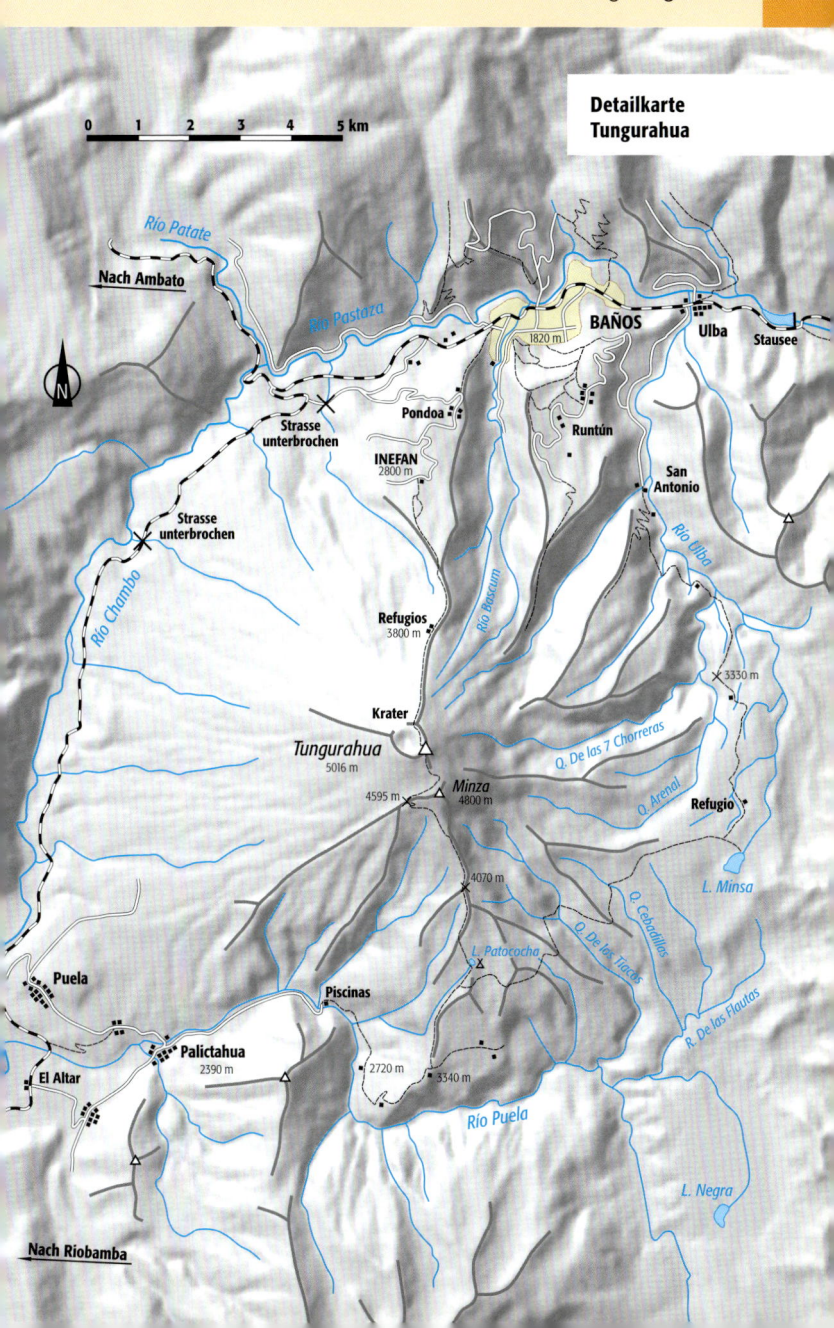

Detailkarte Tungurahua

sichtlich, da ein undurchdringbarer Bergwald den Weg umgibt. Auf 3560 m nähert sich der Weg einem Bach, wenige Meter später bieten sich kleine Wiesen für eine Übernachtung an. Schöner ist es allerdings, den Aufstieg bis zur Laguna Patococha fortzusetzen. Auf 3651 m begegnet man einer letzten Kreuzung. Der rechte Weg bildet den Zugang zu der Laguna Minsas. Bald erreicht man auf einem herrlichen, offenen Plateau die Laguna Patococha (3730 m).

Zweite Etappe (4 $^1/_2$ h)

Von der Laguna Patococha steige man wieder ab zur Abzweigung auf 3651 m (MAP: 785, 450, 9833, 675). Nun folge man dem Hauptweg in Richtung E. Dieser Weg wird recht häufig begangen, so dass sich die Furche so tief in das Gelände eingeschnitten hat, dass sich die Vegetation oben beinahe schließt. Auf 3700 m gelangt man zu einer markanten Rippe, über die vermutlich ebenfalls gut zur Laguna Patococha hochgestiegen werden könnte. Nun hält der Weg sanft absteigend auf die Q. de Los Leones zu. Der entsprechende Fluss wird auf einer Höhe von 3630 m überquert. Jenseits des Baches liegen gute Campingplätze. Der Weg umgeht nun wenig ansteigend die zwischen der Q. de Los Leones und der Q. de Los Tiacos liegende Rippe (3680 m). Nun steht ein Abstieg in die tief eingeschnittene Q. de Los Tiacos bevor. Der erste Fluss dieser Quebrada wird auf 3460 m, der zweite auf 3455 m überquert. Anschließend, muss über eine steile Flanke zur nächsten Rippe (3655 m) aufgestiegen werden. Diese Rippe umgangen nimmt der Weg eine Richtung von N an, um an einem Tümpel vorbeiführend zur Q. Cebadillas zu gelangen (GPS: 788, 137, 9835, 139; 3677 m). In diesem Abschnitt weicht der dichte Wald allmählich offenem Páramo. Dies hat allerdings auch zur Folge, dass der Weg im folgenden weniger klar ist. Wenn in umgekehrter Richtung gewandert wird, ist es wichtig den Einstieg des Weges in den Wald zu finden.

Nach Überquerung der Q. Cebadillas (gute Campingplätze) hält der Weg eine Richtung von 60 - 70 Grad ein. Noch wenig an Höhe gewinnend durchquert er die weiter unten beginnende Q. Laurel. Auf 3700 m öffnet sich der Blick (gutes Wetter vorausgesetzt) auf die Laguna Minsas und auf die sich einen Kilometer nördlich der Laguna Minsas befindende Hütte. Man folge der nun immer schwächer werdenden Wegspur in Richtung 75 Grad. Die Hauptspur hält über eine wenig ausgeprägte Quebrada absteigend auf eine Rippe zu, hinter der sich die Laguna de Minsas versteckt. Ungefähr 20 m vor Erreichen dieser Rippe zweigt nach links eine vage Spur in Richtung NE ab. Diese Spur folgt in einem Abstand von 20 - 50 m dem rechts liegenden Waldrand. Allmählich verdichtet sich die Spur zu einem klaren Weg, so dass man nach einem knappen Kilometer die an einem Waldrand gelegene Hütte erreicht. Diese Hütte (GPS: 790, 692, 9836, 701, 3590 m) besteht aus einem mehr oder weniger undichten Blechdach, aus einem mit Stroh bedeckten Erdboden und aus vier Wänden. Bei schlechten Wetterbedingungen bietet sie höchsten Wohnkomfort. Wasser kann am 100 m südwestlich liegendem „Hüttenbach" aufgefunden werden.

B6. Umrundung Tungurahua

Dritte Etappe (10 h)

Von der Hütte führen Wegspuren ca. 50 m nach W, um dort scharf nach rechts in den Wald einzubiegen. Der nun klarere Weg nimmt eine Grundrichtung von NW an und führt durch eine Mischzone aus Wald, Gebüsch und offenem Páramo. Nach 300 m ab der Hütte überquert der Weg via eine markante Rampe die tiefe Quebrada des Hüttenbaches. Falls der Weg bis zu diesem Bach verschwunden ist, folge man dem Hüttenbach. Ungefähr 100 m, nachdem von links ein ungefähr gleich viel Wasser führender Bach zufließt, befindet sich die erwähnte Rampe.

Jenseits des Baches folge man dem Ufer, bis nach 100 m ein Seitenbach, der von W her einmündet den Weg versperrt. Nun wende man sich nach E, dem Ufer des Seitenbaches folgend. Nach ca. 150 m ab der Einmündung erreicht man die sich mitten in offenem Páramo befindende „Quelle" des Seitenbaches. Man suche sich durch diesen Páramo eine Spur, die in Richtung 344 Grad verläuft. Nach ca. 100 m offenem Páramo leitet die Spur durch lichtes Gebüsch. In diesem Abschnitt verdichtet sich die Spur zu einem eindeutigen Weg. Nach 100 m sanftem Abstieg durch lichtes Gebüsch gelangt man auf eine Lichtung, die sich länglich in Richtung NNE erstreckt. Man überquere diese Lichtung in Richtung 30 Grad, auf den links der Lichtung befindenden Wald zuhaltend. Nach ca. 200 m ab dem Eintritt auf die Lichtung streift die Spur den Wald, der die Lichtung linkerhand begrenzt. Nun wendet sich die Spur leicht ansteigend in Richtung 340 Grad. Auf einem wenig ausgeprägten Bergrücken angekommen, halte man sich genau nach N, um allmählich in einer sanften Talsenke in den Wald einzudringen. Die Spur muss sich an dieser Stelle allmählich zu einem Weg verdichten. Dieser Weg ist zwar oft unter hohem Gras, Schilf oder Gebüsch versteckt, aber dennoch durchgehend. Der Eintritt in den Wald befindet sich bei den Koordinaten (GPS: 790, 584, 9837, 800). Wenn der Waldeintritt nicht eindeutig aufgefunden wird, darf auf keinen Fall weitergelaufen werden. Es ist ein Ding der Unmöglichkeit durch den nachfolgenden Wald querfeldein zu laufen. Es empfiehlt sich am Vortag diesen Waleintritt zu suchen, damit am nachfolgenden Tag in diesem Abschnitt möglichst wenig Zeit verloren geht.

Anschließend führt der Weg durch hohes Gras, Gebüsch und bald durch einen zauberhaften Polylepis-Wald, sanft absteigend in Richtung 10 Grad. Umgefallene Bäume machen diesen Abschnitt zu einem mühsamen Hindernislauf. Ab einer Höhe von 3510 m nimmt die Steilheit des Geländes allmählich zu. Man folge dem Weg, der nun eine Grundrichtung von in etwa 30 Grad einnimmt. Auf einer Höhe von ca. 3470 m begegnet man den Überresten einer Zauntüre. Im nächsten Abschnitt ist höchste Aufmerksamkeit gefordert. Einige Spuren weisen nach rechts, um später in einem Seitenfluss des Río Ulba zu enden. Man suche sich eine Spur, die vorerst geradlinig hinab und dann allmählich nach links (290 Grad) abdreht. Auf 3380 m überquert der Weg einen Bach, ca. 80 m später trifft man auf die ehemalige Hütte des Wildhüters (GPS: 790, 543, 9838, 661; 3376 m). Das Dach dieser Hütte ist undicht, das Hütteninnere mit

Panico Alpinverlag

Abfall übersät, bei Regen bietet dieser Ort dennoch eine annehmbare Übernachtungsmöglichkeit.

Nordwestlich der Hütte beginnt ein recht klarer Pfad, der vorerst geradlinig hinab führt, um allmählich bei einer Grundrichtung von 315 Grad nach links abzubiegen. Auf 3330 m schließlich trifft man auf einen einzigartigen Aussichtspunkt auf die tief eingeschnittene Quebrada Arenal inklusive einen rund 150 m hohen Wasserfall (MAP: 790, 209, 9839, 075). Bei diesem Aussichtspunkt beginnt der Abstieg über eine immer spitzer und steiler werdende Rippe bis zum Zusammenfluss des Río de Las Siete Chorreras mit dem Río Ulba. Eine klare Spur führt vom Aussichtspunkt in Richtung 20 Grad. Man kontrolliere hin und wieder diese Richtung, um sicher zu gehen, dass über die richtige Rippe abgestiegen wird. Ab einer Höhe von 3100 m nimmt die Steilheit der Rippe markant zu. Auf 3080 m fällt die Rippe über zwei ca. sechs Meter hohe, vertikale Steilstufen ab. Früher muss der Weg diese Stellen umgangen haben. Bergrutsche haben den ehemaligen Weg unterdessen jedoch mit sich fortgerissen. Man lasse deshalb die Rucksäcke mit Hilfe eines Seiles hinab, um daraufhin zwei mal abzuseilen. Es könnte theoretisch auch abgeklettert werden. Die dichte Vegetation vermag beim Abklettern zwar Sicherheit zu vermitteln, man bedenke jedoch, dass alles Grünzeug äußerst morsch ist. Als Abseilpunkte wähle man deshalb die dickeren der umstehenden Bäume. Nach Bewältigung dieser Stufen wird eine Umkehr schwierig. Zwar dürfte es gut möglich sein über diese Stufen wieder hinaufzuklettern, der Rucksack wird sich allerdings nicht einfach durch das Gestrüpp hinaufziehen lassen.

Unten angekommen trifft man bald auf einen felsigen Gratabschnitt, umgeben von einem Bächlein rechts und einer felsigen „Badewanne" links des Grates. In der Mitte kann über große Blöcke zur Fortsetzung des Grates hochgeklettert werden. Nach Bewältigung dieser Passage dreht die Grundrichtung der Rippe nach links auf 334 Grad ab. Wie zuvor kontrolliere man hin und wieder diese Grundrichtung. Auf 2900 m verlässt die Spur für ca. 30 Höhenmeter die Rippe, um in dessen W-Flanke eine vermutlich steile Stelle zu umgehen. Auf 2740 m schließlich verabschiedet sich der Weg definitiv von der Rippe, und führt über die eben erwähnte W-Flanke zum Río de Las Siete Chorreras hinab. Dieser Fluss wird ca. 50 m oberhalb des Zusammenflusses mit dem Río Ulba bei einer Höhe von 2600 m erreicht.

Nun befindet man sich 500 m Luftlinie von der rettenden ersten Hütte entfernt. Dennoch steht ein schweres Stück Arbeit bevor, da der Weg im folgenden Abschnitt kaum mehr existiert. Auf keinen Fall lasse man sich verleiten dem Río Ulba zu folgen. Dies wäre der sichere Tod, da sich der Río Ulba später zu einem tief eingeschnittenen Canyon wandelt. Man überquere den Río de Las Siete Chorreras und suche sich ca. 50 m oberhalb des Zusammenflusses mit dem Río Ulba einen Eingang in den Wald. Das Gelände nordwestlich des Flusses ist geprägt von den stei-

B6. Umrundung Tungurahua

nigen Überresten eines alten Bergrutsches. Der Schuttkegel ist jedoch bereits von einem dichten Gebüsch überwuchert, unter dem sich die Route befindet. Man steige unter dem Gebüsch hindurchkriechend einer vagen Spur folgend in Richtung 280 Grad steil hinauf. Nach ca. 80 Höhenmeter, wenig unterhalb der Abrissstelle, kann rechts das ehemalige Wegtrasse gefunden werden. Der Weg führt ansteigend nach rechts. Alsbald muss jedoch via 2 Wegkehren nochmals 40 Höhenmeter nach oben gestiegen werden.

Falls der Weg nicht in der beschriebenen Art aufgefunden wird, begebe man sich zur Flussvereinigung des Río de Las Siete Chorreras und Río Ulba. Nun steige man über steilstes Gelände in Richtung W bis auf eine Höhe von 2720 m. Anschließend traversiere man horizontal 200 m in Richtung NW. Nach dieser Traverse steige man immer noch in Richtung NW haltend bis auf 2680 m ab. Auf dieser Höhe befindet sich in einer Lichtung eine verfallene Hütte. Falls der Weg aufgefunden wird, gelangt man nach einer Traverse in Richtung NW und einem Abstieg in derselben Richtung zu der Lichtung, auf der die verfallene Hütte steht (GPS: 789, 804, 9840, 817; 2680 m). Im Jahre 2002 wurde diese Lichtung noch genutzt, um 3 Kühe zu ernähren. Ein guter Weg führt allmählich an Höhe verlierend durch die W-Flanke des Río Ulba bis nach San Antonio. Sollte diese Weide jedoch aufgegeben werden, dürfte das Gelände sehr schnell verwildern.

Von der verfallenen Hütte halte man sich Höhe verlierend in Richtung W zu einem ca. 100 m entfernt liegenden Seitenfluss. Nach der Bachüberquerung traversiert der Weg in Richtung NW die steile Flanke des Río Ulba. Nach Umgehung einer Rippe steigt der Weg wenige Höhenmeter an, um in günstigem Gelände die nächste Quebrada überqueren zu können (2570 m). Anschließend traversiert der Weg erneut hoch über dem Río Ulba in Richtung 340 Grad. Auf 2480 m schließlich mündet der Weg in einen größeren Hauptweg ein. Über etliche Kehren kann nun bequem nach San Antonio zu den ersten bewohnten Häusern abgestiegen werden. Wenig später gelangt man über eine Fußgängerbrücke zum Beginn der Schotterstraße nach Ulba (GPS: 788, 784, 9842, 675; 2140 m). Nach 1.5 km mündet diese Straße in die Erschließungsstraße von Runtún. Nach weiteren 2.5 km Abstieg über die geteerte Straße erreicht man schließlich das Dorf Ulba. Von Ulba fahren dunkelrote „Stadtbusse" ca. alle 15 Minuten zum 4 km entfernten Baños.

Empfehlungen

Dieser Trekk trägt alle Charakteristika einer Dschungeltour mit höchsten Anforderungen. D.h. wandern mit Gummistiefeln, Machete und einer guten Portion Humor.

B7. **Altar-Trekk** (bis 4514 m)

Indio-Dorf Alao, Ausgangspunkt für Altar und Sangay

Koordinaten	-
Anzahl Tage	4
Schwierigkeit	T5
Karten	Palitahua 1:50 000, Volcán El Altar 1:50 000, Llactapamba de Alao 1:50 000
Plan	S. 263, Altar
Höhen	H. Releche 3040 m, Collanes 3840 m, Laguna La Estrellada 4080 m, Alao 3140 m
Zeiten	Erste Etappe 6 h, Zweite Etappe 6 h, Dritte Etappe 8 h

Dieser Trekk eignet sich in idealer Weise, um den Volcán El Altar (siehe S. 258 - E8.) kennen zu lernen, ohne sich gleich auf das gefährliche Abenteuer einer Besteigung der Gipfel einzulassen. Die Route führt bis zur Laguna Amarilla, die inmitten der Caldera des Vulkans liegt. Im zweiten Teil durchquert der Trekk die wilde, einsame Seenlandschaft südlich des Altar. Dabei führt der Trekk vorbei am Campamento Italiano, wo bei einer Besteigung des Obispo normalerweise das Basislager aufgeschlagen wird. Im mittleren Abschnitt führt die Route ganz nah am Cubillín (siehe S. 179 - C20.) vorbei. Findige Bergsteiger könnten versuchen, diesen Berg von NE zu besteigen. Der letzte Tag bringt den Wanderer zum Indiodorf Alao. Diese Indiogemeinschaft konnte sich aufgrund ihrer Abgeschiedenheit weit mehr den Einflüssen der westlichen Zivilisation entziehen als manch anderes Dorf.

B7. Altar-Trekk

Zum Schluss noch eine Warnung: Die beschriebene Unternehmung empfiehlt sich ausschließlich für Andinisten, die mit den ecuadorianischen Bergverhältnissen vertraut sind. Wie üblich ist in der Cordillera Central mit viel Regen, Nebel und sogar Schnee zu rechnen. Einen Fehler bei der Orientierung kann man sich hier nicht erlauben!

Anfahrt

Ausgangspunkt des beschriebenen Trekks ist die H. Releche bei Candelaria. Die H. Releche kann über die Ortschaft Penipe erreicht werden. Penipe liegt auf der nun unterbrochenen Verbindungsstraße Baños - Riobamba. Häufige Busse verkehren auf dieser Straße. In Riobamba starten die Busse vom Terminal del Oriente (Av. Espejo y Luz Elisa Borja). In Penipe sehe man sich nach einer Camioneta zur H. Releche um. Mit rund 10 US$ Fahrpreis ist zu rechnen. Die Fahrt führt über das Indiodorf Candelaria bis direkt zum Gebäude des Nationalparkwächters, wo unter Entgegennahme einer Quittung 10 US$ als Parkeintritt in den Nationalpark Sangay zu bezahlen sind.

Erste Etappe (6 h)

Das Nationalparkgebäude liegt bereits auf der Seitenstraße, die innert Kürze zur eigentlichen H. Releche führt. Ein Haus der H. Releche wurde zu einer Pension umgebaut. Der Hacienda-Besitzer ist übrigens in der Regel bereit, Touristen nach Penipe zu transportieren. Von der Hacienda steige man über einen Maulseelweg nach E. Etwas nach der zweiten Rechtskurve biege man links vom Hauptweg auf einen bescheideneren Weg ab. Der Weg führt alsbald auf eine Rippe. Am Ende der Rippe verzweigt er. Man steige über den besseren, rechten Weg nach S. Auf 3400 m biegt dieser Weg schließlich in das Tal des Río Collanes ein. Bei gutem Wetter können hier erste Blicke auf den Altar geworfen werden. Der Weg folgt hoch über dem Bach der S-Flanke des Tales. Die vielen Seitenbäche werden dabei zum Hindernislauf, da der Weg ständig auf und ab geht. Die Grundrichtung des Tales wechselt allmählich von E auf NE. Auf 3840 m gelangt man bei einer Strohhütte zum Beginn der Ebene von Collanes. Man suche sich in der Nähe des Baches einen trockenen Platz, um das Lager zu errichten, beispielsweise am S-Rand der Ebene (MAP: 784, 100, 9815, 050; 3840 m).

Ausflug zur Laguna Amarilla

Die Collanes-Ebene bietet zwar einen guten Überblick auf die Gipfel des Altar, die steile Kraterinnenwand, die Hängegletscher und die Altar-Gipfel können von der Laguna Amarilla inmitten der Caldera aber viel besser betrachtet werden. Das Schauspiel ist gewaltig. Je mehr Zeit in der Ebene von Collanes verbracht wird, desto höher ist auch die Wahrscheinlichkeit, den Altar bei gutem Wetter anzutreffen.

Zunächst begebe man sich ans Ende der Ebene von Collanes. Anschließend überquere man den Hauptbach zum nördlichen Ufer und begebe sich zu den ersten Bäumen. Inmitten des ersten Wäldchens beginnen Pfadspuren. Sie folgen einer Moräne in Richtung E. Auf

Panico Alpinverlag

Trekkingtouren

Die Ebene Collanes unterhalb des Altars

4100 m endet diese Moräne in einem steilen Hang. Man steige über Wegspuren steil aufwärts nach links. Sobald die erste Steilstufe überwunden ist, biegen die Spuren ab nach rechts. Kurz darauf wird das Caldera-Plateau erreicht. Zu Füßen des Betrachters liegt zur Rechten die Laguna Amarilla, rundherum beeindrucken die gewaltigen Eis- und Felswände des Altars.

Zweite Etappe (6 h)

Das Ziel des dritten Tages ist die Laguna La Estrellada westlich der Laguna Verde. Vom südwestlichen Rand der Collanes-Ebene steige man weglos über die steile Páramo-Flanke nach SW. Auf 4200 m wende man sich nach WSW, um den W-Ausläufer des Obispo südlich des Punktes 4383 in einem Sattel zu erreichen. Man folge der Gratschneide nach SE bis zum Punkt 4548, der auf der IGM-Karte mit Cerro Yanacocha beschriftet ist. Nun steige man über den ENE-Grat ab in die Lücke zwischen den Punkten 4548 und 4685. In diese Lücke könnte übrigens durch eine steile Quebrada auch direkt von der Collanes-Ebene gelangt werden. Von der Lücke steige man zunächst ca. 80 Höhenmeter dem W-Ausläufer folgend in Richtung Punkt 4685. Bevor der Grat aber felsig und steil wird, traversiere man auf einer Terrasse nach rechts haltend um den Punkt 4685 herum. Der S-Hang des Punktes 4685 ist steil, so dass bei Schnee die Lawinengefahr zu berücksichtigen ist. Südöstlich des Punktes 4685 gelangt man auf ein Podest, von wo aus die Laguna Mandur überschaut werden kann. Nun folge man einer Rippe nach S und steige über einen Gratkopf ab zum Ausfluss der Laguna Mandur. Anschließend folge man Steinmännern nach SE. Auf 4440 m halte man vermehrt nach rechts, sodass man den Hauptgrat bei den Koordinaten (GPS: 785,

088 9812, 359 m; 4514 m) erreicht. Man befindet sich nun auf der Aufstiegsspur zum Campamento Italiano. Man folge den guten Spuren nach WSW, um zum Sattel von Tiaco Machay (GPS: 783, 982, 9810, 317; 4282 m) zu gelangen. Nun steige man nach SSE ab und suche sich in der Umgebung der Laguna Estrellada einen guten Zeltplatz. Bei schlechtem Wetter kann es von Vorteil sein, das Zelt in der Höhle Tiaco Machay (GPS: 784, 032, 9810, 551; 4203 m) aufzustellen. Diese Höhle präsentiert sich rechterhand, wenn ca. 80 Höhenmeter in Richtung Vaquería Inguisay abgestiegen wird.

Dritte Etappe (8 h)

Die letzte Etappe führt zur Indiogemeinschaft Alao. Eine gute Idee ist es, kurz vor Alao eine weitere Nacht zu verbringen und erst früh morgens am 5.30 h in Alao aufzutauchen. Die einzigen zwei Busse fahren nämlich um 4.45 h und um 5.45 h nach Riobamba ab. Von der Laguna La Estrellada steige man nach S zu einem Sporn auf. Von diesem Sporn begebe man sich hinab zur Laguna Enjoshinada. Nachdem die Laguna rechts umgangen ist, kann zum Sattel westlich des Cerro Cusnipagcha aufgestiegen werden. Von diesem Sattel steige man nach S ab bis auf eine Höhe von 4000 m. Nach S kann anschließend über ein Tal zum nächsten Sattel (4180 m) aufgestiegen werden. Westlich von diesem Sattel befindet sich der Hauptgipfel des Cubillín (4730 m). Ein Vorgipfel des Cubillín ist auf der IGM-Karte mit Cerro Yuibug beschriftet. In besagtem Sattel beginnt die Q. Yugburpungu. Man folge dieser Quebrada nach S bis zum Río Alao. Über die nächsten 3 km begleite man den Río Alao bis zur Brücke der Verbindungsstraße Alao - El Placer. Über diese Straße kann nach 15 km das Dorf Alao erreicht werden.

El Altar (R. Reschreiter)

B8. **Osogoche** (bis 4470 m)

Die Seenlandschaft von Osogoche

Koordinaten	-
Anzahl Tage	3 - 6
Schwierigkeit	T4
Karten	Totoras 1:50 000, Río Upano 1:50 000, Huangra 1:50 000
Plan	S. 117, Osogoche
Höhen	Atillo 3460 m, Erstes Camp 4180 m, Zweites Camp 3780 m, Totoras 3740 m
Zeiten	Erste Etappe 5 h, Zweite Etappe 6 h, Dritte Etappe 6 h

Etwa 40 km östlich von Alausí, weit ab aller Verkehrswege, befindet sich eines der abgeschiedensten Seengebiete Ecuadors: Die Lagunas de Osogoche. An die 60 Seen liegen eingebettet zwischen hohen Gipfeln. Der größte See, die Laguna de Osogoche, auch Laguna Cubillín genannt, erreicht eine Länge von 6 km. Flankiert werden diese Seen durch mehre-

re Gebirgsketten, deren Gipfel die ansehnliche Höhe von 4600 m erreichen. Am bekanntesten sind die Berge Achipungo (Colay) im Norden und Soroche (Ayapungo) im Süden. Da das ganze Gebirgsmassiv nichtvulkanischen Ursprungs ist, nimmt die Landschaft mit ihren Gebirgsketten ein für Ecuador untypisches Aussehen an. Gesteinsarten wie

B8. Osogoche

Glimmerschiefer, Tiefengesteine aus Quarz, Granit und kristalline Schiefer herrschen vor.

Der Name „Osogoche" stammt aus dem Jíbaro. Die Silbe „ushu" bedeutet „Vielfrass, erpicht Fleisch zu essen" und „juchi" kann mit „einsam sein" übersetzt werden. Die Etymologie dieses Wortes steht im Zusammenhang mit einer indigenen Legende. Gemäß dieser Legende gelangt eine Spezies von Zugvögeln, bekannt unter dem Namen „Cuvivi", zwischen Mitte September und Ende Oktober in die Region der Seen von Osogoche, um sich hier freiwillig in die kalten Fluten zu stürzen. Die Indios sehen in diesem Suizid einen Tribut an die heiligen Wasser der Seen. Das Seengebiet wird auch Ayapungo genannt. Das Wort „Ayapungo" stammt aus der Sprache Quichua und bedeutet zu deutsch „Todespforte". „Ayapungo" ist übrigens auch der zweite Name der höchsten Erhebung Soroche.

Der Andinist findet im Seengebiet von Osogoche ein weites Gebiet für ausgedehnte Trekkingtouren, aber auch für anspruchsvolle Besteigungen. Viele der Gipfel, beispielsweise die Gipfel östlich des Achipungo, werden selten bis nie begangen. Das Gestein ist verblüffend gut, die Gipfel ragen steil und felsig auf, so dass das Gebiet ein hohes Potential für Kletterpioniere aufweist. Die unten stehende Tabelle zählt einige der wichtigsten Berge sowie deren ungefähre Höhe und Lage auf. Die IGM-Karte benennt die meisten der Berge falsch oder gar nicht. Über die tatsächliche Namen der Gipfel und dessen Position herrscht auch unter den einheimischen Indios wenig Einigkeit.

Anfahrt

In das Seengebiet von Osogoche kann über verschiedene Dörfer gelangt werden: Atillo, Osogoche, Achupallas oder Totoras. Am unkompliziertesten ist der Zugang über Atillo, da zwischen Riobamba und diesem Dorf ein regelmäßiger Bus verkehrt. Der Bus fährt jeden Tag um 15.00 h in der Nähe der Plaza San Francisco (Benalcazar y Guayaquil y 10 de Agosto) ab und kommt ca. 3 $1/2$ h später beim Campamento militar von Atillo an. Dieses Campamento (MAP: 776, 200, 9758,

Nr.	Gipfel	Höhe	Koordinaten
1	Achipungo	4649 m	(MAP: 774, 350, 9752, 900)
2	Yanaurcu	ca. 4580 m	(MAP: 775, 550, 9752, 250)
3	Sasquín I	4665 m	(GPS: 776, 696, 9752, 538)
4	Cerro Azul Chico	4520 m	(GPS: 777, 694, 9751, 470)
5	Cerro Azul Grande	4560 m	(MAP: 778, 300, 9750, 500)
6	Tres Cabezas (Cerro Frutatián)	4518 m	(GPS: 778, 471, 9752, 708)
7	Diablo Sirina	ca. 4470 m	(MAP: 773, 850, 9749, 100)
8	Arrayán	ca. 4500 m	(MAP: 774, 300, 9748, 250)
9	Tintillán	ca. 4500 m	(MAP: 771, 500, 9743, 000)
10	Soroche	4689 m	(MAP: 773, 200, 9742, 000)

400) befindet sich ca. 3,5 km östlich von Atillo, am Fuße der Loma Mesa Rushca. Hier übernachtet der Busfahrer, um am nächsten Morgen am 5.00 h (Mo - Sa) bzw. 6.00 h (So) die Rückfahrt nach Riobamba anzutreten. In der Regel wird man nach Ankunft zunächst eine Nacht in der Umgebung von Atillo verbringen, bevor man in das Seengebiet von Osogoche aufbricht. Das Ufer der Lagunas de Magdalena bietet mehrere Möglichkeiten für gute Camps, beispielsweise am Ausfluss (Río Atillo) des unteren Sees. Andernfalls kann auch im Restaurant Sasquines (2,5 km vor Atillo Grande) auf dem Boden übernachtet werden (MAP: 771, 550, 9760, 075; 3460 m).

Erste Etappe (5 h)

Ein erstes Hindernis stellt der Río Atillo dar. Wenn von Atillo Grande (MAP: 773, 100, 9759, 000) ausgegangen wird, kann die auf der Karte verzeichnete Brücke benutzt werden. Anschließend führt in südlicher Richtung eine Wegspur, die bald in eine Fahrstraße einmündet. Über diese Fahrstraße wird in Kürze die Fischzucht beim Río Cachi erreicht. Nun halte man sich am Rande des feuchten Haupttals in Richtung SE. Je weiter entfernt von der Ebene gewandert wird, desto größer die Aussicht weniger im Sumpf einzusinken. Nach knapp 2 km wird der Taleingang zur Laguna Iguan Cocha erreicht. Links des Talbaches können über Wegspuren die ersten Stufen erklommen werden. Auf 3660 m Höhe erreicht man das Ufer der hübschen Laguna Iguan Cocha (gute Zeltplätze am Seebeginn). Man umgehe diesen See weglos auf der rechten Seite. Die nächste Steilstufe wird im rechten Talbereich durch mühsame Vegetation überwunden. Auf 3800 wird eine sumpfige Ebene erreicht. Man begebe sich sanft absteigend an das Ende dieser Ebene und steige rechts des Hauptbaches zur Laguna Pucacocha auf (eines der möglichen Basecamps für die Besteigung des Achipungo). Dieser See wird mit Vorteil links umgangen. Jenseits des Sees ist über ein Tälchen in Richtung SW aufzusteigen. Der Pass (MAP: 772, 700, 9753, 200; 4265 m) wird in der Nähe eines markanten Felsblocks erreicht. Jenseits des Passes steige man nach S querend zu einer von Sümpfen und Felswändchen geprägten Ebene (MAP: 772, 700, 9752, 750; 4180 m) ab. Hier ist ein geeigneter Zeltplatz für die zweite Nacht zu suchen. Der Ort eignet sich ebenfalls für ein Basecamp, um den Achipungo zu besteigen (siehe S. 184 - C22.).

Zweite Etappe (6 h)

Das Ziel dieser Etappe ist die Laguna Verdecocha II am Fuße des Felsmassivs Soroche. Dieser See kann über mehrere Routen erreicht werden. Die beschriebene Route bietet neben landschaftlichen Reizen den Vorteil, durch höhergelegenes Gelände und somit durch eine niedrigere Vegetation zu führen: Vom Zeltplatz begebe man sich zunächst in Richtung S an den Rand der beschriebenen Ebene. Nun ist eine Route durch die verschiedenen Felsbänder zu suchen, um zu den Lagunas Patogumabuna (3920 m) abzusteigen. Unten angekommen überquere man nach S haltend die Ebene dieser Seen und gelange an den Eingang eines Tälchens, das in Richtung ESE ansteigt.

B8. Osogoche

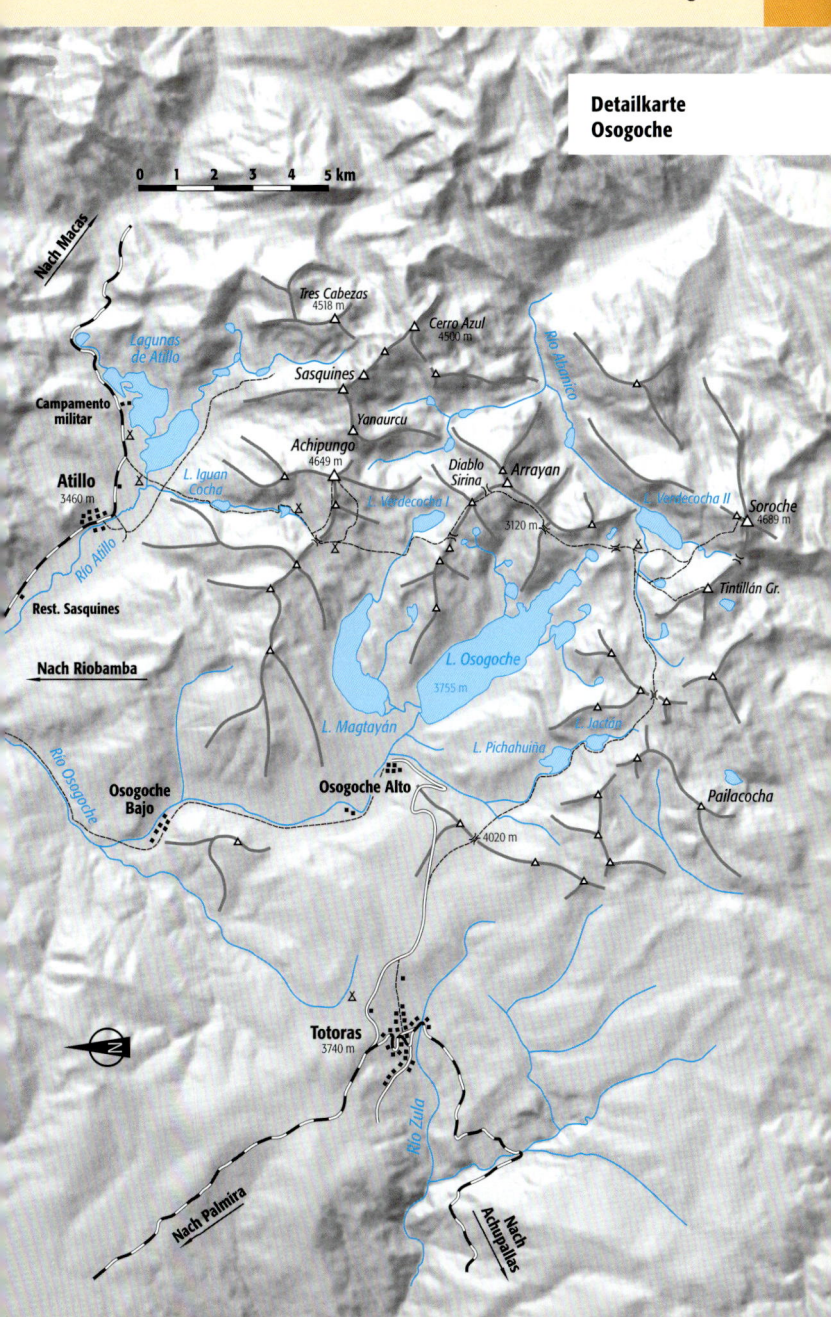

Detailkarte Osogoche

Rechts des Flusses steige man über dieses Tälchen bis ca. 4040 m. Kurz vor Erreichen eines großen Sees (Laguna Verdecocha I), biege man aber nach S ab und besteige einen Bergrücken, der westlich der Laguna liegt und die Mühe mit einem schönen Ausblick auf den See lohnt. Anschließend folge man diesem Bergrücken stets nach SSW. Auf 4240 m gelangt man am Fuße zweier Gipfel (Cerro Rumiñahui) auf eine Terrasse. Nun traversiere man leicht absteigend in Richtung SSE, um im Folgenden den Pass (4310 m) besteigen zu können, der links des linken Gipfels liegt. Bei guten Sichtverhältnissen tritt endlich die große Laguna de Osogoche ins Blickfeld. Vom Pass folge man einem breiten Bergrücken sanft ansteigend in Richtung SE bis auf den spitzen Gipfel namens Diablo Sirina (MAP: 773, 850, 9749, 100; 4470 m). Achtung: Auf der Karte ist ein Nachbarberg, nämlich der Arrayán, mit diesem Namen beschriftet. Der Aufstieg wird von vagen Wegspuren begleitet. Vom Diablo Sirina steige man ab in ein Tälchen, das in südsüdöstlicher Richtung (166 Grad) zu finden ist. Insbesondere bei Nebel ist hier Vorsicht geboten, da leicht in eines der Nachbartälchen abgestiegen werden könnte. Alsbald vermittelt dieses Tälchen über Wegspuren den Zugang zu einem Pass auf 4300 m Höhe (MAP: 774, 000, 9748, 700). Von diesem Pass wende man sich in Richtung 168 Grad und erreiche nach einem Anstieg von ca. 50 Höhenmeter einen zweiten Pass. Vom zweiten Pass muss zunächst der Arrayán in seiner W-Flanke umgangen werden. Hierzu halte man sich vom Pass in Richtung 215 Grad. Auf 4280 m schwenke man schließlich auf die Richtung 190 Grad. Auf 4200 m gelangt man endlich auf den SW-Ausläufer des Arrayán. Nun folge man der Gratschneide nach SW, zunächst im Abstieg, bald aber in mehr oder weniger horizontalem Gang. Nach ca. 400 m horizontalem Gang verlasse man die Gratschneide nach rechts und erreiche nach einem Abstieg von wenigen Metern den Pass (3120 m), der die Lagunas de Arrayán und die Laguna Tinguicocha miteinander verbindet. Ab dem Pass wird dem Bach entlang nach SW abgestiegen. Auf 3950 m bietet sich eine Gelegenheit, nach S haltend auf einer Terrasse nach links abzubiegen. Bald wird ein verlandeter See rechts umgangen. Nach einem kurzen Aufstieg kann in das Becken östlich der Loma Yanaurcu Lluchica abgestiegen werden. Östlich dieser Loma befindet sich der Verbindungspass (3940 m) zur Laguna Verdecocha II. Dieser Pass wird nach einem kurzen Aufstieg in Richtung S gewonnen. Mit etwas Glück können von hier die ersten nahen Blicke auf den Soroche geworfen werden. Jenseits des Passes ist anschließend steil über mühsamen Páramo abzusteigen. In dieser Umgebung, entweder im Bereich des Río Yuracyacu (MAP: 772, 400, 9744, 800) oder am Ufer der Laguna Verdecocha II, suche man sich einen geeigneten Platz zum campieren. Die Camps befinden sich bereits im Einzugsbereich des Soroche oder des Cerro Tintillán Grande, so dass sie als Basecamp dienen können. Sollte der Soroche oder der Tintillán Grande auf dem Programm stehen, kann es auch eine gute Idee sein, das Camp bei der Laguna Tintillán aufzuschlagen.

B8. Osogoche

Dritte Etappe (6 h)

Die letzte Etappe verbindet das Camp bei der Laguna Verdecocha II mit Totoras. Natürlich könnte der Trekk beliebig ausgedehnt werden. Beispielsweise könnte der Laguna Mangán ein Besuch abgestattet werden. Oder einer der vielen Gipfel könnte das Ziel von Ausflügen sein. Interessant, aber nicht ohne Risiko, wäre der Übergang nach Huangra mit darauf folgendem Abstieg in das Tal des Río Paute. Für ein derartiges Abenteuer ist aber eine entsprechende Ausrüstung (v.a. Machete und genügend Proviant, falls die Übung abgebrochen werden muss) und Erfahrung mit der östlichen Cordillera Central Voraussetzung. Man beachte, dass die im Folgenden beschriebene Route, in umgekehrter Richtung begangen, auch als Zustieg zum Soroche dienen kann (siehe S. 186 - C23.): Von der Laguna Verdecocha II folge man auf der rechten Seite dem Bach der Q. Yuracyacu nach W. Auf ca. 4000 m öffnet sich das Gelände und eine Vielzahl von Pässen bieten sich als Übergänge an. Am geeignetsten ist der südlichere von zwei parallel liegenden Pässen, die sich südlich des Cerro Yanacocha befinden. Dieser Pass (MAP: 768, 750, 9744, 200; 4180 m) ist vom erwähnten oberen Becken in Richtung 266 Grad zu finden. Jenseits des Passes schlage man die Richtung 318 Grad ein. Nach einem Abstieg über sumpfigen Páramo gelangt man auf einer Höhe von 3980 m an das Ufer der Laguna Jactán. Diese Laguna wird mit Vorteil links umgangen. Am Ende der Laguna folge man auf der rechten Seite ca. 100 m dem Ausfluss. Bald bietet sich die Möglichkeit, den Bach über eine Naturbrücke zu überqueren. Man besteige eine Kanzel, von wo aus die Laguna Pichahuiña überblickt werden kann. Diese Laguna wird ebenfalls links, nahe dem Ufer, umgangen. Am Ende der Laguna ist das nächste Ziel, die Loma Chucchupungo, anzuvisieren. Die eingeschlagene Richtung von 328 Grad bringt einen Abstieg von ca. 100 Höhenmeter in die Q. Cóndor Coca mit sich. Auf 3840 m angelangt, muss erneut aufgestiegen werden. Etwas links der Loma Chucchupungo wird bald auf einer Höhe von 4020 m ein weiter, offener Pass erreicht. Von diesem Pass begebe man sich horizontal 2 km in Richtung NW, bis die Erschließungsstraße der Laguna Osogoche erreicht wird. Anschließend folge man dieser Straße 2.5 km nach W. Wo sich die Sicht auf Totoras öffnet, kann über einen Mauleselpfad direkt zu den Häusern abgekürzt werden. Totoras wird ein Indiodorf genannt, das ca. 1500 Menschen beherbergt und in einer sehr abgeschiedenen Welt lebt. Übernachtungsmöglichkeiten hat der Ort keine, lediglich ein kleiner Laden bietet Basisprodukte zum Verkauf an. Eine Fahrgelegenheit nach Riobamba besteht ausschließlich in Form des täglichen Marktbusses zwischen 5.00 h und 6.00 h. Wer deshalb am Abend in Totoras ankommt, wird in der Regel eine weitere Nacht in der Nähe von Totoras im Zelt verbringen müssen.

Empfehlungen

Die beschriebene Route führt häufig durch sumpfiges Gelände. Daher ist es in jedem Fall ratsam, mit einem Paar Gummistiefeln zu wandern.

B9. **Nationalpark Cajas** (bis 4140 m)

Koordinaten	-
Anzahl Tage	3
Schwierigkeit	T4
Karten	Chiquintad 1:50 000, S. Felipe de Molleturo 1:50 000, Cuenca 1:50 000
Höhen	Refugio 3960 m, Laguna Osohuaycu 3860 m, Laguna Totoracocha 3580 m, Gulag 2780 m
Zeiten	Erste Etappe 6 $^1/_2$ h, Zweite Etappe 6 h, Dritte Etappe 6 h

In der südlichen Cordillera Occidental, 30 km westlich von Cuenca, liegt der Parque Nacional de Cajas. Im Jahre 1977 gegründet, umfasst er in einer Fläche von 28'800 ha eine Páramo-Landschaft geschmückt von mehr als 250 benannten Seen. Im westlichen Teil des Parks und an einigen geschützten Stellen enthält er zudem Bestände an ungestörten Quinua-Wäldern. Das Gelände liegt auf einer durchschnittlichen Höhe von 4000 m und wird von einer Vielzahl Bergkuppen überragt. Der Filo Cajas (MAP: 693, 150, 9696, 650) bildet mit ca. 4580 m den höchsten Punkt und liegt an der nordwestlichen Parkgrenze, etwas nordwestlich der Laguna Cochuma. Das Gebiet eignet sich in idealer Weise für beliebig ausdehnbare Trekks. Der Páramo ist in der Regel durchgängig und die Orientierung ist mit Hilfe der IGM-Karten dank der vielen markanten Seen gut zu bewältigen. In den Seen wurden Forellen ausgesetzt. Die Sportfischerei ist erlaubt. Wie üblich in Ecuador herrschen mit viel Regen, Nebel und Kälte widrige Witterungsbedingungen. So kam es bereits zu Todesfällen verirrter Touristen.

Anfahrt

Jeden Morgen fährt zwischen 6.00 h und 6.30 h ein Bus von der Kirche San Sebastián (Simón Bolívar y Col Talbot) oder vom Mercado San Francisco (Córdova y Aguirre) zur Laguna Toreadora und anschließend nach Migüir. Man erkundige sich am Vorabend nach dem exakten Abfahrtsort und nach der Abfahrtszeit. Dem Fahrer teile man mit, dass man bei der Laguna Toreadora, beim Refugio (3960 m) auszusteigen wünscht. Im Refugio wartet der Parkwächter auf Touristen, um die Eintrittsgebühr von 10 US$ zu kassieren.

Erste Etappe (6 $^1/_2$ h)

Das Ziel des ersten Tages ist die Laguna Osohuaycu. Mehrere Routen führen zu diesem See. Die beschriebene Route ist nicht unbedingt die nächste, dafür verläuft sie durch eine besonders abwechslungsreiche Landschaft: Gegenüber dem Refugio besteige man zunächst einen Pass (4140 m), der sich in südsüdwestlicher Richtung zwischen dem Cerro de Cajas (4275 m) und einem weiter östlich liegenden Berg (ca. 4220 m) befindet. Jenseits des Passes quere man einen Kilometer in Richtung SW. Sobald der Punkt

B9. Nationalpark Cajas

4190 m umgangen werden kann, halte man sich an die Richtung 256 Grad. Nach weiteren 2 km kann zum hübschen See Tollacocha abgestiegen werden. Man umgehe den See nördlich, schwenke auf die Richtung S und halte auf das südliche Ende der Laguna Luspa (3780 m) zu. Hier beginnt ein Tal, das in Richtung SSE verläuft und eine Reihe von Seen aufweist. Die Seen, beginnend mit der Laguna Canotillos, werden stets auf der W-Seite passiert. Auf einer Höhe von 3940 m wird das Tal steiler und ist nun nach SE ausgerichtet. Man steige bis zu einem flachen Pass (4100 m) bei den Koordinaten (MAP: 695, 350, 9687, 150). Östlich dieses Passes folge man einem Tälchen in Richtung ENE. Auf 3860 m gelangt man an das Ufer der Laguna Osohuaycu. Hier suche man sich eine geeignete Stelle für die erste Nacht. Ein guter Campingplatz ist bei den Koordinaten (MAP: 697, 300, 9687, 100) zu finden.

Zweite Etappe (6 h)

Die zweite Etappe beginnt am südwestlichen Ende der Laguna Osohuaycu. Grundsätzlich halte man nach S. Ein erster See wird westlich umgangen. Nach einer steilen Passage und einem Richtungswechsel auf SSE, gelangt man auf einen Pass (4061 m), von dem aus die runde Laguna Lagarto Cocha (3980 m) ins Sichtfeld tritt. Man folge dem östlichen Ufer dieser Laguna, bis südöstlich des Sees ein Sattel bestiegen werden kann. Jenseits des Sattels beginnt ein Tal, das nach SE verläuft und eine Vielzahl von Seen aufweist. Man folge stets diesem Tal und umgehe die vielen Seen in der Regel auf der SW-Seite. Auf 3580 m gelangt man an das nördliche Ufer der Laguna Totoracocha. Dieser See eignet sich um die zweite Nacht zu verbringen.

Dritte Etappe (6 h)

Bei der Laguna Totoracocha vereinigen sich mehrere Seitentäler zur Q. Millimaquihua. Für die nächsten Stunden folge man diesem Haupttal in der Nähe des hübschen Flusses Río Culebrillas. In 3480 m Höhe erreicht man auf der linken Talseite, bei einer großen Ebene, eine Hütte (MAP: 704, 350, 9683, 50). Auf keinen Fall lasse man sich verleiten ab diesem Haus weiterhin dem Flusslauf zu folgen. Weiter unten wird die Vegetation so dicht, dass an ein Durchkommen nicht zu denken ist. Vom erwähnten Haus begebe man sich zunächst auf der linken Talseite einen Kilometer nach E. Man verliert auf diesem Abschnitt ca. 50 Höhenmeter. Hier beginnen Wegspuren, die in die S-Flanke des Filo Tushipungu führen. Bald gewinnt der Weg an Eindeutigkeit. Sanft ansteigend traversiert er die erwähnte S-Flanke in Richtung E. Auf ca. 3680 m tritt der Weg auf den offenen Páramo des Filo Tushipungu. Man folge weiterhin dem Weg nach E. Auf ca. 3400 m tritt er in den Wald ein, das Gelände wird steiler und bald wird auf 3060 m eine Fahrstraße erreicht. Man folge dieser Fahrstraße 4 km, bis man bei Gulag auf die Hauptstraße gelangt. Wenn in Gulag der Verkehr zu dünn ist, gehe man die 2 km nach Sayausi hinab, von wo aus regelmäßig Busse nach Cuenca verkehren.

Bergtouren

Die beiden Bergketten, die Ecuador von Norden nach Süden durchziehen sind grundsätzlich weder besonders hoch, noch besonders steil. Typisch für beide Bergketten ist viel mehr eine runde Graslandschaft mit vielen Flüssen und Seen, die selten höher als 4500 m liegt. Ausnahmen sind die mehr oder weniger erodierten Vulkane. Die Meisten dieser Vulkane können mit einer einzigen Übernachtung ohne besondere Schwierigkeiten bestiegen werden. Dieses Kapitel stellt eine Reihe entsprechender Bergtouren vor.

C1.	Volcán Chiles	S. 124
C2.	Yanaurcu de Piñán	S. 126
C3.	Imbabura - Normalroute	S. 129
C4.	Imbabura - Südroute	S. 132
C5.	Sararcu	S. 134
C6.	Pichincha Rucu - Normalroute	S. 139
C7.	Pichincha Rucu - Nordroute	S. 143
C8.	Pichincha Guagua	S. 144
C9.	Tablarumi	S. 149
C10.	Corazón - Nordostgrat	S. 152
C11.	Corazón - Südwestgrat	S. 154
C12.	Rumiñahui Máxima	S. 155
C13.	Rumiñahui Central	S. 158
C14.	Rumiñahui Sur	S. 159
C15.	Iliniza Norte	S. 162
C16.	Quillushapa	S. 167
C17.	Casaguala	S. 168
C18.	Tungurahua - Normalroute	S. 172
C19.	Tungurahua - Südroute	S. 177
C20.	Cubillín	S. 179
C21.	Quilimas	S. 183
C22.	Achipungo	S. 184
C23.	Soroche	S. 186
C24.	Tintillán Grande	S. 190

0 20 40 60 80 100 km
Volcán Chiles
4723 m
1
TULCÁN
Tufiño
El Angel
Yanaurcu de Piñán
4535 m
2
Urququí
Cotacachi
4939 m
IBARRA
Imbabura
4621 m
3
4
OTAVALO
Cerro Cusín
Mojanda
Pululahua
San Miguel
de los Bancos
Cayambe
5790 m
Volcán
El Reventador
Pambamarca
Saraurcu
4670 m
5
Pichincha Rucu
7
QUITO
Las Puntas
Pichincha Guagua
8
6
Tablarumi
9
SANTO
DOMINGO
Atacazo
Ilaló
Papallacta
Pasochoa
Corazón
10
11
12
13
14
Sincholagua
Rumiñahui
Antisana
5758 m
Baeza
Volcán
Sumaco
3780 m
Iliniza Norte
5116 m
15
Cotopaxi
5897 m
Iliniza Sur
5263 m
Morurcu
Quilindaña
4877 m
Lasso
Narupa
Guagua
Sumaco
LATACUNGA
Pujilí
QUEVEDO
TENA
Quillushapa
San Miguel de Salcedo
Quillourcu
16
17
Casaguala
4537 m
Cerro Hermoso
4571 m
AMBATO
El Triunfo
Carihuairazo
5018 m
Baños
Chimborazo
6310 m
18
19
Tungurahua
5016 m
PUYO
Guaranda
RIOBAMBA
Volcán El Altar
5319 m
20
Cubillín
21
Quilimas
Alao
Sangay
5230 m
MILAGRO
Atillo
Achipungo
Alausí
Totoras
22
23
Soroche
4689 m
24
Tintillán Grande
Macas
Filo Cajas
4580 m
Azogues
Migüir
CUENCA
N

C1. **Volcán Chiles** (4723 m)

Volcán Chiles vom Flugzeug (INGEOMINAS)

Koordinaten	MAP: 841, 200, 0090, 800
Erstbesteigung	Wilhelm Reiss; 27.10.1869[5]
Anzahl Tage	2
Schwierigkeit	T4
Karten	Volcán Chiles 1:25 000
Plan	S. 191, Volcán Chiles
Höhen	El Azuay 4090 m, Basecamp 4150 m, Volcán Chiles 4723 m
Zeiten	Annäherung ½ h, Aufstieg 3 ½ h

Der Volcán Chiles liegt 26 km westlich von Tulcán, im äußersten N von Ecuador. Die Grenzlinie verläuft genau über den Gipfel des Berges, so dass eine Besteigung dieses Gipfels einem Ausflug nach Kolumbien gleichkommt. Wie der Name bereits besagt, ist dieser Berg vulkanischen Ursprungs und es gibt Anzeichen einer relativ kürzlichen Aktivität. Bis in die siebziger Jahre wurde denn auch in der Umgebung der Lagunas Verdes Schwefel abgebaut. Bekannt ist dieser Berg vor allem wegen den „frailejones gigantes", wundersamen Pflanzen, die eine Höhe von bis zu sechs Metern erreichen. Diese Pflanzen sind in Ecuador einzig im Gürtel um den Volcán Chiles und in den Llanganati beheimatet. Der Name dieser Pflanze bedeutet soviel wie „große, graue Mönche". Südlich des Vulkans erstreckt sich der mit diesen Pflanzen überwachsene Páramo El Angel. Eine schöne Rundwanderung ergäbe sich durch den Zugang vom Luftlinie 23 km entfernten El Angel zur Basis des Berges.

C1. Volcán Chiles

Karte, Kompass und das entsprechende Know-How sind aber unerlässlich, um sich nicht in den Weiten des Páramos zu verlieren. In der Umgebung von Tufiño sind mehrere heiße Quellen zu finden. Die angeblich besten Bäder werden Aguas Hediondas (stinkende Wasser) genannt und liegen in einem wilden, einsamen Tal östlich des Vulkans. Ca. 2 km westlich von Tufiño, auf der Straße nach Maldonado, zweigt rechts eine Fahrstraße ab. Nach ungefähr 5 km erreicht man besagte Bäder. Jenseits der Grenze, 12 km nördlich des Volcán Chiles, liegt der Volcán Cumbal (4768 m). Die Besteigung sei unproblematisch. Spannend wäre eine direkte Überquerung vom Volcán Chiles zum Volcán Cumbal. Das Hauptproblem läge vermutlich in der illegalen Überschreitung der Grenze zwischen Ecuador und Kolumbien. Außerdem ist das Gebiet bekannt für die Präsenz von Guerrillia-Einheiten.

Anfahrt

Die Anfahrt zur Basis des Volcán Chiles erfolgt über Tulcán und Tufiño. Die Busse nach Tufiño fahren in der Nähe des Colegio Nacional de Tulcán ab (Gral R. Arrellano y R. Sierran). Das Colegio kann per Taxi oder mit einem Stadtbus vom Terminal Terrestre erreicht werden. Von Tufiño führt eine Fahrstraße über den Pass El Azuay (4090 m) nach Maldonado. Ungefähr 2 km vor dem Pass liegen links unterhalb der Straße die Lagunas Verdes. Der Verkehr ist äußerst dünn, aber die wenigen Camionetas, die zwischen Tufiño und Maldonado verkehren, nehmen in der Regel Passagiere mit. Um 12.00 h fährt außerdem ein Bus von Tulcán (ebenfalls beim Colegio Nacional de Tulcán, aber etwas weiter unten auf der R. Sierran) bis nach Maldonado. Dieser Bus füllt sich schnell, so dass es sich lohnt, früh genug zu erscheinen.

Annäherung (1/2 h)

Die Route beginnt auf dem Pass El Azuay (4090 m) der Straße von Tufiño nach Maldonado. Da in der Regel von Quito angereist wird, empfiehlt sich eine Übernachtung, bevor der Gipfel bestiegen wird. Von Tulcán aus ist der Gipfel allerdings problemlos in einem Tag zu besteigen: Vom Pass aus folge man einer schwach ausgeprägten Rippe in Richtung 20 Grad. Nach 500 Metern wird auf der Höhe von 4150 m eine kleine Ebene mit einem Flüsschen und einem Tümpel erreicht. Der Ort eignet sich für ein Lager.

Aufstieg (3 1/2 h)

Nordöstlich der erwähnten Ebene kann über ein kleines Tälchen entlang dem Río Chilma aufgestiegen werden. Auf ca. 4220 m wird das Tälchen nach links verlassen, um eine Rippe zu gewinnen. Man folge der Rippe in Richtung N bis unter eine Felsflucht. Ab hier halte man sich immer unterhalb der Felsflucht in Richtung NE. Auf der Höhe von 4480 m, nach einer kurzen Traverse nach E, werden zwei kleine Seen erreicht. Von diesen Seen wird ein steiler, felsdurchsetzter Schutthang in Richtung 345 Grad überwunden. Dies ist die erste Gelegenheit in dieser Richtung aufzusteigen, da vorher die Felsflucht ein Abbiegen verunmöglicht. Am oberen Ende des Hanges gelangt man in einen Graben, der mit Blöcken gefüllt ist. Der Graben wird gleich über einen weiteren langen, steilen Schutthang in derselben Richtung 345 Grad verlassen. Auf der Höhe von 4640 m findet der Hang in einer Kante sein abruptes Ende. Erst ab diesem Punkt ist die höchste Erhebung des Berges sichtbar. Die Route führt zuerst durch einen Graben in Richtung Hauptgipfel. Anschließend wird eine zweite Kante, die parallel zur ersten liegt, bestiegen. Nun befindet man sich in unmittelbarer Falllinie des Hauptgipfels. Um auf den höchsten Punkt zu gelangen, wird unter den Felsen nach links, bis auf den NW-Grat, gestiegen. Zu guter Letzt gelangt man problemlos über den NW-Grat auf den Hauptgipfel.

C2. **Yanaurcu de Piñán** (4535 m)

Yanaurcu de Piñán

Koordinaten	MAP: 797, 400, 0053, 750
Erstbesteigung	unbekannt
Anzahl Tage	2
Schwierigkeit	T5
Karten	Imantag 1:50 000, Mira 1:50 000, Ibarra 1:50 000
Höhen	S. Francisco de Sachapamba 3000 m, Basecamp 3900 m, Yanaurcu de Piñán 4535 m, Iruguincho 2600 m
Zeiten	Annäherung 4 h, Aufstieg über den ENE-Grat 2 $^1/_2$ h, Aufstieg über die SE-Flanke 2 $^1/_2$ h, Abstieg 5 h

C1. Volcán Chiles - C2. Yanaurcu de Piñán

Der Yanaurcu de Piñán liegt 30 km nordwestlich von Ibarra, mitten in einem einsamen, von extensiver Weidewirtschaft geprägten Páramo. Der Berg ragt abrupt aus einem Plateau, das an die 50 Seen aufweist. Die größten dieser Seen liegen kranzförmig in einer Distanz von 2 km um den Berg angeordnet: Laguna Yanacocha, Lagunas Patacocha, Laguna Burrococha, Laguna Sucapillo und Laguna Pucacocha. Wie bei den meisten Bergen Ecuadors handelt es sich um einen stark erodierten, erloschenen Vulkan. Dabei stellt der heutige Yanaurcu de Piñán die übriggebliebene Schlotfüllung des ehemaligen Vulkans dar. Westlich des Berges befinden sich mehrere Siedlungen, die nur mit Pferd, Maulesel oder zu Fuß über den Páramo erreicht werden können: Piñán, Guananin, La Merced de Buenos Aires, El Corazón und San Pedro. Diese Siedlungen und die Seen machen das Gebiet zu einem idealen Ort für mehrtägige Páramo-Trekkingtouren. Die Besteigung des Gipfels ist einfach. Einzig der lange Anmarschweg zur Basis des Berges fällt ins Gewicht. Bei Nebel kann die Orientierung auf dem immer ähnlichen Páramo zum Problem werden.

Anfahrt

Um 10.00 h und 11.30 h fahren vom Terminal Expresso Turismo in Ibarra Busse nach Cahuasquí ab. Um den früheren Bus nicht zu verpassen, empfiehlt es sich, in Quito am 7.00 h abzufahren. In Ibarra suche man das Terminal Expresso Turismo auf. Die Busfahrt nach Cahuasquí dauert ca. 1 ½ h und ist landschaftlich wegen den tief eingeschnittenen Quebradas sehr eindrücklich. Das nächste Ziel ist San Francisco de Sachapamba. Zu Fuß dauert der ziemlich monotone Aufstieg ca. 2 h, weshalb sich das Mieten einer Camioneta aufdrängt.

Annäherung (4 h)

Von San Francisco de Sachapamba führt die Fahrstraße weiter bis nach Tarmuayacu. Ein Mauleselweg kürzt die vielen Kehren der Fahrstraße ab. Er beginnt am nordwestlichen Ende von San Francisco und folgt stets mehr oder weniger dem Bergrücken. Ab Tarmuayacu verlässt der Mauleselweg den Bergrücken, um in der nördlichen Flanke des Cerro Tumbatu langsam in Richtung W anzusteigen. Auf ca. 3800 m verzweigt der Weg. Man folge dem rechten, unteren Weg. Nach ca. einem Kilometer verliert sich der Weg allmählich im Páramo. Man halte sich in Richtung NW, bis man auf einen breiten Mauleselweg stößt. Dieser Weg führt innert Kürze auf einen Pass (südlich des Punktes 4006 m), von dem aus bei schönem Wetter das Ziel, die Laguna Yanacocha, sichtbar wird. Der Mauleselweg führt direkt bis an das Ufer des Sees. Hier sind gute Campingplätze zu finden.

Aufstieg über den ENE-Grat (2 ½ h)

Man folge dem Mauleselweg einen knappen Kilometer in Richtung NW, bis der tiefste Punkt der wenig ausgeprägten Q. de Yanacocha erreicht ist. Hier wende man sich in Richtung WSW und steige bis auf 4060 m, an den Fuß der schon von weitem sichtbaren Felswand. Einige Steinbrocken liegen

Panico Alpinverlag

Bergtouren

am Fuße der Wand. Nun steige man auf der linken Seite der Felswand in Richtung 296 Grad bis auf 4250 m. Auf dieser Höhe beginnt ein steiler Kanal, der nach rechts (in Richtung 340 Grad) bis auf eine Schulter führt (4355 m). Ab dieser Schulter folge man dem Grat (Richtung 304 Grad) bis auf den Hauptgrat (4420 m). Nun klettere man über den Hauptgrat in Richtung 230 Grad. Ein erster Gendarm wird in der SE-Flanke umgangen. Auf 4445 m wird der E-Gipfel erreicht. Man folge weiterhin in der SE-Flanke dem Hauptgrat, nun in Richtung 250 Grad. Hier sind in schlechtem Gestein Kletterstellen des Grades UIAA II zu bewältigen. Bald wird der Hauptgrat aber breiter und kann ohne Schwierigkeiten bis zum Gipfel bestiegen werden. Kurz vor dem Gipfel wird rechts ein markanter Felsturm passiert. Auf dem Hauptgipfel steht im Übrigen ein Betonsockel des IGM, der zu Vermessungszwecken diente.

Aufstieg über die SE-Flanke (2 ½ h)

Man folge der Route über den ENE-Grat bis zum Einstieg in den Kanal (4270 m). Ab hier steige man dem unteren Rand der Felswand entlang. Sobald sämtliche Felsen umgangen werden können, steige man durch ein steiles Schuttfeld (SE-Flanke) auf den ENE-Grat. Der Grat wird rechts vom erwähnten, markanten Felsturm erreicht. Die fehlenden Meter werden über den einfachen ENE-Grat überwunden.

Abstieg (5 h)

Anstatt dieselbe Route nach San Francisco zurückzugehen, kann nach Iruguincho abgestiegen werden. Dieser Zustieg empfiehlt sich v.a. im Abstieg, da eine größere Höhendifferenz zu bewältigen ist: Man steige von der Laguna Yanacocha zurück zum Pass südlich des Punktes 4006 m. Nun folge man dem deutlichsten Mauleselweg in Richtung SSE. Am tiefsten Punkt der wenig ausgeprägten Q. Santa Barbara wende man sich nach SE und steige auf den Pass (3990 m), der zwischen dem Cerro Tumbatu und der Loma Albugui liegt. Nach dem Pass führt der Weg rechts vom Cerro Hugo weiter in Richtung SE bis zu einer Ebene nördlich des Cerro Churoloma. Ab hier beginnt eine Fahrstraße, der man bis auf eine Höhe von 3200 m zu folgen hat. Ab und zu können über Wegspuren die Kehren abgekürzt werden. Die Fahrstraße führt weiter hinab nach Chiriacu. Es ist aber besser, auf der Höhe von ca. 3200 m nach rechts auf einen breiten Mauleselweg abzuzweigen. Der Weg folgt einem Bergrücken Richtung S bis zum Dorf El Tablón und Iruguincho (auf der Karte wird dieses Dorf fälschlicherweise mit Irumbicho bezeichnet). Ab Iruguincho fahren Busse nach Urcuquí. Ab Urcuquí verkehrt alle 25 Minuten ein Bus nach Ibarra. Wer über Cahuasquí absteigt, bedenke, dass der letzte Bus diese Ortschaft am 17.00 h verlässt.

C3. **Imbabura** - Normalroute (4621 m)

Der Hauptgipfel des Imbabura vor dem Cayambe

Koordinaten	MAP: 814, 100, 0028, 500
Erstbesteigung	Francisco José de Caldas, Salvador Chuquon; 15. 9. 1802[6]
Anzahl Tage	1 - 2
Schwierigkeit	T6
Karten	San Pablo del Lago 1:50 000
Plan	S. 131 Imbabura
Höhen	La Esperanza 2630 m, Basecamp 4100 m, Imbabura 4621m
Zeiten	Annäherung 4 $^1/_2$ h, Aufstieg 2 $^1/_2$ h

Der Imbabura ist einer der wenigen innerandinen Berge Ecuadors. Aus seiner Form (nach E offener Krater) lässt sich erkennen, dass es sich um die Überbleibsel eines Vulkans handelt. Der ehemalige Stratovulkan gilt als seit mehreren tausend Jahren erloschen. In einem Halbkreis um den Imbabura angeordnet liegen die drei parasitären Krater Huarmi Imbabura (Asaya), Cubilche und Cunru Sindin. Heute bilden mehrere spitze Nadeln den Kraterrand des Imbabura. Zu seinem Fuße liegt die hübsche Laguna S. Pablo. Ungefähr 10 km östlich des Berges befindet sich Otavalo. Der Imbabura hat eine enorme mythologische Bedeutung für die Indios der Umgebung um Otavalo (siehe S. 231 - E1.). „Imba" heißt soviel wie „geschwängert", während „bura" in etwa „Mutter" oder „Aufzieher" bedeutet.[7]

Der Gipfel des Imbabura versteckt sich oft, auch bei gutem Wetter, schon zu früher Morgenstunde hinter hohen Wolkentürmen. Eine Zeitplanung, die das Erreichen des

Bergtouren

Gipfels kurz nach Sonnenaufgang vorsieht, ist deshalb angeraten. Der Imbabura kann im Wesentlichen von zwei Seiten her bestiegen werden. Von La Esperanza über den E-Grat des N-Gipfels (Normalroute) oder von der Laguna San Pablo über ein steiles Couloir und durch eine Lücke im E-Grat des Hauptgipfels (S-Route). Die Normalroute wird häufig begangen. Gewöhnlich wird in einem Tag direkt von La Esperanza her aufgestiegen.

Wer aber von Quito anreist, verbringt mit Vorteil eine Nacht am Berg, um möglichst früh auf dem Gipfel zu sein. Die Besteigung der Normalroute bringt eine einfache, aber ausgesetzte Kletterei mit sich. Die S-Route wird selten bis nie begannen, ist aber landschaftlich reizvoller. Diese Route endet direkt auf dem Hauptgipfel des Imbabura. Dabei wird entweder von La Compañía Baja aufgestiegen oder direkt vom Dorf San Pablo del Lago.

Anfahrt

Der Ausgangspunkt für die Normalroute, La Esperanza, wird über Ibarra erreicht. Busse nach La Esperanza verlassen Ibarra hinter dem Markt. La Esperanza ist ein Siedlung, die entlang einer sichelförmig gebogenen, 2 km langen Straße gebaut ist. Man verlasse den Bus am Ende der Ortschaft, kurz vor einer Brücke (MAP: 821, 850, 0031, 550). Auf der Karte ist dieser Ort mit San Clemente bezeichnet.

Annäherung (4 ½ h)

Bei der Brücke zweigt eine Fahrstraße in westsüdwestlicher Richtung ab. Auf ca. 2900 m verlasse man die Straße nach rechts über einen Weg. Der Weg folgt stets der Rippe, die links die Q. San Clemente begrenzt. Auf 3100 m wird die Siedlung Cashaluma passiert. Diese Siedlung kann auch über die Fahrstraße mit einer Camioneta erreicht werden. Ab Cashaluma ist einem Weg in westlicher Richtung zu folgen. Auf ca. 3400 m wird die Rippe erreicht, die die rechte Begrenzung zur Q. Rumipamba bildet. Auf dieser Rippe beginnen die Wegspuren, die bis auf den Gipfel führen. Wer in zwei Tagen aufsteigt suche sich auf ca. 4000 m einen Zeltplatz. Es bietet sich beispielsweise auf 4100 m ein ebener Platz im NE-Grat an (MAP: 815, 500, 0029, 750). Dazu muss aber die Route auf ca. 4080 m verlassen werden und 300 m nach Norden traversiert werden. Wasser ist keines vorhanden.

Aufstieg (2 ½ h)

Den Wegspuren ist weiterhin in Richtung E zu folgen. Ab ca. 4400 wird der Grat spitzer und felsiger. Schwierigere Partien werden in der S-Flanke umgangen. Bald gelangt man auf den NE-Gipfel, zu erkennen an ebenen Flächen, geeignet zum Campieren (ausgesetzt). Ab hier folge man weiterhin den Spuren über den zerrissenen Grat. Eine Felsnadel nach einer Scharte wird in der N-Flanke umgangen. Diese Stelle ist zwar recht ausgesetzt, weist aber keinen eigentlichen Kletterschwierigkeitsgrad auf. Der N-Gipfel kann nicht direkt bestiegen werden, sondern muss über Schutt in seiner S-Flanke umgangen werden. Sobald wie möglich soll wieder auf den Kraterrand gestiegen werden. Wer auf den N-Gipfel steigen möchte, folge dem Grat nach rechts in

C3. Imbabura

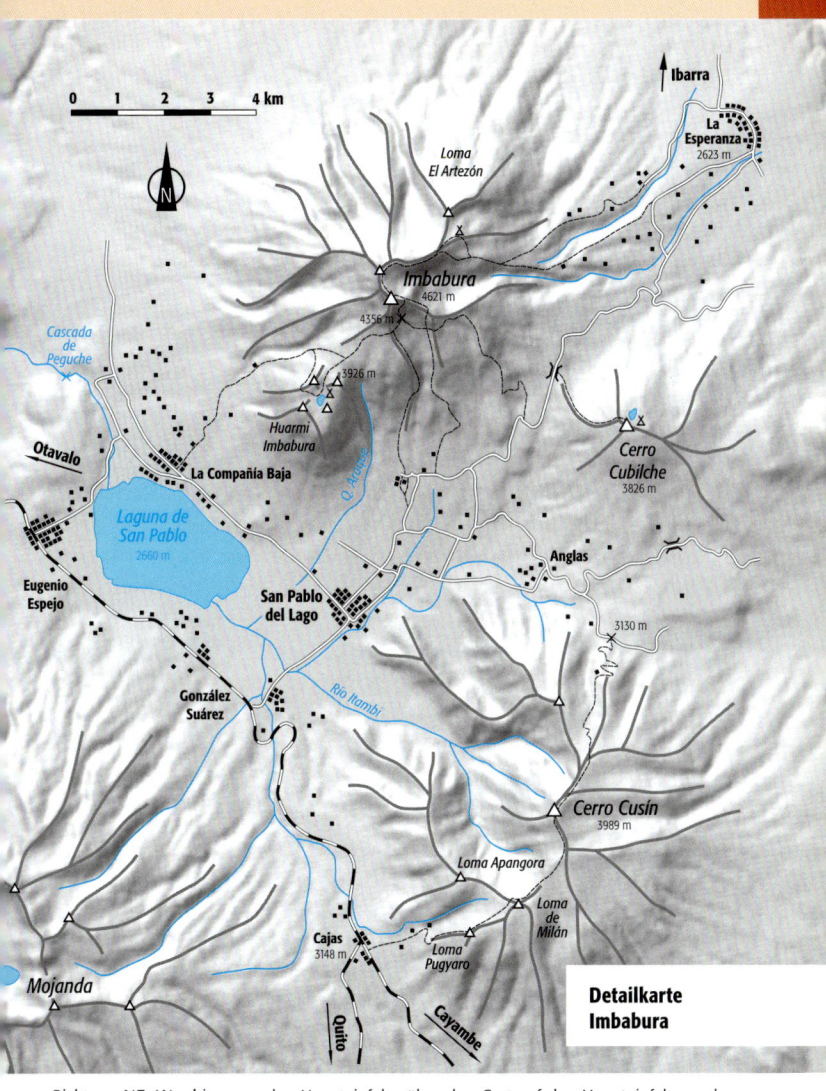

Detailkarte Imbabura

Richtung NE. Wer hingegen den Hauptgipfel besteigen will, folge dem Kraterrand nach links in Richtung S. Sobald der Grat ausgesetzt wird, empfiehlt es sich in die NE-Flanke zu traversieren. Es ist zwar möglich, über den Grat auf den Hauptgipfel zu gelangen, besser ist aber die Variante über die NE-Flanke. Sobald man sich unter der höchsten Erhebung befindet, kann über losen Schutt direkt zum Gipfel aufgestiegen werden.

C4. **Imbabura** - Südroute (4621 m)

Koordinaten	MAP: 814, 100, 0028, 500
Erstbesteigung	Francisco José de Caldas, Salvador Chuquon; 15. 9. 1802[8]
Anzahl Tage	1 - 2
Schwierigkeit	T6, III-
Karten	San Pablo del Lago 1:50 000
Plan	S. 131 Imbabura
Höhen	La Compañía Baja 2680 m, Basecamp 3780 m, Imbabura 4621 m
Zeiten	Annäherung 4 h, Aufstieg 3 １/₂ h

Beschreibung siehe S. 129 - C3.

Anfahrt

Ziel der Anfahrt ist La Compañía Baja auf der N-Seite der Laguna S. Pablo. Vom Terminal Terrestre de Otavalo fahren Busse über Eugenio Espejo, Chilcal und Araque bis nach San Pablo del Lago. In Eugenio Espejo verlässt der Bus die Panamericana (Schild: Hostería Cabañas del Lago) und nähert sich dem See bis auf wenige Meter. Anschließend entfernt sich die Straße vom See, überquert den Río Jatunyacu und nähert sich erneut dem See. Hier liegt La Compañía Baja, das Ziel der Anfahrt. Der Bus wird am besten direkt bei der Kirche von La Compañía Baja (MAP: 809, 550, 0024, 800; 2680 m) verlassen.

Annäherung (4 h)

In Richtung NE ist der wuchtige Vorbau Huarmi Imbabura des Imbabura zu sehen. In dessen W-Flanke kann direkt rechts der Q. La Compañía eine steile Linie erkannt werden. In Wirklichkeit handelt es sich um eine vergrabene Wasserleitung, die aber als Weg dient. Um zu dieser Spur zu gelangen, halte man sich von der Kirche 100 m nach NE zum Beginn eines offenen Schwemmdeltas, das als Weide dient. Nun durchquere man über ein System von Wegspuren dieses Schwemmdelta. Man steuere dabei in Richtung 40 Grad auf die Linie der Wasserleitung zu. Allmählich führen die Wegspuren in den einzig verbleibenden Hauptweg zusammen. Auf ca. 3130 m wird eine Strohhütte passiert. Ab hier begeht der Weg das immer steiler werdende Trasse der Wasserleitung. Auf 3505 m nähert sich die Wasserleitung der Q. La Compañía und die Neigung nimmt wieder ab. In diesem Moment ist das Trasse der Wasserleitung nach rechts, in Richtung 163 Grad, zu verlassen. Man steige über einen steilen Páramo-Hang nach rechts haltend bis auf eine Höhe von 3685 m. Hier beginnt eine Spur, die sich auf ungefähr derselben Höhe haltend nach rechts fortsetzt. Man traversiere auf dieser Spur nach S bis in den Durchgang, wo die Q. Azayan ihren Ursprung hat (3760 m). Über diesen Durchgang kann auf das Plateau des Cerro Huarmi Imbabura gelangt werden. Dieses

C4. Imbabura

Plateau ist durchsetzt von verschiedenen bis zu 150 m hohen Hügeln. Zwischen diesen Hügeln verstecken sich hübsche Zeltplätze. Um zu einem dieser Zeltplätze zu gelangen muss vom Durchgang ca. 500 m nach ESE gequert werden (MAP: 812, 800, 0026, 350; 3780 m). Nach Regenperioden kann hier stehendes Wasser in einem Grastümpel erwartet werden. Fließendes Wasser ist aber in der Regel nicht zu finden.

Aufstieg (3 $^1/_2$ h)

Vom Grastümpel (3780 m) steige man zwischen zwei Kuppen nach N haltend in Richtung Imbabura. Am Fuße des Berges halte man sich über steiler werdende Páramo-Hänge nach NE. Sobald die ersten Felsen des S-Gipfels in Reichweite gelangen (4230 m), wende man sich etwas nach rechts zu einer Schulter im SE-Grat des S-Gipfels (4295 m). Zu dieser Schulter kann auch direkt von San Pablo herkommend über die Loma Targua Corrales aufgestiegen werden. Allerdings ist der Aufstieg wegen der Höhe des Páramo-Grases sehr mühsam. Ab der Schulter lasse man sich nicht in Versuchung geraten, direkt den S-Gipfel zu besteigen. Statt dessen traversiere man mehr oder weniger horizontal in Richtung 56 Grad. Nach ca. 400 m Traverse kann in ein tief eingeschnittenes Couloir abgestiegen werden (GPS: 028, 178, 814, 242; 4356 m), das dem E-Grat des Hauptgipfels entspringt. Man besteige das Couloir nach N haltend. Mit zunehmender Höhe wende man sich vermehrt nach rechts, um eine Lücke im S-Ausläufer des E-Grates zu besteigen (4540 m). Von dieser Lücke aus ist eine tief eingeschnittene, zweite Lücke (4545 m) im E-Grat in kurzer Entfernung zu sehen. Der Aufstieg ist etwas heikel (UIAA III-), da der Fels schlecht ist. Nun steige man nach N ca. 30 m in die ehemalige Caldera des Vulkans ab. Sobald die Felsen es erlauben, biege man nach links ab und folge stets den untersten Felsen entlang nach W. Nach ca. 200 m kann nach S über losen Schutt zum Hauptgipfel aufgestiegen werden.

Der schuttige Kraterrand des Imbabura

Panico Alpinverlag

C5. **Saraurcu** (4670 m)

Koordinaten	MAP: 173, 750, 9989, 300
Erstbesteigung	Jean A. Carrel, Louis Carrel, Edward Whymper; 17. 4. 1880[9]
Anzahl Tage	4 - 5
Schwierigkeit	WS+, III
Karten	Cerro Saraurcu 1:50 000, Cangahua 1:50 000
Plan	S. 137, Saraurcu
Höhen	H. Piemonte Alto 3580 m, Erstes Camp 3880 m, Zweites Camp 4120 m, Saraurcu 4670 m
Zeiten	Erste Etappe 5 h, Zweite Etappe 6 h, Aufstieg 4 $1/2$ h

Beim Saraurcu handelt es sich um einen der eher unbekannten, selten gesichteten und bestiegenen Berge. Er liegt rund 12 km südöstlich des Cayambe am Rande zum E-Abhang der Anden. Dementsprechend ist das Klima: Dauerregen, Nebel und Schnee bis in tiefe Lagen. Dies ist vermutlich auch der Grund, weshalb sich bis anhin in der SW-Flanke des Berges ein kleiner Gletscher bis auf eine Höhe von 4400 m halten konnte. Die Sonne hat nur an wenigen Tagen des Jahres Gelegenheit, diesen Gletscher zu schmelzen. Die Tage dieses Gletschers dürften allerdings bald gezählt sein. Eine Besteigung dieses Berges nimmt vier bis fünf Tage in Anspruch. Allein um bis zur Basis des Berges zu gelangen, sind mindestens zwei Tage notwendig. Dabei wird eine urwüchsige, vom Menschen nie besiedelte oder genutzte Landschaft durchquert. Was an anderen Orten der Páramo ist, heißt hier Pantano (Sumpf). Dies bedeutet oft stundenlanges Waten in von Schilfrohren (Suros) bewachsenem Sumpf. In einigen Abschnitten muss andiner Bergwald durchquert werden. Dies ist zwar landschaftlich reizvoll, auf die Länge aber ziemlich beschwerlich. Edward Whymper gibt in seinem Buch einen Einblick, was Wandern in dieser Zone heißt: „Das Gelände war unglaublich sumpfig, sogar an Orten mit beträchtlicher Neigung. Auf dem Sumpf wuchs Schilfrohr bis zu einer Höhe von 8 bis 10 Fuß. Dieses Schilfrohr war dermassen dicht, dass es beinahe undurchdringbar war. Die Macheten waren unnütz. Es hätte mehrere Wochen unserer Arbeit bedurft, um einen Pfad von nur einer einzigen Meile zu schlagen. Die einzige Art durch diese Schilfrohre hindurchzugelangen war, indem man Schwimmbewegungen nachahmend sie ständig mit den Armen auseinander drückte. Da sie extrem widerstandsfähig waren, nahmen sie nach dem Durchqueren augenblicklich wieder ihre frühere Position ein, so dass wir uns ständig aus den Augen verloren. Da wir uns an den Schilfrohren festklammerten, um nicht im sumpfigen Untergrund zu verschwinden, schnitten uns die Blätter dieser Schilfrohre wie Rasierklingen, so dass in Kürze eine Menge Blut von unseren Händen floss."[10] Mehrere Routen führen bis zur Basis des Berges. Der vorliegende Führer beschreibt

C5. Saraurcu

eine Route, die von der H. Piemonte Alto auf direktestem Wege zur Basis des Saraurcu führt. Da die Waldgrenze von 3800 m nie wesentlich unterschritten wird, erfolgt der Aufstieg stets über Páramo bzw. Pantano und kaum durch den dichten, andinen Bergwald. Das Gelände ist also weitgehend offen, so dass eine Orientierung möglich ist. Pfade und Wegspuren sind keine vorhanden.

Die Besteigung ab der Basis des Berges nimmt durch Eisreste und durch wuchtige Felsaufschwünge „alpinen Charakter" an. Das Massiv des Saraurcu wird aus zwei Gipfeln gebildet: Der Hauptgipfel im SE, auch Cima Nuevos Horizontes genannt, und der NW-Gipfel, auch unter dem Namen Miguel Quijano bekannt. Im Gegensatz zu den meisten Bergen Ecuadors ist der Saraurcu nichtvulkanischen Ursprungs. Das Gestein besteht aus großen Granitblöcken oder -platten, was diesen Berg in einen schönen Kontrast setzt zu anderen Massiven. Der Name des Berges stammt aus dem Quichua und bedeutet „Gipfel des Mais".[11]

Anfahrt

Erstes Zwischenziel ist die Ortschaft Cayambe. Die Busse der Cooperativa de Transport de Cayambe starten von Quito in der Nähe des Parks El Ejido in der Avenida Manuel Larrea y Santiago. In Cayambe empfiehlt sich das Mieten einer Camioneta bis zur Hacienda Piemonte Alta. Der Fahrpreis beträgt rund 12 US$. Die Straße führt zunächst zur H. Piemonte Bajo, dann zur H. Piemonte Alto (auf der 1:50 000er Karte Pitana). Nach dem letzten Haus der H. Piemonte Alto zweigt nach rechts eine Straße ab. Dies ist der Ausgangspunkt für die Besteigung des Saraurcu (3580 m). Ein Milchwagen (Lechera) fährt jeden Tag zwischen 16.00 h und 18.00 h von der H. Piemonte Alto (200 m unterhalb der Kirche) nach Cayambe und nimmt Passagiere mit.

Erste Etappe (5 h)

Man folge der Seitenstraße zunächst nach S, dann nach SE und schließlich nach E. Die Straße führt auf ungefähr gleicher Höhe einem Hang entlang. Nach 2 km (MAP: 159, 000, 9994, 950) teilt sich die Straße. Die obere Straße führt zu La Dormida (auf der Karte Q. de Yacupungu), die untere Straße zur Q. Sayaro. Bis zu dieser Verzweigung könnte theoretisch gefahren werden. Man folge der unteren Straße. Diese führt 240 Höhenmeter hinab zum Río Sayaro. Auf der anderen Seite des Flusses steigt die Straße nördlich um die Loma Tabaco Chupana herum zum Eingang eines Tales (oberer Río Sayaro). Auf 3570 m trifft man am Beginn einer langen Ebene auf eine Hütte. Nun durchquert man diese Ebene in Richtung ESE. Das Gelände im Talboden ist dermaßen feucht, dass man stellenweise in 20 cm tiefem Wasser watet. Hinzu kommt lästiges Schilf, dessen Spitzen genau auf Augenhöhe stehen. Man halte sich eher fern des Flusses und folge der Seitenbegrenzung des Talbodens. Nach 4 km des Sumpfwatens nimmt die Neigung allmählich zu und das Gelände wird deshalb auch trockener. Man steige weiter, bis auf einer Höhe von 3840 m eine Ebene erreicht wird. Nach NE lädt der

Bergtouren

breite Hauptpass zur Überschreitung ein. Die Route verläuft aber über einen höheren, steileren Pass, der in Richtung E liegt. Doch vorerst suche man sich in der Umgebung der Koordinaten (MAP: 166, 150, 9991, 350) einen trockenen Platz für die erste Nacht.

Zweite Etappe (6 h)

Östlich der erwähnten Ebene beginnt ein schmales, steiles Tälchen, dessen Eingang etwas versteckt liegt. Über dieses Tälchen kann mit einiger Mühe zu einem Pass (4080 m) südwestlich des Punktes 4103 m aufgestiegen werden. Auf der anderen Seite steige man über Gräben in Richtung 148 Grad ab. Auf einer Höhe von 3880 m wird nach einer geneigten Fläche ein kleiner Bach erreicht. Man traversiere in Richtung E bis auf eine Kanzel. Jenseits dieser Kanzel steige man über einen breiten Graben ab zu einer großen Ebene (3800 m). Man durchquere diese Ebene, indem man sich stets in der Nähe ihres rechten Randes hält. Bald gelangt man zu einem weiteren Fluss. Jenseits dieses Flusses erhebt sich eine Felswand. Über das Gelände links von dieser Felswand müssen 100 Höhenmeter gewonnen werden. Dieser Abschnitt ist extrem überwuchert und außerdem sehr steil. Oben auf der Kanzel angelangt muss ca. 20 Höhenmeter abgestiegen werden, um zum Beginn einer weiteren Ebene zu gelangen. Man folge dieser Ebene in Richtung 148 Grad, bis ein Aussichtspunkt auf einer breiten Terrasse erreicht wird (3910 m). Man befindet sich nun ungefähr bei den Koordinaten (GPS: 168, 143, 9989, 943). Man folge der Terrasse sanft ansteigend in Richtung 148 Grad. Auf ca. 3920 m wird der höchste Punkt erreicht. Nun steige man über einen steilen Hang mit verkohlten Bäumen ab zu einem Fluss in einer Ebene (3800 m). Jenseits des Flusses muss leicht angestiegen werden, um über die nächste Stufe absteigen zu können. Erneut gelangt man zu einer kleinen Ebene, in deren Mitte ein Fluss fließt. Jenseits der Ebene wird über die letzte, kurze Stufe bis auf 3720 m abgestiegen. Nun ist der tiefste Punkt erreicht. Man befindet sich bereits in unmittelbarer Nähe des Río Volteado. Man folge diesem Fluss auf der rechten Seite in Richtung 122 Grad. Bei den Koordinaten (GPS: 168, 903, 9988, 928) wird der Río Volteado schließlich überquert. Jenseits des Flusses gewinne man noch etwas Höhe (bis auf 3760 m). Anschließend halte man sich in Richtung 38 Grad. Auf einer Höhe von 3840 m wird ein Seitenbach des Río Volteado erreicht. Man folge 20 Höhenmeter seinem rechten Ufer, bevor man ihn überquere. Nun setze man den Aufstieg über gemächliches Gelände in Richtung 48 Grad fort, bis auf einer Höhe von 3925 m erneut ein Fluss überquert werden muss. Die Richtung ändert auf 84 Grad. Auf 4030 m wird der Beginn einer großen Ebene erreicht. Man überquere sie in Richtung 108 Grad, bis zu einem Pass (4120 m). Südlich von diesem Pass fällt das Gelände steil zum Río Cedro ab. Ca. 50 m E vom Pass kann bei einem Block ein guter Zeltplatz gefunden werden (GPS: 171, 197, 9989, 459).

Aufstieg (4 ½ h)

Der erwähnte Zeltplatz befindet sich bereits in einem Tälchen, das sich steil in Richtung 30

C5. Saraurcu

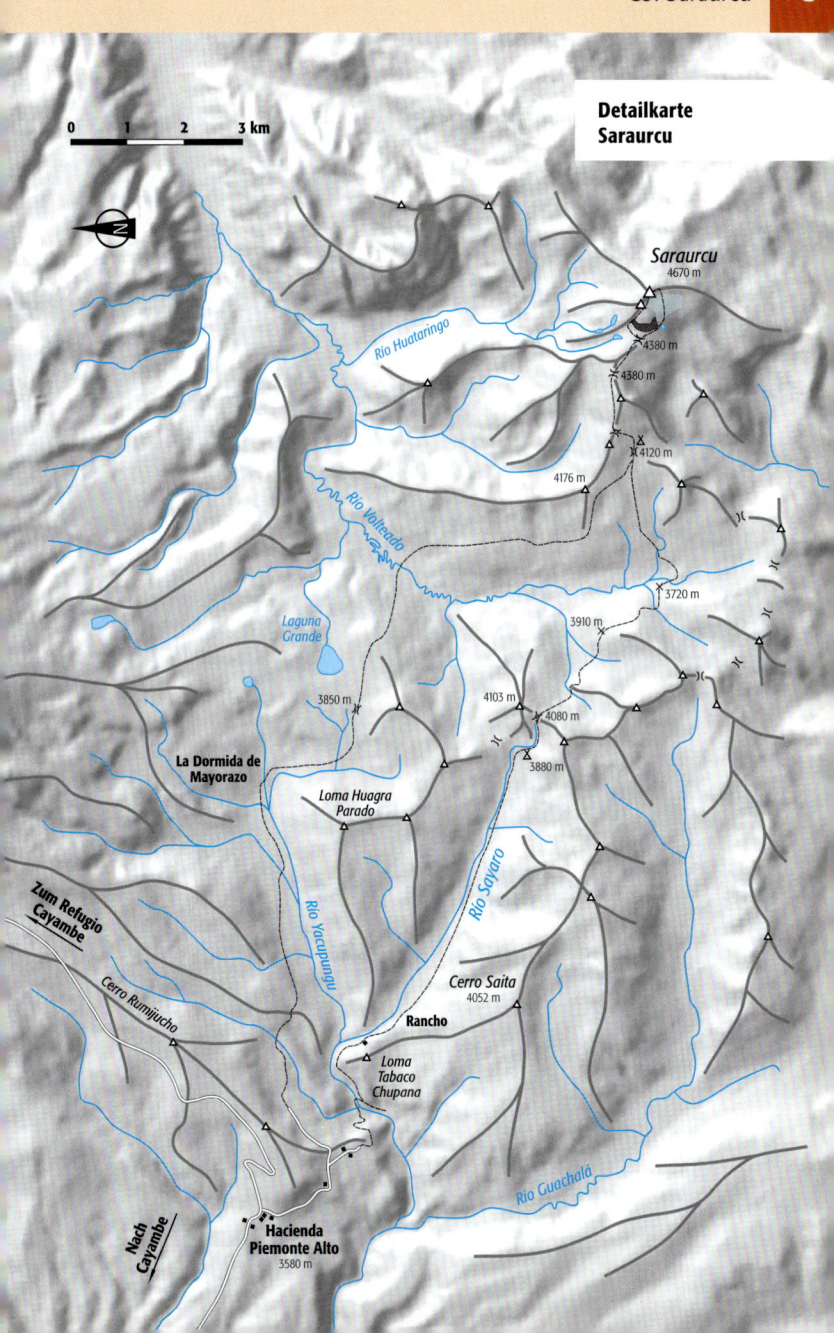

Detailkarte Saraurcu

Grad zu einem Pass (4260 m) fortsetzt. Man gewinne diesen Pass über eine der Rippen oder Rinnen. Ab diesem Pass folge man einer wenig ausgeprägten Rippe in Richtung 88 Grad. Alsbald verlasse man aber diese Rippe, um in der N-Flanke eines langgezogenen Grates weiterhin dieselbe Richtung beizubehalten. Da diese Flanke felsdurchsetzt ist, muss ständig auf- und abgestiegen werden. Nach einem Kilometer Traverse kann zu einem zweiten Pass (4380 m) abgestiegen werden. Dieser Pass befindet sich bei den Koordinaten (GPS: 172, 440, 9989, 879). Jenseits von diesem Pass steige man ein paar Meter an, um eine schöne Granitterrasse zu erreichen. Man folge dieser Terrasse in Richtung 122 Grad. Bald wird der eigentliche Hauptgrat erreicht. Hier muss über eine einfache Kletterstelle etwas abgestiegen werden. Nun folge man mehr oder weniger der Gratschneide, bis zum letzten Pass direkt vor dem Saraurcu abgestiegen werden kann. Dieser letzte Pass befindet sich auf einer Höhe von ebenfalls 4380 m und liegt bei den Koordinaten (GPS: 173, 021, 9989, 470). In gelber Inschrift steht auf einem Stein „Prohibido cazar. INEFAN 23. 8. 2000". Ab diesem Punkt entscheide man sich für eine der folgenden zwei Varianten:

a) Über die SW-Flanke

Man steige über geneigte Felsplatten bis direkt unter die steilen Felsen des Saraurcu. Nun wende man sich nach SE und folge dabei leicht aufsteigend einer Terrasse. Bald wird ein ca. 30 Meter hoher Abbruch erreicht. Unterhalb dieses Abbruches ist der Gletscher und ein kleiner Gletschersee zu erkennen. In direkter Linie klettere man (UIAA III-) über den Abbruch zum See hinab (GPS: 173, 438, 9989, 120; 4491 m). Vom Firnbeginn steige man in Richtung 70 Grad zum Fuß des SW-Pfeilers des Hauptgipfels, wo der Firn bereits sein Ende findet (GPS: 173, 672, 9989, 203; 4554 m). Nun halte man sich nach rechts, um über einen Kegel aus Blöcken und Schutt in Richtung Gipfel zu steigen. Auf einer Höhe von 4600 m wende man sich nach rechts, um einen Pfeiler zu umgehen. Über eine schuttige Platte kann rechts des Pfeilers bis auf 4630 m gestiegen werden. Nun wende man sich erneut nach rechts, um einen weiteren Pfeiler zu umgehen. Über ein geneigtes Bändchen gelangt man alsbald auf den Hauptgrat (GPS: 173, 853, 9989, 179; 4652 m). Anschließend steige man jenseits des Hauptgrates einige Meter in die NE-Flanke ab, um den ersten Felszacken zu umgehen. Wieder auf dem Hauptgrat kann schließlich ohne Schwierigkeiten auf den Hauptgipfel (GPS: 173, 794, 9989, 268; 4695 m) geklettert werden.

Der NW-Gipfel (GPS: 173, 627, 9989, 381; 4677 m) kann ohne Schwierigkeiten über den Hauptgrat erreicht werden. Verschiedene Zacken werden dabei besser auf der linken Seite umgangen. Den letzten Aufschwung zum spitzen NW-Gipfel umgeht man am besten, indem in der NE-Flanke zum NW-Grat traversiert wird, um anschließend über diesen Grat den Gipfel zu gewinnen.

b) Über den NW-Grat

Vom Pass traversiere man unter den Felsen der WNW-Flanke nach NE zum Beginn des

NW-Grates. Anschließend ersteige man diesen Grat in seiner ganzen Länge bis auf den NW-Gipfel. Vom NW-Gipfel kann der Gratschneide folgend weiter bis zum Hauptgipfel geklettert werden. Sollten am Gipfel tatsächlich gute Sichtverhältnisse herrschen, bietet der Saraurcu einen einmaligen Ausblick auf die völlig unerschlossene und unbegangene Zone zwischen Cayambe und Reventador.

Empfehlungen

Am Saraurcu geht nichts ohne Gummistiefel. Auch die besten Bergschuhe wären innert Kürze total durchweicht und würden nie mehr wieder trocknen. Der Zustieg zur Basis des Saraurcu führt nicht einfach nur durch ein feuchtes Gebiet, sondern durch Seen, getarnt von Schilf und Gras. Eine eigentliche Hochtourenausrüstung ist in der Regel nicht mehr erforderlich.

C6. **Pichincha Rucu** - Normalroute (4698 m)

Koordinaten	MAP: 771, 100, 9982, 550
Erstbesteigung	Charles Marie de la Condamine, Pierre Bouguer; 20. 9. 1736[12]
Anzahl Tage	1
Schwierigkeit	T5, II bzw. T6, III- (über den SE-Grat)
Karten	Nono 1:50 000, Quito 1:50 000
Plan	S. 141, Pichincha
Höhen	Cruz Loma 3944 m, Pichincha Rucu 4698 m
Zeiten	Aufstieg 2 ½ h

Der Pichincha Rucu ist der ideale Hausberg von Quito. Mit einer ungefähren Höhe von 4698 m ragt er immerhin rund 1800 m über die Stadt Quito hinaus. Dass die Aussicht bei gutem Wetter also zum Besten gehört, lässt sich leicht vorstellen. Nicht nur liegt die ganze Stadt Quito zu Füßen, sondern die meisten wichtigen Vulkane Ecuadors (Cotocachi, Cayambe, Antisana, Cotopaxi, Chimborazo, Iliniza) lassen sich mit einem einzigen Rundblick erfassen. Eindrücklich ist auch der Blick nach W in den Dschungel des unerschlossenen Río Mindo. Eine wunderbare Einstiegstour, wenn da nicht diese Überfälle wären. Unzählige Routen führen auf diesen Berg. Auf all diesen Routen ist es aber schon zu Überfällen gekommen. Auch der Ratschlag in großen Gruppen zu gehen ist nicht unbedingt hilfreich, da die Überfälle nicht nur Einzelpersonen oder Paare betrafen, sondern auch schon größere Gruppen in die Falle gelaufen sind. Seit dem Bau der Seilbahn hat sich die Situation allerdings verbessert, da die Gegend nun vermehrt begangen wird. Auf jeden Fall empfiehlt es sich, mit einer bescheidenen Ausrüstung loszulaufen. Wertsachen und High-Tec bleiben also besser in Quito. Um allfällige Räuber nicht zu ärgern, empfiehlt es sich, Geld im Wert von vielleicht 20 US$ pro

Bergtouren

Person bereitzuhalten und dieses Geld dann auch ohne Zögern abzugeben. Es kann eine gute Idee sein den Rucu an einem Sonntag zu besteigen, da bei gutem Wetter an Sonntagen sehr viel Leute unterwegs sind.

Grundsätzlich bieten sich drei Routen für den Zustieg zur Basis des Pichincha Rucu an: Über Cruz Loma, über die Antenas (Cerro Cóndor Rumi) oder über die Passstraße, die Nono mit Cotocollao verbindet. Jede dieser Routen weist eine Unzahl von Varianten auf, über die der Gipfel erreicht werden kann. Einmal an der Basis des Berges angelangt, kann wiederum zwischen mehreren Varianten für den Schlussanstieg gewählt werden: Die Normalroute, der SE-Grat in seiner ganzen Länge (Diretissima) oder die Umgehung des ersten Aufschwunges in der SW-Flanke. Diese Varianten sind im Charakter sehr unterschiedlich, so dass der Pichincha Rucu nie langweilig wird. Im Jahre 2005 wurde eine Seilbahn hinauf zu Cruz Loma gebaut. Die Talstation befindet sich oberhalb der Av. La Gasca auf 3134 m. Damit die Seilbahn auch rentabel ist, wird sie von einem aufdringlichen Tourismusangebot begleitet. Dennoch führt bei Besteigungen vom Rucu via Cruz Loma aus Sicherheitsgründen kein Weg an der Seilbahn vorbei.

Wie beim Pichincha Guagua handelt es sich beim Pichincha Rucu um einen Vulkan. Im Gegensatz zum Guagua ist der Rucu aber erloschen. „Rucu" bedeutet soviel wie „alt". „Guagua" hingegen heißt „Baby" oder „neu". Gemäß Marco Cruz stammt der Name „Pichincha" aus der Sprache der Colorado-Indianer: „Pi" heiße „Wasser", „chin" bedeute „weinen" und „chani" könne mit „gut" übersetzt werden. In der Zusammensetzung ergibt sich die fragwürdige Übersetzung „Der Gute, der zum Weinen veranlasst".[15]

Der obere Teil des Pichincha Rucu wird durch eine felsige Burg gebildet. Der Fels hat allerdings die mäßige Qualität von Vulkangestein. In der Umgebung der Grate ist die Festigkeit des Gesteins jedoch noch akzeptabel. Die NE-Flanke weist angeblich sogar eine gewisse Anzahl von (selber abzusichernden) Kletterrouten auf.

Anfahrt

Vom Hotel Colón besteige man einen der weissen Zubringerbusse (Carrasco Pazmiño Transporte Turístico) zur Talstation der Seilbahn. Diese Busse fahren bei schönem Wetter zwischen 9.00 h und 20.00 h in einem Halbstundentakt ab. Unter der Telefonnummer +593-(0)22-225 27 53 kann man sich erkundigen, ob das Wetter schön ist. Natürlich kann auch zu Fuß zur Talstation gelaufen werden. Dazu folge man der Av. Colón und anschließend der Av. La Gasca in Richtung W. Kurz bevor die Av. la Gasca in die Av. Mariscal Sucre (auch Av. Occidental genannt) einzweigt, biege man nach rechts in die Calle Berrutieta ein. Wenn dieser Straße über ein paar Kurven gefolgt wird, kann bald durch eine Unterführung die Occidental überwunden werden. Ca. 100 m links der Unterfürung beginnt die gut markierte Zubringerstraße zum Teleférico.

Die Seilbahn fährt montags bis donnerstags

C6. Pichincha Rucu

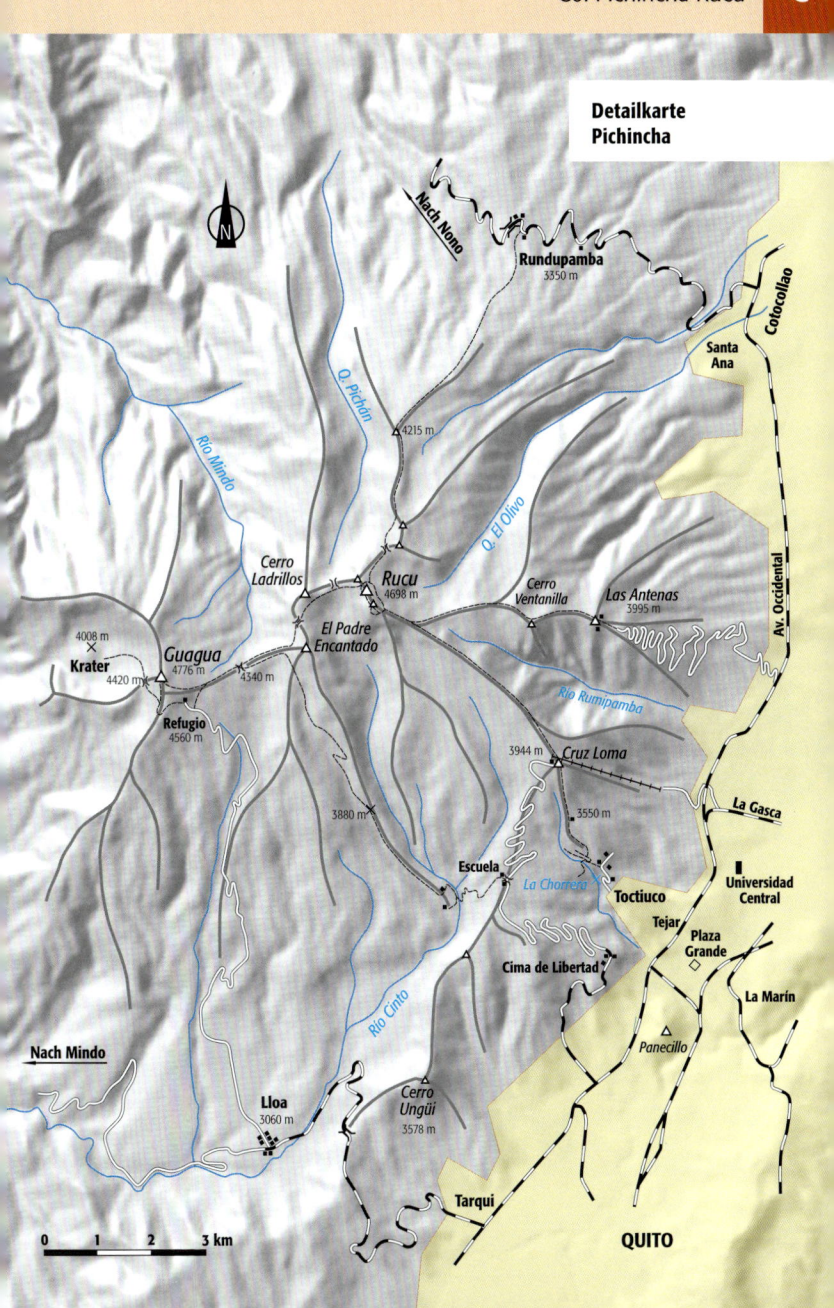

Detailkarte Pichincha

zwischen 10.00 h und 19.00 h, freitags bis sonntags zwischen 9.00 h und 21.00 h. Ein Retour-Ticket kostet 4 US$. Einfache Tickets sind nicht zu haben. Es empfiehlt sich mitgebrachte Getränke und Esswaren gut zu verstecken. Die Seilbahnbetreiber möchten Konkurrenz zu den Monopolpreisen auf Cruz Loma vermeiden.

Aufstieg (2 $\frac{1}{2}$ h)

Cruz Loma liegt auf 3944 m und bietet phantastische Ausblicke auf Quito. Ab Cruz Loma folge man dem Bergrücken, der in Richtung NW zur Basis des Berges führt. Auf einer Höhe von ca. 4400 m werden die ersten Felsen erreicht. Von hier aus gibt es drei Varianten:

a) NE-Flanke

Der Hauptweg führt in die NE-Flanke, durchquert einige Rinnen und erreicht schließlich die Sandfelder des Rucu. Man steige über diese Sandfelder in westlicher Richtung bis auf eine Lücke nördlich des Hauptgipfels. Von hier kann in einfacher Kletterei (UIAA II) der Gipfel über den NNW-Grat bestiegen werden.

b) SW-Flanke und dann den SE-Grat

Zunächst traversiere man über Wegspuren in die SW-Flanke des Vorbaus. Wegspuren führen direkt der unteren Begrenzung der hohen Felswände entlang. Sobald der Vorbau umgangen werden kann, steige man auf zum Hauptgrat. Nun folge man auf der linken Seite der Gratschneide bis auf den Vorgipfel (Cabeza de Mono). Die letzten Meter auf den Vorgipfel werden über eine ausgesetzte Verschneidung zurückgelegt (UIAA III-). Vom Vorgipfel muss 20 Meter abgestiegen werden. Nun wird der Grat spitzer. Man folge aber weiterhin der Gratschneide (UIAA III-) und lasse sich nicht in Versuchung geraten, auf eine der Flanken auszuweichen. Der letzte Abschnitt auf den Hauptgipfel ist wieder einfacher. Wegspuren folgen in etwa dem Hauptgrat bis auf den höchsten Punkt.

c) Gesamter SE-Grat

Anstatt den ersten Vorbau links zu umgehen, kann auch die gesamte Gratschneide begangen werden. Die Kletterei ist ausgesetzt, wird aber nie schwieriger als eine UIAA III.

C7. **Pichincha Rucu** - Nordroute (4698 m)

Über die Nordroute auf den Pichincha Rucu

Koordinaten	MAP: 771, 100, 9982, 550
Erstbesteigung	Charles Marie de la Condamine, Pierre Bouguer; 20. 9. 1736[14]
Anzahl Tage	1
Schwierigkeit	T5, II
Karten	Nono 1:50 000, Quito 1:50 000
Plan	S. 141, Pichincha
Höhen	Rundupamba 3350 m, Pichincha Rucu 4698 m
Zeiten	Aufstieg 4 h

Viel einsamer als der Aufstieg von Cruz Loma ist der Aufstieg von Rundupamba. Rundupamba bezeichnet eine Häusergruppe, die direkt am Passübergang zwischen Quito (Cotocollao) und Nono liegt. Von hier führt eine Route über breite Gratrücken bis an den Fuß des Rucu.

Anfahrt

Ausgangspunkt für Fahrten in Richtung Nono ist die Plaza Cotocollao (Lizardo Ruiz y Gral. José María Guerrero) im Norden Quitos. Um zu dieser Plaza zu gelangen nehme man einen Bus, der der ganzen Av. Amazonas entlangfährt und lasse sich vom Fahrer bestätigen, dass die Linie in Cotocollao vorbeiführt. An der Plaza angekommen stehen zwei Varianten zur Diskussion: Entweder miete man eine der wartenden Camionetas bis nach Rundupamba oder man nehme den Bus nach Sierra (via Rundupamba und Nono), der gewöhnlich am 7.00 h abfährt.

Man kann natürlich auch versuchen, mit einer der Nono-Camionetas mitzufahren, die über die Abzweigung Machala y Occidental (Avenida Mariscal Antonio José de Sucre) nach Nono gelangen. Diese Abzweigung wird beispielsweise mit einem San Marco-Bus erreicht, der der ganzen Occidental entlangfährt.

Aufstieg (4 h)

Genau am Passübergang Rundupamba (MAP: 773, 600, 9988, 950; 3350 m) signalisiert eine Tafel mit der Aufschrift „Campamento Pichán" eine Straße, die nach links abzweigt. Man folge dieser Straße, bis sie sich nach ca. 200 m teilt. Bei dieser Abzweigung gebe man der oberen, linkeren Straße den Vorzug. Bald endet die Straße in ebenem Gelände. Nun besteige man bei einer Grundrichtung von SW einen langen Bergrücken. Auf ca. 4040 m Höhe verflacht sich der Bergrücken. Man steige weiter bis zum Punkt 4215. Hier angekommen schwenke man auf die Richtung S ein, um dem Bergrücken weiterhin zu folgen. Auf der Höhe von 4320 m lasse man eine markante Bergkuppe links liegen, um in den Passübergang zu gelangen, der die Q. El Olivo von der Q. Pichán trennt (4360 m). Nun besteige man in Richtung SW die Bergflanke des Rucu. Sobald der erste Sand erreicht wird, quere man nach links. Bald wird wenig unterhalb der Lücke im NNW-Grat die Normalroute erreicht.

C8. **Pichincha Guagua** (4776 m)

Koordinaten	MAP: 767, 300, 9981, 050
Erstbesteigung	José Toribio de Ortiguera, Francisco de Uncibay, Alonso de Aguilar, Juan Sánchez, Juan de Galarza, Juan de Londoño; 29. 7. 1582[15]
Anzahl Tage	1 - 2
Schwierigkeit	T5, II+
Karten	Nono 1:50 000, Quito 1:50 000
Plan	S. 141, Pichincha
Höhen	Lloa 3060 m, Hütte 4560 m, Pichincha Guagua 4776 m
Zeiten	Annäherung 4 h, Aufstieg 1 h, Übergang zum Pichincha Rucu 2 h, Aufstieg von der Cima de la Libertad 6 h

Der Pichincha Guagua liegt etwas versteckt, ungefähr 4 km westlich des Pichincha Rucu. Obwohl rund 100 m höher als der Rucu ist dieser Berg recht unscheinbar. Von weitem scheint es sich eher um einen langen, gemächlichen Grat als um einen Gipfel zu handeln. Dass es sich bei diesem Grat um einen Kraterrand handelt, wird erst aus der Vogelperspektive klar. Der entsprechende Krater hat dabei verblüffende Dimensionen: Der Höhenunterschied vom Kratergrund zum Kraterrand beträgt immerhin rund 700 Höhenmeter. Der Durchmesser des

C7. Pichincha Rucu - C8. Pichincha Guagua

Pichincha Guagua, einer von acht aktiven Vulkanen Ecuadors

Kraters erreicht in seiner größten Ausdehnung fast 2 km. Der Kraterrand ist allerdings gegen W unterbrochen, so dass der Krater die Quelle des Río Cristal Grand bilden kann. Der Pichincha Guagua gehört zu den aktivsten Vulkanen Ecuadors. Im September 1998 erschienen erste Berichte über eine deutliche Zunahme der Aktivität. Bald darauf wurde die „Alerta Amarilla" (gelbe Alarmstufe) verhängt. Solche Meldungen waren allerdings stets begleitet von kritischen Stimmen, die behaupteten, dass derartige Informationen in erster Linie den Zweck haben, die Bevölkerung von brennenderen Problemen abzulenken. Seit der Verhängung der „Alerta Amarilla" ist der Abstieg in den Krater verboten. In den folgenden Monaten kam es zu Tausenden von kleinen und mehreren größeren Explosionen. Einige Male war gar eine Rauchsäule am Horizont zu erkennen. Am 7. Oktober 1999, wenige Tage nachdem die Verwaltung die „Alerta Naranja" (orange Alarmstufe) angesetzt hatte, überraschte der Vulkan bei schönstem Wetter mit einer heftigen Explosion, gefolgt von einer kilometerhohen Asche- und Rauchsäule. Wenige Stunden später ging ein feiner Ascheregen über die Stadt hernieder und bedeckte Hausdächer, Straßen und Autos mit einer bis zu 3 mm dicken Pulverschicht. Der Flugplatz musste geschlossen werden, da die Triebwerke von den feinen Aschepartikeln bedroht waren. Wer konnte, versuchte die Stadt zu verlassen. Während einiger Tage brach der Verkehr zusammen und das Wirtschaftsleben der Stadt wurde lahmgelegt. Bald darauf kehrte allerdings wieder der Alltag ein. Die Alarmstufe wurde auf gelb zurückgesetzt. Der Vulkan meldete sich nur noch hin und wieder mit den üblichen kleineren Explosionen und Erschütterungen.

Bergtouren

Durch seine Nähe zu Quito bedroht der Vulkan die Einwohner dieser Stadt. Bei einem Ausbruch würde eventuelle Lava zwar nach W abfließen, die Stadt bliebe aber bedroht von Ascheablagerungen und von austretenden Gasen. Da Vulkanausbrüche stets von heftigen Regenfällen begleitet sind, wäre mit Schlammlawinen (Lahars) zu rechnen, die nicht nur die abgelagerte Asche, sondern alles, was sie auf ihrem Weg antreffen, in Richtung Stadt mitreissen würden. Die Geschichte kennt bereits mehrere solcher Katastrophen: 1560, 1566, 1575, 1582, 1660, 1868, 1869, 1881. Insbesondere der Ausbruch von 1660 hatte drastische Folgen. Quito wurde mit einer Aschenschicht von 40 cm bedeckt, Vulkanasche lagerte sich bis zu einer Entfernung von 500 km ab, während vier Tagen blieb Quito ohne Sonne.

Auf einer Höhe von 4560 m steht eine Schutzhütte der Defensa Civil. Diese Hütte wurde in erster Linie für den Aufenthalt von Wissenschaftlern gebaut, beherbergt aber auch Touristen. Meist ist ein Hüttenwart anwesend. Die Unterkunft ist sehr einfach, so dass ein Schlafsack und ein Mättchen mitgenommen werden müssen. Wasser und Gas sind jedoch gewöhnlich vorhanden. Von Lloa führt eine schlechte Fahrstraße bis direkt vor die Hütte. Der Aufstieg über diese Straße ist recht langweilig. Landschaftlich viel abwechslungsreicher ist hingegen der Zustieg von der Cima de Libertad oder der Übergang zum Pichincha Rucu. Bei diesem Übergang können übrigens zwei weitere Gipfel des Pichincha bestiegen werden: El Padre Encantado (MAP: 769, 950, 9981, 600; 4580 m) und Cerro Ladrillos (MAP: 770, 000, 9982, 550; 4561 m). Gewöhnlich werden sie allerdings umgangen. Eine schöne Dreitagestour ergibt sich durch den Aufstieg am ersten Tag von der Cima de Libertad zum Pichincha Guagua und anschließender Übernachtung auf der Hütte. Am zweiten Tag könnte eine Besteigung des Guagua und eine Inspektion des Kraters vorgenommen werden, sofern die aktuelle Aktivität im Krater dies erlaubt. Der dritte Tag würde dem Übergang zum Rucu und dem Abstieg zur Passstraße Nono - Cotocollao dienen. Normalerweise ist der Guagua schneefrei. Nach Stürmen oder Gewittern können die obersten paar hundert Höhenmeter aber von einer Zuckerschicht bedeckt sein. Meist handelt es sich jedoch um Hagelkörner und nicht um Schnee.

Anfahrt

Der einfachste Zugang zum Pichincha Guagua führt über Lloa. Lloa kann wie folgt erreicht werden: An der Plaza Indoamérica (Redondel bei der Universidad Central) nehme man einen Bus, der nach Chillogallo fährt. Dem Busfahrer teile man mit, dass man bei der Abzweigung nach Lloa auszusteigen wünscht. Die entsprechende Straße heißt Angamarca.

Von dieser Kreuzung fahren unter der Woche Busse nach Lloa (7.00 h, 11.30 h, 14.00 h, 17.00 h, 19.15 h). Ansonsten miete man sich an der Kreuzung ein Taxi nach Lloa. Der Fahrpreis dürfte sich um ca. 6 US$ bewegen.

Annäherung (4 h)

In Lloa (3060 m) angekommen folge man der Straße, die in Richtung NW abzweigt.

C8. Pichincha Guagua

Im Folgenden wähle man bei Abzweigungen stets jene Straße, die nach oben führt. Derart gelangt man bis zum Refugio des Pichincha Guagua (4560 m). Der Aufstieg über diese Straße ist monoton. Mit etwas Glück wird man ein Stück weit von einer der sporadischen Camionetas mitgenommen.

Aufstieg (1 h)

Von der Hütte führt ein gut sichtbarer Weg in Richtung W zum Kraterrand. Anschließend folge man stets dem Hauptgrat in Richtung N zum höchsten Punkt. Unmittelbar vor dem Gipfel ist eine einfache, ungefährliche Kletterstelle (UIAA II+) zu bewältigen.

Abstieg in den Krater

Seit dem Herbst 1998 ist es wegen der häufigen Explosionen verboten, in den Krater abzusteigen. Sollte sich der Vulkan wieder beruhigen, könnte wie früher über die W-Flanke abgestiegen werden. Die Kraterinnenwand ist sehr steil, die Wegspuren sind wenig deutlich und Steinschlag ist ein Risiko. Insbesondere bei Nässe, Schnee oder Eis muss von einem Abstieg abgeraten werden. Der Kratergrund liegt ca. 700 Höhenmeter unter dem Gipfel des Guagua. Dieser Höhenunterschied muss auch im Aufstieg wieder bewältigt werden, wenn nicht ein Camp im Kraterinneren vorgesehen ist. Die Landschaft im Krater dürfte sich im Zuge der verstärkten Aktivität verändert haben und von früheren Beschreibungen erheblich abweichen.

Von der Hütte folge man zunächst der Route auf den Gipfel des Guagua. Dort, wo der Kraterrand erreicht wird (4670 m), steige man nicht weiter über den Grat, sondern suche eine Wegspur, die in die W-Flanke des Guagua hineintraversiert. Nun wird in der Grundrichtung NW zu einem Sattel (4420 m) abgestiegen. Genau genommen beginnt erst ab diesem Sattel der eigentliche Abstieg in den Krater. Die Wegspuren führen weiter nach NNW durch die hohe Kraterinnenwand. Über einen langen Abstieg durch die Schuttflanke nähert sich die Spur allmählich dem Kratergrund.

Übergang zum Pichincha Rucu (2 h)

Vom Gipfel des Pichincha Guagua klettere man soweit über den S-Grat zurück, bis problemlos über einen Sandabhang nach E abgestiegen werden kann. Auf einer Höhe von 4340 m wird ein Sattel (Ninaurcu) erreicht. Zu diesem Sattel gelangt auch, wer von der Hütte einen guten Kilometer in Richtung ENE traversiert. Nun folge man stets dem Grat in Richtung NE bis zum Fuße des Gipfels El Padre Encantado (auf der Karte Cerro de Plazuela). Spätestens ab dem Sattel weisen deutliche Wegspuren den Weg. Am Fuß des erwähnten Berges quert der nun eindeutige Weg dessen WNW-Flanke. Bei den Koordinaten (MAP: 769, 900, 9982, 100) wird ein zweiter Sattel erreicht. Nördlich von diesem Pass liegt der Gipfel Cerro Ladrillos (4561 m). Nun ist in der SE-Flanke des Cerro Ladrillos über vage Spuren allmählich nach NE abzusteigen. Auf 4400 m angekommen wird der Weg wieder eindeutig. Er steigt über einen steilen Sandhang zum Pichincha Rucu empor. Der Hauptgrat wird in der Lücke nordwestlich des Hauptgipfels erreicht. Hier vereint sich die beschriebene Route mit dem Normalanstieg.

Aufstieg von der Cima de la Libertad (6 h)
Es ist möglich, den Gipfel des Pichincha Guagua in einem langen Tag direkt von Quito her zu besteigen. Vorerst nehme man bei der Plaza Indoamérica (Redondel bei der Universidad Central) einen der Busse, die bis zur Cima de la Libertad (3140 m) fahren. Hier beginnt eine Fahrstraße, die über einen Bergrücken in Richtung WNW bis auf Cruz Loma führt. Ein Weg kürzt die vielen Kehren der Fahrstraße ab. Ab 3400 m bleibt aber nichts anderes übrig, als der Fahrstraße zu folgen. Auf 3520 m wird die Escuela Vencedores de Pichincha erreicht. Ca. 100 m nach dieser Schule zweigt links eine Fahrstraße ab, die in Richtung WSW nach unten führt. Man folge dieser Straße bis zur Brücke über den Río Cinto (3320 m). Jenseits des Baches zweigt nach der ersten Kehre ein Weg nach rechts ab, der bis zu einer Wasserfassung dem Río Cinto folgt. Hier quere man nach links auf einen Bergrücken zu einem Haus. Anschließend folge man bis auf eine Höhe von 3880 m dem Bergrücken in Richtung NW. Zu Beginn kann über einen guten Weg aufgestiegen werden. Mit zunehmender Höhe verschwindet dieser Weg aber allmählich. Auf der Höhe von 3880 m wird eine (vergrabene) Wasserleitung erreicht, die in die linke Quebrada (Q. Rumicucho) führt. Zunächst begleitet ein Weg diese Wasserleitung, bald steigt der Weg aber stärker an als die Wasserleitung. Dieser Weg setzt sich fort bis zum oberen Ende der Quebrada auf 4400 m. Die Grundrichtung ist weiterhin NW. Auf 4400 m traversiere man in der SW-Flanke des El Padre Encantado (auf der Karte Cerro de Plazuela) bis zum Sattel Ninaurcu zwischen El Padre Encantado und Pichincha Guagua. Nun auf diesem Verbindungsgrat nach WSW. Allmählich nähert man sich der ENE-Flanke des Guagua. Vorerst wird über eine Páramo-Landschaft, durchmischt mit Sand, aufgestiegen. Ab 4480 m erreicht man die Sandfelder der ENE-Flanke. Man befindet sich nun wenig rechts der Felsen, die sich überhalb der Hütte auftürmen. Die letzten paar Meter müssen mühsam über die steile Sandflanke zurückgelegt werden. Man erreicht den Grat unmittelbar vor den Schlussfelsen. Hier kommt die beschriebene Route mit der Normalroute zusammen, so dass dieselbe Kletterstelle (UIAA II+) kurz vor dem Gipfel (4776 m) zu bewältigen ist.

Pichincha Guagua, der Hausberg von Quito

C9. **Tablarumi** (4510 m)

Koordinaten	MAP: 813, 500, 9971, 300
Erstbesteigung	unbekannt
Anzahl Tage	2
Schwierigkeit	T4
Karten	Oyacachi 1:50 000
Plan	S. 85, Papallacta
Höhen	Hacienda Peñas Blancas 3680 m, Basecamp 4100 m, Tablarumi 4510 m
Zeiten	Annäherung 4 $\frac{1}{2}$ h, Aufstieg zum Tablarumi Norte 3 h, Aufstieg zum Tablarumi Sur 3 h

Zwischen Cayambe und Antisana liegen verschiedene Gipfel, die knapp eine Höhe von ca. 4500 m erreichen, unter ihnen auch die Felsköpfe Las Puntas. Etwas weiter südlich kulminiert diese Kette im Tablarumi. Gemäß ecuadorianischer Bergliteratur erreicht dieser Berg eine Höhe von 4622 m. Die IGM 1:50 000 Karte verzeichnet 2 km nordwestlich der Laguna Nunalviro eine Loma Tabla Rumi der Höhe 4339 m. Tatsächlich befindet sich der Tablarumi jedoch 2 km östlich derselben Laguna. Die Höhe des Gipfels liegt gemäß Karte zwischen 4480 m und 4520 m. Eine Messung mit dem Höhenmesser lässt die mit diesen Daten konsistente Höhe von ca. 4510 m vermuten.

Genau genommen besteht der Tablarumi aus drei Gipfeln. Der spitze N-Gipfel (4510 m) bildet dabei die höchste Erhebung. Der Zentralgipfel (4450 m) besteht aus einer langen Kette von Felsköpfen. Der S-Gipfel (4490 m) weist die Form einer gemächlichen Kuppe auf. Diese Gipfel liegen in einer wilden, einsamen Gegend, die durch viele Sümpfe und Seen geprägt ist. Bei guten Sichtverhältnissen können östlich des Tablarumi an die 30 Seen gezählt werden. Der Zustieg führt durch eine wilde, sumpfige Páramo-Landschaft und endet an der schönen Laguna Nunalviro, wo das Basislager aufgeschlagen wird. Die drei Gipfel des Tablarumi lassen sich über verschiedenste Routen besteigen. Ausser mit den üblichen Orientierungsproblemen bei Nebel ist mit keinen Schwierigkeiten zu rechnen.

Unterhalb des Ausgangspunktes, auf der Straße Pifo - Papallacta, liegt eines der wenigen Sportklettergebiete Ecuadors. Der Ort ist auf der Karte mit Corrales (3440 m) bezeichnet, jedoch unter den Einheimischen als Hacienda Peñas Blancas bekannt. Das Klettergebiet besteht aus Felstürmen, die sich an die steile S-Flanke des Tales (MAP: 805, 700, 9971, 000) klammern. Abgesicherte Routen wird man vergeblich suchen. Im besten Fall sind ein paar rostige Haken und verfaulte Abseilschlingen zu finden.

Bergtouren

Anfahrt

Am Terminal Terrestre von Quito nehme man einen Bus, der nach Lago Agrio oder Tena fährt. Diese Busse fahren über Pifo, La Vírgen de Papallacta und Papallacta nach Baeza. Das Ziel der Fahrt heißt Hacienda Peñas Blancas und liegt irgendwo zwischen Pifo und der Virgen de Papallacta. Da diese Hacienda bei den Busfahrern nicht immer bekannt ist und außerdem eine gewisse Ausdehnung aufweist, gebe man am besten als Fahrziel La Virgen de Papallacta an. Das Hauptproblem besteht darin den genauen Punkt zu bestimmen, wo der Bus verlassen werden muss. Am einfachsten geschieht dies mit einem Höhenmesser. Ungefähr 7 km nach Pifo durchfährt der Bus zwei spitze Kurven in Form eines „Z". Die zweite Kurve liegt auf einer Höhe von 2960 m. Hier eiche man den Höhenmesser auf die angegebene Höhe. Nach weiteren 12 km gelangt der Bus auf eine lange Gerade, die nahe am Hauptfluss Río Carihuaycu verläuft. Man verlasse den Bus, sobald der Höhenmesser eine Höhe von 3680 m anzeigt. Links der Straße fällt eine gelbe Betontafel mit der Aufschrift „Reserva ecológica Cayambe - Coca" auf. Nun befindet man sich am Fuß des Loma Guamanichupa, bei den Koordinaten (MAP: 808, 200, 9966, 400).

Annäherung (4 ½ h)

Zunächst steige man querfeldein in Richtung NE zur alten Passstraße hinauf. Diese Passstraße verläuft im rechten Bereich gut sichtbar in der SW-Flanke der Loma Guamanichupa. Auf der oberen Straße angekommen erkennt man, dass sich die Loma Guamanichupa in Form eines Grätchens nach NW fortsetzt und das Haupttal aufteilt in die zwei parallelen Quebradas Carihuaycu und Apatola. Die neue Passstraße folgt dabei der Q. Carihuaycu, wohingegen die alte Passstraße der Q. Apatola folgt. Von der alten Passstraße aus ist bei guter Sicht in Richtung 42 Grad bereits der Pass sichtbar, der zu besteigen ist. Zunächst muss aber eine sumpfige Ebene durchquert werden. Dies geschieht am besten ganz an ihrem linken Rand. Anschließend folge man Wegspuren in Richtung Pass. Auf ca. 3980 m gelangt man zu einem ebenen, ziemlich feuchten Abschnitt. Man überquere hier den Hauptbach und besteige die steilen Flanken rechts des Taleinschnittes. Es ist auch möglich, dem Taleinschnitt zu folgen, da das Terrain aber sumpfig ist, empfiehlt es sich, nach rechts auszuweichen. Man besteige die erwähnten Flanken und gelange oben zum flachen Passübergang (MAP: 810, 250, 9968, 800). Jenseits des Passes steige man querfeldein ab zur Q. Serrano. Im Folgenden halte man sich nach N und gewinne etwas Höhe, indem man links der Loma Juña über sanftes Gelände ansteigt. Auf 4130 m angekommen, tritt die verblüffend große Laguna Nunalviro ins Blickfeld. Man steuere in Richtung NE auf die SW-Seite des Sees zu und unternehme den aussichtslosen Versuch, eine einigermassen trockene Stelle für die Übernachtung zu finden. Ganz nahe am See ist die Aussicht auf trockenere Stellen etwas größer (MAP: 811, 150, 9971, 500).

C9. Tablarumi

Aufstieg zum Tablarumi Norte (3 h)

Der Tablarumi Norte (4510 m) liegt ca. 2 km östlich der Laguna Nunalviro. Nordwestlich des Gipfels führen zwei wenig ausgeprägte Taleinschnitte zum Hauptgrat. Es scheint, dass der rechte Taleinschnitt aufgrund von Felswänden ab einer gewissen Höhe nicht mehr begangen werden kann. In Wirklichkeit biegt das Tälchen jedoch nur nach links ab und eignet sich daher sehr gut für einen Aufstieg. Vom Zeltplatz folge man zunächst dem südlichen Ufer bis zu einer Kanzel südöstlich des Sees. Ab hier durchquere man genau nach E haltend eine äußerst sumpfige Ebene. Man ziele dabei auf das beschriebene rechte Tälchen. Am Fuße dieses Tälchens angekommen (MAP: 812, 700, 9971, 350) steige man links des Flusses über ein mit hohem Páramo-Gras bewachsenes Rippchen das Tal hinauf. Man folge dem Tal zunächst in Richtung 90 Grad, allmählich aber nach links abbiegend in Richtung 60 Grad. Im oberen Bereich wird mit Vorteil direkt im Bächlein aufgestiegen. Auf 4370 m erreicht man in einem Sattel den Hauptgrat. Nun wende man sich nach SSE und steige über den Hauptgrat in Richtung Gipfel. Die Richtung dieses Grates dreht mit zunehmender Höhe auf SE. Auf 4500 m wird ein Vorgipfel erreicht. Erst von hier tritt der wie ein spitzer Zahn erscheinende Hauptgipfel ins Sichtfeld. Man steige wenige Meter ab in eine Scharte und besteige über die einfache S-Flanke den höchsten Punkt (4510 m).

Aufstieg zum Tablarumi Sur (3 h)

Um den Tablarumi Sur (4490 m) zu besteigen, begebe man sich zur beschriebenen Kanzel südöstlich des Sees. Ab dieser Kanzel tritt in Richtung SE der Tablarumi Sur ins Blickfeld. Anstatt die große, sumpfige Ebene zu durchqueren, folge man nun ihrem rechten Rand in Richtung 130 Grad. Auf 4280 m gelangt man zu einer Talenge. Man durchsteige über die steile rechte Flanke diese Talenge. Anschließend folge man nach E dem jetzt weniger deutlichen Tal bis zum Hauptgrat auf 4410 m. Nun steige man über den NE-Grat und erreiche in Kürze den Gipfel (4490 m).

Empfehlungen

Auf Grund der hohen Feuchtigkeit wird mit Vorteil in Gummistiefeln gewandert. Da die Gipfel nicht mit technischen Schwierigkeiten aufwarten, sind diese auch für den Gipfelaufstieg geeignet.

C10. **Corazón** - Nordostgrat (4782 m)

Blick auf den Corazón vom Refugio Nuevos Horizontes

Koordinaten	GPS: 760, 648, 9941, 532; 4801 m
Erstbesteigung	Charles Marie de la Condamine, Pierre Bouguer; 20. 7. 1738[16]
Anzahl Tage	1 - 2
Schwierigkeit	T4
Karten	Machachi 1:50 000
Plan	S. 165, Ilinizas
Höhen	Estación de Machachi 3100 m, Corazón 4782 m
Zeiten	Aufstieg 4 1/2 h

Der Corazón liegt 10 km westlich von Machachi und gehört durch seine Nähe zu Quito zu den Favoriten für Eingehtouren. Die Besteigung ist trotz der ansehnlichen Höhe dieses Berges (4782 m) unproblematisch. Edward Whymper notiert in seinem Buch zum Corazón: „Nach meiner Ansicht waren einige dieser Berge um 13'000 Fuß zu vernachlässigen. Allem Anschein nach konnte ein geschickter Reiter auf dem Rücken eines Esels bis zu den Gipfeln gelangen."[17] Nichtsdestotrotz wird bei gutem Wetter eine Besteigung des Corazón mit einer wunderschönen Aussicht auf das Tal von Machachi und auf den W-Abhang der Anden belohnt.

C10. Corazón

Theoretisch liesse sich der Corazón in einem Tag von Quito aus besteigen. Die scheinbare Nähe des Berges zur Panamericana täuscht allerdings. Um möglichst früh den Gipfel zu erreichen, werden mit Vorteil zwei Tage eingeplant.

Beim Corazón handelt es sich um einen weiteren erloschenen und stark erodierten Vulkan. Seine Entstehung ist im frühen Quartär anzusiedeln. Der Name des Berges (Herz) soll auf zwei Erosionstrichter zurückzuführen sein, die zusammen das Aussehen eines Herzes annehmen. Die Indios nannten diesen Berg Guallancatzo. Dieser Name stammt angeblich aus einem Dialekt der Colorado-Indianer. „gualla" bedeute „Hemd" und „catzo" heiße „schlafen". „Hemd, benutzt zum Schlafen" resultiert aus dieser Übersetzung. Die erste verzeichnete Besteigung geht auf die Expedition von La Condamine & Bouguer (1738) zurück. Es ist aber nicht unmöglich, dass bereits vorher Indios ihren Fuß auf diesen Gipfel setzten. Nordöstlich des Gipfels fanden sich einige präkolumbianische Ruinen.

Anfahrt

Häufige Busse fahren von Quito nach Machachi. Die Busse starten beim alten Terminal Terrestre (ausserhalb des Gebäudes in der Av. Cumandá, ca. Nr. 533) oder bei der Villa Flora (Av. Alamor y Panamérica). Die Fahrt nach Machachi dauert ca. 1 Stunde. In Machachi nehme man am Busbahnhof, der sich 200 m südwestlich des Hauptplatzes befindet einen Bus, der mit Aloasí und La Moya angeschrieben steht. Mit diesem Bus fahre man die 5 km bis zur Estación de Machachi. Hier befindet sich das edle Hotel „La Estación de Machachi" (Tel: +593-(0)22-230 92 46), eingerichtet in einer ehemaligen Hacienda.

Aufstieg (4 $\frac{1}{2}$ h)

Vom Bahnhof folge man dem Bahngleise in Richtung Norden. Nach 200 m, bei der Escuela Miguel Salazar, biege man nach links auf eine Erdstraße ein. Nach weiteren 200 m vollzieht diese Straße eine Rechtskurve. Nach 300 m gelangt man zu einer Kreuzung, an der man nach links in Richtung W einbiege. Nun folge man der Straße, die sich im Slalom dem Bergfuß der Cordillera Occidental nähert. Nach einem guten Kilometer ab der Kreuzung, zweigt von rechts her eine Fahrstraße ein. In Richtung Corazón stehen drei parallele Fahrstraßen zur Auswahl. Man entscheide sich für die mittlere dieser Straße. Auf 3070 m, schließlich biegt die Straße scharf nach links ab. Von rechts her biegt ein Feldweg ein. Ab diesem Punkt steigt die Fahrstraße über mehrere Kehren bis zu einer Quebrada auf 4000 m. Wer dieser Straße folgt, findet zwar sicher sein Ziel, der Umweg ist jedoch erheblich. Deshalb kürze man bei der Kreuzung am besten in Richtung W haltend über eine Wiese wenigstens die erste Kehre ab. Wer weiterhin die Abkürzungen nehmen will, suche sich Spuren in Richtung W. Ab 3960 m folge man jedoch auf jeden Fall der Fahrstraße nach links. Alsbald biegt sie in eine Quebrada ein. Auf 4059 m (GPS: 0762, 960, 9942, 414) verzweigt die Straße. Man biege hier nach links ab. Nach 200 m ab der Abzweigung, kurz nach dem Beginn einer

Zanja, verlasse man die Straße nach rechts, um über eine vage Wegspur in einem Tälchen in Richtung W aufzusteigen. Alsbald verdichtet sich die Spur zu einem eigentlichen Weg. Ca. 200 m nordwestlich des Punktes 4276 erreicht man einen Bergrücken. Der Weg folgt diesem Rücken bis in den Pass zwischen Corazón und Corazón W. Vom Pass folge man stets sich links der Schneide haltend dem NE-Grat des Corazón bis auf den Gipfel. Eine Serie von Steinmännern sowie Fußspuren helfen bei der Orientierung.

C11. **Corazón** - Südwestgrat (4782 m)

Koordinaten	GPS: 760, 648, 9941, 532; 4801 m
Erstbesteigung	Charles Marie de la Condamine, Pierre Bouguer; 20. 7. 1738[18]
Anzahl Tage	1 - 2
Schwierigkeit	T4
Karten	Machachi 1:50 000
Plan	S. 165, Ilinizas
Höhen	Chaupi 3330 m, Corazón 4782 m
Zeiten	Aufstieg 4 $^1/_2$ h

Beschreibung siehe S. 152 - C10.

Anfahrt

Häufige Busse fahren von Quito nach Machachi. Die Busse starten beim alten Terminal Terrestre (ausserhalb des Gebäudes in der Av. Cumandá, ca. Nr. 533) oder bei der Villa Flora (Av. Alamor y Panamérica). Die Fahrt nach Machachi dauert ca. 1 Stunde. In Machachi besteige man am Busbahnhof, der sich 200 m südwestlich des Hauptplatzes befindet einen Bus nach Chaupi. Zwei Kilometer nachdem der Bus die Bahngleise überquert hat, bzw. einen Kilometer vor Chaupi verlasse man bei einer Kreuzung den Bus (MAP: 0763, 375, 9934, 300).

Aufstieg (4 $^1/_2$ h)

Nun biege man auf eine Schotterstraße ein, die Richtung NW ausgerichtet ist. Nach 3 km gelangt man zu einer ersten Kehre, 700 m später bei einer Antennenanlage zu einer zweiten Kehre. Ca. 700 m nach dieser zweiten Kehre gelangt man bei Ingacorral zu einem Potrero. Hier übersteige man ein Gitter, um der Straße weiterhin in Richtung NW zu folgen. Die Straße umgeht bald die Loma Gorda auf dessen linker Seite. Auf einer Höhe von 4047 m vollzieht die Straße in einem Tälchen eine scharfe Kurve nach links. An dieser Stelle halte man sich querfeldein über gut durchgängigen Páramo in Richtung NNW. Auf 4200 m gelangt man über einen steilen Abschnitt auf einen Bergrücken. Wenn diesem Bergrücken in Richtung N gefolgt wird, gelangt man auf 4360 m zum Hauptgrat Loma Surucho. Man folge diesem Hauptgrat in Richtung NE bis zur Basis des Gipfelaufbaus. Über die sandige S-Flanke des ersten Grataufschwunges besteige man den WSW-Grat. Anschließend folge man stets der Schneide dieses Grates, um ohne Schwierigkeiten auf den Hauptgipfel zu gelangen.

C12. **Rumiñahui Máxima** (4722 m)

Koordinaten	MAP: 777, 750, 9936, 050
Erstbesteigung	unbekannt
Anzahl Tage	2
Schwierigkeit	T5
Karten	Machachi 1:50 000, Sincholagua 1:50 000
Plan	S. 211, Cotopaxi
Höhen	Laguna Limpipungo 3860 m, Basecamp 4040 m, Rumiñahui Máxima 4722 m
Zeiten	Annäherung 1 $^1/_2$ h, Aufstieg 3 h

Der Rumiñahui liegt an der nordwestlichen Grenze des Nationalparks Cotopaxi. Es handelt sich um einen lang erloschenen Vulkan, von dem nur der östliche Kraterrand einer riesigen Caldera übrig geblieben ist. Der gebogene Hauptgrat weist drei Gipfel auf: Cima Máxima, Cima Sur und Cima Central. Gewöhnlich ist der Berg schneefrei, hin und wieder sind aber die obersten Meter mit Schnee oder Hagelkörnern überzuckert. Die Qualität des Gesteins ist wie üblich schlecht. Der Name stammt vom legendären General Atahualpa, der das Inkareich trotz Kapitulation der Inkakönige gegen die Spanier zu verteidigen versuchte. „Rumi" bedeutet „Stein", „nawi" hingegen heißt soviel wie „Auge" oder „Gesicht".

Edward Whymper entschied sich bei seinem Aufenthalt in Pedregal für die Besteigung des Sincholagua: „Meine Männer betrachteten mit Abschätzung den Pasochoa und Rumiñahui, da es mindestens ein halbes Dutzend Wege gab, um sie zu besteigen."[19] Zumindest im Falle vom Rumiñahui Máxima irrten sich die Kameraden von Edward Whymper. Auf diesen Gipfel führt nur eine einzige unproblematische Route und diese Route hat zudem einen recht komplizierten Verlauf.

Der Rumiñahui Máxima wird in der Regel von der Laguna Limpipungo oder von Pedregal angegangen. Für den Rumiñahui Central liegt eine Besteigung von der Laguna Limpipungo nahe. Der Rumiñahui Sur kann ebenfalls von

Bergtouren

der Laguna Limpipungo erreicht werden. Interessanter ist aber eine Annäherung von der Seite Machachi.

Natürlich kann auch in den Cabañas von „Tambopaxi" übernachtet werden. Dieses Hotel wurde im Jahre 2001 inmitten des Nationalparks Cotopaxi gebaut. In Ecuador ist alles möglich... Das Hotel befindet sich bei den Koordinaten (GPS 784, 191, 9935, 350; 3761 m) und bildet einen idealen Ausgangspunkt für die Besteigung des Rumiñahui, Sincholagua und Cotopaxi. Informationen zum Hotel im Internet unter http://www.tambopaxi.com oder per Telefonnummer +593-(0)22-222 02 41.

Anfahrt

Im Terminal Terrestre von Quito nehme man einen Bus nach Latacunga und teile dem Chauffeur mit, dass man in Lasso beim Bahnhof (Estación del ferrocarril) auszusteigen wünscht. Hier warten Camionetas, um Touristen in den Nationalpark Cotopaxi zu chauffieren. Das Fahrziel ist das Nordende der Laguna Limpipungo. Der Fahrpreis liegt um 20 US$. Am Eingang des Nationalparks ist die obligatorische Eintrittsgebühr von 10 US$ zu entrichten. Da es bei der Laguna Limpipungo schon zu Überfällen kam, sollte eine Übernachtung in der Nähe des Sees vermieden werden.

Annäherung (1 $\frac{1}{2}$ h)

Ab dem Nordende der Laguna folge man auf der rechten Seite einem breiten Tal (Q. Santo Domingo) in Richtung NW. Nach einem Kilometer verlasse man die Ebene über eine wenig ausgeprägte Quebrada, die von rechts in die Ebene einmündet. Man halte sich mit Vorteil auf der rechten Seite der Quebrada. Die Kompassnadel zeigt in diesem Abschnitt auf NNW. Allmählich weitet sich die Quebrada, so dass sie in ihrem Grund begehbar ist. Auf 4040 m verliert sich die Quebrada in ebenem Gelände. Man folge weiterhin in Richtung NW über verschiedene Ebenen, bis die hinterste Ebene der Quebrada de Panuango erreicht wird. Am Rande dieser Ebene sind gute Campingplätze zu finden (ca. 4040 m).

Als Alternative kann auch von Santa Ana del Pedregal zur Quebrada de Panuango aufgestiegen werden. Santa Ana del Pedregal wird per Camioneta von Machachi erreicht (Details zur Anfahrt nach Santa Ana de Pedregal siehe S. 237-E3.). Von Santa Ana del Pedregal folge man der Quebrada de Yacupungu. Diese Quebrada verläuft zuerst in Richtung S, dann in Richtung SSW bis zu einem Pass (4220 m) zwischen dem Hauptgipfel Rumiñahui und Loma Taruga Corral. Im untersten Bereich der Quebrada weiche man mit Vorteil auf die westlich gelegene Rippe aus. Erst ab 3800 m begehe man den Grund der Quebrada. Im oberen Bereich der Quebrada entscheide man sich für eine der zwei Varianten: Entweder steige man über den Pass zu den erwähnten Zeltplätzen in der Quebrada de Panuango oder man übernachte bereits auf der letzten Ebene der Quebrada de Yacupungu (ca. 4040 m). Dieser Ort ist auf der Karte mit Hondonada Sachacucho (4020 m) bezeichnet. Wie üblich in Ecuador, sind auch diese Wiesen recht feucht.

C12. Rumiñahui Máxima

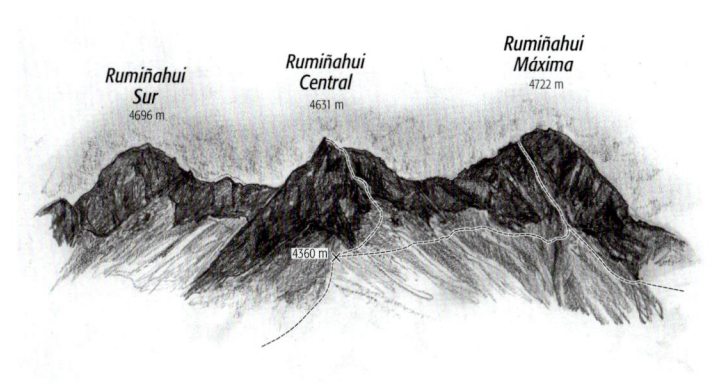

Rumiñahui Sur 4696 m
Rumiñahui Central 4631 m
Rumiñahui Máxima 4722 m
4360 m

SE-Flanke des Rumiñahui

Aufstieg (3 h)

Bei guter Sicht ist von der Q. de Panuango aus in Richtung NW der Hauptgipfel zu sehen (rechte Erhöhung). Links vom Hauptgipfel führt von einer Scharte ein Schuttcouloir hinunter bis auf eine Terrasse. Von der Terrasse fallen Felspartien bis zur hintersten Ebene der Q. de Panuango ab. Vorerst steige man in nördlicher Richtung auf den Pass (4220 m) zwischen dem Hauptgipfel Rumiñahui und der Loma Taruga Corral. Von hier aus kann in westlicher Richtung auf die erwähnte Terrasse traversiert werden. Nun steige man über das Schuttcouloir bis in die Scharte des Hauptgrates. Eine Felsnadel verhindert das direkte Aufsteigen zum Gipfel über den Hauptgrat. Die Schwierigkeiten können aber in der W-Flanke umgangen werden. Der direkte Abstieg von der Scharte in die W-Flanke ist aber heikel. Man folge deshalb vorerst ein paar Meter dem Hauptgrat nach Süden (man entferne sich also vom Gipfel). Bald kann einfach in die W-Flanke abgestiegen werden. Steinmänner helfen bei der Orientierung. Man steige ca. 20 Höhenmeter ab, um ein abfallendes Band zu erreichen. Anschließend folge man diesem Band nach N bis zum tiefsten Punkt. Man befindet sich nun genau 25 m unter der Scharte in der W-Flanke. Von hier aus kann über die Fortsetzung des Bandes und über eine logische Linie problemlos bis auf den Hauptgipfel aufgestiegen werden.

C13. **Rumiñahui Central** (4631 m)

Rumiñahui im Morgenlicht

Koordinaten	MAP: 777, 600, 9935, 200
Erstbesteigung	unbekannt
Anzahl Tage	2
Schwierigkeit	T4
Karten	Machachi 1:50 000, Sincholagua 1:50 000
Plan	S. 211, Cotopaxi
Höhen	Laguna Limpipungo 3860 m, Basecamp 4040 m, Rumiñahui Central 4631 m
Zeiten	Annäherung 1 $^1/_2$ h, Aufstieg 2 $^1/_2$ h

Beschreibung, Anfahrt und Annäherung siehe S. 155 - C12.

Aufstieg (2 $^1/_2$ h)

Der SE-Grat des Rumiñahui Central geht im unteren Abschnitt in eine Rippe über, die die Q. de Panuango von der Q. Santo Domingo trennt. Vom Talabschluss der Q. Santo Domingo besteige man zunächst in Richtung NNE haltend diese Rippe. Auf der Rippe angekommen, begebe man sich bis kurz unter die Gratfelsen (ca. 4360 m). Zu diesem Punkt kann auch vom Talabschluss der Q. de Panuango gelangt werden. Nun traversiere man über Wegspuren nach rechts in die ENE-Flanke des Rumiñahui Central. Sobald das Gelände dies zulässt, steige man über Sandrinnen hinauf zum Gipfelkopf. Durch ein Gelände aus Schutt, Felsen und Rinnen erklettere man den Gipfelkopf.

C14. **Rumiñahui Sur** (4696 m)

Die Ilinizas hinter dem NE-Grat des Rumiñahui Sur

Koordinaten	MAP: 777, 050, 9934, 650
Erstbesteigung	unbekannt
Anzahl Tage	2
Schwierigkeit	T5
Karten	Machachi 1:50 000
Plan	S. 211, Cotopaxi
Höhen	Estación Cotopaxi 3560 m, Basecamp 4020 m, Rumiñahui Sur 4696 m
Zeiten	Annäherung 5 h, Aufstieg 2 h

Der Rumiñahui Sur wird selten bestiegen. Die Versuchung ihn über seinen schwierigen NE-Grat zu besteigen ist groß. Die Normalroute führt über den SW-Grat. Dem entsprechend wird das Basislager am besten südwestlich des Gipfels aufgeschlagen. Vor ein paar Jahren wurde von der Nationalparkverwaltung ein Weg markiert, der die Laguna Limpipungo mit Pansaleo verbindet und an besagtem Basislager vorbeiführt. Somit kann also entweder von Pansaleo oder von der Laguna Limpipungo zum Basislager aufgestiegen werden. Landschaftlich besonders abwechslungsreich ist jedoch der Zustieg von der Estación Cotopaxi, der im nachfolgenden Text beschrieben wird.

Anfahrt

Ganz elegant ist die Anreise per Zug von Quito. Jeden Sonntag fährt ein Touristenzug direkt zur Estación Cotopaxi. Es bleibt abzuwarten, ob die Instandsetzung der Bahninfrastruktur zu einem dichteren Fahrplan führt. Man erkundige sich im Tourist-Office nach aktuellen Abfahrtszeiten. Wer an einem anderen Tag anreisen möchte, nehme im Terminal Terrestre von Quito einen Bus nach Latacunga und steige bei der Abzweigung zum Parque El Boliche aus. Die Estación Cotopaxi wird nach 2.5 km über eine Fahrstraße in östlicher Richtung erreicht.

Annäherung (5 h)

Nachdem der Eintrittspreise zum Parque El Boliche entrichtet wurde, begebe man sich über eine Fahrstraße 600 m nach Norden zum Eingang des Rundweges „Sendero Romerillo". Man folge diesem im Uhrzeigersinn bis zum zweiten Mirador. Hier wird der Rundweg verlassen, indem einem schlechten Fahrweg Richtung ENE gefolgt wird. Nach 600 m zweige man nach links auf eine schlechte Fahrstraße ab, worauf man bald zu einem Pass östlich der Loma Zunfana gelangt. Man folge der Fahrstraße, die sich in Richtung Loma Moras Sacha fortsetzt. Auf 3850 m endet die Fahrstraße, man kann aber einem Weg folgen, der sich leicht ansteigend nach E fortsetzt. Der Punkt 4113, fälschlicherweise auf der IGM-Karte mit Rumiñahui Oeste bezeichnet, wird vorerst links umgangen. Zuguterletzt bleibt aber nichts anderes übrig, als über Wegspuren den höchsten Punkt zu besteigen. Nach einem kurzen Abstieg gelangt man zum Pass, der die Q. Puchalitola und Q. Churupinto miteinander verbindet (MAP: 775, 474, 9933, 725; 4020 m). Die Umgebung eignet sich für ein Camp. Wasser findet man, indem zur Q. Puchalitola abgestiegen wird.

Aufstieg (2 h)

Vom Pass folge man dem markierten Weg bis zum P. 4286, fälschlicherweise auf der IGM-Karte mit Rumiñahui Central bezeichnet. Nun begebe man sich nordwärts zur Lücke (GPS: 776, 431, 9933, 917) zwischen P. 4286 und Rumiñahui Sur. Von der Lücke steige man

Die SE-Flanke des Rumiñahui vom W-Hang des Cotopaxi aus (R. Reschreiter)

C14. Rumiñahui Sur

Alle drei Rumiñahui auf einen Blick

über Sand und Schutt, sich stets unterhalb von Felsen haltend, in nordöstlicher Richtung zum SW-Grat des Rumiñahui Sur. Sobald der Grat erreicht ist, folge man diesem bis zum Gipfel des Rumiñahui Sur. Hindernisse werden dabei mal links, mal rechts umgangen. Je nach Verhältnissen kann der Aufstieg heikel sein.

Abstieg

Statt zurück zur Estación Cotopaxi kann natürlich auch zur Laguna Limpipungo oder nach Pansaleo abgestiegen werden. Dabei folge man den nicht immer klaren Markierungen der Nationalparkverwaltung.

C15. **Iliniza Norte** (5116 m)

Die S-Flanke des Iliniza Norte

Koordinaten	MAP: 753, 900, 9928, 550
Erstbesteigung	Nicolás G. Martínez, Franz Hiti, Alejandro Villavicencio; 3. 5. 1912[20]
Anzahl Tage	2
Schwierigkeit	L
Karten	Machachi 1:50 000
Plan	S. 165, Ilinizas
Höhen	H. El Refugio 3520 m, Refugio 4740 m, Iliniza Norte 5116 m
Zeiten	Annäherung 4 h, Aufstieg 2 h

Die Ilinizas befinden sich 13 km westlich der Panamericana, ungefähr auf demselben Breitengrad wie der Cotopaxi. Von weitem erscheinen sie wie zwei identische Pyramiden. Aus der Nähe lässt sich aber erkennen, dass der Iliniza Sur von Eiswänden umgeben ist, der Iliniza Norte hingegen normalerweise schnee- und eisfrei ist. Dieser doch beträchtliche

C15. Iliniza Norte

Unterschied in der Eisbedeckung ist nicht ganz einfach zu begreifen, da der Höhenunterschied kaum 150 m beträgt. Gemäß den Erfahrungen von verschiedenen Andinisten lässt sich jedoch beobachten, dass der Iliniza Sur häufig in Nebel eingehüllt ist, während der Iliniza Norte frei ist. Die Folge ist eine höhere durchschnittliche Temperatur am Iliniza Norte. Es scheint also, dass der Iliniza Sur seinen Nachbarberg vor Nebel und Wolken schützt. Entsprechend dem äußeren Anschein birgt der Iliniza Norte eine einfache Normalroute, während dem der Iliniza Sur zu den anspruchsvolleren andinistischen Unternehmungen Ecuadors gehört.

Die Ilinizas bildeten zu früheren Zeiten einen einzigen Vulkan. Die leuchtenden, gelbroten Gesteinsmassen des Iliniza Norte scheinen dabei älteren Datums zu sein. Bezüglich des Namens kursieren verschiedene Ansichten: Gemäß Coba Robalino heißt der Iliniza Norte in Wirklichkeit Tioniza. „Tioniza" würde in der Sprache Atacameno soviel wie „weiblicher Gipfel" bedeuten, während „Iliniza" „männlicher Gipfel" hiesse. Laut Aquiles Pérez setzt sich der Name „Iliniza" jedoch aus den Teilen „illin" und „isha" zusammen. „illin" wäre Atacameno und würde „Mann" bedeuten, „ishs" wäre ein Wort aus der Sprache Colorado und hiesse „gehen wir".[21]

Der Sattel zwischen den Bergen wird Ensillada oder Cutucucho genannt. Wenig unterhalb dieses Sattels, auf einer Höhe von 4740 m, steht eine kleine Hütte des Andinismusclubs „Nuevos Horizontes". Diese Hütte bietet Platz für ca. 24 Personen. Matratzen sind im Gegensatz zu Decken vorhanden. Die Übernachtung kostet 10 US$. Gewöhnlich ist ein Hüttenwart anwesend. Wasser ist 30 m westlich, leicht unterhalb der Hütte, zu finden. Die Hütte bietet eine Kochnische mit einem Gaskocher.

Da der Iliniza Norte gewöhnlich schneefrei ist, stellt die Normalroute auf diesen Gipfel eine reine Felstour dar. Einzelne Passagen (insbesondere Desfiladero de la Muerte) sind zwar ausgesetzt, bieten aber keine technischen Schwierigkeiten. Der Iliniza Norte ist der einzige 5000er Ecuadors, der von einer ecuadorianischen Gruppe erstbestiegen wurde. Die Beschreibung ihres Führers Nicolás Martínez hört sich abenteuerlich an: „Um 12 Uhr und schon nahe am Gipfel sehen wir uns aufgehalten durch eine vertikale, absolut unbezwingbare Mauer von 25 Metern Höhe (Pico Villavicencio). Aber diese Mauer ist umgehbar, wenn zum N-Grat gequert wird, der jedoch durch einen Abgrund der Tiefe von mehr als tausend Meter von uns getrennt ist. Und es ist nur möglich zu diesem Grat zu gelangen, indem über ein extrem glattes, enges Fenstergesims horizontal traversiert wird."[22] Bei Nässe, Schnee oder Vereisung kann diese Passage tatsächlich zum Problem werden.

Anfahrt

Die Busse nach Machachi starten in Quito beim alten Terminal Terrestre (ausserhalb des Gebäudes in der Calle Cumandá, ca. Nr. 533) oder von der Villa Flora (Av. Alamor y Panamérica). Alle paar Minuten verlassen Busse diese zwei Endstationen. Die Fahrt nach Machachi dauert ca. 1 Stunde. In Machachi fahren häufig Busse weiter nach Chaupi. In Chaupi können Camionetas zur Hacienda

Bergtouren

Iliniza Norte und Corazón (A. Von Humboldt)

El Refugio oder zur Virgen angeheuert werden. Wenn die Straße in gutem Zustand ist, kann bis zur Virgen gefahren werden. In diesem Fall bewegt sich der Fahrpreis um 12 US$. Sicherer ist es, bereits in Machachi eine Camioneta zu mieten. In diesem Fall bewegt sich der Fahrpreis bis zur Virgen um 18 US$. Seit 2005 ist außerdem eine Gebühr von 5 US $ als Eintritt zur „Reserva Los Ilinizas" zu bezahlen.

Annäherung (4 h)

Vom Hauptplatz in Chaupi folge man der Hauptstraße in Richtung W. Nach 3 km zweigt nach links eine Straße ab. Ein Schild am Straßenrand weist auf die Abzweigung zur Hütte hin. Bald wird die Hacienda El Refugio (3520 m) erreicht. Von der Hacienda El Refugio folge man einer schlechten Fahrstraße in Richtung SW. Einzelne Kehren können über den Páramo abgekürzt werden. Auf 3960 m wird La Virgen erreicht. Ab hier halte man sich über eine der vielen Wegspuren weiterhin in Richtung SW. Die Wegspuren führen durch Buschwald und Páramo bis zu einem Sattel (4400 m). Ab diesem Sattel steigt der Weg über eine Moräne weiterhin in Richtung SW. Auf 4740 m biegt er nach rechts ab und erreicht nach ca. 100 m horizontaler Traverse die Hütte (MAP: 754, 900, 9927, 950).

Aufstieg (2 h)

Von der Hütte (4740 m) aus steigt ein Weg in Richtung W zum Sattel Cutucucho (4770 m) zwischen den beiden Ilinizas. Ab hier traversiere man vorerst in die S-Flanke des Berges (Richtung 326 Grad). Sobald alle Felsen umgangen sind, wende man sich nach N und besteige die sandige, steile S-Flanke bis auf den Hauptgrat. Der Hauptgrat wird auf einer Höhe von 4910 m in der Umgebung von einigen Felsnadeln (Agujas) erreicht. Zu diesen Agujas gelangt auch, wer vom Pass aus alles über den Hauptgrat klettert (Passagen bis UIAA II). Eventuellen Schwierigkeiten wird in der S-Flanke ausgewichen. Diese Variante

C15. Iliniza Norte

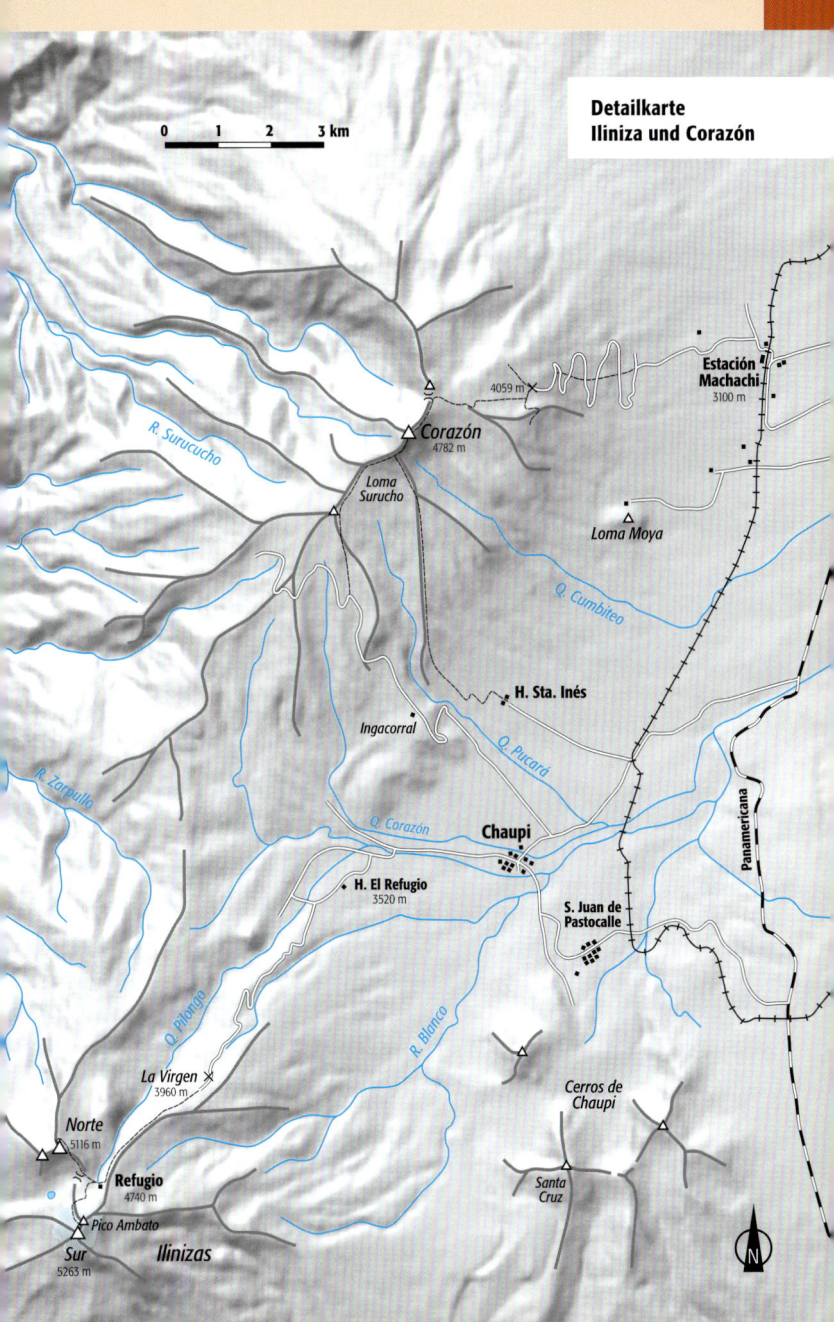

Detailkarte Iliniza und Corazón

Bergtouren

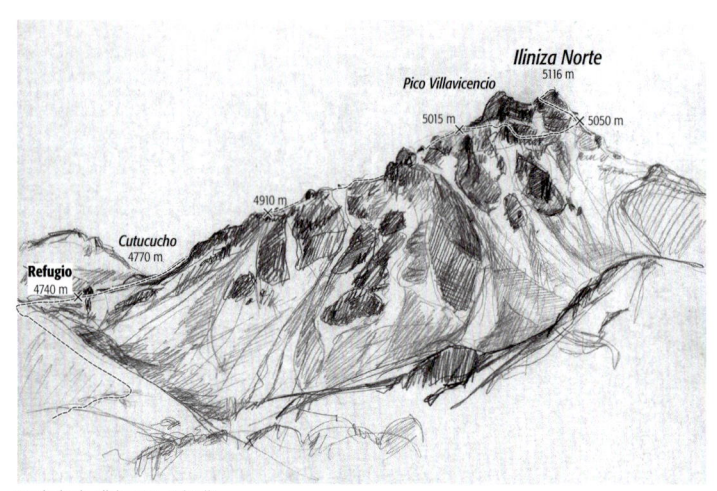

NE-Flanke des Iliniza Norte (Li Egli)

ist auch nicht schwieriger, dafür aber objektiv sicherer (keine Steinschlaggefahr). Bei den Agujas folge man dem Hauptgrat in Richtung NW. Schwierigkeiten werden in der S-Flanke umgangen. Auf der Höhe von ca. 5015 m verunmöglicht ein Vorgipfel (Pico Villavicencio) die weitere Besteigung des Grates. Nun traversiere man in die NE-Flanke des Berges. Es sind ein paar ausgesetzte Stellen zu passieren (Desfiladero de la muerte). Sobald nicht mehr weitertraversiert werden kann, steige man ca. 10 m über gestuften Fels ab. Im Folgenden kann die ganze NE-Flanke bis zum NW-Grat durchquert werden. Dieser Grat wird auf ca. 5050 m erreicht. Anschließend klettere man durch ein Schuttcouloir links des Grates auf. Nach ca. 20 m halte man sich vermehrt nach links und erreiche auf 5100 m, etwas östlich des Gipfels, den Hauptgrat. Über eine kurze, einfache Kletterei kann von hier der Hauptgipfel bestiegen werden.

C16. **Quillushapa** (4575 m)

Koordinaten	MAP: 745, 350, 9876, 000
Erstbesteigung	unbekannt
Anzahl Tage	3 - 4
Schwierigkeit	T6, II
Karten	Angamarca 1:50000, Simiatug 1:50000, Ambato 1:50000
Plan	S. 101, Casaguala
Höhen	Yanaurcu 3650 m, Basecamp 4260 m, Quillushapa 4575 m
Zeiten	Annäherung 5 h, Aufstieg 1 ½ h

Vermutlich handelt es sich bei diesem Berg um die höchste Erhebung der Cordillera de Angamarca (siehe S. 98 f. - B5.). In der ecuadorianischen Bergliteratur wird immer wieder auch der Name Quispicacha genannt. Unter Umständen handelt es sich um ein und denselben Gipfel. Die Karte verzeichnet einen Quishpicacha der Höhe 4383 m ca. 4 km nördlich des Quillushapa (MAP: 744, 050, 9879, 700).

Anfahrt und Annäherung
siehe S. 98 f. - B5.

Aufstieg (1 ½ h)
Vom Pass (4340 m), der zwischen dem Cerro Pucajata und dem Cerro Quillushapa liegt, steige man zuerst über Páramo, dann über Sand in Richtung NW. Auf 4420 m wird ein sandiger Vorgipfel erreicht. Man folge horizontal dem Hauptgrat in derselben Richtung NW, bis der Verbindungsgrat zwischen dem Cerro Quillushapa und Cerro Sunfo Milín erreicht wird. Zu diesem Punkt könnte übrigens problemlos von der Q. Palangana herkommend aufgestiegen werden. Nun wende man sich nach W, bis zu den Felsen des Cerro Quillushapa. Der erste Felsturm wird rechts umgangen. Nachdem wieder der Hauptgrat erreicht ist, folge man diesem bis zum Fuß des Gipfelturms. Nach einer Traverse von 5 m nach links, kann über eine brüchige Rinne (UIAA II) zum letzten Steilaufschwung hinaufgeklettert werden. Dieser wird am einfachsten rechts umgangen. In Kürze wird über den Hauptgrat der Gipfel erreicht. Das Fehlen von menschlichen Spuren (Steinmänner, Fußspuren, Inschriften) deutet klar daraufhin, dass der Gipfel kaum je aufgesucht wird.

Quillushapa

C17. **Casaguala** (4537 m)

Der selten begangene Casaguala, im Hintergrund die Ilinizas

Koordinaten	MAP: 747, 100, 9872, 000
Erstbesteigung	Spanischer Soldat namens Olmedo; 16 Jhd.[23]
Anzahl Tage	2
Schwierigkeit	T6, III-
Karten	Angamarca 1:50 000, Salcedo 1:50 000, Ambato 1:50 000
Plan	S. 101, Casaguala
Höhen	Llactaurcu 3480 m, Basecamp 4020 m, Casaguala 4537 m, Quizapincha 3160 m
Zeiten	Annäherung 6 h, Aufstieg über die ESE-Flanke 2 h, Aufstieg über die N-Flanke 2 h, Abstieg nach Quizapincha 6 1/2 h

Der Casaguala erhebt sich 20 km nordwestlich von Ambato aus einer einsamen Páramo-Landschaft. Dieser Berg ist auch unter ecuadorianischen Andinisten wenig bekannt. Er sticht jedoch dem Betrachter ins Auge, der vom Gipfel eines anderen Berges eine steile Spitze zwischen den Ilinizas und dem Carihuairazo sucht. Wer von Baños nach Ambato anreist, kann bei guter Sicht den Gipfel in nordwestlicher Richtung am Horizont gut erkennen. Eigentlich besteht der Casaguala aus drei Gipfeln: Den Abschluss nach Süden bilden zwei Gipfel in der Form einer Kirche. Links der Kirchturm, rechts das Kirchendach.

C17. Casaguala

Der N-Gipfel besteht aus einer symmetrischen Pyramide und stellt den Hauptgipfel dar. Über die Höhe lässt sich wenig Genaues sagen. Die 1:100 000er Karte verzeichnet ihn mit 4537 m. Auf der 1:50 000er Karte sucht man vergeblich einen Gipfel namens Casaguala. Die Höhenkurven signalisieren am Ort, wo sich der Berg befindet, eine Höhe zwischen 4440 und 4480 m. In der ecuadorianischen Bergliteratur wird gewöhnlich eine Höhe von 4465 behauptet. Eine Messung mit dem Höhenmesser legt nahe, dass die Höhe von 4537 m vermutlich exakter ist. Auch über die Schreibweise ist man sich nicht einig. So tauchen in verschiedenen Quellen die folgenden Bezeichnungen auf: Cazahuala, Casahuala, Casaguala. Gemäß Alphons Stübel beginnt am Casaguala der Andinismus Ecuadors. Ein spanischer Soldat namens Olmedo soll demnach im 16. Jhd. einen der felsigen Gipfel des Casaguala bestiegen haben.[24]

Der Casaguala kann in zwei harten Tagen bestiegen werden. Da der Zugang zum Gipfel aber sehr weit ist, lohnt es sich eine Tour von wenigstens drei Tagen zu planen. Ziele für weitere Besteigungen, z.B. die verschiedenen Gipfel des Casaguala, Quillushapa, oder Quillurcu, sind auf jeden Fall genügend vorhanden.

Die Umgebung des Casaguala besteht aus einem weiten, einsamen, aber gut durchgängigen Páramo. Deshalb eignet sich die Region besonders gut für beliebige mehrtägige Trekks. Die Täler im Gebiet des Casaguala weisen eine einzigartig hohe Dichte an sogenannten „Acequias" auf. Hierbei handelt es sich um offene Wasserkanäle, die über Kilometer hinweg das Wasser aus den Bächen bis auf die Felder leiten. Diese Kanäle führen oft entlang von steilen Flanken, durch Tunnels oder sogar über Brücken und sind das Resultat jahrhundertelanger Handarbeit.

Anfahrt

Einer der Ausgangspunkte für die Besteigung des Casaguala ist Llactaurcu bei Cusubamba. Cusubamba kann auf zwei Wegen erreicht werden. Einer der Wege führt über San Miguel de Salcedo. San Miguel de Salcedo liegt zwischen Latacunga und Ambato. Am Hauptplatz von San Miguel de Salcedo an der Ecke 24 de Mayo y Bolívar warten Camionetas colectivas, die nach Mulalillo fahren. Zwischen Mulalillo und Cusubamba besteht kein regelmäßiger Verkehr. Hin und wieder befahren aber Camionetas, die in der Regel Passagiere mitnehmen, diese Strecke. Eine Camioneta ab Mulalillo, die über Cusubamba bis nach Llactaurcu fährt, kostet um 10 US$. Die zweite Route führt über Pujilí. Pujilí wird über Latacunga per Bus erreicht. Von Pujilí fahren regelmäßig Camionetas colectivas bis nach Cusubamba. Llactaurcu liegt ca. 3 km südlich von Cusubamba. Diese Strecke weist wenig Verkehr auf, so dass sich das Mieten einer Camioneta aufdrängt.

Annäherung (6 h)

In Lactaurcu (3480 m) folge man der Hauptstraße in Richtung S bis zu einer Wasseraufbereitungsanlage auf 3700 m. Hier findet die Fahrstraße ihr Ende. Ein Mauleselweg setzt sich in südlicher Richtung zur Q. Yacupungu

Bergtouren

Casaguala (A. Martínez)

fort. Auf 3820 m folge man bei einer Kreuzung dem rechten Weg. Dieser Weg löst sich bald im Páramo auf. Nun folge man der schon von weitem sichtbaren Acequia, bis sie sich mit dem Hauptbach der Q. Yacupungu vereinigt. Hier wechsle man über zum rechten Ufer. Nach ca. 500 m gelangt man zu einer Einmündung eines Seitenbaches. Man folge diesem Seitenbach in Richtung W bis auf einen Pass (4160 m) südwestlich des Cerro Cahuito. Bei guter Sicht wird ab diesem Pass zum ersten Mal die Sicht auf die Gipfel des Casaguala frei. Hier folge man nach W der Hauptrippe zum Cerro Foyo Huasi, der in Kürze erreicht wird. Um weiterhin der Hauptrippe nach W zu folgen, muss über eine kurze Passage steil vom Cerro Foyo Huasi abgestiegen werden. Man gelangt zu einem weiteren Pass, der das Tal des Río Atocha vom Tal des Río Yanacocha trennt. Man folge der Hauptrippe nach W. Auf 4140 m biegt die Hauptrippe nach SW ab. Um schneller vorwärts zu kommen weiche man in die S-Flanke der Hauptrippe aus. Bald nimmt die Rippe wieder die Richtung W an und endet in einem Pass (4180 m) kurz vor dem Cerro Cóndor Amana. Links des Passes sind ebene Stellen und Wasser für eine Übernachtung zu finden. Um möglichst nahe an die Basis des Casaguala zu gelangen, besteige man aber den Cerro Cóndor Amana (4300 m) über dessen E-Grat. Oben angekommen, steige man gleich wieder über dessen W-Grat ab. Man folge dem Hauptgrat weiter in Richtung W bis zu einem tief eingeschnittenen Pass (4100 m). Von diesem Pass könnte übrigens die Basis des Quillushapa (siehe S. 167-C16.) in wenigen Stunden erreicht werden. Um zum Basislager des Casaguala zu gelangen, steige man aber nach SSE ab. Auf 4000 m traversiere man horizontal nach rechts bis ins obere Becken des Río Casaguala. Bei den Koordinaten (MAP: 747, 900, 9872, 950), auf einer ungefähren Höhe von 4020 m, su-

C17. Casaguala

che man sich ein ebenes Plätzchen für die Übernachtung.

Aufstieg über die ESE-Flanke (2 h)

Vom Basecamp halte man sich zunächst in Richtung SW bis zur Basis der hohen NE-Wand. Nun besteige man nach links über eine steile Grasflanke den ENE-Ausläufer des Berges. Auf 4320 m gelangt man auf die Spitze eines Gendarms, der das obere Ende des ENE-Ausläufers bildet. Die letzten Meter zu diesem Gendarm sind ausgesetzt. Man steige ab in die Lücke westlich des Gendarms und traversiere 50 m nach links. Diese Traverse ist wegen dem brüchigen Untergrund etwas heikel. Nun befindet man sich am unteren Ende der ESE-Flanke. Man besteige diese Flanke in einer Richtung von 290 Grad. Auf 4380 m wird der Grat rechts des höchsten Punktes erreicht. Nun besteige man den letzten Gipfelaufschwung auf der rechten Seite des NE-Grates. In den letzten drei Metern ist eine Kletterstelle des Schwierigkeitsgrades UIAA III- zu bewältigen.

Aufstieg über die N-Flanke (2 h)

Vom Basecamp halte man sich zunächst in Richtung SW bis zur Basis der hohen NE-Wand. Hier wende man sich nach rechts und ersteige eine Grasflanke in Richtung einer Lücke. Alsbald versperrt eine steile Fels-Gras-Passage den Weg. Man erklettere diese Passage über eine sanft eingeschnittene Rinne, etwas links der Falllinie zur Lücke. Insbesondere im Abstieg oder bei Nässe ist diese Passage heikel. Oben angekommen wird in Kürze die Lücke (4335 m) erreicht. Nun traversiere man einige Meter nach rechts in die N-Flanke. Bald möglichst steige man auf zum Hauptgrat, der etwas links des Hauptgipfels erreicht wird (4380 m). Hier vereinigen sich die zwei beschriebenen Routen.

Abstieg nach Quizapincha (6 ½ h)

Der Abstieg nach Quizapincha ist lang und insbesondere wegen drei Gegenanstiegen beschwerlich. Vom Basecamp folge man zunächst dem Río Casaguala auf der rechten Talseite. Nach 4 km bietet sich das Trasse einer vergrabenen Wasserleitung zum Begehen an. Man folge dieser Wasserleitung, die zuerst horizontal verläuft, sich dann dem Hauptbach Río Casaguala nähert, diesen überquert (3700 m) und auf der gegenüberliegenden Seite bis zu einer unteren Acequia ansteigt (in der Karte eingezeichnet). Dort, wo die Wasserleitung die Acequia überquert, steige man weiter bis zu einer oberen Acequia (in der Karte nicht eingezeichnet). Diese obere Acequia liegt auf ca. 3840 m. Man folge einem Weg, der entlang dieser Acequia verläuft. Die Acequia wendet sich alsbald nach N, um ein Seitental zu durchqueren. Man steige ab zur unteren Acequia und folge dieser, bis ein breiter offener Bergrücken (3720 m) mit schönen Weiden erreicht wird. Nun folge man den Weiden nach S. Auf ca. 3640 m wende man sich nach links und gelange zum Beginn einer weiteren Acequia, die jener Quebrada entspringt, die sich östlich der Weiden befindet. Nun folge man einem Weg, der entlang dieser Acequia verläuft. Der Weg durchquert bald die Q. Huagrocorral und Q. Curiquingue. Jede dieser Durchquerungen ist mit einem Gegenanstieg von 50 bis 100 Höhenmetern verbunden. Am Ende des zweiten Gegenstieges (3600 m) wird erneut eine Acequia erreicht. Der Weg folgt dieser Acequia bis auf den besiedelten Bergrücken von Putuleo. Auf ca. 3520 m beginnt eine Fahrstraße, die über Putuleo Grande und Putuleo Chico bis nach Quizapincha (3160 m) führt. Ab Quizapincha verkehren häufig Busse nach Ambato.

Wer diese Route in umgekehrter Richtung begehen möchte, nehme in Ambato am besten ein Taxi und lasse sich zum Terminal der Busse nach Quizapincha bringen. Dieser Terminal befindet sich ca. 3 km entfernt vom Terminal Ambato und ist mit öffentlichem Verkehr nicht einfach zu erreichen. In Quizapincha drängt sich das Mieten einer Camioneta bis an das Ende der Fahrstraße im oberen Putuleo auf (3520 m). Hier folge man dem Hauptweg, bis dieser eine Acequia (3600 m) überquert. Nun begehe man den Weg, der die Acequia in Richtung N begleitet. Dieser Weg nähert sich dem Río des Q. Curiquingue. Nach ca. 300 m Traverse verlässt der Weg nach links unten den Verlauf der Acequia. Im Folgenden ist er bis auf die erwähnten Wiesen (3720 m) eindeutig und leicht aufzufinden.

C18. **Tungurahua** - Normalroute (5016 m)

Koordinaten	MAP: 784, 600, 9837, 700
Erstbesteigung	Alphons Stübel, Eusebio Rodríguez, José Reyes, vier weitere Träger; 8.2.1873[25]
Anzahl Tage	2
Schwierigkeit	L+
Karten	Baños 1:50 000
Plan	S. 105 Tungurahua
Höhen	Pondoa 2800 m, Refugio 3800 m, Tungurahua 5016 m
Zeiten	Annäherung 6 h, Aufstieg 4 h

Der Tungurahua ist ein Vulkan, wie er perfekter nicht sein könnte: Ein regelmäßiger Kegel, mit einer aufgesetzten Schneehaube. Zu seinen Füßen liegt auf einer Höhe von 1820 m der Ferienort Baños. Da der Tungurahua die 5000er-Grenze knapp überschreitet, ergibt sich ein imposanter Höhenunterschied von 3200 m zu Baños. Auf diesen 3200 m werden verschiedenste Klimazonen durchschritten: Ganz unten subtropisches Klima. Die Zone zwischen 3200 m und 3800 m, urwüchsiger andiner Bergwald. Auf dem Gipfel schließlich eine Umgebung von alpinem Charakter.

Nach „Montañas del Sol" stammt der Name dieses Vulkans aus dem Quichua. „uraua" bedeutet soviel wie „Loch" oder „Krater".[26]

Tungurahua, 28.11.2007

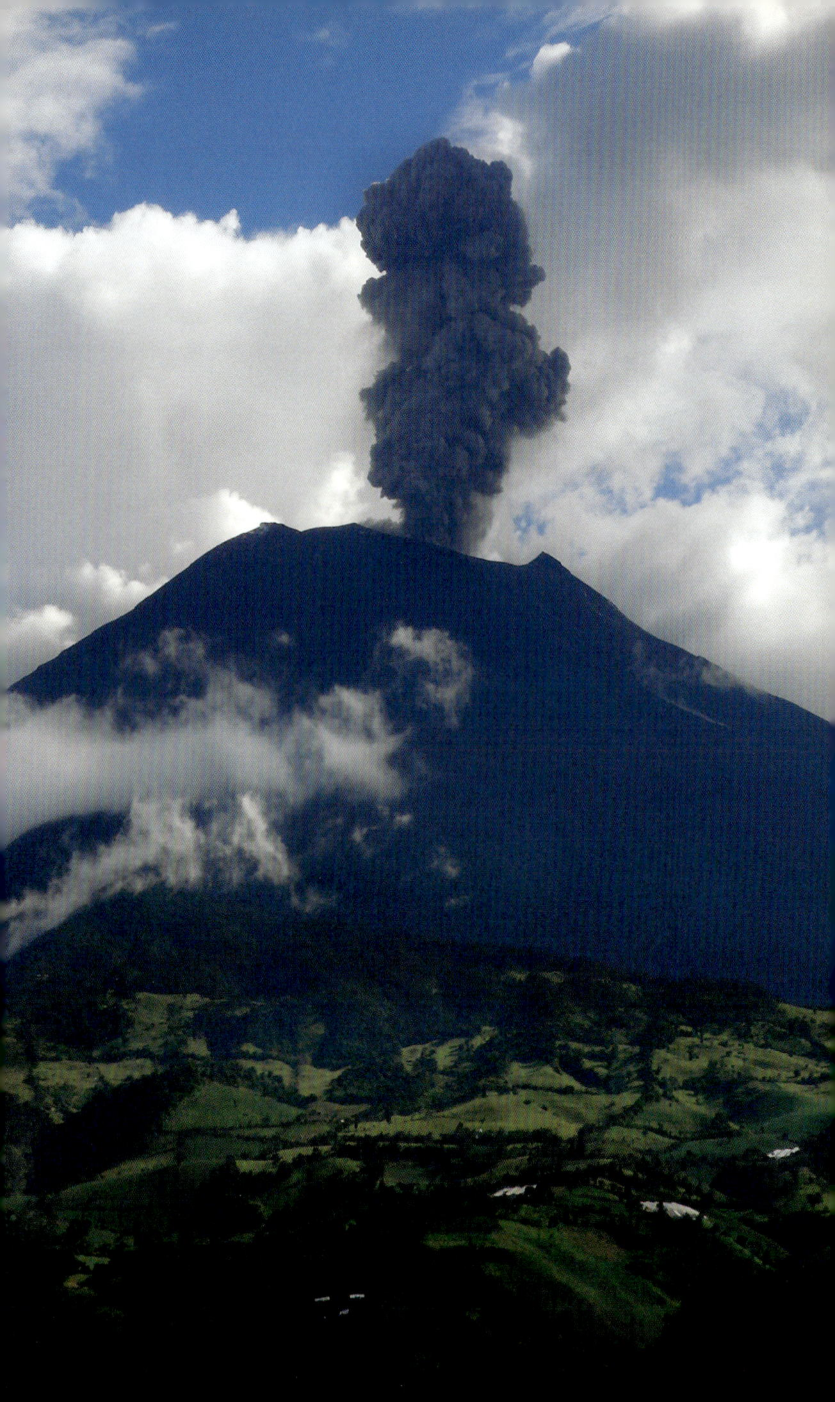

Bergtouren

Marco Cruz übersetzt den Namen jedoch mit Hilfe zweier verschiedener Sprachen: „hua" bedeutet nach einer nicht weiter definierten, präinkaischen Sprache „Berg". „tungura" stamme hingegen aus dem Jíbaro und müsse mit „Hölle" übersetzt werden.[27]

Der Tungurahua ist ein junger, aktiver Stratovulkan. Sein letzter größerer Ausbruch fand erst 1916 statt. Die Geschichte verzeichnet zwei weitere Ausbrüche, einen im Jahre 1886 und einen im Jahr 1773. Die Ausbrüche um 1641 und 1534 sind umstritten. Der große Lavastrom, der von der Hauptstraße 5 km östlich von Baños durchschnitten wird, zeugt von weiteren prähistorischen Eruptionen. Der Krater ist gegen NW geöffnet und weist einen Durchmesser von 500 Meter auf.

Im Herbst 1999 erwachte der Vulkan zu unerwartetem neuen Leben. Explosionen, Auswurf von Steinen, Ascheausstoß und eine Rauchwolke charakterisierten nun den Gipfel des Berges. Mitte Oktober wurde die „Alerta Naranja" (Alarmstufe orange) verhängt. In der Folge wurden die umliegenden Dörfer und Städte (inklusive Baños) evakuiert. Die Zugangsstraßen nach Baños wurden gesperrt. Das Militär bewachte die entvölkerten Gegenden, um Plünderungen zu vermeiden. Im Januar 2000 erzwang sich die evakuierte Bevölkerung Zutritt zu ihren Häusern. Die nächsten Jahre waren abgesehen von vereinzeltem Ascheausstoß relativ ruhig. Im Mai 2006 nahm die Vulkanaktivität erneut dramatisch zu. Am 14. und 16. August 2006 ereigneten sich zwei gewaltige Eruptionen, begleitet durch eine 10 km hohe Aschewolke. In Baños fielen heiße Steine mit einem Durchmesser von bis zu 2 cm zu Boden. Ein pyroplastischer Fluss begrub einzelne Höfe und schnitt die Zugangsstraße Ambato - Baños ab. Die Straße Riobamba - Baños wurde definitiv zerstört. Im Anschluss pendelte sich die Aktivität wieder auf mittlerem Niveau ein. Zwar stellt der Vulkan immer noch eine akute Bedrohung dar, aber die Menschen leben weiterhin in den zuvor als Gefahrengebieten bezeichneten Orten. Seit dem Herbst 1999 ist die Besteigung des Vulkans verboten. Solange die aktuelle Situation andauert, muss dringend von Versuchen abgeraten werden, in die Sperrzone einzudringen. Zwei Australier wurden bereits von umherfliegenden Steinen verletzt, als sie sich mit einem Führer dem Vulkan näherten.

Auf einer Höhe von 3800 m steht das Refugio Nicolás Martínez, benannt nach dem wohl wichtigsten ecuadorianischen Pionier in Sachen Andinismus. Wenig unterhalb dieses Refugios wurde später eine zweite Hütte gebaut. Da der Tungurahua zur Zeit nicht mehr bestiegen werden kann, wurden die Hütten aufgegeben. Das Dach der unteren Hütte wurde während den Eruptionen vollständig zerstört. Die obere Hütte ist zwar weitgehend intakt, befindet sich aber in einem verwahrlosten Zustand. Bis zu den Hütten konnte in den letzten Jahren trotz oft hohem Aktivitätsniveau einigermassen gefahrlos aufgestiegen werden. Dies kann sich aber ändern, so dass am besten zuvor das Touristeninformationsbüro in Baños (neben der Post am Hauptplatz) konsultiert wird.

C18. Tungurahua

Annäherung (6 h)

Wer zu Fuß zum Eingang des Nationalparks aufsteigen will, verlasse den Bus bereits am westlichen Dorfeingang von Baños. Hier deutet eine Tafel „Tungurahua" auf den Beginn des Pfades nach Pondoa. Der Pfad führt steil über eine Rippe bis zu diesem Weiler (2440 m). In Pondoa folge man der Schotterstraße aufwärts bis zu einer Abzweigung bei den Koordinaten (GPS: 0784, 509, 9843, 546; 2620 m), wo man nach links abbiege. Wenn der Straße über weitere 200 Höhenmeter gefolgt wird, gelangt man zum überwucherten Gebäude des Nationalparkeinganges. Anschließend folge man der Fahrstraße weitere 60 Meter, bis links ein ausgeschilderter Maulleselpfad abzweigt (GPS: 0784, 552, 9842, 854; 2810 m).

Der Weg zur Hütte ist im Folgenden einfach zu finden. Zeitweise bildet ein tiefer Graben, der oben von der Vegetation überwuchert ist, den Weg. Nach Regenfällen kann der Weg dermassen matschig sein, dass die Mitnahme von Gummistiefeln keine verrückte Idee ist. Mit zunehmender Höhe wird die umliegende Vegetation dichter. Ohne Weg wäre hier kein Durchkommen. Die Hütten befinden sich bei den Koordinaten (GPS: 0784, 833, 9840, 072; 3815 m) bzw. (GPS: 0784, 798, 9839, 986; 3837 m).

Aufstieg (4 h)

Der folgende Text beschreibt den Zustand der Route vor 1999. Sollte sich die Situation am Tungurahua aber wieder beruhigen, ist da-

Die verlassene obere Hütte Nicolás Martínez

Bergtouren

Zerstörungswerk des Tungurahua an der unteren Hütte

von auszugehen, dass sich der obere Teil des Vulkans verändert hat.

Man folge dem Weg, der südöstlich der oberen Hütte beginnt. Auf ca. 3850 m wird die Vegetation endgültig verlassen. Ab hier besteht der Untergrund nur noch aus zuerst Sand, dann Fels und oben Schnee oder Eis. Auf ca. 3950 m passiert die Route ein zerfallenes Häuschen mit Stangen (Survey Marker). Beim Abstieg muss dieser Punkt unter allen Umständen gefunden werden. Man bedenke, dass ohne den Hüttenweg kein Durchkommen durch den Vegetationsgürtel ist. Nun führen Wegspuren stets in Richtung der steilsten Neigung (Richtung 190 Grad) bis zum Kraterrand. Ab ca. 4450 m sind einige Felsgürtel zu durchqueren. Der Kraterrand wird auf einer Höhe von ca. 4860 m erreicht. Der große Krater befindet sich ca. 200 m südwestlich. Die ebene Fläche zwischen den beiden Kratern bildet die erste Gelegenheit nach den Hütten, um ein Zelt aufzustellen. Nun halte man sich in Richtung SE, bis man zum Rand des Gletschers (4940 m) gelangt. Es ist dem Rand des Gletschers ca. 50 m nach S zu folgen, bevor in Richtung SE zum NNW-Grat aufgestiegen werden kann. Da man sich zu Beginn überhalb des großen Kraters befindet, ist hier Vorsicht geboten. Zu guter Letzt folge man dem NNW-Grat und gelange in wenigen Schritten auf den Gipfel (5016 m).

C19. **Tungurahua** - Südroute (5016 m)

Rauchsäule am Tungurahua

Koordinaten	MAP: 784, 600, 9837, 700
Erstbesteigung	Alphons Stübel, Eusebio Rodríguez, José Reyes, vier weitere Träger; 8.2.1873[28]
Anzahl Tage	2
Schwierigkeit	WS, III-
Karten	Baños 1:50 000, Palitahua 1:50 000, Guano 1:50 000
Plan	S. 105 Tungurahua
Höhen	Palictahua 2390 m, Laguna Patococha 3730 m, Tungurahua 5016 m
Zeiten	Annäherung 4 h, Aufstieg 5 h

Diese Seite des Tungurahua ist zwar auf Grund der Kraterform relativ geschützt, dennoch darf auch von hier aus eine Besteigung nicht gewagt werden. Zudem ist davon auszugehen, dass sich der Arenal unterhalb vom Cerro Minza durch die verschiedenen Eruptionen erheblich verändert hat. Schon vor 1999 war die Traverse insbesondere nach heftigen Regenfällen problematisch, da sich jeweils tiefe Furchen in den Sand gruben. Der folgende Text beschreibt den Zustand der Route vor 1999. Sollte sich die Situation aber wieder beruhigen, ist davon auszugehen, dass sich der obere Teil des Vulkans verändert hat.

Bergtouren

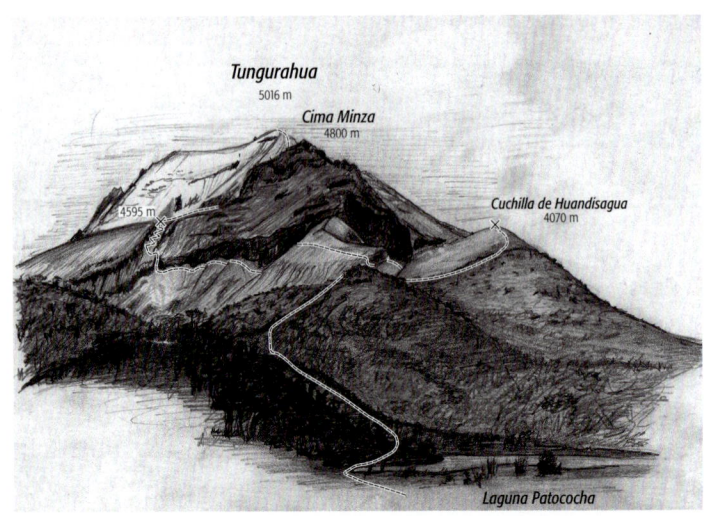

S-Flanke des Tungurahua

Anfahrt und Annäherung
Siehe S. 104 - B6.

Aufstieg (5 h)

Nördlich der Laguna Patococha überrascht eine Quebrada durch ihre Tiefe und senkrechte Abhänge. In kurzer Distanz zur Quebrada steigt ein undeutlicher Weg in Richtung 340 Grad auf. Man folge diesem Weg, bis die Quebrada einfach überquert werden kann. Jenseits der Quebrada ist weglos eine nördlich gelegene Bergrippe zu erklimmen. Anschließend steige man über diese Rippe stets mehr oder weniger nach N haltend bis zur markanten Vereinigung mit einer weiteren Bergrippe auf 4070 m. Dieser Ort ist für den Abstieg gut zu markieren. Auch merke man sich gut, über welche Rippe man zu diesem Punkt gelangt ist. Im Folgenden steige man stets über die nun alleinstehende Rippe (Cuchilla de Huandisagua) nach N. Vage Wegspuren weisen den Weg. Auf 4240 m gelangt man an den Fuß eines Felsens. Der Weg umgeht diesen Felsen auf dessen linker Seite. Bald biegt er nach links (Richtung 330 Grad) ab und durchquert eine steile Sandflanke. Auf 4370 m beginnt eine lange horizontale Traverse. Diese Traverse erfolgt auf einer steilen Schutt- oder Sandflanke teilweise direkt unterhalb einer Felsflucht in Richtung NW. Der Weg muss dabei in einem ständigen Auf und Ab mehrere Hindernisse (Quebradas, Felsen oder Abschwünge) umgehen. Am Ende der Traverse gelangt man auf einer Höhe von 4425 m an das untere Ende eines steilen Couloirs. Man besteige dieses Couloir in seinem tiefsten Punkt. Eine heikle Stelle in der Mitte des Couloirs kann rechts umgangen werden. Im Ausstieg aus dem Couloir muss eine kurze Kletterstelle des Grades UIAA III-

bewältigt werden (ein Haken). Auf 4475 m gelangt man zum oberen Ende des Couloirs und nach der Durchquerung einer Rinne zu einer flacheren Zone. Der Weg setzt sich ab hier in mühsamem Zickzack fort über den Sandhang bis an dessen oberes Ende. Auf 4595 m wird schließlich der WSW-Grat des südlichen Vorgipfels Cerro Minza (4800 m) erreicht. Nun folge man einige Meter diesem Grat in Richtung 80 Grad. Sobald der Grat spitzer wird, weiche man nach links in eine lange Mulde (4640 m) aus. Nun beginnt der steile Schlusshang. Wenn Schnee liegt, ist der Aufstieg lawinengefährlich. Wenn kein Schnee liegt, muss mit Steinschlag gerechnet werden. Der Gipfel liegt genau nördlich der erwähnten Mulde. Zunächst steige man etwas nach links ausholend auf eine Terrasse mit großen Steinblöcken (4725 m). Dann ist über einen steilen Sandhang eine Felspartie links zu umgehen. Am oberen Ende des Hanges angekommen (4850 m), halte man in Richtung 15 Grad auf einen Felsen zu. Dieser ist entweder rechts zu umgehen oder im linken Bereich zu durchklettern. Im Anschluss an diese Passage befindet man sich bereits am Fuße des noch wenig ausgeprägten S-Grates (4850 m). Nach links ausholend erklettere man an einer geeigneten Stelle den erwähnten Grat. Festgepresster Sand macht das Begehen des Grates zu einem heiklen Unterfangen. Über den bis zum Gipfel steilen Grat kann alsbald direkt auf den höchsten Punkt gelangt werden. Wenn wenig Schnee in den Bergen liegt, ist der Aufstieg über diese Route absolut schnee- und eisfrei.

C20. **Cubillín** (4730 m)

Koordinaten	MAP: 782, 550, 9805, 950
Erstbesteigung	Piero Ghiglione, Wilfrid Kühm, Friedl Hirtz, Isidrio Formaggio; 20.7.1939[29] bestritten durch Marco Cruz, Jorge Mancheno, Paco Fierro, Ronald Cedeño; Februar 1963[30]
Anzahl Tage	2
Schwierigkeit	T6
Karten	Volcán El Altar 1:50 000, Riobamba 1:50 000
Plan	S. 181, Cubillín Qulimas
Höhen	Hacienda Sta. Cecilia 3000 m, Basecamp 3860 m, Cubillín 4730 m
Zeiten	Annäherung 4 $\frac{1}{2}$ h, Aufstieg 4 $\frac{1}{2}$ h

Luftlinie 25 km südöstlich von Riobamba, zwischen Altar und Sangay, befindet sich ein breites Massiv von selten aufgesuchten Gipfeln: Los Cerros de Pailacajas, bestehend aus drei Gipfeln: Cubillín, Quilimas, und Pailacajas. Alle Gipfel sind komplett eisfrei, hin und wieder bedeckt etwas Schnee die obersten hundert Höhenmeter. Auf der 1:50 000er Karte der

Bergtouren

IGM ist der Cubillín mit Cerro Puerta Pailacajas benannt, hingegen der Quilimas mit Cerro Puerta de Tselec.

Der Cubillín liegt im Zentrum des Massives und bildet mit 4730 m die höchste Erhebung. Dieser Berg weist drei verschiedene Gipfel auf: Den N-Gipfel (4695 m), den Zentralgipfel (ca. 4680 m) und den Hauptgipfel im Südosten (4730 m). Die W-Flanke überrascht durch ihre steil aufragenden Felsmauern. Im Gegensatz zu den meisten Bergen Ecuadors besteht das Gestein des Cubillín aus nichtvulkanischen Elementen, wie Granit, kristallinem Schiefer und Glimmerschiefer. Die Felsqualität lässt sich für ecuadorianische Verhältnisse sehen. Unter den wenigen ecuadorianischen Kletterern Ecuadors ist denn auch bekannt, dass Routen durch die Wände des Cubillín führen.

Das Wort „Cubillín" stamme aus dem Quichua und bezeichne eine Art der wilden Feigbohne. Nach einer anderen Theorie entstamme der Name dem „Arauca". „Co" stehe für Wasser und „pilina" für gefroren.[31]

Etwas mehr als 2,5 km nordwestlich des Cubillín ragt aus einem langgezogenen Grat der Gipfel des Pailacajas (4610 m). Im Gegensatz zu Cubillín und Quilimas ist das Gestein dieses Berges vulkanischen Ursprungs. Das Gebiet um die Cerros de Pailacajas bietet verschiedenste Möglichkeiten für mehrtägige Trekks. So kann beispielsweise vom Altar zum Cubillín und vom Cubillín nach Alao gewandert werden (siehe S. 110 - B7.). Die Gegend weist unzählige Seen auf und verblüfft durch den typisch wilden Páramo der Cordillera Central.

Anfahrt

Um zum Eingang des Tals Guayllabamba zu gelangen, muss vorerst von Riobamba nach Chambo gereist werden. In der Nähe des Parque La Libertad von Riobamba (Primera Constituyente y Diego de Almagro) befindet sich das Terminal der Cooperativa de Transporte Chambo. Vom Terminal Terrestre Riobamba wird mit Vorteil ein Taxi oder ein Stadtbus genommen, da die Terminals ca. 4 km auseinander liegen. Von Chambo aus müssen weitere 5 km in Richtung Pungalá zurückgelegt werden. Entweder nimmt man einen der sporadischen Busse, versucht mit einer Camioneta mitzufahren oder mietet auf dem Hauptplatz von Chambo gleich eine eigene Camioneta. 5 km nach Chambo zweigt links scharf eine Fahrstraße zur Hacienda Sta. Cecilia ab. Ein entsprechendes Schild steht an der Straße. Dies ist der Ausgangspunkt der Exkursion. Die Hauptstraße biegt übrigens 100 m nach der Abzweigung nach links ab, um bald darauf in einer Haarnadelkurve den Río Guayllabamba zu überqueren.

Annäherung (4 $\frac{1}{2}$ h)

Nach einer Rechts- und einer Linkskurve wird die Hacienda Sta. Cecilia erreicht. Nach einem weiteren Kilometer führt die Straße an der Hacienda La Primavera vorbei. Schließlich wird nach einem Anstieg die Hacienda Cubillín (3360 m) und damit das Ende der Fahrstraße erreicht. Theoretisch könnte bis zu dieser Hacienda gefahren werden (Camionetas oder Vierradantrieb), allerdings wäre eine Erlaubnis des Besitzers er-

C20. Cubillín

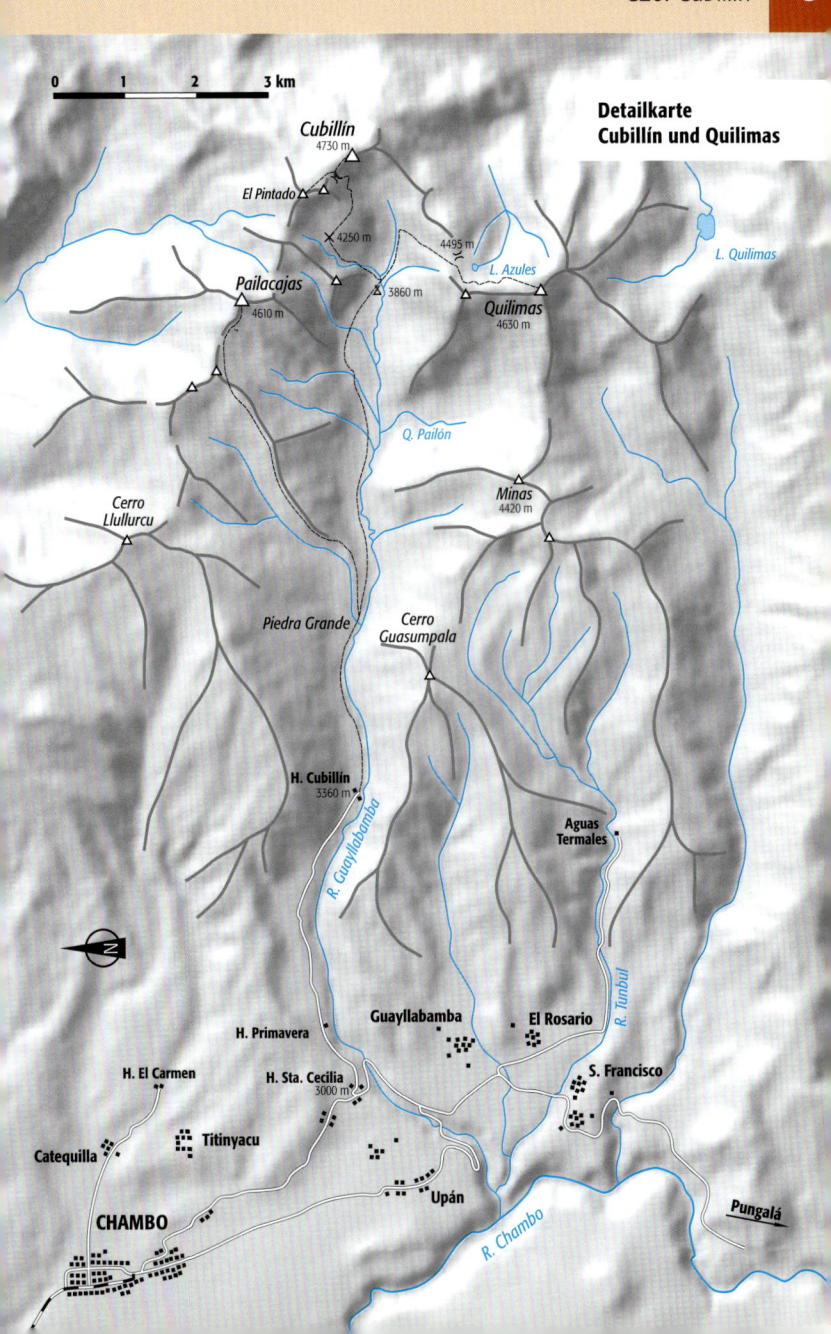

Detailkarte Cubillín und Quilimas

Bergtouren

Die SW-Wände des Cubillín

forderlich. Der weitere Weg folgt stets einer Acequia auf der linken Talseite, bis ein markanter Stein namens Piedra Grande erreicht wird. Hier zweigt nach links die Route auf den Pailacajas ab. Wenn jedoch der Cubillín oder der Quilimas das Ziel ist, folge man weiterhin der Acequia, bis sie schließlich auf 3700 m mit dem Hauptbach Río Guayllabamba zusammenkommt. Anschließend müssen zwei feuchte Ebenen weglos überwunden werden. Dies geschieht mit Vorteil am linken Talrand. Auf ca. 3860 m, am Ende des Talkessels ist ein trockener Zeltplatz zu suchen.

Aufstieg (4 ½ h)

Mehrere Routen führen zur Basis des Felsmassivs. Die beschriebene Route hat den Vorteil, dass der Wald am Ende des Talkessels vermieden wird. Vom Basislager folge man dem linken Talrand und steige auf bis 3880 m zum definitiven Waldrand. Hier ergibt sich die erste Möglichkeit, links in das Seitental zwischen Ogchaloma und Cubillín einzubiegen. Man steige über sehr steile Grashänge mühsam in Richtung NE, bis auf einer Höhe von 4030 m ein Felsblock erreicht wird. Unmittelbar nach dem Felsblock wird der Hauptbach des Seitentals überquert. Nun halte man sich in Richtung 26 Grad. Auf der Höhe 4110 m werden einige Felsblöcke passiert. Hier ändert die Richtung auf 60 Grad. Auf 4250 m wird eine Terrasse erreicht, die vom Felsgürtel des N-Gipfels (links) und des Zentralgipfels (rechts) abgeschlossen wird. Die Route führt rechts vom Zentralgipfel in Richtung 113 Grad zu einer Gratschulter auf 4400 m. Unmittelbar vor der Schulter befindet sich ein Tümpel. Erst von hier aus ist der Hauptgipfel wieder sichtbar. Anschließend wird in Richtung 90 Grad nach rechts traversiert. Bald kann über einen Graben bis unter einen Felsriegel aufgestiegen werden. Nun wird die Traverse in Richtung 60 Grad fortgesetzt. Ziel ist die Umgehung des Felsriegels. Auf 4520 m wird der Eckpunkt erreicht. Von dieser Stelle gelangt man durch Einhaltung der Richtung 330 Grad auf den Hauptgrat (4630 m). Die Route auf den Hauptgipfel führt auf der linken Seite (NE-Flanke) dem NW-Grat entlang. Um einen ersten Felszacken zu umgehen, müssen zu Beginn einige Meter abgestiegen werden. Anschließend kann über abgeschliffene Felsplatten und gestuften Fels der Grat und bald darauf der Hauptgipfel bestiegen werden.

C21. **Quilimas** (4630 m)

Koordinaten	MAP: 780, 850, 9803, 250
Erstbesteigung	Marco Cruz, Jorge Mancheno, Hernán Freire; Mai 1963[32]
Anzahl Tage	2
Schwierigkeit	T4
Karten	Volcán El Altar 1:50000, Riobamba 1:50000
Plan	S.181, Cubillín Quilimas
Höhen	Hacienda Sta. Cecilia 3000 m, Basecamp 3860 m, Quilimas 4630 m
Zeiten	Annäherung 4 $^{1}/_{2}$ h, Aufstieg 4 h

Drei Kilometer südwestlich des Cubillín befindet sich auf einem Plateau die Schuttpyramide des Quilimas (4630 m). Der Name dieses Berges stammt aus dem „Jíbaro": „Kin" bedeutet „Finsternis" und „Noa" übersetzt sich mit „Tod wegen Kälte". „Quilimas" könnte also mit „Tod in den Bergen wegen Kälte und Dunkelheit" übersetzt werden.[33] Westlich des Quilimas befindet sich ein Vorbau, der sich Minas nennt, da hier angeblich Silber abgebaut wurde (MAP: 778, 300, 9803, 600).

Anfahrt und Annäherung

siehe S.180-C20.

Aufstieg (4 h)

Vom Basislager folge man am rechten Ufer dem Verlauf des Río Guayllabamba. Mit zunehmender Höhe wird das Gelände steiler und enger. Stellenweise muss mühsam durch Páramo-Gras und tiefes Gebüsch aufgestiegen werden. Trotzdem sollte der Bach nicht überschritten werden. Auf 4130 m kann nach rechts in ein breites Grasband eingebogen werden. Dieses Grasband führt bis auf einen Pass der Höhe 4495 m. Auf der gegenüberliegenden Seite wird eine Ebene mit kleinen Seen sichtbar (Lagunas Azules). Um zum höchsten Punkt des Quilimas zu gelangen, muss anschließend in Richtung 185 Grad über Blockhänge traversiert werden. Nach ca. 500 Meter Traverse gelangt man zum Einstieg in ein System von aufeinanderfolgenden Gräben. Man folge den Gräben in Richtung 196 Grad bis zur Gipfelpyramide. Die Gipfelpyramide besteht aus Schutt und ragt nur wenig über das restliche Gelände heraus.

C22. **Achipungo** (4649 m)

Wolkentreiben am Achipungo

Koordinaten	MAP: 774, 350, 9752, 900
Erstbesteigung	Marco Cruz, Joseph Bergé; 1973[34]
Anzahl Tage	2
Schwierigkeit	T6, III
Karten	Totoras 1:50 000
Plan	S. 117, Osogoche; S. 269 Sasquin
Höhen	Atillo 3460 m, Pucacocha 3930 m, Achipungo 4649 m
Zeiten	Annäherung 5 h, Aufstieg über den W-Ausläufer 3 $1/2$ h, Aufstieg über die S-Flanke 3 $1/2$ h

Der Achipungo bildet eine der höchsten Erhebungen in der Bergkette, die das Tal von Atillo vom Seengebiet Osogoche trennt. Diese Kette besteht aus schroff aufragenden Nadeln und Türmen. Manch einer dieser Türme ist vermutlich noch unberührt. Der Fels ist nichtvulkanischen Ursprungs und besteht aus Granodiorit, einem klassischen Granit mit hohem Plagioklas-Anteil. Da der Fels ungewohnt fest ist, eignet sich das Gebiet für Felsklettereien. Das Wort „Achipungo" stamme aus dem Quichua. „Achig" heißt „Licht", „Schimmer" oder „Glanz". „Pungo" bedeutet zu deutsch „Türe", „Eingang" oder „Passdurchgang". Zusammengesetzt ergibt dies die Bedeutung „Leuchtender

C22. Achipungo

Passdurchgang". Der Achipungo ist übrigens auch unter dem Namen Colay bekannt. "Colay" heißt zu deutsch "See der Strafe".[35] Die IGM-Karte (Ausgabe 1992) verzeichnet den Achipungo an einem ganz falschen Ort, nämlich 2,5 km zu weit nordwestlich. Die Ausgabe vom Jahr 1968 trug den Berg noch am richtigen Ort ein.

Anfahrt und Annäherung
siehe S. 115 - B8.

Aufstieg über den W-Ausläufer (3 $^1/_2$ h)
Diese Route eignet sich insbesondere für den Fall, dass das Basislager bei der Laguna Pucacocha aufgeschlagen wurde. Vom Basislager steige man zunächst in Richtung Verbindungspass (4265 m) zwischen Atillo und dem Seengebiet von Osogoche. Zu diesem Zweck muss über ein Tälchen in der Richtung SW aufgestiegen werden. Ca. 100 Höhenmeter unter dem Pass ist jedoch nach links abzubiegen und über eine Rampe aufzusteigen, die in Richtung E verläuft. Auf 4330 m wird direkt unterhalb des großen Zahnes des W-Ausläufers eine plattige, große Terrasse erreicht. In Richtung des Zahnes kann über einen Schuttkanal einige Meter aufgestiegen werden. Wo der Kanal zu eng wird, muss kurz nach rechts ausgewichen werden. Nachdem wieder nach links traversiert wurde, gelangt man auf eine geneigte Terrasse (4455 m) mit großen Blöcken. In Richtung SE sind zwei Türme auszumachen, die durch eine tief eingeschnittene Lücke getrennt sind. Ein schmaler, steiler Kanal führt hinauf zu dieser Lücke. Jenseits der Lücke (4555 m) steige man einige Meter ab in die Scharte zum nächsten Turm. Dieser Turm wird zur Rechten gebildet durch den W-Gipfel des Achipungo (4615 m) und zur Linken durch eine Schulter (4595 m).

Diese Schulter kann leicht erklommen werden, wenn im linken Gratbereich aufgestiegen wird. Von der Schulter aus ist der W-Gipfel ein leichtes Ziel, sofern zunächst etwas nach E abgestiegen wird, um dann eine Mauer zu erklettern und über Platten den Gipfel zu erklimmen. Wenn der Hauptgipfel das Ziel der Exkursion ist, muss aber weiter nach E in den Sattel (4540 m) zwischen Hauptgipfel und W-Gipfel abgestiegen werden. Vom Sattel aus ist zunächst ein Vorbau zur Rechten zu umgehen. Hat man den Vorbau erklettert, kann die breite W-Wand studiert werden. Mehrere Verschneidungen und Kamine durchziehen im oberen Bereich diese Wand. Anfänglich klettere man im linken Bereich über geneigte Platten zum Beginn der steilen Wand. Hier ist in eine grasige Verschneidung einzusteigen, die sich ganz links befindet. Bald sind in der Verschneidung zwei kurze Überhänge zu erklettern (UIAA III). Nach dem oberen Überhang wende man sich nach rechts und erklettere einen dritten Überhang (UIAA III). Nach diesem Überhang kann durch einfaches Gelände in Kürze der Gipfel erreicht werden.

Aufstieg über die S-Flanke (3 $^1/_2$ h)
Wenn das Basislager südwestlich des Verbindungspasses zwischen Atillo und Osogoche aufgeschlagen wurde, empfiehlt sich die Route über die S-Flanke. Vom auf S. 116 - B8. beschriebenen Camp (4180 m)

ist zunächst einen Kilometer auf ungefähr gleichbleibender Höhe nach SE zu traversieren. Am Ende dieser Traverse steige man ab in einen Kessel (4210 m), der von hohen Steilwänden flankiert wird. Die E-Wand dieses Kessels wird jedoch durch eine steile, gut versteckte Grasrinne unterbrochen. Über diese Rinne kann in Richtung 60 Grad zu einem Übergang (4330 m) aufgestiegen werden. Dieser Übergang vermittelt den Zugang zu einem Tälchen, das seinen Ursprung im Sattel (4540 m) zwischen Hauptgipfel und W-Gipfel hat. Man steige, sich nahe der linken Felswände haltend, in Richtung NE zu diesem Sattel auf. Wenig vor Erreichen des Sattels ist zwischen zwei gleichwertigen Schuttrinnen zu wählen, die von einer kompakten Felsrippe getrennt sind und beide zum erwähnten Sattel hinaufführen. In diesem Sattel kommt die Route mit jener zusammen, die über den W-Ausläufer führt.

Empfehlungen

Der letzte Felsaufschwung zum Gipfel des Achipungo ist steil und ausgesetzt. Mit einem kurzen Seil und ein paar Schlingen können die heiklen Stellen aber gut abgesichert werden. Die Páramos in der Umgebung des Achipungo werden am besten mit Gummistiefeln begangen.

C23. **Soroche** (4689 m)

Koordinaten	MAP: 773, 200, 9742, 000
Erstbesteigung	Marco Cruz, César Ruales, Roberto Fuentes; 1973[36]
Anzahl Tage	2
Schwierigkeit	T6
Karten	Totoras 1:50 000
Plan	S. 117, Osogoche
Höhen	Totoras 3740 m, Basecamp 3780 m, Soroche 4689 m
Zeiten	Annäherung 6 h, Aufstieg 4 $1/2$ h

Der Soroche und der Tintillán Grande sind zwei Felsberge, die sich ganz im Süden des Seengebiets von Osogoche (siehe S. 114-B8.) befinden. Ein langer Grat aus spitzen Felsnadeln verbindet die zwei Berge. Ein kleiner, verwunschener See, genannt Laguna Verdecocha Chica liegt eingebettet zwischen diesen zwei Bergen. Der Soroche bildet mit 4689 m die höchste Erhebung südlich des Sangay, wird aber wegen seiner Abgeschiedenheit fast nie aufgesucht. Er besteht aus zwei schönen Felstürmen, getrennt durch eine Scharte. Zu dieser Scharte führt eine verblüffende Serie von Rinnen, über die aufgestiegen werden kann. Der Fels am Gipfelaufbau besteht aus quarzitischem Chlorschiefer. Dieses Gestein ist nichtvulkanischen Ursprungs und eignet sich zum Felsklettern. Das Wort „Soroche"

C22. Achipungo - C23. Soroche

Einsame Landschaft zwischen Achipungo und Soroche

stammt aus dem Quichua und bezeichnet Pyrit (Katzengold).[37] Der Berg wird auch Ayapungo (Todespforte) genannt. Der Tintillán Grande ist weniger schroff. Er besteht aus einer Felskruppe, die einem breiten Sockel aufgesetzt ist. Auch dieser Gipfel wird kaum je bestiegen.

Anfahrt

Der geeignetste Ausgangspunkt, um die Basis des Soroche und Tintillán Grande möglichst schnell zu erreichen ist Totoras. Dieses Dorf liegt Luftlinie ca. 20 km südöstlich von Alausí. Verblüffenderweise verbindet ein täglicher Marktbus Totoras und Riobamba. Dieser Bus fährt am 13.00 h bei der Plaza Santa Rosa (Pichincha y Gaspar Villarroel) in Riobamba ab und kommt 3 h später in Totoras an. Die Rückfahrt erfolgt am Morgen zwischen 5.00 h und 6.00 h. Ausser diesen Bussen besteht auf der Verbindungsstraße zwischen Totoras und dem nächsten größeren Dorf Palmira praktisch kein Verkehr. Es muss also in der Regel bei jeder Ankunft in Totoras zunächst einmal übernachtet werden. Der Páramo bietet zu diesem Zweck unzählige Möglichkeiten, in etwas Entfernung vom Dorf das Zelt aufzuschlagen.

Annäherung (6 h)
siehe S. 118 - B8.

Aufstieg (4 $^1/_2$ h)
Grundsätzlich erfolgt der Aufstieg zum Soroche über dessen steile NW-Flanke. In dieser Flanke versteckt sich erstaunlicherweise eine Abfolge von Rinnen, über die ohne Schwierigkeiten bis in die Lücke zwi-

Bergtouren

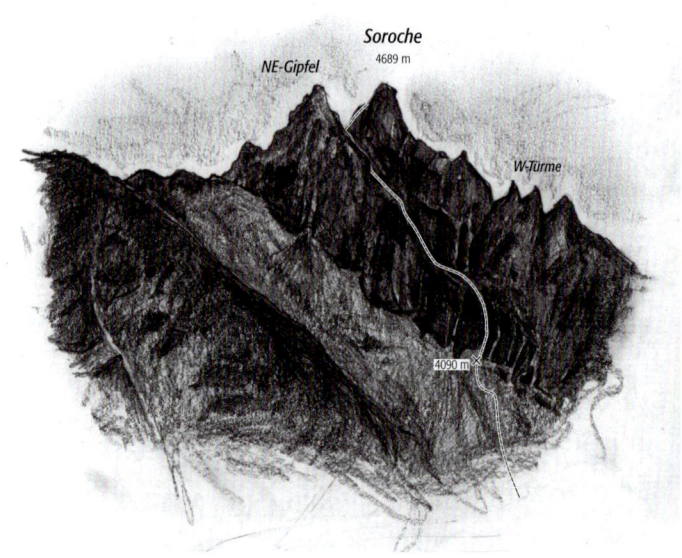

NW-Flanke des Soroche

schen NE-Gipfel und Hauptgipfel aufgestiegen werden kann. Ein erstes Problem besteht allerdings im Zugang zur Basis der NW-Flanke, d.h. zur Laguna Verdecocha Chico. Die Vegetation nördlich dieser Laguna ist dicht und die Hänge sind steil. Eine Möglichkeit besteht im Durchqueren des steilen Hanges westlich der Laguna Verdecocha II. Eine andere Variante führt entlang des W-Ufers dieser Lagune. Am bequemsten ist jedoch der Zugang über die Laguna Tintillán. Vom Basislager steige man auf der rechten Seite dem Río Yuracyacu entlang nach W. Auf 3820 m erreicht man die Einmündung jenes Baches, der die Laguna Tintillán entwässert. Man folge diesem Seitenbach nach WSW, bis auf 3920 m das Ufer dieses Sees erreicht wird. Nun ist der See auf der linken Seite zu umgehen und zu einem breiten Pass kurz nach Seeende aufzusteigen. An diesem Pass beginnt eine lange Traverse durch hohe Páramo-Vegetation der Grundrichtung SE. Während dieser Traverse wird allmählich bis zu einer Baumgruppe (3830 m) abgestiegen. Bei dieser Baumgruppe beginnen Wegspuren, die über eine kurze Stufe und eine Traverse bis zu einer Schulter führen, die den Zugang zum Becken der Laguna Verdecocha Chico (3820 m) vermittelt. Von dieser Schulter kann bequem der Ausfluss dieses Sees erreicht werden. Der See fällt durch seine wilde Vegetation und durch das offensichtliche starke Schwanken seines Wasserspiegels auf. Vom Ausfluss folge man dem Ufer ca. 50 m nach SSW, wo anschließend nach links in Richtung der großen NW-Hänge des Soroche

C23. Soroche

abgebogen wird. Nun ist stets in der steilsten Richtung (148 Grad) über den moosigen Hang aufzusteigen. Auf 4025 m wird einem Feld von größeren Blöcken begegnet. Einer dieser Blöcke fällt durch seine Pyramidenform auf. Sich rechts dieses Feldes haltend steige man weiter auf, bis ein Felsabsatz den Weg versperrt. Man quere überhalb von Blöcken nach links, wodurch der Aufstieg fortgesetzt werden kann. Auf 4090 m gelangt man zum Eingang einer steilen, moosigen Rinne. Die Rinne ist charakterisiert durch einen hoch emporragenden Gendarmen, der die Rinne zur Linken begrenzt. Charakteristisch an dieser Rinne ist außerdem ein Block, der mitten im Eingang zur Rinne liegt. Es ist wichtig, diese Rinne eindeutig zu identifizieren, da der ganze untere Bereich der NW-Wand eine verwirrende Vielzahl von Rinnen aufweist. Die Rinne ist über glitschiges Moos inmitten eines Bächleins zu erklettern (Richtung 200 Grad). Ab 4185 m öffnet sich das Gelände und man gelangt auf eine geneigte Terrasse mit einigem Schutt und Blöcken. Wenn ab dem Ende der Rinne eine Richtung von 160 Grad eingehalten wird, gelangt man auf 4290 m zu einem schuttüberzogenen Kessel. Der Kessel ist nach links, in Richtung 110 Grad zu verlassen. Nach weiteren 35 Höhenmetern wird eine Terrasse erreicht. Man traversiere 100 m nach links und steige wiederum in Richtung 110 Grad in eine neue Schuttrinne ein. Auf 4370 m wird ein Felspodest erreicht. Hier schwenke man auf eine Rinne der Richtung 140 Grad ein. Derart gelangt man auf 4450 m zu einem Gelände, das durch große, mühsam zu durchquerende Blöcke geprägt ist. Jenseits der Blöcke ist in die letzte Rinne einzusteigen (Richtung 110 Grad), die schließlich auf einer Höhe von 4550 m ein Ende in der Lücke zwischen dem NE-Gipfel und dem Hauptgipfel findet. Von der Lücke steige man über große Platten direkt nach S bis auf die E-Schulter (4655 m) des Hauptgipfels. Bei dieser Schulter kann in kurzer Kletterei nach W der Vorgipfel (4670 m) erklommen werden. Wer vom Vorgipfel über Platten nach W einige Meter absteigt und den letzten Aufschwung überwindet, gelangt bald auf den Hauptgipfel des Soroche (4689 m).

C24. **Tintillán Grande** (4500 m)

Koordinaten	MAP: 771, 500, 9743, 000
Erstbesteigung	unbekannt
Anzahl Tage	2
Schwierigkeit	T4
Karten	Totoras 1:50 000
Plan	S. 117, Osogoche
Höhen	Totoras 3740 m, Basecamp 3780 m, Tintillán Grande 4500 m
Zeiten	Annäherung 6 h, Aufstieg 2 ½ h

Beschreibung siehe S. 186 - C23.

Anfahrt und Annäherung

siehe S. 186 - C23.

Aufstieg (2 ½ h)

Bis zur Laguna Tintillán (3920 m) ist über dieselbe Route, wie sie beim Soroche beschrieben wurde, aufzusteigen. Beim See angekommen, halte man sich aber nach rechts und steuere in Richtung 210 Grad auf den NNW-Ausläufer des Cerro Tintillán Grande zu. Am Fuß des Berges ersteige man in einer Richtung zwischen 120 und 150 Grad die Rippe des Ausläufers. Auf 4265 m ist im Erreichen einer Terrasse der erste Steilaufschwung überwunden. Etwas rechts der Terrasse beginnt eine Schuttrinne (Richtung 170 Grad), die von zwei Rippen begrenzt wird. Zunächst folge man einige Meter der linken Begrenzungsrippe, versuche aber möglichst bald in die Rinne zu traversieren. Bald wird die Schuttrinne breiter und verzweigt sich in zwei parallele Arme. Hier folge man dem rechten Arm. Auf 4440 m gelangt man direkt unter dem Gipfelkopf zu einer Terrasse. Von dieser Terrasse kann der höchste Punkt (4500 m) in kurzem Aufstieg in Richtung 185 Grad erklommen werden.

Detailkarte Volcán Chiles

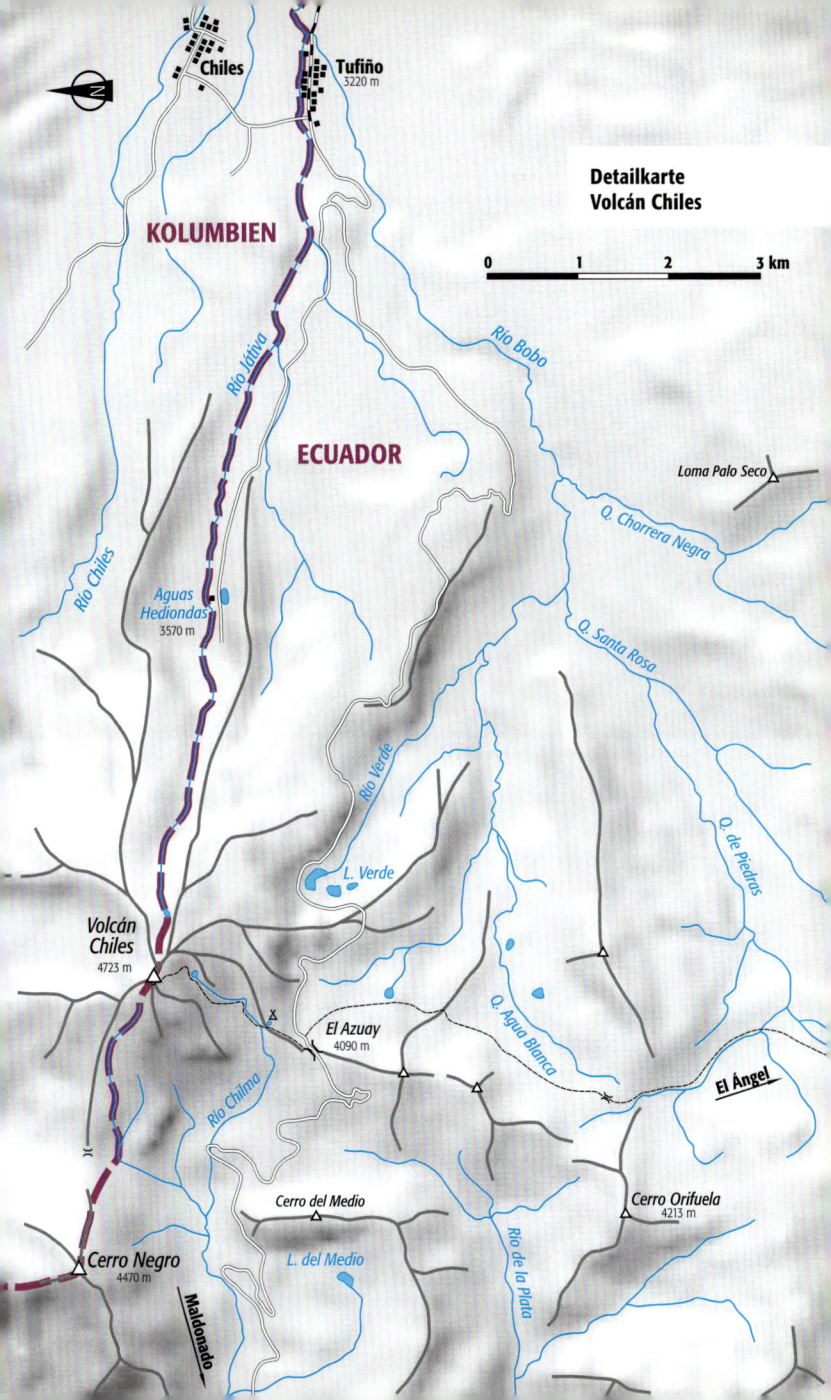

Gletschertouren

Der Gletschermantel des Cotopaxi im Morgenlicht

Die großen vier Schneeberge überragen deutlich die verbleibenden Fünftausender. Entsprechend weisen sie noch einen imposanten Gletschermantel auf. Eine Besteigung bei gutem Wetter gehört sicherlich zu den eindrücklichsten Bergerlebnissen, die Ecuador zu bieten hat. Da alle Nachbargipfel wesentlich kleiner sind, ist die Aussicht einzigartig. Mit einer Drehung um die eigene Achse können oft alle Berge Ecuadors erblickt werden. Richtung Osten breitet sich meist ein unendliches Nebelmeer aus, unter dem das Amazonasbecken vermutet werden kann.

Die speziellen Wetterverhältnisse Ecuadors sowie die kritische Höhe führen allerdings dazu, dass eine Besteigung der großen Vier nicht zu unterschätzen ist. Dies gilt insbesondere für Antisana, Cayambe und Chimborazo.

D1.	Cayambe	S. 194
D2.	Antisana	S. 200
D3.	Cotopaxi - Nordroute	S. 207
D4.	Cotopaxi - Südroute	S. 214
D5.	Chimborazo	S. 217

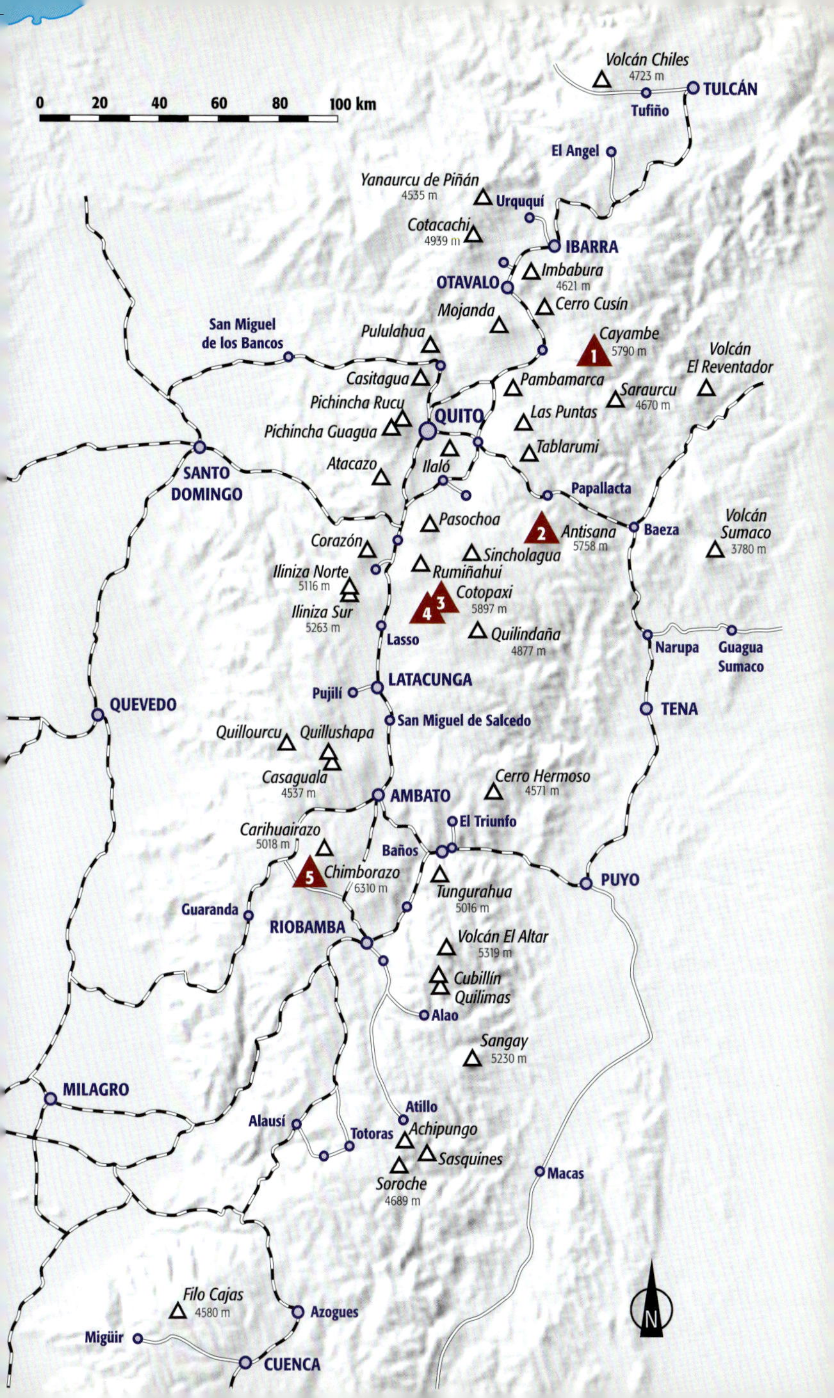

Gletschertouren

D1. **Cayambe** (5790 m)

Gletschereinstieg zum Cayambe

Koordinaten	MAP: 835, 600, 0003, 200
Erstbesteigung	E. Whymper, Jean A. Carrel, Louis Carrel; 4. 4. 1880[38]
Anzahl Tage	3 - 5
Schwierigkeit	WS+
Karten	Nevado Cayambe 1:50 000, Cayambe 1:50 000, Cangahua 1:50 000
Plan	S. 197, Cayambe
Höhen	Pass Q. Monja - Q. Chimborazo 4200 m, Basecamp 4760 m, Cayambe 5790 m
Zeiten	Annäherung 2 ½ h, Aufstieg 6 h, Abstieg nach Cayambe 6 h

Für viele ecuadorianische Bergsteiger ist der Cayambe der geheime Favorit, was Schönheit und Perfektion anbelangt. Bereits Humboldt meinte zum Cayambe: „Dieser Berg kann als eines der Monumente, mit denen die Natur die großen Unterschiede der Erde geprägt hat, betrachter werden."[39] Tatsächlich hinterlässt die unten geschwungene und oben steil werdende Silhouette sowie der Kontrast zwischen dem Weiss der Gletscherkuppe und dem Grün des Páramos einen bleibenden Eindruck.

Der Cayambe liegt im Norden Ecuadors, 20

D1. Cayambe

km östlich des gleichnamigen Dorfes. Bei schönem Wetter kann er von Quito in nordöstlicher Richtung gesichtet werden. Beim Cayambe handelt es sich um die Reste eines alten, erloschenen Vulkankegels. Beim Aufstieg sind noch heute Sulfatgase wahrnehmbar. Mit seiner Höhe von 5790 m wird der Cayambe zum dritthöchsten Berg Ecuadors. Drei Kilometer südlich des Gipfels verläuft die Äquatorlinie. Dies macht den Cayambe zum einzigen weissen Abschnitt auf dem Äquator.

Über die Herkunft des Namens kursieren verschiedene Theorien: Gemäss „Montañas del Sol" stammt der Name „Cayambe" aus der Sprache Quitu. „cay" bedeutet soviel wie „Junge", wohingegen, „bi" die Bedeutung „Wasser bzw. Herkunft des Lebens" trägt.[40] Marco Cruz führt den Namen auf zwei Wörter unterschiedlicher Sprachen zurück. „kayan", ein Wort der Sprache Caranqui, bedeute „Eis"; „cajan", ein Wort der Sprache Quichua, heisse „hoher, kalter Ort". Zusammengesetzt ergibt sich die Übersetzung „Hoher Eisgipfel".[41] Ähnlich wie der Imbabura hat der Cayambe für die Religion der ansässigen Indios beträchtliche Bedeutung.

Der Berg gehört zur Reserva Ecológica de Cayambe - Coca. Da es sich bei diesem Nationalpark aber in erster Linie um Theorie handelt, hat dies wenig Konsequenzen. Bei der Hacienda Piemonte Alta steht ein meistens verlassenes Parkwärterhaus. Theoretisch ist hier eine Gebühr von 10 US$ zu entrichten.

Auf der Höhe von 4600 m steht das Refugio Ruales-Oleas-Bergé. Die Hütte befindet sich auf einem Pass mit schöner Aussicht auf den sogenannten Glacier Hermoso bzw. das was von diesem Gletscher übrig geblieben ist. Auf der Hütte ist mit der üblichen Infrastruktur zu rechnen: Ein paar Matratzen, keine Decken, Gas, ein reduzierter Restaurantbetrieb. Der Name soll an drei bekannte ecuadorianische Bergsteiger erinnern, die 1974 bei einem Lawinenunglück ums Leben kamen. Der Ruf, einer der gefährlichsten Berge Ecuadors zu sein, rührt vermutlich in erster Linie von diesem Unglück her, dem ein grosses mediales Echo folgte. Tatsächlich birgt v.a. der Schlusshang insbesondere nach Schneefällen eine beträchtliche Lawinengefahr. Dies gilt aber kaum weniger für Berge wie Chimborazo, Antisana oder Cotopaxi. Eine weitere Gefahr stellen die vielen Spalten des Gletschers dar. Vor allem der untere Gletscherbereich und der Gipfelbereich weisen eine Vielzahl von oft schlecht bedeckten, enormen Spalten auf.

Links des Gletschereinstieges liegt ein hübscher kleiner Gletschersee (4760 m). Die Sandflächen neben diesem See bilden ideale Zeltplätze. Diesem See entspringt der Río Blanco bzw. Río Blanquito. Entlang dem entsprechenden Tal kann direkt bis ins Dorf Cayambe abgestiegen werden. Das gesamte Tal ist dank abwechslungsreicher Vegetationszonen von ausserordentlicher Schönheit.

Der Cayambe kann theoretisch in zwei Tagen bestiegen werden. Eine gute Akklimatisation ergibt sich aber nur, wenn mehr Zeit eingeplant wird. Die vorliegende Beschreibung verzichtet auf eine Hüttenübernachtung, sieht aber statt dessen zwei Akklimatisationsnächte vor.

Gletschertouren

Anfahrt

Erste Etappe für eine Besteigung des Cayambe ist die gleichnamige Ortschaft. Die Busse der Cooperativa de Transport de Cayambe starten von Quito in der Nähe des Parks El Ejido in der Avenida Manuel Larrea y Santiago. In Cayambe empfiehlt sich das Mieten einer Camioneta. Theoretisch kann bis zur Hütte gefahren werden, aber viele Camionetas möchten wegen der schlechten Straße im obersten Abschnitt nur bis auf 4200 Meter fahren. Die Straße führt zunächst zur H. Piemonte Bajo, dann zur H. Piemonte Alto (Pitana auf der Karte Cangahua 1:50000). Ab hier wird die Straße schlechter. Die Straße folgt in Richtung NE einer langen Rippe, die in der 1:50000er Karte mit Cerro Cochaloma, Rumijucho und Turupamba beschriftet ist. Bald wird auf der rechten Seite die Loma Yahuarcunga passiert. Hier erreicht die Straße einen Pass (4200 m). Der Pass trennt die Quebradas Monjas und Chimborazo. Bis zu diesem Pass ist mit einem Fahrpreis von ca. 20 US$, bis zur Hütte mit ca. 25 US$ zu rechnen. Ca. 400 m nördlich des Passes, ebenfalls auf 4200 m, ist ein hübscher Zeltplatz zu finden (MAP: 831, 200, 0001, 300). Es genügt, in Quito am Nachmittag abzufahren, um am ersten Tag bis hierher zu gelangen.

Annäherung (2 ½ h)

Am nächsten Tag folge man der Straße bis zum Refugio (MAP: 833, 100, 0001, 150) auf 4600 m. Von hier wende man sich in Richtung NNE, um einen Felskopf zu besteigen. Die Route führt über einfache Felspartien und ist mit Steinmännern markiert. Oben angelangt überquert man das flache Gelände nach NE in Richtung Gletscher. Bald muss über eine Rippe sanft abgestiegen werden. Kurz vor dem Gletscher wird ein Pass erreicht. Am nächsten Tag beginnt an diesem Pass der Aufstieg. Links unterhalb des Passes liegt ein hübscher Gletschersee (4760 m). Beim Abfluss des Sees finden sich ideale Lagerplätze (MAP: 833, 200, 0001, 900).

Aufstieg (6 h)

Der Aufstieg beginnt beim erwähnten Pass. Man folge über steilen Schutt einer Rippe in Richtung NE bis zum Gletscher. Nach ein paar Metern über steiles Eis wird ein ebenes Gletscherplateau erreicht (4875 m). In Richtung 40 Grad ist in einer klaren Nacht eine Felskruppe (fälschlicherweise oft als Punta Jarrín bezeichnet) inmitten des Gletschers zu sehen. Man halte sich aber in Richtung 20 Grad, da Spalten in der direkten Linie zu erwarten sind. Etwas links des Kurses sind bei klarem Wetter die Felsen des S-Ausläufer von Punta Jarrín (MAP: 833, 850, 0003, 700; 5245 m) zu erkennen. Die Route nähert sich bis auf ca. 100 m diesen Felsen. Es sind ein paar offene, ungefährliche Spalten zu passieren. Auf ca. 4995 m ändert der Kurs auf 50 Grad. Bald sind einige hässliche Gletscherspalten über zweifelhafte Schneebrücken zu queren. Inmitten des Gletschers zwischen der Felskruppe und Punta Jarrín steige man in Richtung 50 Grad bis kurz unter einen Pass der Höhe 5280 m. Unterhalb des Passes wende man sich allmählich in Richtung E und steige über einen schwach ausgeprägten Rücken in Richtung

D1. Cayambe

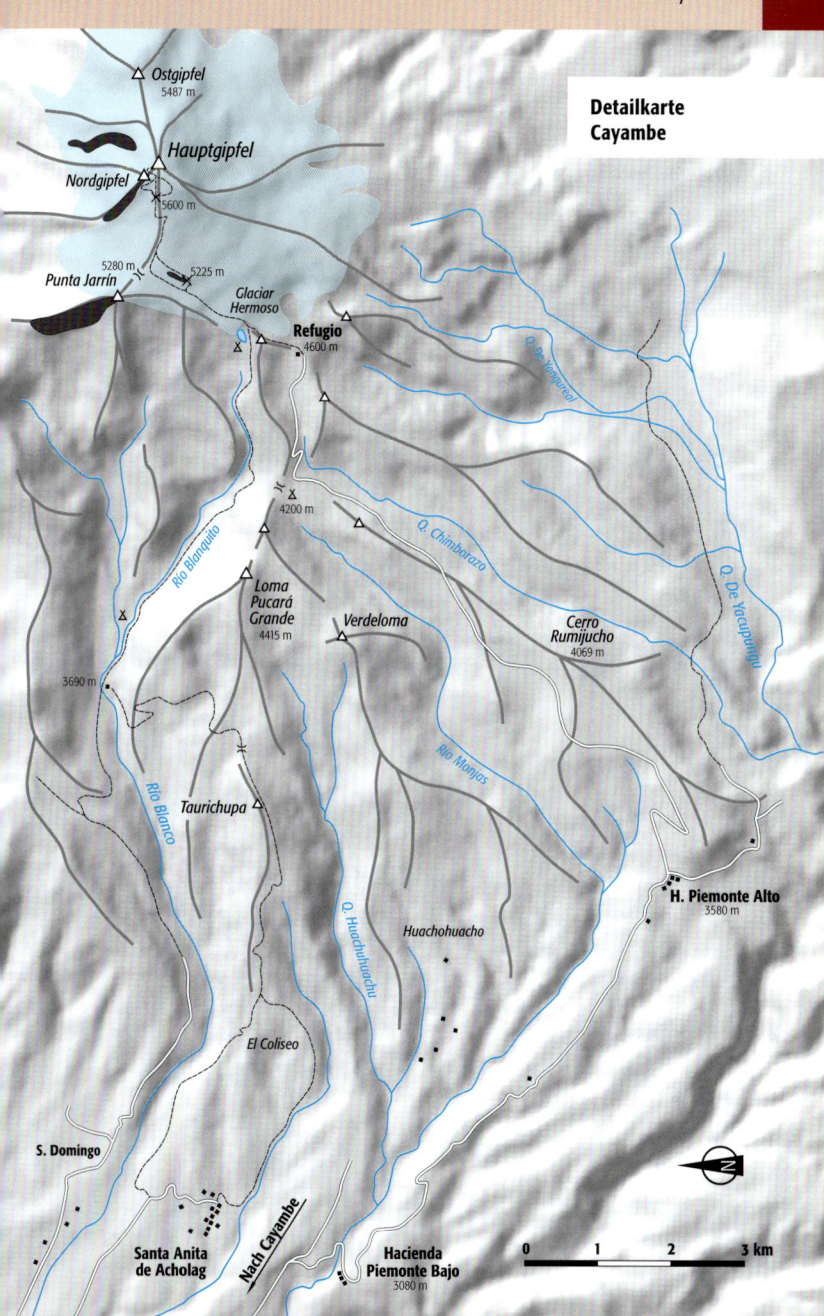

Detailkarte Cayambe

- Ostgipfel 5487 m
- Hauptgipfel 5600 m
- Nordgipfel
- Punta Jarrín 5280 m
- 5225 m
- Glaciar Hermoso
- Refugio 4600 m
- Q. De Yanjurco
- 4200 m
- Río Blanquito
- Q. Chimborazo
- Loma Pucará Grande 4415 m
- Verdeloma
- Cerro Rumijucho 4069 m
- Q. De Yacupungu
- 3690 m
- Río Blanco
- Taurichupa
- Río Monjas
- H. Piemonte Alto 3580 m
- Q. Huachuhuachu
- Huachohuacho
- El Coliseo
- S. Domingo
- Santa Anita de Acholag
- Nach Cayambe
- Hacienda Piemonte Bajo 3080 m

0 1 2 3 km

Gipfel. Unter Umgehung einiger Spalten gelangt man auf ca. 5600 m an den Rand der großen Endspalte. Diese Spalte beginnt links bei den Felsen des N-Gipfels (Cima Santa Barbara) und setzt sich nach rechts bis ins Unbekannte fort. Hier sind zwei Varianten ins Auge zu fassen: Bei guter Spaltendeckung besteht die Aussicht, dass diese Spalte komplett mit Schnee bedeckt ist. In diesem Fall gelangt man direkt auf den Gipfel zuhaltend zum Schlusshang. Bei schlechter Spaltendeckung muss die Endspalte links (oder eventuell weit rechts) umgangen werden. Auf der anderen Seite der Endspalte angekommen besteige den steilen, lawinengefährdeten Schlusshang. Auf 5715 m versperrt wiederum eine riesige Spalte den direkten Zustieg zum Gipfel. Man folge der Spalte nach links, bis sie mehr oder weniger endet. Alsbald kann direkt in den Sattel (5740 m) zwischen dem N-Gipfel (Cima Santa Barbara) und dem Hauptgipfel aufgestiegen werden. Anschließend ist der Hauptgipfel in wenigen Minuten über seinen wenig ausgeprägten NNW-Grat erreichbar.

Es versteht sich von selber, dass die Route wegen dem Gletscherschwund großen Änderungen unterworfen ist, so dass je nach Verhältnissen von der beschriebenen Route abgewichen werden muss.

Abstieg nach Cayambe (6 h)

Anstatt über die endlose Straße nach Cayambe zu laufen (oder zu fahren), kann vom Gletschersee über das hübsche Tal des Río Blanco direkt nach Cayambe gelangt werden. Dieser Abstieg ist aber anstrengend und weit, so dass eine weitere Übernachtung erforderlich ist. Entweder übernachtet man nach der Besteigung des Cayambe erneut am Gletschersee oder steige noch am selben Tag bis auf 4170 m oder gar bis auf 3720 m ab.

Vom Gletschersee traversiere man vorerst nach W, um den ersten Felsabschwung links zu umgehen. Sobald möglich steige man über verschiedene Couloirs zum Hauptbach ab. Nun folge man dem Hauptbach auf dessen linker Seite bis zu einer Verengung. Hier traversiere man direkt unter den linken Felsen hindurch, bis über eine steile Partie wieder der Bach erreicht werden kann. Man folge dem Hauptbach zu einer Terrasse auf 4170 m. Hier besteht die erste Möglichkeit, ein Lager aufzuschlagen.

Von der Terrasse traversiere man leicht nach unten haltend in die linke Talflanke. Nach ca. 100 m wird eine Rippe erreicht, über die waldlos zur unteren, großen Ebene abgestiegen werden kann. Man folge dem Río Blanco auf dessen linker Seite bis ans Ende der großen Ebene. Hier befindet sich bei den Koordinaten (MAP: 828, 650, 0003, 800) eine Hütte. Bei der Hütte überquere man den Bach und begebe sich durch mühsames Kraut einen Kilometer nach W. Hier beginnt eine Acequia, der man mit etwas Mühe folge. Nach einem knappen Kilometer stürzt das Wasser in eine Quebrada und wird erst 50 m weiter unten für die Weiterleitung aufgefasst. Dies ist der Punkt um über die Rippe, die die Quebrada nach rechts begrenzt aufzusteigen. Man steige über die Rippe, bis auf einer Höhe von ca. 3800 m die Quebrada endlich überquert werden kann. Jenseits der Quebrada traversiere man horizontal bis auf eine wei-

D1. Cayambe

Gletscherabbrüche unter der Äquatorsonne

tere Rippe, die nach SW ausgerichtet ist. Hier begegnet man Wegspuren, die über diese Rippe nach unten führen. Auf ca. 3440 m wird der Weg zu einer Fahrstraße. Nach ca. 11 km gelangt man über diese Fahrstraße nach Cayambe.

Die erwähnte Hütte wird ganz offensichtlich weder über die linke noch über die rechte Seite des Haupttals erreicht. Vielmehr führt ein Mauleselweg von oben, aus der Richtung S, zu dieser Hütte. Natürlich kann auch über diesen Zustieg das Dorf Cayambe erreicht werden. Von der Hütte traversiert dieser Weg vorerst 500 m nach WSW in die linke Flanke des Haupttals weiter. Sobald eine Rippe erreicht ist, steigt der Weg im Zickzack nach S zu dem Pass (3860 m) zwischen der Loma Taurichupa und der Loma Pucará Grande hinauf. Ab hier folgt der Weg dem Bergrücken nach W.

D Gletschertouren

D2. **Antisana** (5758 m)

Koordinaten	MAP: 818, 500, 9946, 650
Erstbesteigung	Jean A. Carrel, Louis Carrel, Edward Whymper; 10. 3. 1880[42]
Anzahl Tage	4 - 5
Schwierigkeit	WS+ bis ZS+
Karten	Papallacta 1:50000, Pintag 1:50000, Laguna de Mica 1:50000
Plan	S. 203, Antisana
Höhen	Antisanilla 4340 m, Basecamp 4680 m, Antisana 5758 m
Zeiten	Annäherung 2 h, Aufstieg 6 h

Bei guter Sicht erhebt sich südöstlich von Quito, in 50 km Entfernung, ein Eiskoloss mit drei charakteristischen Gipfeln am Horizont: Der Antisana. In der Mitte der Hauptgipfel (Cima Máxima oder Cima Central) mit einem riesigen Gipfelplateau, rechts der Extrembergsteigern vorbehaltene, spitze Südgipfel (Cima de los Tres) und links der unauffällige NE-Gipfel (Santiago Rivadeneira). Hinter dem Hauptgipfel versteckt sich ein weiterer Gipfel, der Ostgipfel (Jorge Moncayo). Als vierthöchster Berg von Ecuador, hat der Antisana den Ruf, zu den schwierigeren Gipfeln Ecuadors zu gehören. Schon Nicolás Martínez konnte im Jahre 1904 seiner Anziehungskraft nicht widerstehen: „In der gleichen Richtung, nach NE, und in einer ungefähren Entfernung von drei viertel Meilen der Antisana, glänzend, verspaltet, prächtig, abweisend, erschreckt uns und lädt uns gleichzeitig ein, seinen riesigen Gipfel zu betreten."[43] Der Antisana, ein weiterer Vulkan Ecuadors, weist zwischen dem Hauptgipfel, dem Südgipfel und dem Ostgipfel eine Caldera des Durchmessers von 1.8 km auf. Ob dieser Vulkan noch als aktiv zu betrachten ist, wird bestritten. Mehrere Lavaströme traten vor 200 - 300 Jahren durch Seitenspalten aus dem Vulkan: Der größte dieser Ströme (Antisanilla oder Muertepungo) erreicht beinahe 11 km und kann ab der H. Pinantura bei der Anfahrt zur H. El Hato del Antisana bewundert werden. Der Lavastrom Potrerillos floss im N des Vulkans das Tal des Río Tumiguina hinab und staute schließlich die Laguna Papallacta auf. Dieser Lavastrom weist eine faszinierende, vielfältige Vegetationsdecke auf. Das Verblüffende dieser Lavaströme ist die

Gipfel	Erstbesteigung
E-Gipfel (Santiago de Rivadeneira)	Hugo Torres, Miguel Andrade, 25.2.1974[50]
NE-Gipfel (Jorge Moncayo)	Santiago Rivadeneira, Hugo Torres, Leonardo Meneses, 30.12.1972[51]
S-Gipfel	Andrew Gruft, Dick Jones, ca. 30.11.1963[52] bestritten durch Rómulo Pazmiño, Leonardo Droira, Eddie Bernbaum, 22.8.1964[53]

Endmoräne am Antisana Sur

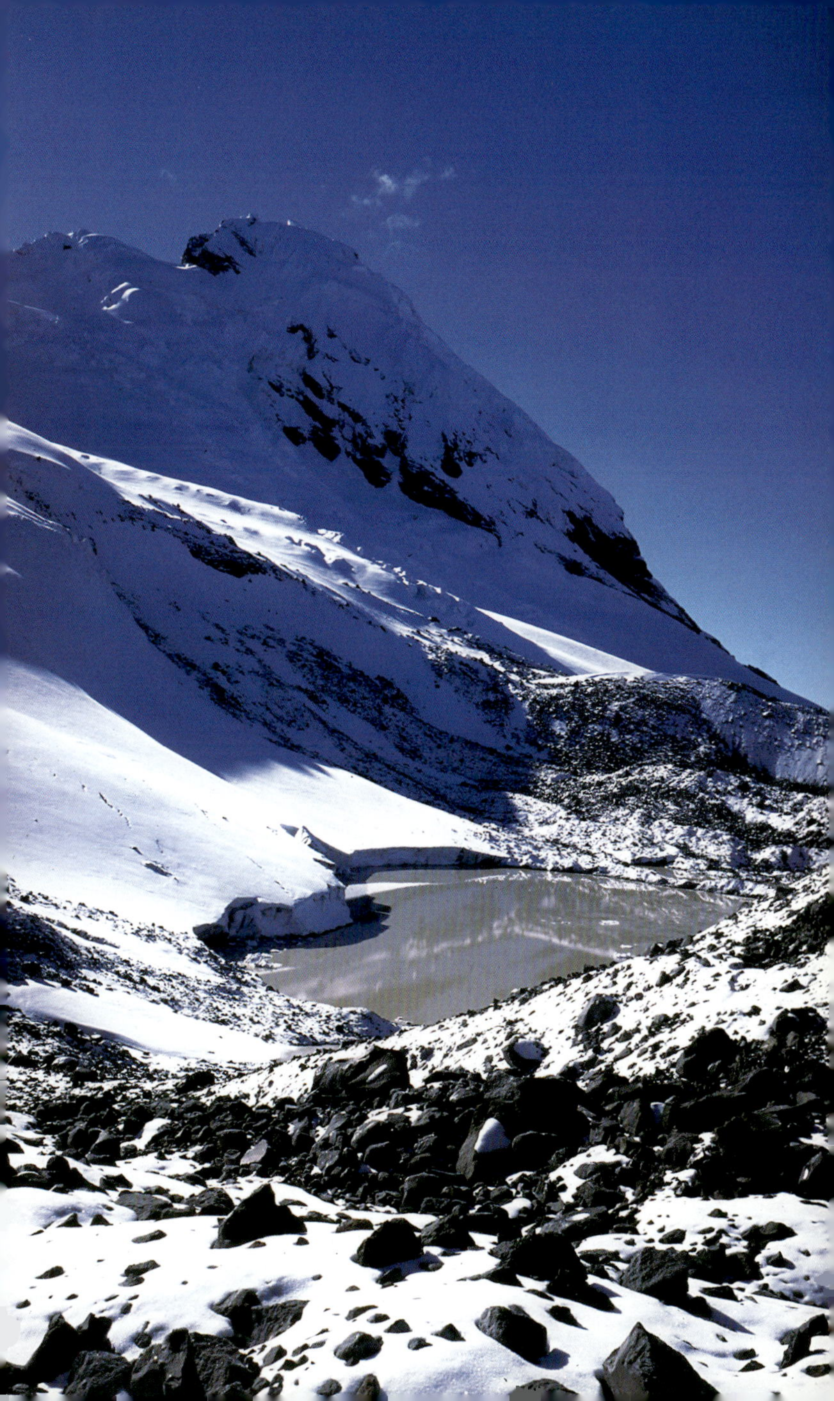

Gletschertouren

große Distanz der parasitären Krater von bis zu 10 km zum eigentlichen Vulkan.

Die Bedeutung des Namens Antisana ist unklar. Gemäß einer umstrittenen Theorie stammt der Name aus dem Cañari. „Anti" würde „die Erde der Anden" bedeuten und „sani" hiesse „dunkler Lebensraum".[44] Nach Marco Cruz nannten spanische Chronisten den Berg „Andasana", was so viel wie „der im E gelegene" bedeute.[45] Nach einer dritten Theorie bedeute „Anto" „Berg" und „Sana" „sehr hoch".[46] Von den Indios wird der Antisana „Chusalongo" oder „Shacana" genannt.

Wie alle Gletscher hat der Antisana wahrend den letzten Jahrzehnten erheblich an Gletscherschwund gelitten. Seit 1974 wird einer der Gletscherarme (der Gletscher 15 Alfa) systematisch überwacht. Das Ergebnis: Der Gletscher zieht sich um sage und schreibe 45 m pro Jahr zurück. Die Gletscher des Antisana haben es v.a. aufgrund ihrer Zerrissenheit zur Berühmtheit gebracht. Nicolás Martínez beschreibt seinen Aufstieg vom 16.1.1904 folgendermassen: Hinter dem Grat öffnete sich zu unseren Füßen eine andere riesige Spalte, die wir in aller Eile über eine Brücke überschritten, da unsere Füße und Stöcke dermassen in den Schnee einsanken, dass sie Löcher produzierten, durch die man den schwarzen, unergründlichen Abgrund sah."[47] Auch Edward Whymper zeigte sich beeindruckt: „Ungefähr um 8 Uhr, als wir uns dem Gipfelgrat näherten, trafen wir auf ein Labyrinth von Spalten und hatten Schwierigkeiten, einen Weg durch sie zu finden. Die Gletscherspalten im oberen Abschnitt des Antisana erreichen große Ausmasse: Einige sind eine halbe Meile lang, 250 Fuß tief und 60 bis 80 Fuß breit. Eine der größten überschritten wir via eine Schneebrücke und obwohl wir in einiger Distanz zueinander angeseilt waren, geschah es, dass wir uns während einem Moment alle drei auf der Brücke befanden."[48] Tatsächlich sind es v.a. die Gletscherspalten, die einen Aufstieg zum Antisana zur anspruchsvollen Tour machen. Insbesondere wenn wenig Schnee auf dem Gletscher liegt, sind große Umwege zu machen, Gletscherspalten zu durchqueren oder steile Eisflanken zu erklettern. Bei hohem Schneestand und optimaler Routenführung zeigt sich der Berg allerdings von einer weitaus weniger bissigen Seite.

Das Wetter stellt ein weiteres Problem dar. Da der Antisana ganz im E der Cordillera Central liegt, ist er in der Regel von einer dicken Wolkenschicht eingehüllt. Gemäß einer Veröffentlichung von Boussingault hat ein Carlos Aguirre in der H. El Hato del Antisana im Jahre 1846 die folgende Wetterbeobachtung aufgezeichnet: „Von 375 Tagen zeigten sich 130 mit Nebel, 122 mit Regen, 36 mit Schneefall und nur an 34 Tagen war der Himmel wolkenfrei."[49] Entsprechende Erfahrung in Sachen Navigation bei Nebel ist also unerlässlich.

Im Jahre 1993 wurde die Umgebung des Antisana zur Reserva Ecológica de Antisana erklärt. Dieser Park wird von der privaten Fundación Antisana (Adresse im Anhang) in Zusammenarbeit mit dem Ministerio del Ambiente verwaltet. Die Reserva Ecológica de Antisana umfasst verschiedene Klimazonen, wie Páramo, andiner Bergwald und tropischer Regenwald und wird als ein Gebiet hoher biologischer Vielfalt betrachtet.

D2. Antisana

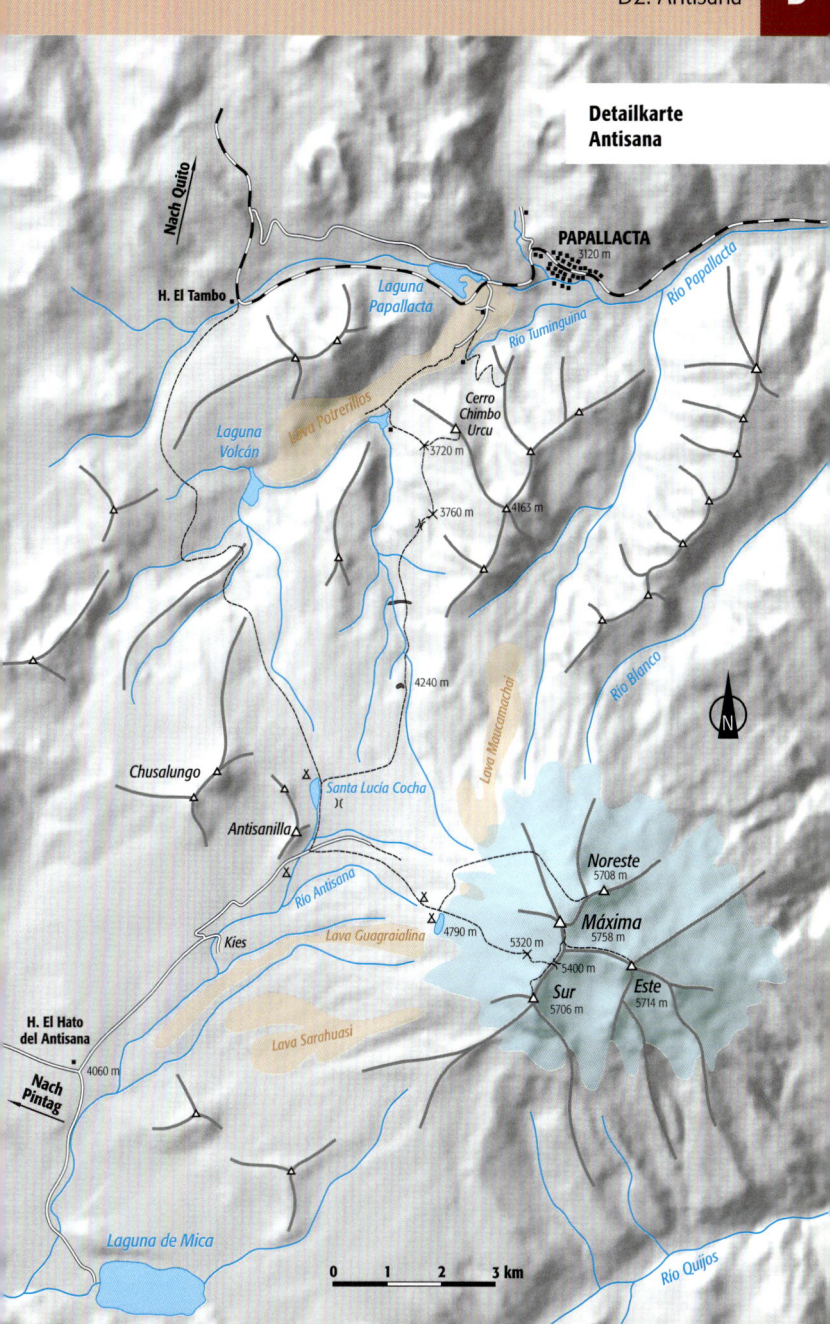

Detailkarte Antisana

D Gletschertouren

Antisana Máxima
5758 m

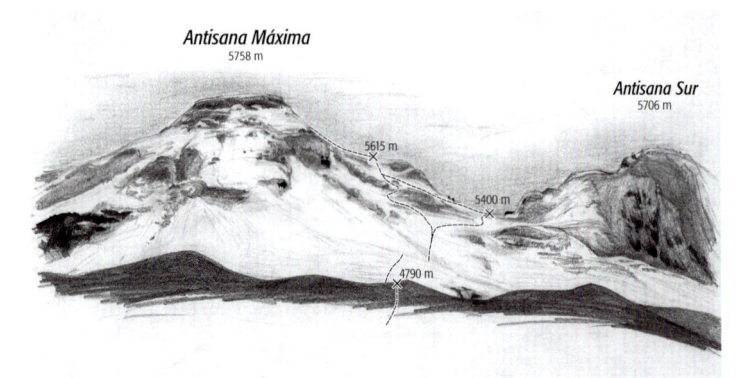

Antisana Sur
5706 m

5615 m
5400 m
4790 m

W-Flanke des Antisana

Anfahrt

Am einfachsten ist der Zugang zur Basis des Berges von Pintag. Pintag kann mit einem der vielen Busse, die in Quito von La Marín (weit unten) abfahren, in einer knappen Stunde erreicht werden. Von Pintag führt eine Straße in östlicher Richtung über die H. Pinantura zur H. El Hato del Antisana (MAP: 809, 100, 9944, 150). Diese Straße wurde 1997 für den Ausbau der Wasserversorgung von Quito bis auf ca. 3780 m geteert. Bei der H. El Hato del Antisana verzweigt sich die Straße. Die rechte Straße führt zur Laguna de Mica. Über die linke Straße hingegen gelangt man zu einer Kiesgrube (MAP: 811, 950, 9946, 150). Kurz vor der Kiesgrube überquert die Straße die Quebrada des Río Antisana. Ca. 150 m vor dieser Überquerung zweigen links Fahrspuren ab, die bis zur Erhöhung Antisanilla (MAP: 813, 350, 9948, 200) führen. Am Fuße des Antisanilla bietet sich eine große Ebene für die erste Akklimatisationsnacht an. Von Pintag bis zu diesem Punkt sind ca. 30 km zurückzulegen. Da die Straße recht monoton ist, empfiehlt sich das Mieten einer Camioneta. Am Hauptplatz von Pintag warten Camionetas auf ihre Kunden. Eine Camioneta kostet bis zur H. El Hato del Antisana rund 20 US$, bis zum Antisanilla ungefähr 25 US$. Für das Befahren der Straße ist aber eine Bewilligung des Besitzers erforderlich. Diese kann in Quito bei der folgenden Adresse eingeholt werden:

> José Delgado M.
> P. Samiento Gambon 552 y De las Encomiendas
> (Das Haus rechts des Hauses Nr. 552)
> Casilla: 17-07-8958
> Quito-Ecuador
> Tel. +593-(0)22-243 58 28
> Fax +593-(0)22-246 20 13
> E-Mail: jdelgado@uio.satnet.net

Der Hacienda-Besitzer stellt einen Pass aus. Ohne diesen Pass ist es schwirig, die erste Barriere bei der H. Pinantura und die zweite Barriere bei einer Hütte auf ca. 3540 m zu überwinden. Da sich der Antisana in der

D2. Antisana

Reserva Ecológica Antisana (REA) befindet, ist außerdem eine Bewilligung der entsprechenden Verwaltung erforderlich. Eine Adresse hierzu im Anhang.

Annäherung (2 h)

Um eine möglichst gute Akklimatisation zu erreichen, empfiehlt es sich am Fuße des Antisanilla auf einer Höhe von ca. 4340 m die erste Nacht zu verbringen. Einen halben Kilometer westlich des Antisanilla ist übrigens gutes Wasser zu finden. Am nächsten Tag ist nur eine kurze Etappe zum Basislager zu bewältigen. Man steige über sanft geneigte Wiesen links des Río Antisana in Richtung E. Auf 4500 wende man sich nach SE und steige bis an den Fuß der Gletscherendmoräne. Entweder schlage man hier das Basislager auf oder besteige noch die erwähnte Moräne. Unterhalb der Moräne können auf kurzem Gras gute Campingplätze gefunden werden. Beispielsweise auf einer Höhe von 4680 m etwas nördlich einer stark eingeschnittenen Quebrada (MAP: 815, 800, 9947, 000). Oder man besteige die Moräne und suche sich in der Umgebung des Gletschersees (MAP: 816, 100, 9946, 800; 4790 m) eine ebene Fläche auf Sand oder Geröll. Das Wasser ist extrem sandhaltig. Die Mitnahme von Caféfiltern ist deshalb angeraten.

Aufstieg (6 h)

Sofern man das Basislager unterhalb der Moräne aufgeschlagen hat, steige man über eine der schwach ausgeprägten Rippen zum Gletschersee auf. Der Gletscher wird am besten ca. 50 m nördlich des Sees betreten. Zunächst halte man sich links einer Spaltenzone in Richtung 100 Grad. Sobald die Spaltenzone passiert ist (ca. auf 4975 m), biege man leicht nach rechts ab (in Richtung 130 Grad). Wenn der S-Gipfel des Antisana sichtbar ist, kann dieser als guter Richtungsweiser dienen. Auf ca. 5045 m gelangt man an eine Kante, die den nördlichen, höheren Gletscherteil vom südlichen, tieferen Gletscherteil trennt. Um auf den südlichen Gletscherteil zu gelangen, muss leicht fallend durch eine steile Flanke traversiert werden. Nach dieser Traverse halte man sich

Antisanilla

Gletschertouren

weiterhin in Richtung 130 Grad. Auf 5145 m gelangt man an das untere Ende eines steileren Hanges. Man besteige diesen Hang, dessen oberes Ende auf ca. 5320 m erreicht wird. Hier muss ca. 150 m horizontal nach rechts (160 Grad) traversiert werden, um einen Abbruch zu umgehen. Am Ende der Traverse kann in eine Mulde eingebogen werden, die, wenn sie an ihrem Ende rechts verlassen wird, direkt zum markanten Felsen des Hauptpasses zwischen Hauptgipfel und S-Gipfel führt. Der Pass wird am besten links der Felsen bestiegen (5400 m). Nun folge man kurz dem Hauptgrat in Richtung 30 Grad, traversiere aber links in die steile Flanke, wo zwei Nadeln (5460 m) den Weg versperren. Sobald die Nadeln in ihrer Höhe erreicht sind, traversiere man weiter in Richtung 45 Grad. Auf einer Höhe von 5520 m wird der steile Schlusshang erreicht. Dieser Hang endet in der markanten S-Schulter (5615 m) des Antisana, erreicht eine Neigung von 45 Grad und weist im oberen Abschnitt einen Schrund auf. Wenn der Gletscher schlecht bedeckt ist, kann dieser Schrund zu einem Problem werden. In diesem Fall versuche man die Spalte zu umgehen. Falls dies nicht möglich ist, muss die Spalte durchklettert werden. Dies kann Eisklettern nahe der Vertikalen zur Folge haben. Man besteige den Hang in seiner vollen Länge, überquere besagte Spalte und gelange derart auf die erwähnte S-Schulter. Auf dieser Schulter beginnt bereits das sanft geneigte Gipfelplateau. Eine sehr schwach ausgeprägter Rücken führt von hier in einem Bogen bis zum höchsten Punkt. Vorerst halte man sich in Richtung 14 Grad. Allmählich wende man sich aber nach links, so dass kurz vor dem Gipfel die Richtung 320 Grad resultiert.

Der gewaltige Rückgang des Gletschers bringt es mit sich, dass je nach Verhältnissen von der beschriebenen Route abgewichen werden muss.

D3. **Cotopaxi** - Nordroute (5897 m)

Der gleichmäßige Vulkankegel des Cotopaxi

Koordinaten	GPS: 785, 440, 9925, 100; 5889 m
Erstbesteigung	Theodor Wolf, Alejandro Sandoval, zwei ecuadorianische Träger; 9.9.1877[54]
Anzahl Tage	3 - 4
Schwierigkeit	WS
Karten	Cotopaxi 1:50 000, Sincholagua 1:50 000
Plan	S. 211, Cotopaxi; S. 216, Cotopaxi Luftaufnahme
Höhen	Kreuzung 3860 m, Refugio 4800 m, Cotopaxi 5897 m
Zeiten	Annäherung 3 $\frac{1}{2}$ h, Aufstieg 4 $\frac{1}{2}$ h

Der Cotopaxi dürfte ungefähr das sein für die ecuadorianischen Anden, was das Matterhorn für die Alpen ist. Besticht das Matterhorn jedoch durch seine Form als Pyramide, so ist es beim Cotopaxi die Repräsentation des Kegels. Ähnlich wie beim Matterhorn verschönern kleine Fehler im Gipfelbereich die Grundidee der Form. Dass die Symmetrie nicht von allen Seiten ganz so perfekt eingehalten wird, verbindet den Cotopaxi ebenfalls mit dem Matterhorn. Aber sie tut es aus der wichtigen Perspektive, nämlich von Quito aus gesehen. Der Kegel ist ungefähr ab der Mitte von einem mit Gletscherspalten zerfurchten Eismantel bedeckt. Von Quito betrachtet, fällt ein schwarzer Fleck wenig unterhalb des

D Gletschertouren

Die Felswand Yanasacha

Gipfels auf. Nicht wenige Leute meinen, in diesem Fleck den Krater zu erkennen. In Wirklichkeit handelt es sich natürlich um eine Felswand. Die Indios nannten sie Yanasacha: „großer, schwarzer Fels". Die Normalroute erreicht wenig rechts dieser Felswand den Gipfel. Bemerkenswert ist auch die Umgebung des Vulkans: Eine riesige Sandebene und einige weitere Vulkane (Rumiñahui, Sincholagua, Quilindaña, Morurcu) umgeben den Cotopaxi. In einigen Zonen ist dieser Sand rot gefärbt. Aus der Vogelperspektive ergibt sich aus der Röte des Sandes und dem Weiss des Schnees ein unwahrscheinlicher Kontrast. Der Cotopaxi befindet sich nahe der Panamericana, rund 55 km südlich von Quito. Scheinbar handelt es sich um einen innerandinen Berg, geologisch wird er aber der Cordillera Central zugerechnet. Die relativ große Distanz zum Ostabhang der Anden verhilft dem Cotopaxi aber zu einer hohen Anzahl von klaren Tagen.

Die Geschichte des Cotopaxi ist im Grunde genommen eine Serie von Zerstörungen. Wie auch die anderen Vulkane Ecuadors bedroht der Cotopaxi nicht durch die direkten Auswirkungen seiner Ausbrüche (Lava, Asche) die Umgebung, sondern vielmehr durch die sekundären Folgen der Ausbrüche. Die Hitze eines Ausbruches lässt nämlich Teile des Gletschers schmelzen. Die resultierenden Wassermassen vergrößern sich zu sogenannten Lahars (Gemisch aus Schlamm, Sand, Steinen und Felsbrocken) und machen alles dem Erdboden gleich, was im Wege steht. Der erste historisch verzeichnete Ausbruch datiert aus dem Jahre 1534. Im Jahr 1742 folgten zwei für Latacunga verheerende Ausbrüche. Ein Jahr später kam es erneut zu einem Ausbruch. Im Jahr 1744 wurde in der Folge eines weiteren Ausbruches in Latacunga das ganze Barrio caliente, links des Río Cutuchi, dem Erdboden gleich gemacht. In einer Distanz von 10 km des Vulkans wurden 10 cm Vulkanasche gemessen. Der Ausbruch von 1766 hatte ebenfalls den Ausstoß einer großen Menge Vulkanasche zur Folge. Im Jahr 1768 war ein Ausbruch begleitet von Explosionen, die bis nach Guayaquil zu hören gewesen seien. Drei kleinere Eruptionen folgten im Jahre 1854. Dann war der Vulkan 23 Jahre lang ruhig. Am 26. 6. 1877, nach einigen klei-

D3. Cotopaxi

neren Ausbrüchen, kam es zu einer größeren Eruption, in deren Zuge sich enorme Lahars bildeten. Nach einer Stunde hatten diese Ströme bereits die Ebenen von Latacunga und des Valle de Chillo dem Erdboden gleichgemacht und mit Sand überflutet. In Latacunga blieb Schlamm in der Höhe eines Meters zurück. Die Zeitung „El Ocho de Septiembre" versuchte das Unglück mit den folgenden Worten zu beschreiben: „Am 26. Juni 1877, um 10 Uhr morgens erschreckte der Cotopaxi mit einem ohrenbetäubenden Lärm die Bewohner des Valle de Chillo und Latacunga. Der Vulkan war dunkel eingehüllt und der Auswurf von Asche und Feuer waren sichtbar. Auf der N-Seite des Vulkans, im Valle de Chillo, beobachtete man die Loslösung einer enormen Wassermasse, hoch wie ein Turm und breit wie ein Meer. Diese Masse stürzte in Form einer flüssigen Lawine hinab zur Basis des Berges und zum Valle de Chillo. An der Oberfläche riss die Lawine alles, was sich auf ihrem Weg befand mit sich: Häuser, Fabriken, Menschen, Tiere, Bäume und Pflanzungen. All dies geschah in kürzester Zeit, als die Dunkelheit den ganzen Horizont einnahm und nicht viel mehr als die Feuer des Kraters gesehen werden konnten. Der Lärm und die Dunkelheit hielten bis 6 Uhr nachmittags an." Nach kleineren Unruhen im Jahre 1903 und 1904 ist der Vulkan seit diesen Ereignissen still. Vulkanologen haben berechnet, dass im Schnitt alle 117 Jahre mit einem Ausbruch zu rechnen ist. Aktuelle Zeichen, dass der Cotopaxi aktiv ist, beschränken sich auf einige Fumarole an den inneren Flanken des Kraters.

Der Krater wird durch zwei konzentrisch angeordnete Kraterränder gebildet. Der äußere Kraterrand ist dabei teilweise schneefrei und recht unregelmäßig. Eine Begehung ist deshalb nicht einfach. Der innere Kraterrand ist mit hohen Eiswechten überzogen, kann aber bequem rundherum begangen werden. Der Durchmesser, gemessen am äußeren Kraterrand, beträgt rund 600 m. Gemäß einer Vermessung des IGM befindet sich der Kraterboden auf einer Höhe von 5648 m. Bis zum Gipfel ergibt sich somit ein Höhenunterschied von ca. 250 m.

Mit seinen 5897 m Höhe gehört der Cotopaxi zu den höchsten aktiven Vulkanen der Welt. Den ersten Rang macht ihm jedoch der Tupungato in Chile streitig. In Ecuador wird der Cotopaxi in Sachen Höhe nur noch vom Chimborazo übertroffen (6310 m).

Im Gegensatz zu den meisten hohen Bergen Ecuadors wurde der Cotopaxi nicht von E. Whymper erstbestiegen. Am 28. 11. 1872, acht Jahre bevor Whymper die Anden besuchte, stieg Wilhelm Reiss mit seinem kolumbianischen Diener Angel M. Escobar über die SW-Seite zum Kraterrand auf.[55] Der höchste Punkt im Kraterrand (N-Gipfel) wurde jedoch am 9. 9. 1877 von Theodor Wolf und Alejandro Sandoval über die NW-Flanke erreicht.[56] Der Ausbruch vom Juni 1877 hatte große Teile des Gletschers schmelzen lasen, so dass Wolf weitgehend über Fels und Sand aufsteigen konnte.

Edward Whymper konnte an diesem Berg nur noch mit einer Übernachtung auf dem Gipfel eine Primäre erzeugen. Die Übernachtung auf dem Gipfel war nach einer Schilderung Whympers nicht ohne Risiko: „Wenige Minuten

D Gletschertouren

nach unserer Ankunft auf dem Gipfel machte uns ein Krachen aus der Tiefe klar, dass das Tier, so hatten die Carrels den Vulkan getauft, lebendig war. Wir hatten im Voraus vereinbart, dass, wenn eine Eruption eintrat, jeder für sich selber schauen würde. Als wir die Explosion hörten, stand in jedem Gesicht ein 'rette sich wer kann' geschrieben, aber bevor wir auch nur ein Wort sagen konnten, sahen wir uns in einer Wolke lauwarmen Wasserdampfs eingehüllt, der keine Einwände zuliess, und so beschlossen wir still zu stehen."[57]

Der Name „Cotopaxi" stammt gemäß Marco Cruz aus der Sprache Cayapa. „coto" heiße „Hals", „pagta" bedeutet „Sonne" und „shi" könne mit „süss" übersetzt werden. Es resultiert die sich etwas unwahrscheinlich anhörende Übersetzung: „Süsser Hals der Sonne".[58] Wahrscheinlicher ist da schon die Übersetzung „Feuerschlund" aus der präkolumbianischen Sprache der Panzaleos.[59] Condamine hingegen übersetzt den Namen mit „Der Berg der leuchtet".[60]

Wie die meisten Berge Ecuadors nimmt der Cotopaxi eine wichtige Stellung in der Mythologie der Indios ein. Hierzu eine Erzählung, entnommen aus „Los cuentos de cuando los huacas vivían": „In vergangenen Zeiten lebten die Berge wie wir Menschen. Der Cotopaxi wurde als Frau angesehen, der Chimborazo als Mann. Der Chimborazo bat um die Hand der Cotopaxi, diese war aber verliebt in den Imbabura. Dies hielt den Chimborazo jedoch nicht ab, ihr den Hof zu machen. Die kokette Cotopaxi hatte aber nicht nur einen einzigen Liebhaber. Auch flirtete sie mit dem Tungurahua und sie traf sich auch oft mit dem Nachbarn des Chimborazo, dem Carihuairazo. Als der Chimborazo von all diesen Ereignissen hörte, bot er dem Carihuairazo die Stirn. Der Chimborazo nahm einen Stock und schlug mit Hilfe seiner langen Arme auf den Carihuairazo ein. Aus diesem Grund blieb der Carihuairazo voll von Steinen und Einschnitten, ausgemergelt und wüst."[61]

Auf ungefähr halber Höhe des Kegels, auf 4800 m, wurde 1971 vom Club de Andinismo San Gabriel eine Hütte (Refugio José F. Ribas) gebaut. Sechs Jahre später musste sie aufgrund des einsetzenden Andranges bereits ausgebaut werden. Heute bietet sie Platz für 60 Personen, ist aber v.a. an Wochenenden oft überbelegt. Die Hütte weist die übliche Infrastruktur auf, d.h. einige Matratzen, keine Decken, Gas, Wasser, reduzierter Restaurantbetrieb.

Die Normalroute bietet grundsätzlich keine besonderen technischen Schwierigkeiten. Zwar ist sie oft recht steil, aber jedem steilen Abschnitt folgt stets eine flachere Zone. Seit einigen Jahren bildet sich im Schlusshang ein allmählich größer werdender Schrund. Je nach den aktuellen Verhältnissen bietet die Überwindung dieses Schrundes mehr oder weniger technische Probleme. Der Cotopaxi kann theoretisch mit einer Hüttenübernachtung in zwei Tagen bestiegen werden. Da eine solche Planung aber alle Regeln der Akklimatisation verletzt (siehe S. 21), wird dringend eine Übernachtung auf der Höhe 4000 bis 4400 m empfohlen. Die beste Akklimatisation wird allerdings erreicht, wenn zuvor ein Nachbarberg des Cotopaxi, beispielsweise der Rumiñahui Máxima, bestiegen wird.

D3. Cotopaxi

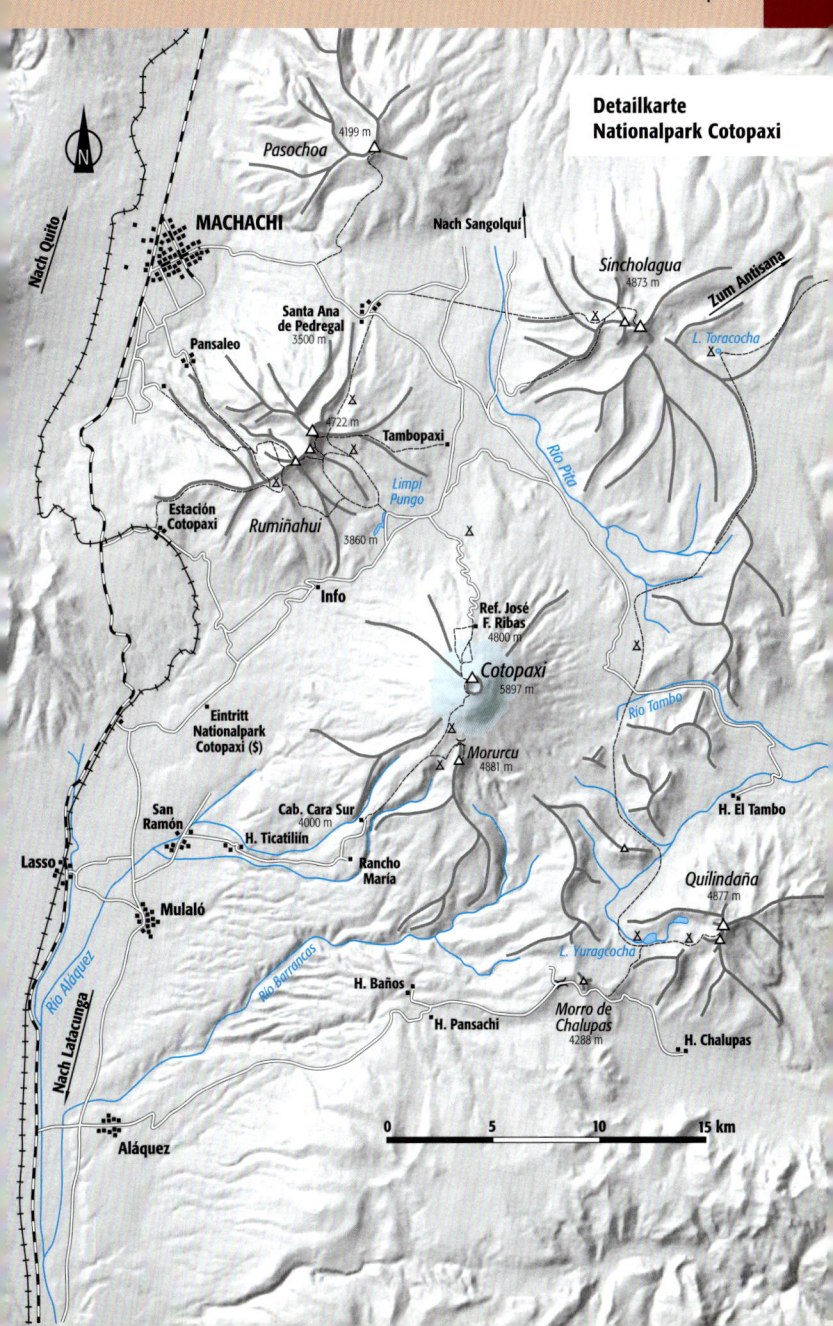

Detailkarte Nationalpark Cotopaxi

D Gletschertouren

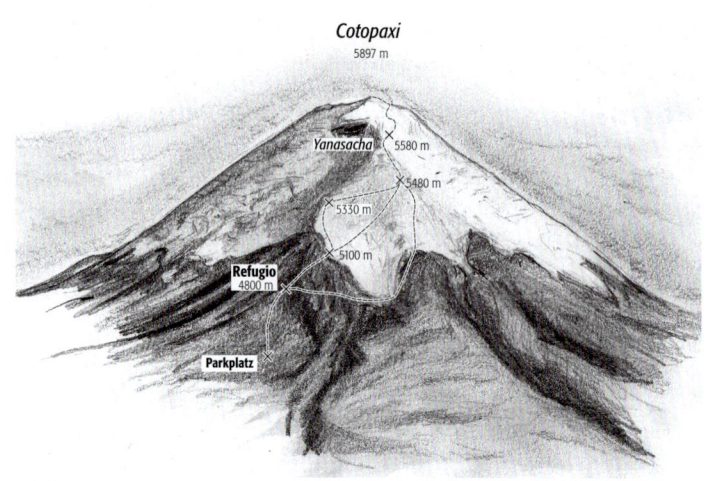

Cotopaxi
5897 m

Yanasacha 5580 m
5480 m
5330 m
5100 m
Refugio 4800 m
Parkplatz

N-Flanke des Cotopaxi

Anfahrt

Im Terminal Terrestre von Quito nehme man einen Bus nach Latacunga und steige in Lasso beim Bahnhof (Estación del ferrocarril) aus. Hier warten Camionetas auf Kunden. Dem Camionetista teile man mit, dass man bis zur Abzweigung zum Refugio Cotopaxi zu fahren wünscht (desvío al refugio). Der Preis liegt ungefähr bei 20 US$. Eine Camioneta bis zum Parkplatz unterhalb der Hütte kostet ca. 26 US$. Landschaftlich schön wäre eine Übernachtung in der Nähe der Laguna Limpipungo. Unterdessen hat dieser Ort aufgrund der Überfälle, die dort stattgefunden haben aber bereits einen etwas schlechten Ruf. Man suche sich deshalb auf der kilometerweiten Ebene einen geschützten Ort. Dazu muss aber etwas Distanz zur Straßenkreuzung gewonnen werden. Man wandere zum Beispiel 2 km nach ESE zum Ausgang einer Quebrada. Wasser findet sich in einem Kanal, der auch auf der 1:50 000er Karte eingezeichnet ist. Dieser Kanal führt von NE nach SW und kreuzt die Straße zum Refugio ca. 900 m nach der Abzweigung.

Natürlich kann auch „Tambopaxi" als Basis gewählt werden. In diesem Fall ist es allerdings von Vorteil über Machachi anzureisen und von dort eine Camioneta zu mieten. Details zu „Tambopaxi" siehe S. 156 - C12.

Annäherung (3 ½ h)

Ja mehr Akklimatisationsnächte auf ca. 4000 m verbracht wurden umso besser. Der anschließende Aufstieg zur Hütte ist unproblematisch. Man folge ganz einfach der Straße bis zum Parkplatz. Einige Kehren können abgekürzt werden. Der Parkplatz befindet sich auf ca. 4560 m. Ab hier führt der Weg über eine steile Sandpiste bis zur Hütte auf 4800 m. Eine gute Idee ist, am gleichen Tag noch bis zum Gletscher aufzusteigen.

Einerseits kann derart die Route einstudiert werden, andererseits kann ein solcher Aufstieg der Akklimatisation förderlich sein.

Aufstieg (4 ½ h)

Von der Hütte führen Wegspuren in Richtung der steilsten Neigung (genau nach Süden) bis zum Gletscherrand. Der Sandhang unterhalb des Gletschers ist je nach den Wetterverhältnissen der letzten Monate mit mehr oder weniger Schnee bedeckt, so dass Steigeisen manchmal bereits vor dem Gletscher notwendig sind. Der Gletscher wird ungefähr auf einer Höhe von 5100 m erreicht. Man besteige vorerst eine Kanzel (5140 m) direkt über dem Gletschereinstieg. Die ersten paar Meter können steil sein. Ab hier folge man einer schwach ausgeprägten Rippe in Richtung 170 Grad. Auf einer ungefähren Höhe von 5330 m wird ein Eckpunkt erreicht. Man befindet sich nun genau in der Falllinie der Felswand von Yanasacha. Von hier muss nach rechts (254 Grad) gequert werden. Derart gelangt man auf eine breite, flachere Rippe (5480 m). Je nach Verhältnissen wird aber auch in direkter Linie vom Gletschereinstieg zu diesem Punkt aufgestiegen. Es ist auch möglich zu diesem Punkt zu gelangen, indem man von der Hütte ca. 500 m nach W travesiert, um anschließend über einen langen Hang direkt bis zum Punkt 5480 m aufzusteigen.

Man folge der erwähnten Rippe in Richtung 174 Grad. Die Route führt ca. 200 Meter westlich an Yanasacha vorbei. Anschließend durchquere man eine Mulde (5580 m), bis man zum Fuß des Schlusshanges gelangt. Dieser Hang wird in einer sanften S-Linie bestiegen. In der Mitte des Hanges versperrt ein Schrund die Route. Da in diesem Abschnitt der Gletscher sehr lebendig ist, verändert sich die Situation ständig. Früher wurde die Spalte links umgangen. Nach und nach musste aber immer weiter nach links in sehr steiles Gelände (direkt überhalb Yanasacha) ausgewichen werden. Deshalb baute die ASEGUIM eine Alu-Brücke über die Spalte. Man erkundige sich beim Hüttenwart nach der aktuellen Lösung. Am Ende der S-Linie gelangt man auf einen Sattel im äußeren Kraterrand. Ab hier wird der Hauptgipfel in wenigen Minuten in Richtung E erreicht.

Refugio José F. Ribas, die Hütte an der Normalroute zum Cotopaxi

D4. **Cotopaxi** - Südroute (5897 m)

Innerer und äußerer Kraterrand des Cotopaxi

Koordinaten	GPS: 785, 440, 9925, 100; 5889 m
Erstbesteigung	T. Wolf, A. Sandoval, zwei ecuadorianische Träger, 9.9.1877[62]
Anzahl Tage	3 - 4
Schwierigkeit	WS
Karten	Cotopaxi 1:50 000, Sincholagua 1:50 000
Plan	S. 211, Cotopaxi; S. 216 Cotopaxi Luftaufnahme
Höhen	Cabañas Cara Sur 4000 m, Hochcamp 4780 m, Cotopaxi 5897 m
Zeiten	Annäherung 2 $^1/_2$ h, Aufstieg 5 $^1/_2$ h

Seitdem auf der Südseite des Cotopaxi in einer Höhe von 4000 m Hütten entstehen, wird die Route „Cara Sur" auf den Cotopaxi populärer. Der Vorteil liegt auf der Hand: Die Gegend ist noch längst nicht so überlaufen, wie die Nordseite des Cotopaxi. Dafür muss allerdings ein beträchtlicher Höhenunterschied in Kauf genommen werden, um den Cotopaxi direkt von den Hütten zu besteigen. Zwar experimentiert der Besitzer der Hütten mit einem ständigen Camp auf 4780 m Höhe, doch bleibt abzuwarten, wie die Nationalparkverwaltung auf diese Initiative reagiert. Aus Sicht der Akklimatisation kann natürlich nur empfohlen werden direkt von den Hütten den Cotopaxi zu besteigen. Informationen zu den Hütten lassen sich im Internet unter http://www.cotopaxi-carasur.com oder unter der Telefonnummer +593-(0)22-290 31 64 finden.

D4. Cotopaxi

Anfahrt

Im Terminal Terrestre von Quito nehme man einen Bus nach Latacunga und teile dem Chauffeur mit, dass man in Lasso beim Bahnhof (Estación del ferrocarril) aussteigen wünscht. Hier miete man sich eine Camioneta mit Fahrziel „Cabañas Cara Sur" (über San Ramón, Ticatilín und Rancho María). Der Fahrpreis bewegt sich in der Größenordnung von 18 US$. Ticatilín besteht aus einer Hacienda und einer hübschen Kirche. Die Straße zweigt direkt vor der Hacienda nach rechts ab. Hier ist mit einem geschlossenen Tor zu rechnen. Der Schlüssel ist bei Segundo Rafaelo Endara zu finden. Sein Haus befindet sich auf der rechten Straßenseite ca. 200 Meter vor Ticatilín. Gegen eine Spende für Infrastrukturbauten der Comunidad ist er bereit, den Schlüssel auszuhändigen. Einmal in Besitz des Schlüssels kann direkt bis zu den „Cabañas Cara Sur" gefahren werden.

Annäherung (2 $^1/_2$ h)

Von den „Cabañas Cara Sur" führt ein Weg in die Q. Ticatilín, der bis zu ihrem Ende auf 4050 m zu folgen ist. Nun ist in einer sanft ansteigenden breiten Quebrada in Richtung NE aufzusteigen. Bei guter Sicht ist schon von weitem ein großer Steinblock (4500 m) zu sehen. Man steige über Lavaasche zu diesem Block. Von hier sind es weitere 50 Höhenmeter bis auf den höchsten Punkt von Sta. Barbara (4543 m). Nun steige man 50 Höhenmeter ab in Richtung NE. Ebensogut kann Sta. Barbara allerdings auch westlich umgangen werden. Spuren weisen den Weg. Anschließend halte man sich stets in Richtung NE, bis auf ca. 4780 m das Hochcamp (GPS: 784, 398, 9922, 676) erreicht wird.

Aufstieg (5 $^1/_2$ h)

Vom Hochcamp folge man jener Rippe, auf der das Camp plaziert ist in Richtung 34 Grad. Wo die Rippe zu steil wird, weiche man auf ein Tälchen linkerhand aus. Auf 5000 m (GPS: 784, 654, 9923, 156) erreicht man auf dem Kamm derselben Rippe den Gletscherbeginn. Man überschreite den Gletscher nach links in Richtung N haltend bis zum Beginn (5136 m) eines Gletschertales, das sich in Richtung NE fortsetzt. Sich am linken Rand dieses Tälchens haltend steige man in Richtung 34 Grad, bis auf einer Höhe von 5460 m (GPS: 785, 015, 9923, 924) eine riesige Spalte den Weg versperrt. Diese Spalte ist rechts zu umgehen. Anschließend steige man weiter in Richtung N. Auf einer Höhen von 5600 m, dort wo der Gletscher steil wird, schweife man nach links ab, um eine riesige von unten nicht einsehbare Spalte zu umgehen. Vom linken Ende dieser Spalte (5681 m) halte man auf die Sandhalde zu, die den Zugang zum Kraterrand vermittelt. Links die-

Cotopaxi Cara Sur

Gletschertouren

ser Sandhalde steige man über Schnee oder Eis zum äußeren Kraterrand (GPS: 785, 318, 9924, 468; 5810 m) hinauf. Dem äußeren Kraterrand folge man über Sand nach N zum Fuß des Nordgipfels. Immer der Gratschneide folgend erklettere man ohne Schwierigkeiten den Nordgipfel.

Flugaufnahme des Cotopaxi (IGM)

D4. Cotopaxi - D5. Chimborazo

D5. **Chimborazo** (6310 m)

Koordinaten	MAP: 743, 050, 9838, 000
Erstbesteigung	Jean A. Carrel, Louis Carrel, Edward Whymper; 4. 1. 1880[63]
Anzahl Tage	3 - 4
Schwierigkeit	WS+ bis ZS
Karten	Chimborazo 1:50 000
Plan	S. 219 Chimborazo
Höhen	Straße Riomamba - Guaranda 4210 m, Carrel-Hütte 4840 m, Whymper-Hütte 5000 m, Chimborazo 6310 m
Zeiten	Annäherung 3 ½ h, Neue Normalroute 7 h, Whymper-Route 7 h, Ruta de las Murallas Rojas 8 h

Der Chimborazo ist der Riese unter den ecuadorianischen Bergen. Mit 6310 m Höhe ist er der einzige 6000er Ecuadors und deshalb Traum vieler Bergsteiger. Wider Erwarten befindet sich der Chimborazo in der tieferen Cordillera Occidental. Bei ausserordentlichen Sichtverhältnissen ist der Eiskoloss von Guayaquil aus zu sehen. Der Berg besteht aus drei Eiskuppen, die auf der W-E-Achse angeordnet sind und von E nach W stets höher werden. Sechs verschiedene Gipfel lassen sich ausmachen:

Nr.	Gipfel	Höhe	Koordinaten
1	Hauptgipfel (Whymper, Ecuador)	6310 m	(MAP: 743, 050, 9838, 000)
2	NW-Gipfel (Veintimilla)	6267 m	(MAP: 742, 450, 9838, 100)
3	N-Gipfel (Abraspungo, México)	6200 m	(MAP: 743, 150, 9938, 200)
4	Zentralgipfel (Club Politécnico)	5820 m	(MAP: 744, 500, 9937, 400)
5	E-Gipfel (Nicolás Martínez)	5660 m	(MAP: 745, 150, 9837, 300)
6	ENE-Felskopf Piedra Negra	5140 m	(MAP: 745, 950, 9837, 700)

Von den Gipfeln fließen sternförmig Gletscherarme bis auf 4600 m hinab. Die meisten dieser Gletscher wurden nach Forschungsreisenden des 19. Jhd. benannt. Wie man sich eine solche Benennung vorzustellen hat, zeigt das folgende Zitat des Geographen Hans Meyer, der dem Chimborazo im Jahre 1903 in Begleitung des Malers Rudolf Reschreiter einen Besuch abstattete: „Diese mächtige, jetzt bei 4400 m endende Eiszunge ist auf keiner Karte zu finden und bisher namenlos. Einer spontanen Regung folgend rief darum vor diesem Eisstrom Herr Reschreiter aus: Von nun an soll er Hans-Meyer-Gletscher heißen! Bald darauf konnte ich mich revanchieren, indem ich seinen weiter östlichen Nachbar, der ebenfalls noch auf den Karten unbekannt und unbenannt war, Reschreiter-Gletscher taufte."[64] Auf dem Plan zum Chimborazo (siehe S. 219, Plan Chimborazo) sind die verschiedenen

Gletschertouren

Gletscher von 1 bis 22 numeriert.⁶⁵ Die folgende Tabelle enthält die Namen zu den einzelnen Gletschern. Leider weicht die Gletscherbenennung von Quelle zu Quelle voneinander ab. Diese Tabelle enthält die wahrscheinlichste Variante:

Nr.	Name des Gletschers
1	Spruce
2	Abraspungo
3	Hans Meyer
4	Reschreiter
5	Carlos Zambrano
6	Theodoro Wolf
7	García Moreno
8	Chuquipoquio
9	Boussingault
10	nicht unterscheidbar
11	nicht unterscheidbar
12	nicht unterscheidbar
13	Humboldt (SE-Gletscher)
14	Humboldt (SSE-Gletscher)
15	Humboldt (Kleiner S-Gletscher)
16	Humboldt (Großer S-Gletscher)
17	Totorillas
18	Glaciar de los escombros (Trümmergl.)
19	Thielmann
20	Stübel
21	Reiss (Lea Hearn)
22	Reiss

Zur Herkunft des Namens vom Chimborazo kursieren verschiedene Theorien: Gemäß einer Theorie setzt sich der Namen zusammen aus dem Wort „Shingbu" der Sprache Cayapa und „Razo" der Sprache Colorado. „Shingbu" kann mit „Frau" und „Razo" mit „Eis" oder „Schnee" übersetzt werden. „Chimborazo" würde also „Eisige Frau" bedeuten. Nach einer zweiten Theorie ist das Wort zusammengesetzt aus „Chimbo" und „Razo". „Chimbo" gehöre zur Sprache Jíbaro und bedeute „Thron des Hausherrn". Mit der obigen Übersetzung von „Razo" folgt die Übersetzung „Eisiger Götterthron". Die Indios der umliegenden Dörfer nannten den Chimborazo „Urcorazo", zu deutsch „Eisiger Gipfel".⁶⁶

Der Chimborazo stand lange im Ruf der höchste Berg der Welt zu sein. Schon früh liess sich mancher Bergsteiger durch dieses Gerücht locken. Die französischen Wissenschaftler La Condamine und Pierre Bouguer untersuchten im Jahre 1746 die Abhänge des Chimborazo. Sie gelangten aber nicht höher, als bis zur Schneegrenze. Der bekannte deutsche Forschungsreisende Alexander von Humboldt versuchte im Jahre 1802 eine Besteigung des Chimborazo: „Wir gelangten mit großer Anstrengung und Geduld höher als wir hoffen durften, da wir meist ganz in Nebel gehüllt blieben. Der Felskamm hatte meist nur die Breite von 8 - 10 Zoll. Zur Linken war der Absturz mit Schnee bedeckt, dessen Oberfläche durch Frost wie verglast erschien. Die dünneisige Spiegelfläche hatte gegen 30 Grad Neigung. Zur Rechten senkte sich unser Blick schaurig in einen 800 oder 1000 Fuß tiefen Abgrund, aus dem schneelose Felsmassen senkrecht hervorragten. Wir hielten den Körper immer mehr nach dieser Seite hin geneigt; denn der Absturz zur Linken schien noch gefahrdrohender, weil sich dort keine Gelegenheit darbot, sich mit den Händen an zackig vorstehendem Gesteine

D5. Chimborazo

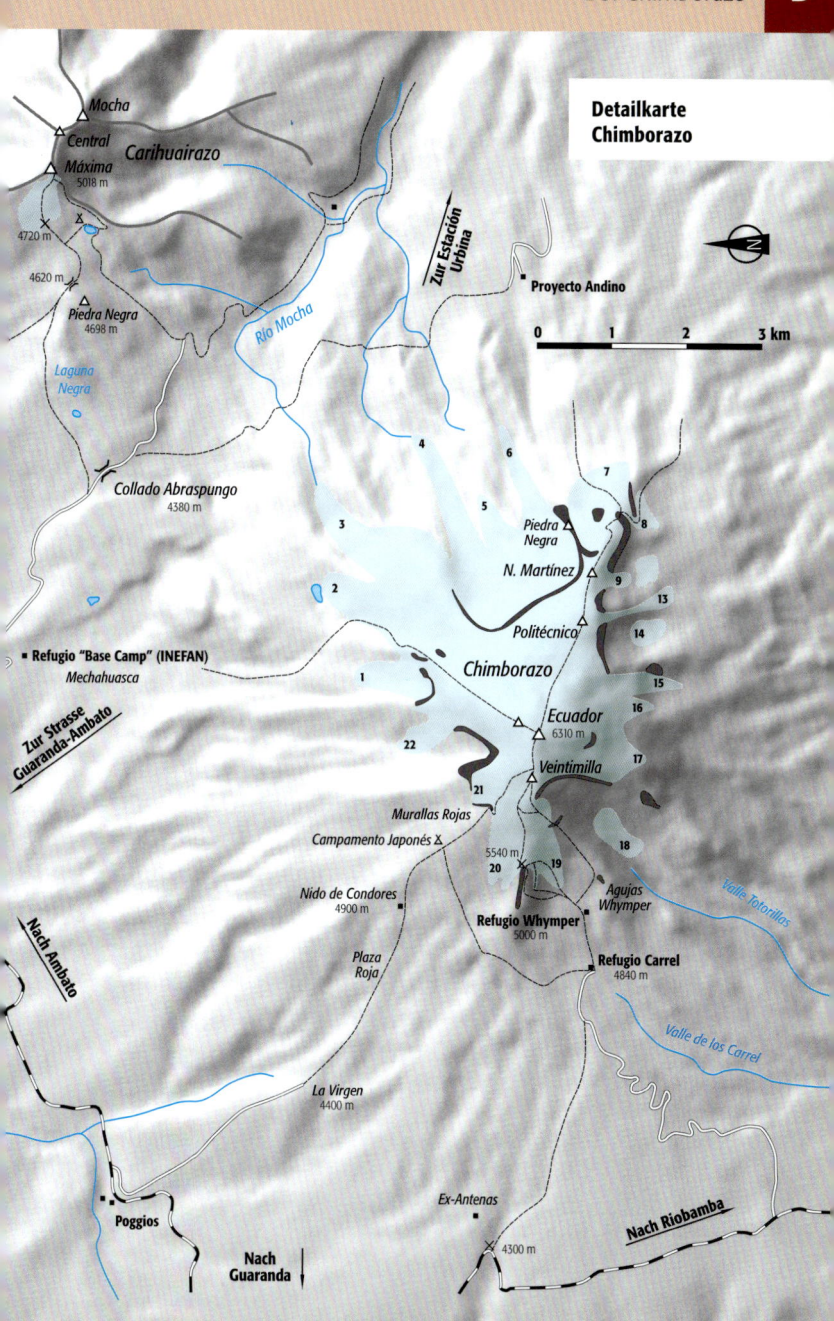

Detailkarte Chimborazo

0 · 1 · 2 · 3 km

- Mocha
- Central
- Máxima 5018 m
- Carihuairazo
- 4720 m
- 4620 m
- Piedra Negra 4698 m
- Río Mocha
- Zur Estación Urbina
- Proyecto Andino
- Laguna Negra
- Collado Abraspungo 4380 m
- Piedra Negra
- N. Martínez
- Politécnica
- Refugio "Base Camp" (INEFAN) Mechahuasca
- Chimborazo
- Zur Strasse Guaranda-Ambato
- Ecuador 6310 m
- Veintimilla
- Murallas Rojas
- Campamento Japonés
- 5540 m
- Agujas Whymper
- Nido de Condores 4900 m
- Refugio Whymper 5000 m
- Refugio Carrel 4840 m
- Nach Ambato
- Plaza Roja
- Valle Totorillas
- Valle de los Carrel
- La Virgen 4400 m
- Poggios
- Nach Guaranda
- Ex-Antenas
- 4300 m
- Nach Riobamba

Gletschertouren

Heftige Winde am Chimborazo

festzuhalten, und weil dazu die dünne Eisrinde nicht vor dem Untersinken im lockeren Schnee sicherte... Bald fanden wir das weitere Steigen dadurch schwieriger, dass die Bröcklichkeit des Gesteins beträchtlich zunahm. An einzelnen sehr steilen Staffeln musste man die Hände und Füße zugleich anwenden, wie dies bei allen Alpenreisen so gewöhnlich ist. Da das Gestein sehr scharfkantig war, wurden wir, besonders an den Händen, schmerzhaft verletzt... Ich hatte dazu (wenn es einem Reisenden erlaubt ist, so unwichtige Einzelheiten zu erwähnen) seit mehreren Wochen eine Wunde am Fuße, welche durch die Anhäufung der Niguas (Sandflöhe) veranlasst war... Nach einer Stunde vorsichtigen Klimmens wurde der Felskamm weniger steil, aber leider! blieb der Nebel gleich dick. Wir fingen nun nach und nach an, alle an großer Übelkeit zu leiden... Wir bluteten aus dem Zahnfleisch und aus den Lippen. Die Bindehaut der Augen war bei allen ebenfalls mit Blut unterlaufen... Die Nebelschichten, welche uns hinderten, entfernte Gegenstände zu sehen, schienen plötzlich, trotz der totalen Windstille, vielleicht durch elektrische Prozesse, zu zerreissen. Wir erkannten einmal wieder, und zwar ganz nahe, den domförmigen Gipfel des Chimborazo. Es war ein ernster, großartiger Anblick. Die Hoffnung, diesen ersehnten Gipfel zu erreichen, belebte unsere Kräfte aufs Neue. Der Felskamm, der nur hier und da mit dünnen Schneeflocken bedeckt war, wurde etwas breiter; wir eilten sicheren Schrittes vorwärts, als auf einmal eine Art Talschlucht (gemeint ist wohl eine Gletscherspalte) von etwa 400 Fuß Tiefe und 60 Fuß Durchmesser unserem Unternehmen eine unübersteigliche Grenze setzte... Die Kluft war nicht zu umgehen. Am Antisana konnte freilich Herr Bonpland nach einer sehr kalten Nacht eine beträchtliche Strecke des ihn tragenden Schnees durchlaufen. Hier war der Versuch (gemeint ist vermutlich die Benutzung einer Schneebrücke) nicht zu wagen, wegen Lockerheit der Masse; auch machte die Form des Absturzes das Herabklimmen unmöglich. Es war ein Uhr mittags. Wir stellten mit viel Sorgfalt das Barometer auf, es zeigte 13 Zoll 11 2/10 Linien. Die Temperatur der Luft war nur 1.6 Grad unter dem Gefrierpunkt... Wir hatten nach der La Plac'schen Barometerformel eine Höhe von 3016 Toisen, genauer 18'096 Pariser Fuß (5881 m), erreicht... Wir blieben kurze Zeit in dieser traurigen Einöde, bald wieder ganz in Nebel gehüllt. Die feuchte Luft war dabei unbewegt... Wir sahen nicht mehr den Gipfel des Chimborazo, keinen der benachbarten Schneeberge, noch weniger die Hochebene von Quito. Wir waren wie in einem Luftballon isoliert... Da das Wetter immer trüber und trüber wurde, eilten wir auf demselben Felsgrate herab, der unser Aufsteigen begünstigt hatte."[67]

D5. Chimborazo

Die Behauptung Humboldts wurde später in Zweifel gezogen.[68] Auf welche Höhe Humboldt auch immer gelangte, der Besteigungsversuch gibt den Auftakt zu einem Andinismus, der nicht mehr nach stichhaltigen Gründen sucht, um einen Berg zu besteigen.

Im Jahre 1822 stattete der amerikanische Befreiungskämpfer Simón Bolívar den E-Abhängen des Chimborazo einen Besuch ab. Im Jahre 1831 folgten zwei Besteigungsversuche der Expedition von Jean Baptiste Boussingault und Francis Hall. Sie berichteten, eine Höhe von 6004 m erreicht zu haben. Die deutschen Geologen Wilhelm Reiss und Alphons Stübel untersuchten während ihrer Reisen zwischen 1870 und 1874 mehrmals den Chimborazo. Sie mussten einen Besteigungsversuch aber auch auf einer Höhe von angeblichen 5810 m abbrechen. Als erster erreichte der berühmte Alpinist Edward Whymper mit seinen beiden Führern, den Carrels, am 4. Januar 1880 über die sogenannte Whymper-Route den Hauptgipfel des Chimborazo. Da die Neuigkeit in Zweifel gezogen wurde, bestieg er sechs Monate später über den NW-Ausläufer (Poggios-Route) erneut den Hauptgipfel. Diese beiden Routen wurden bis vor wenigen Jahren als Normalrouten auf den Chimborazo benutzt.

Unterdessen ist der Chimborazo schon über die meisten Flanken und Grate bestiegen worden. Im Folgenden eine Liste der Erstbesteigungen auf die Nebengipfel des Chimborazo:

Gipfel	Erstbesteigung
Zentralgipfel (Club Politécnico)	Ramiro Sáenz, Adolfo Holguín, Diego Terán, Santiago Rivadeneira, César Ortíz, Leonardo Meneses; 30.5.1971[69]
E-Gipfel (Nicolás Martínez)	Jerzy Dobrzysky, Gustav Grizez, Andrzy Paolo; 14.9.1972[70]
ENE-Felskopf (Piedra Negra)	Javier Cabrera, Antonio Estupiñán, Oswaldo Morales, Iván Vallejo; 13.9.1983[71]

Im Jahre 1979 wurde im Valle de los Carrel auf einer Höhe von 5000 m das Refugio Edward Whymper eingeweiht. Die Hütte bietet für ca. 50 Personen Platz und ist in typischer Weise ausgerüstet: Gaskocher steht zur Verfügung, Matratzen sind vorhanden, jedoch keine Decken. Wenig unterhalb der Whymper-Hütte, auf 4840 m Höhe, steht am Ende der Fahrstraße eine zweite Hütte (Refugio Los Hermanos Carrel). Sie bietet Platz für ca. 30 Leute und unterhält einen reduzierten Restaurantbetrieb. Diese Hütte eignet sich für eine Akklimatisationsnacht oder als Alternative, falls die Whymper-Hütte voll belegt ist. Seit dem Bau dieser Hütten erfolgen die Besteigungen v.a. über die Normalrouten und über die Whymper-Routen. Die Wahl einer Route und einer Variante hängt entscheidend von den Schneeverhältnissen ab. Die Spalten sind auf den meisten Aufstiegsrouten in der Regel gut zugedeckt. Die Gefährlichkeit des Chimborazo rührt aber v.a. von dessen Höhe her und bei besonderen Schneesituationen von Lawinen. So forderte eine von Bergsteigern auf 6200 m ausgelöste Lawine im Jahre 1993 zehn Todesopfer.[72]

D Gletschertouren

Chimborazo Máxima
6310 m

Veintimilla
6267 m

5760 m

5540 m
El Castillo

El Corredor

5165 m

Agujas de Whymper

Refugio Whymper 5000 m

Valle de los Carrel

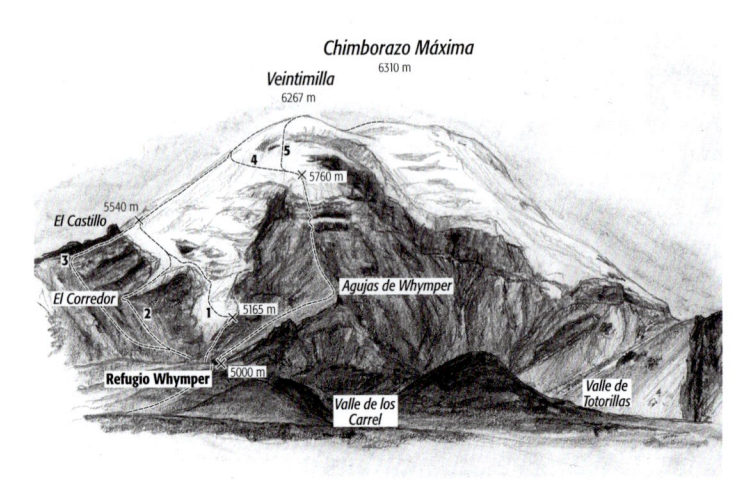

Valle de Totorillas

SW-Flanke des Chimborazo

Anfahrt

Die Chimborazo Hütte wird am einfachsten von einer der beiden Verbindungsstraßen nach Guaranda erreicht. Eine Straße führt von Ambato nach Guaranda, die andere direkt von Riobamba nach Guaranda. Die Straßen treffen sich an einer verlassenen Polizeistation nordwestlich des Chimborazo. Dieses Gebäude eignet sich um die erste Akklimatisationsnacht zu verbringen. Wasser ist allerdings keines vorhanden. Ca. 10 km südlichöstlich der verlassenen Polizeistation, auf der Verbindungsstraße Riobamba - Guaranda, zweigt die Stichstraße zu den Chimborazo-Hütten ab.

Wer mit öffentlichen Verkehrsmitteln anreisen möchte, nehme einen Bus Riobamba - Guaranda, steige aber erst 5 km nach der Abzweigung der Stichstraße in einer auffälligen Haarnadelkurve aus. Von hier kann über den phantastischen Arenal direkt zur Hütte aufgestiegen werden, ohne dass der langweiligen Stichstraße entlangmarschiert werden muss. Andernfalls steige man direkt bei der Abzweigung aus und versuche per Anhalter zu den Hütten hochzufahren. Natürlich kann in Riobamba auch ein Taxi zur Hütte angeheuert werden. Mit 25 - 30 US$ Fahrkosten ist zu rechnen.

Annäherung (3 ½ h)

Von der erwähnten Haarnadelkurve steige man über einen breiten Sandrücken in Richtung SE. Auf 4520 m folge man einem sanft ausgeprägten Rücken, der in Richtung ESE verläuft. Auf ca. 4800 m begegnet man der Fahrstraße, die zur unteren Hütte führt. Man folge der Straße über ebenes Gelände einen knappen Kilometer in Richtung E bis zum Refugio Los Hermanos Carrel (MAP: 739, 950, 9837, 200, 4840 m). Hier drängt sich eine zweite Nacht zum Zwecke einer guten Akklimatisation auf. Die obere Hütte liegt in Richtung ESE auf ca. 5000 m bei den Koordinaten (GPS: 740, 718, 9837, 477).

Die folgenden zwei „Ausflüge" bieten bei guter Sicht beste Einblicke in die verschiedenen Routen zum Chimborazo und können außerdem der Akklimatisation förderlich sein.

Agujas de Whymper (5260 m)

Diese Felsnadeln befinden sich im SW-Grat des Vorgipfels Veintimilla und bilden ein erstes Ziel bei der Begehung der Whymper-Route. Man besteige die Hänge ostsüdöstlich von der oberen Hütte. Spuren weisen den Weg. Auf ca. 5240 m gelangt man auf einen Grat, der sich in Richtung NE zum Gipfel des Veintimilla fortsetzt. Hier befinden sich einige Felsnadeln. Die höchste der Nadeln wird am besten in der SE-Flanke erklettert. Der Schwierigkeitsgrad bewegt sich um eine UIAA III. Der Fels ist verhältnismäßig gut.

El Castillo (5400 m)

Die letzte felsige Erhebung im W-Grat des Chimborazo wird El Castillo genannt. Leider ist es nicht wirklich möglich, diesen Punkt von W her zu erreichen. Aber immerhin kann der W-Grat bis zum letzten Einschnitt vor dem Castillo begangen werden. Dazu halte man sich von der oberen Hütte in Richtung NNE, bis man an den Fuß der steilen Flanke des W-Grates gelangt. Diese Flanke wird am besten in ihrem linken Abschnitt über Schutt oder Schnee bestiegen. Oben ist ein Felsband durch eine der Rinnen zu durchqueren. Leider ist der Aufstieg nicht ganz frei von Steinschlaggefahr (wenn kein Schnee liegt) bzw. Lawinengefahr (wenn Schnee liegt). Oben auf dem Grat angelangt, ist es möglich, diesem bis kurz unter El Castillo zu folgen. Hier ist der Fels aber dermassen schlecht, dass an ein Besteigen von El Castillo von dieser Seite her nicht zu denken ist. Andernfalls würde dieser Zugang zum Gletscher eine gute Alternative zur Normalroute bilden.

Neue Normalroute (7 h)

Die Normalroute verläuft grundsätzlich über den W-Grat des Veintimilla. Zum Anfang dieses Grates kann über drei verschiedene Varianten gelangt werden:

Gefährliche Eisformationen am Chimborazo

Gletschertouren

a) Über den Thielmann-Gletscher (1)

Liegt genug Schnee auf der Gletscherzunge des Thielmann-Gletschers, ist dieser Route der Vorzug zu geben. Grundsätzlich folge man den Wegspuren von der oberen Hütte in Richtung NE. Das Ziel ist der rechte Rand des unteren Thielmann-Gletschers. So wird die Gletscherzuge benannt, die sich in Richtung Hütte ausstreckt: Zunächst führt die Route über flaches Gelände. Bald wird das Gelände aber steil und schwieriger zu begehen. Man folge hier dem rechten Rand des Gletschers bis auf ca. 5165 m. Hier befindet sich ein guter Einstieg. Nun quere man bis zur Mitte der Gletscherzunge und steige sanft nach links haltend bis auf 5345 m. Hier stößt von links her ein Gletscherfluss auf den unteren Thielmann-Gletscher. Man besteige diesen zunächst steilen Gletscherfluss an seinem rechten Rand. Am oberen Hangende ist mit einigen Spalten zu rechnen. Auf ca. 5385 m gelangt man auf ein Podest. Nun traversiere man nach N, bis der Sattel (5540 m) östlich von El Castillo erreicht wird.

b) El Corredor (2)

Wenn der Thielmann-Gletscher im unteren Bereich aper ist, kann der Anfang des W-Grates schneller über El Corredor erreicht werden. Leider ist diese Route steinschlägig. Es ist deshalb wichtig, sich spätestens am 11.00 h wieder auf der Hütte einzufinden. Von der oberen Hütte begebe man sich über Wegspuren in nordöstlicher Richtung an den Fuß der Schutthalde unterhalb El Castillo. Über eine schwach ausgeprägte Moräne steige man bis unter eine Eisterrasse (El Corredor), die sich erstaunlicherweise unterhalb El Castillo halten kann. Im nächsten Abschnitt ist mit Steinschlag zu rechnen. Nun erklettere man über eine wenige Meter Hohe Eiswand die Eisterrasse (5327 m). Dieser Bereich ist einer enormen Wandlung unterworfen. Man erkundige sich beim Hüttenwart oder bei absteigenden Andinisten nach der aktuellen Lösung. Auf der Eisterrasse angekommen halte man sich nach E, um bald auf die Thielmann-Route zu treffen. Anschließend steige man nach links zum Sattel (5540 m) östlich von El Castillo.

c) Unter El Castillo (3)

Diese Variante besteigt den S-Abhang des El Castillo-Grates in seiner vollen Länge. Da El Castillo schwer zu überklettern ist, muss am Schluss unter dem Felskopf von El Castillo hindurchtraversiert werden, um auf den Sattel östlich von El Castillo und zum Beginn des W-Grates zu gelangen. Bis zu diesem Punkt ist die Route erheblichem Steinschlag ausgesetzt und kann deshalb nicht wirklich empfohlen werden.

Man folge der Variante El Corredor bis zum Fuß des Schutthanges. Nun ersteige man etwas links der El Corredor-Route den ganzen Hang bis kurz unter das oberste Felsband von El Castillo. Man folge anschließend dem Fuß des Felsbandes nach rechts. Nach einer Traverse von ca. 200 m gelangt man auf den Sattel (5540 m) östlich von El Castillo und zum Beginn des W-Grates.

Ab dem Sattel östlich von El Castillo (GPS: 741, 390, 9838, 230) beginnt der anhaltend steile W-Grat des Veintimilla-Gipfels.

D5. Chimborazo

Agujas de Whymper (E. Whymper)

Gletschertouren

Refugio Whymper, Hütte an der Normalroute zum Chimborazo

Man folge diesem Grat bis auf eine Höhe von 5800 m. Wenn dieser Gletscherabschnitt aper ist, ist höchste Vorsicht geboten. Ab 5800 m nimmt der Grat eine Richtung von 75 Grad ein. Auf 5877 m durchschreite man längswegs eine tiefe Spalte. Auf 6051 m (GPS: 742, 224, 9838, 290) ist eine gigantische Spalte über eine Brücke zu überqueren. Diese Spalte zieht sich über die ganze NW-Flanke und kann von der Straße Guaranda - Ambato gut erkannt werden. Anschließend steige man gerade hinauf in Richtung 110 Grad zum breiten Rücken des Veintimilla-Gipfels. Dabei sind ein paar Spalten zu überqueren. Sollten diese Spalten nicht gut überdeckt sein, versuche man sie rechterhand zu umgehen. Auf dem breiten Rücken des Veintimilla-Gipfels angekommen (6196 m), halte man sich nach S, um in Kürze auf den Gipfel des Veintimilla zu gelangen (6240 m). Vom Veinimilla-Gipfel kann der Hauptgipfel über ein oft verspaltetes Gebiet in Richtung E erreicht werden.

Whymper-Route (7 h)

Zunächst begebe man sich zu den Agujas de Whymper im SW-Grat des Veintimilla. Nun folge man den Wegspuren auf dem Grat in Richtung NE. Auf ca. 5500 m wird ein Band von roten Felsen erreicht, das am einfachsten im rechten Bereich durchklettert wird. Die Neigung übersteigt keine 40 Grad. Etwas oberhalb dieses Felsbandes beginnt der Gletscher. Meistens reicht der Schnee aber weiter hinab. Man steige weiter über den SW-Grat bis auf eine Plattform der Höhe 5920 m. Hier beginnt eine leicht ansteigende Traverse

D5. Chimborazo

in Richtung N. Nach ca. 100 m Traverse entscheide man sich für eine der zwei folgenden Varianten:

a) Klassische Whymper-Route (4)

Die Traverse wird bis zum W-Grat fortgesetzt. Kurz vor Erreichen des Grates ist eine Spaltenzone zu durchqueren. Die Traverse ist eisschlaggefährdet und heikel, wenn wenig Schnee auf dem Gletscher liegt. Der W-Grat wird auf ca. 5920 m erreicht. Anschließend halte man sich nach links, um wenig später auf ca. 6025 m auf die neue Normalroute zu treffen.

b) Ruta Directa (5)

Anstatt die Traverse fortzusetzen, kann der Veintimilla auch in direktem Aufstieg über eine Verengung bestiegen werden. Die Neigung in der steilsten Passage liegt um ca. 50 Grad. Auf dieser Route ist jedoch Erfahrung in Eisklettern Voraussetzung.

Ruta de las Murallas Rojas (8 h)

Die Ruta de las Murallas Rojas, auch bekannt unter dem Namen Ruta de Poggios, wird seit dem Bau der Whymper-Hütte kaum mehr begangen. Lange Zeit fanden fast alle Besteigungen über diese Route statt. Die Pioniere des 19. Jhds. versuchten meistens, auf dieser Route den Gipfel zu besteigen. Die Route verläuft über den NW-Ausläufer des Veintimilla, zwischen den Gletschern Stübel und Reiss. Auf 4900 m, an einem Ort genannt Nido de Condores, stand einst das Refugio Fabián Zurita (GPS: 740, 727, 9839, 746). Ein paar Bretter zeugen heute noch von der Hütte. Zum Refugio wurde klassischerweise von Poggios, eine Häusergruppe an der Straße Ambato - Guaranda, aufgestiegen. Es ist jedoch auch möglich von der unteren Hütte (Hermanos Carrel) direkt zum Einstieg in die Ruta de las Murallas Rojas zu queren.

Von der unteren Hütte begebe man sich über eine ebene Sandfläche einen Kilometer in Richtung NW. Im folgenden wende man sich nach NE, um sanft ansteigend Höhe zu gewinnen. Auf einer Höhe von 5000 m erreicht man den Ausläufer des W-Grates des Veintimilla-Gipfels. Hinter einer Zone von Felsblöcken steige man wenige Meter ab, um in das Tal des Stübel-Gletschers (nördlich von El Castillo) zu gelangen. Über Sand- und Steingelände traversiere man nun in Richtung NE. Dabei müssen ein paar Rinnen durchquert werden. Auf 5126 m (GPS: 740, 916, 9839, 282) erreicht man einen schwach ausgeprägten Rücken, der sich weiter oben mit dem NW-Grat verschmelzt. Über diesen Rücken steige man in südöstlicher Richtung bis unter die Felsen der „Murallas Rojas" (5702 m). Nun traversiere man direkt unterhalb den Murallas Rojas nach rechts. Sobald das Gelände dies zulässt steige man über eine Rinne hoch auf die Murallas Rojas. Nun schlage man eine Richtung von 128 Grad ein, um auf den Veintimilla-Gipfel zu gelangen. Falls Spalten den Weg versperren, umgehe man sie rechts. Im Extremfall traversiere man so lange nach rechts, bis man auf die Normalroute gelangt.

Klettertouren

Die brüchigen W-Wände des Morurcu

Unter Kletterbergen in Ecuador darf man sich nicht ausgesprochene Felsklettereien vorstellen, wie sie bspw. von den Dolomiten bekannt sind. Dennoch, ohne Absicherungsmaterial und Kenntnissen im Felsklettern sind die folgenden Berge nicht zu besteigen. Dabei fällt ins Gewicht, dass der Fels in Ecuador in der Regel bröcklig ist, Sicherungen schlecht anzubringen sind und alles in der Regel auch noch sehr nass ist. Dies hat zur Folge, dass ein UIAA IV schon ein anspruchsvolles Unternehmen darstellen kann. Bei einigen der beschriebenen Berge muss zudem in Eis geklettert werden. Eiskletterein in Ecuador sind oft objektiv gefährliche Unternehmungen, da die Eisqualität zu wünschen übrig lässt und mit Stein- bzw. Eisschlag zu rechnen ist. Dem entsprechend werden die Berge selten bestiegen.

E1.	Cotacachi	S. 230
E2.	Las Puntas	S. 234
E3.	Sincholagua	S. 237
E4.	Iliniza Sur	S. 239
E5.	Morurcu	S. 244
E6.	Quilindaña	S. 248
E7.	Carihuairazo Máxima	S. 252
E8.	El Altar	S. 258
E9.	Felstürme von Atillo	S. 266

0 20 40 60 80 100 km
Volcán Chiles 4723 m
TULCÁN
Tufiño
El Angel
Yanaurcu de Piñán 4535 m
Urququí
Cotacachi 4939 m
1
IBARRA
Imbabura 4621 m
OTAVALO
Cerro Cusín
Mojanda
San Miguel de los Bancos
Pululahua
Cayambe 5790 m
Volcán El Reventador
Casitagua
Pambamarca
Saraurcu 4670 m
Pichincha Rucu
Las Puntas
2
QUITO
Pichincha Guagua
Tablarumi
SANTO DOMINGO
Atacazo
Ilaló
Papallacta
Pasochoa
Antisana 5758 m
Baeza
Volcán Sumaco 3780 m
Corazón
3
Sincholagua
Iliniza Norte 5116 m
4
Cotopaxi 5897 m
5
Iliniza Sur 5263 m
Morurcu
6
Quilindaña 4877 m
Lasso
Narupa
Guagua Sumaco
LATACUNGA
Pujilí
QUEVEDO
San Miguel de Salcedo
TENA
Quillourcu
Quillushapa
Casaguala 4537 m
Cerro Hermoso 4571 m
AMBATO
El Triunfo
Carihuairazo 5018 m
7
Baños
Chimborazo 6310 m
Tungurahua 5016 m
PUYO
Guaranda
RIOBAMBA
8
Volcán El Altar 5319 m
Cubillín
Quilimas
Alao
Sangay 5230 m
MILAGRO
Atillo
Alausí
Totoras
Achipungo
9
Sasquines
Soroche 4689 m
Macas
Filo Cajas 4580 m
Azogues
Migüir
CUENCA
N

Klettertouren

E1. **Cotacachi** (4939 m)

Cotacachi, nach einer Legende Ehemann des Imbabura

Koordinaten	MAP: 795, 350, 0040, 300
Erstbesteigung	E. Whymper, Jean A. Carrel, Louis Carrel; 24. 4. 1880[73]
Anzahl Tage	2
Schwierigkeit	WS+, III
Karten	Imantag 1:50 000, Otavalo 1:50 000
Plan	S. 233, Cotacachi
Höhen	Loma de Virgen 3380 m, Basecamp 4260 m, Cotacachi 4939 m
Zeiten	Annäherung 4 h, Aufstieg 4 h

Der Cotacachi liegt im Norden Ecuadors, rund 20 km nordwestlich von Otavalo. In Form einer imposanten Felspyramide ragt er steil hinter der Laguna Cuicocha empor. Trotz der erstaunlichen Höhe von 4939 m ist der Berg in der Regel schneefrei. Nur gelegentlich sind die obersten Meter mit Schnee oder Hagel überzuckert. In der N-Flanke des Gipfels sind allerdings noch einige Überreste eines einst großen Gletschers zu finden. Man glaubt es kaum: Noch vor wenigen Jahrzehnten wurde das Eis dieser Gletscher für den Verkauf abgebaut. Edward Whymper beschrieb den Cotacachi als einen Schneeberg: „...der Cotacachi hatte eher eine pyramidale als eine konische Form. Eine seiner Flanken, jene in Richtung des Beckens

E1. Cotacachi

von Imbabura, war sehr steil. Eine andere, weniger abrupte Flanke, jene nach W, war zum großen Teil schneebedeckt."74 Von SW betrachtet, wird offensichtlich, dass sich nordwestlich des Hauptgipfels ein weiterer Gipfel versteckt. Ein markanter Sattel trennt diese zwei im letzten Teil sehr spitzen Gipfel.

Über die Bedeutung des Namens werden verschiedene Theorien verbreitet. Die eine Theorie besagt, dass der Name aus dem Quichua stammt: „gacha" heiße „See", wohingegen „kachi" „Salz" bedeuten würde.75 Gemäß einer anderen These stammt der Begriff aus dem Caranqui Dialekt: „cota" bedeute „Turm", während dem „cachi" „großer Hügel" heiße.76 Fest steht, dass der Cotacachi zusammen mit dem Imbabura große Bedeutung für die Mythologie der Indios hat. Die Indios sehen in den Bergen göttliche Wesen, die in der Vergangenheit wie lebendige Personen waren. Die Legende besagt, dass die weibliche María Isabel Nieves Cotacachi mit dem männlichen Taita Imbabura verheiratet war. Alle um und zwischen den beiden Bergen gelegenen Hügel werden als Nachkommenschaft der zwei betrachtet.

Die verfügbaren Beschreibungen für den Cotacachi sind verwirrend und führen, wie ein Blick in die Berichte des SAEC zeigt, kaum zum Erfolg. Alle klassischen Routenbeschreibungen starten bei den Antenas. Dies hat zur Folge, dass die Versuche, den Gipfel zu besteigen, vor allem von Süden erfolgten. Von Süden ist eine Besteigung aber aufgrund hoher Felswände schwierig. Die beschriebene Route geht den Berg von W an. Der letzte Gipfelaufschwung wird sogar in der NNW-Flanke überwunden. Um gar nicht erst in Versuchung zu geraten den Berg von Süden zu besteigen, schlägt dieser Führer einen anderen Zugang zur Basis des Berges vor.

Beim Cotacachi handelt es sich um einen erloschenen, stark erodierten Stratovulkan des Pleistozäns. Somit ist auch bereits alles über die Felsqualität gesagt. Die letzten 40 m sind sehr steil, so dass Felsklettern im dritten Grad angesagt ist. Das Tragen eines Helmes ist also obligatorisch, die Mitnahme eines Seiles ist empfehlenswert.

Am Fuße des Berges liegt die schöne Laguna Cuicocha mit ihren zwei Inseln. Da es sich bei diesem See um einen Explosionstrichter handelt, ist er sehr tief. Eine eindrückliche Wanderung führt rund um den See. Auf dem entsprechenden Weg ist es allerdings bereits zu Überfällen gekommen, so dass die Wanderung besser in einer großen Gruppe unternommen wird.

Anfahrt

Jeden Tag starten um 8.00 h und um 10.00 h im Terminal Terrestre von Otavalo Busse nach Santa Rosa und nach Apuela (Transporte Otavalo). Nach ca. 26 km, bevor die Straße zur Küste hinunterführt, erreicht der Bus einen Pass auf 3380 m. Dem Busfahrer ist mitzuteilen, dass man wünscht am Pass (collado), bei der Loma de la Virgen, auszusteigen.

Annäherung (4 h)

Am höchsten Punkt, den die Straße erreicht, zweigen rechts Wegspuren ab, die auf den Rücken östlich der Straße führen.

Anschließend folgen die Wegspuren stets in Richtung NE dem westlichen Arm der Quebrada Sigse. Auf 3800 m verschwinden die Wegspuren. Man steige in derselben Richtung zum Gipfel der Höhe 4237 m. Der Gipfel wird allerdings wenig unterhalb dem höchsten Punkt links umgangen. Links der Route ist ein kleiner See zu sehen. Im NE des Sees beginnt ein Pfad, der anschließend immer in Richtung E führt. Der Pfad steigt allmählich an und folgt dabei stets dem Hauptgrat auf dessen NW-Seite. Auf 4280 m, kurz vor einem Sattel des Hauptgrates, ist die letzte Campingmöglichkeit zu finden. Wasser kann allerdings während Trockenperioden zum Problem werden.

Aufstieg (4 h)

Nach dem Campingplatz wird die Rippe steiler und felsiger. Schlussendlich endet sie im NW-Gipfel des Cotacachi. Die Wegspuren folgen zu Beginn dem Hauptgrat auf der NW-Seite und führen unter Felsen durch, bis zum Beginn eines langen, steilen Schutthanges. Mit dem Übergang zum Schutthang verschwinden allmählich die Wegspuren. Dieser Schutthang muss in seiner ganzen Länge bestiegen werden, zuerst in Richtung 100 Grad, bis auf 4525 m. Auf dieser Höhe wird eine Gruppe von Felsnadeln (Picos) erreicht. Ab hier halte man sich in Richtung 60 Grad, bis auf 4655 m der Schutthang in der Vereinigung seiner zwei begrenzenden Grate ein Ende findet. Ab diesem Punkt kann der Grat auf seiner Schneide bis zu einem großen Gendarmen begangen werden (Richtung: 60 Grad). Der Gendarm wird auf seiner rechten Seite über eine Terrasse umgangen. Nach dem Gendarm ist 10 m über brüchiges Gestein in einen Sattel abzusteigen (4665 m). Man befindet sich nun in einem Graben, der oben in dem Sattel endet, der den Hauptgipfel und den NW-Gipfel trennt. Der Graben ist beinahe in seiner gesamten Länge bis 10 m unter den erwähnten Sattel (4810 m) zu besteigen (Richtung: 60 Grad). Kurz unter dem Sattel zweige man nach rechts ab und passiere einen kurzen Felsgürtel. In der Folge kann nach links über eine steile Rampe der NW-Grat des Hauptgipfels gewonnen werden. Zu diesem Punkt könnte auch direkt vom Sattel gelangt werden, allerdings lädt der NW-Grat in seinem unteren Teil nicht zum Klettern ein. Ab hier folge man dem NW-Grat in Richtung 120 Grad bis auf eine Terrasse (4855 m). In Blickrichtung zum Hauptgipfel versperrt eine Felswand den direkten Weiterstieg. Diese Wand wird links durch eine erste Verschneidung umgangen (UIAA III). Nach 5 m Kletterei in der Verschneidung ist ein Haken zu finden, am Ende der Verschneidung liegt eine Schlinge. Bei dieser Schlinge wird die Verschneidung nach rechts zum Beginn einer zweiten Verschneidung verlassen. Die zweite Verschneidung ist einfacher und führt direkt bis auf den S-Grat. Von hier aus wird der Hauptgipfel durch Besteigen des S-Grates in Kürze erreicht.

E1. Cotacachi

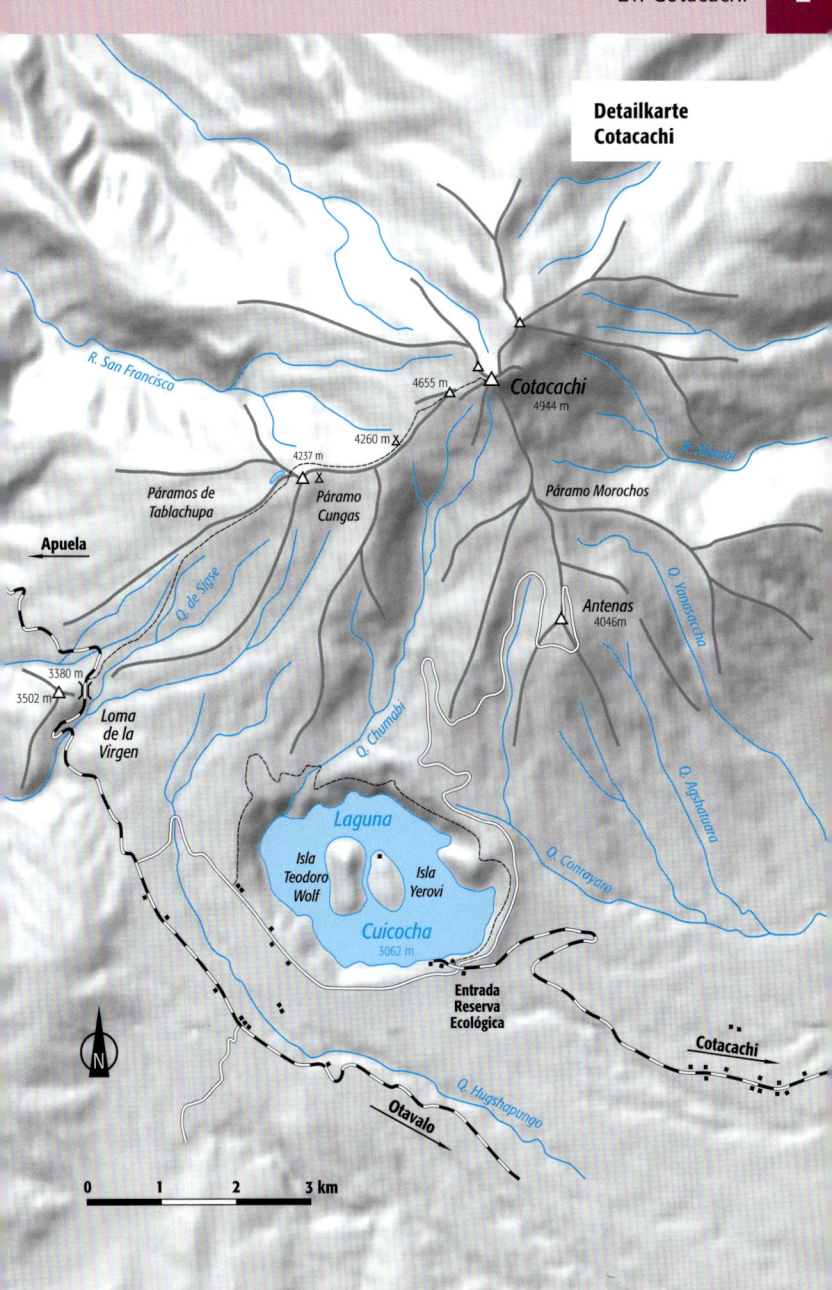

Detailkarte Cotacachi

E2. **Las Puntas** (4452 m)

Las Puntas III, IV und V

Koordinaten	MAP: 811, 250, 9979, 500
Erstbesteigung	unbekannt
Anzahl Tage	2 - 3
Schwierigkeit	T6, III
Karten	Oyacachi 1:50 000, Cangahua 1:50 000, El Quinche 1:50 000
Plan	S. 85, Papallacta
Höhen	Hacienda Santa Teresita 3280 m, Basecamp 4320 m, Puntas 4452 m
Zeiten	Annäherung 4 $^1/_2$ h, Aufstieg zu Puntas III 1 $^1/_2$ h, Aufstieg zu Puntas V 1 $^1/_2$ h

Zwischen dem Cayambe und dem Antisana liegen die sogenannten Puntas. Es handelt sich um 50 Felsköpfe, die in einem nach SW offenen Hufeisen angeordnet sind. Obwohl das Gestein vulkanischen Ursprungs ist, kann die Felsqualität befriedigen. Las Puntas eignen sich deshalb zum Klettern. Eingerichtete Routen können natürlich nicht erwartet werden, auch muss jeder Griff vor Gebrauch gut untersucht werden, nichtsdestotrotz stellen Las Puntas eines der wenigen Klettergebiete Ecuadors dar.

Die höchsten Felsköpfe sind im südöstlichen Abschnitt des Hufeisens zu finden. Hier erreichen die Felsen gegen 100 m Höhe. Die Köpfe im Norden des Hufeisens sind hingegen aus

E2. Las Puntas

klettertechnischer Sicht uninteressant. Dieser Führer numeriert die höchsten 10 Felsköpfe des südöstlichen Abschnittes mit den römischen Zahlen I bis X. Der Puntas I befindet sich in etwa bei den Koordinaten (MAP: 810, 800, 9979, 250), wohingegen der Puntas X die Koordinaten (MAP: 811, 600, 9980, 650) aufweist. Als Kandidaten für den höchsten Felskopf kommen die Puntas III, IV und V in Frage. Mit einiger Wahrscheinlichkeit überragt der Puntas IV die Puntas III und V um einige Zentimeter. „Dummerweise" ist die Besteigung dieses Gipfels am schwierigsten. Ohne komplette Kletterausrüstung mit Friends, Keilen, Schlingen und eventuell Haken ist hier nichts mehr zu machen. Die absolute Höhe dieses Kopfes dürfte sich um die 4450 m bewegen. Bei gutem Wetter können die Puntas übrigens von vielen Orten Quitos identifiziert werden. Besonders schön können sie auch von der Straße Quito - Otovalo eingesehen werden. Die Puntas präsentieren sich als eine Säge aus vielen kleinen schwarzen Zacken.

Anfahrt

Die Besteigung der Puntas erfolgt gewöhnlich von Checa aus (siehe jedoch auch Oyacachi-Trekk auf S.82-B2.). Checa kann mit einem Bus, der von Quito nach El Quinche fährt, erreicht werden. Diese Busse kommen alle am Partidero a Tumbaco (Interoceánica) vorbei. Anschließend fahren sie durch Cumbaya, Tumbaco und Yuruquí, bevor sie Checa erreichen. In Checa miete man sich eine Camioneta und lasse sich zur Hacienda Santa Teresita bringen (MAP: 806, 050, 9983, 300). Wer zu Fuß zur Hacienda Santa Teresita gelangen möchte, folge der Straße nach El Quinche, bis sie die alte, ausser Betrieb gesetzte Bahnlinie überquert. 200 Meter nach dem Bahnübergang zweigt rechts eine Straße ab. Man folge dieser Straße in Richtung ESE bis zur Hacienda Santa Teresita.

Annäherung (4 ½ h)

Um zu einem vernünftigen Ausgangspunkt für die Besteigung der Puntas zu gelangen, muss in einer nördlichen Umrundung der SE-Fuß des Berges erreicht werden. Bei der Hacienda Santa Teresita (3280 m) beginnt ein Weg, der in Richtung ESE ansteigt. Man folge ihm bis auf ca. 3600 m. Hier zweigt nach links ein Weg ab, der in der südlichen Flanke der Q. Yanasacha o Aglla sanft ansteigt. Dabei durchquert der Weg mehrere Seitentäler der Q. Yanasacha o Aglla. Die Grundrichtung wechselt allmählich von E über SE nach S. Auf 4000 m wird der N-Fuß der eigentlichen Puntas erreicht, auf 4200 m befindet man sich bereits östlich der Puntas. Von Süden verbindet ein Grat die Loma Yunguillas mit den Puntas. In unmittelbarer Nähe der Puntas befindet sich auf diesem Grat ein Übergang (MAP: 811, 400, 9979, 350) zur Q. Yaguil. Wegspuren führen bis zu diesem Übergang. Hier befindet sich ein guter Zeltplatz (4320 m).

Aufstieg zu Puntas III (1 ½ h)

Der Zeltplatz befindet sich direkt unterhalb von Punta IV und Punta V. Man steige vorerst in der SE-Flanke des Punta IV in west-

Klettertouren

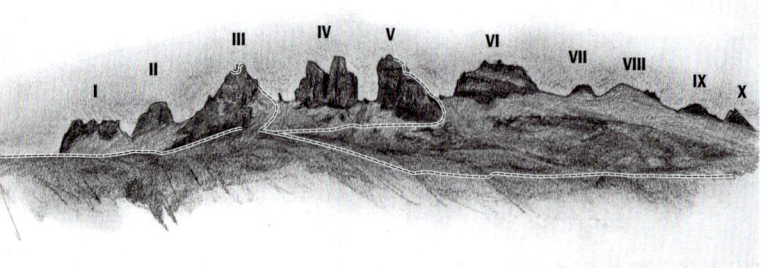

Las Puntas
4452 m

SE-Flanke der Puntas

licher Richtung bis zur Lücke zwischen der Punta III und Punta IV. In dieser Lücke steht eine markante Felsnadel. Man besteige nun eine Schulter im NE-Grat der Punta III. Dies geschieht am einfachsten in der SE-Flanke. Von dieser Schulter traversiere man in die N-Flanke und klettere auf den NW-Grat (UIAA III). Nun befindet man sich ca. 20 m unter den Gipfelnadeln. Eine direkte Besteigung der Nadeln ist von hier aus nicht einfach. Besser traversiert man deshalb auf einem sanft abfallenden Band in die SW-Flanke. Hier gelangt man an das untere Ende einer Rinne. Über diese Rinne steige man einfach bis zu den Gipfelnadeln. Letztlich umrundet diese Route den Gipfel vollständig. Oben angekommen, versuche man herauszufinden, welcher Zacken wohl der höchste ist.

Aufstieg zu Puntas V (1 $\frac{1}{2}$ h)

Vom Zeltplatz traversiere man horizontal auf Wegspuren in Richtung NE. Sobald möglich steige man auf zur Lücke zwischen Punta V und Punta VI. Die Route verläuft zu Beginn über den NE-Grat. Wo die Schwierigkeiten zu hoch werden, traversiere man in die SE-Flanke. Bald wird der Grat aber wieder über eine Rinne gewonnen. Nun muss in ausgesetzter Kletterei ein Gratzacken erklettert werden (UIAA III). Man folge dem Grat bis zum Gipfelturm. Dieser wird aber einfacher von der SW-Seite in Angriff genommen. Deshalb umrunde man den Gipfelturm auf einem Band in seiner N-Flanke. Von SW kann der höchste Punkt über eine kurze Kletterstelle (UIAA III) bestiegen werden.

E3. **Sincholagua** (4873 m)

Sincholagua vom Hotel Tambopaxi

Koordinaten	MAP: 792, 850, 9940, 800
Erstbesteigung	Jean A. Carrel, Louis Carrel, Edward Whymper; 23. 2. 1880[77]
Anzahl Tage	2
Schwierigkeit	L+, III-
Karten	Sincholagua 1:50 000
Plan	S. 211, Cotopaxi
Höhen	Santa Ana de Pedregal 3500 m, Basecamp 4200 m, Sincholagua 4873 m
Zeiten	Annäherung 5 h, Aufstieg 4 h

Der Sincholagua gehört zum Kranz der erodierten, erloschenen Vulkane, die den Cotopaxi umgeben. Er befindet sich 17 km nordnordöstlich des Cotopaxi und liegt somit abseits der Verkehrsachsen. Vor nicht langer Zeit bedeckten Gletscher die Flanken des Berges. Heute präsentiert sich dieser Berg als rötliche Felsburg, die ab und zu von etwas Schnee überzogen ist. Aus gewissen Perspektiven (z.B. von Pedregal) nimmt die Silhouette des Sincholagua eine ausgesprochen kühne Form an. Edward Whymper schreibt im Zusammenhang mit dem Sincholagua: „Meine Männer (Carrels) betrachteten mit Verachtung Berge wie den Pasochoa oder den Rumiñahui, da es mindestens ein halbes Dutzend Wege gab, um ihre Gipfel zu erreichen. Ihre Wahl fiel auf den Sincholagua, eine spitze Nadel, wie geschaffen für Alpinisten, die an Nadeln Geschmack finden."[78] Der Name

Klettertouren

des Sincholagua ist gemäß Marco Cruz auf „Sinchijagua" zurückzuführen. Dieses Wort wiederum bedeute zu deutsch „steil nach oben aufragend."[79]

Der Sincholagua ist wie gesagt ein längst erloschener, durch die Wirkung der Gletscher stark erodierter Vulkan. Vermutlich wies der Berg nach S ursprünglich eine Caldera auf. Das Gestein ist, wie bei solchen Vulkanen üblich, extrem brüchig. Trotzdem weist dieser Berg eine einigermassen sichere Normalroute und sogar eine Kletterroute auf. Die Normalroute geht den Gipfel von N an. Bis kurz unter den letzten Gipfelaufschwung ist der Anstieg unproblematisch. In den letzten 20 m muss über ein schwach ausgeprägtes Grätchen einigermassen ausgesetzt zum Gipfel geklettert werden.

Neben dem Sincholagua Máxima sei der Sincholagua Sur (auch Bruce Höneisen genannt) erwähnt. Dieser Gipfel befindet sich im SSW-Grat und weist eine Kletterroute im VI bis VII Grad auf. Diese Route wurde von Miguel Andrade und Hugo Torres am 3.8.1974 erstbestiegen.[80] Neben diesen beiden Gipfeln weist der Sincholagua eine Reihe weiterer brüchiger Felsnadeln auf.

Normalerweise wird der Fuß des Sincholagua über den Haupteingang des Cotopaxi-Nationalparks erreicht. Wer mit öffentlichem Verkehr den Berg möglichst unkompliziert erreichen will, reist aber besser über Machachi und Santa Ana de Pedregal an. Natürlich können auch die Hütten von „Tambopaxi" als Basis verwendet werden. Details zu „Tambopaxi" siehe S. 156-C12.

Anfahrt

Man nehme von Quito einen Bus nach Machachi. Die entsprechenden Busse starten in Quito beim alten Terminal Terrestre (ausserhalb des Gebäudes in der Av. Cumandá, ca. Nr. 533) oder bei der Villa Flora (Av. Alamor y Panamérica). Von Machachi fährt ein Bus nach Santa Ana de Pedregal (4.45 h, 7.30 h, 10.30 h, 13.10 h, 14.10 h). Andernfalls miete man eine Camioneta nach Santa Ana de Pedregal.

Annäherung (5 h)

Von Santa Ana de Pedregal durchquere man vorerst in Richtung E (96 Grad) eine 7 km lange Sandebene. Dabei werden mehrere wenig ausgeprägte Quebradas, der Río Pita und zwei Straßen gekreuzt. Am Ende der Ebene beginnt eine Rippe, die von der Q. Santa Rita und der Q. Diablo Huaycu begrenzt wird. Man steige über diese Rippe in Richtung E, bis sie sich auf 4160 m vereinigt mit einer Rippe, die von NW ansteigt. Nun suche man sich nordöstlich der nun vereinigten Rippe, im oberen Bereich der Quebrada Fohuaycu, einen ebenen Platz für das Basecamp (MAP: 790, 900, 9940, 900).

Aufstieg (4 h)

Vom Zeltplatz steige man nach SE zur Hauptrippe und folge dieser nach NE bis zu den ersten Felsen. Hier quere man in die SE-Flanke der Rippe, direkt unterhalb der Felsen, in Richtung NE. In nordöstlicher Richtung ist eine Felsburg zu sehen. Man steige links dieser Burg über einen Schutthang. Oben angekommen folge man in Richtung NE bis auf eine Kante, dessen letzte Meter eine Felsschicht aufweist (4540 m). Anschließend traversiere man in östlicher Richtung über Schutt auf eine Schulter (4600m). Erst von dieser Schulter aus ist der Hauptgipfel sichtbar. Unterhalb der Schulter führt ein Schuttgraben zu einer Lücke. Man steige von der Schulter in den Graben ab und gewinne in südwestlicher Richtung über Schutt die Lücke. Von dieser Lücke aus könnte theoretisch über den Grat in Richtung Hauptgipfel geklettert werden. Da der Grat aber sehr brüchig ist, traversiere man mit Vorteil 30 m in Richtung E und steige zurück auf den NW-Grat. Nun folge man dem NW-Grat bis unter den Gipfelkopf. Anschließend traversiere man unter dem Gipfelkopf in östlicher Richtung bis zu einem kurzen, brüchigen Kamin. Der Kamin wird zum Beginn des N-Grates bestiegen (5 m). Von hier aus kann in kurzer Kletterei (15 m) die höchste Erhebung via den N-Grat erreicht werden. Der Fels ist brüchig, die Kletterei relativ ausgesetzt, aber der Klettergrad übersteigt nicht eine UIAA III-.

Empfehlungen

Wegen der schlechten Qualität des Gesteins, sollte unbedingt ein Helm getragen werden. Für die Schlusskletterei empfiehlt sich außerdem die Mitnahme eines Seils und etwas Sicherungsmaterials.

E4. **Iliniza Sur** (5263 m)

Refugio Nuevos Horizontes, erbaut vom gleichnamigen Andinistenclub

Klettertouren

Koordinaten	MAP: 754, 450, 9927, 000
Erstbesteigung	Jean A. und Louis Carrel; 4. Mai 1880[81] bestritten durch Wilfrid Kühm, Gottfried Hirtz, Dimitri Kakabadse; 26. 6. 1939[82]
Anzahl Tage	2
Schwierigkeit	ZS
Karten	Machachi 1:50 000
Plan	S. 165, Ilinizas
Höhen	H. El Refugio 3520 m, Refugio 4740 m, Iliniza Sur 5263 m
Zeiten	Annäherung 4 h, Alte Normalroute 4 1/2 h, Neue Normalroute 4 h

Der Iliniza Sur bietet mit seinen steilen Eisflanken ein interessantes Ziel für den anspruchsvolleren Andinisten. Eine Vielzahl von Routen führen mittlerweile auf diesen Gipfel. Der Iliniza Sur hat allerdings wie kaum ein anderer Berg unter dem Gletscherrückgang in den letzten Jahrzehnten gelitten. Unterdessen macht der Gletscher an verschiedenen Orten das bröcklige Skelett des ehemaligen Vulkans frei. Die Routen werden durch diesen Eisschwund nicht unbedingt sicherer. Nicht nur wird der Berg steiler, sondern v.a. sind die Routen erheblichem Stein- und Eisschlag ausgesetzt. Eine weitere Folge des Gletscherrückganges ist eine stetige Veränderung des Berges. Es lässt sich deshalb wenig für die Zukunft Gültiges über die Routen aussagen. Besonders im Gipfelbereich kann der Iliniza Sur bereits in einem einzigen Jahr sein Aussehen beträchtlich verändern.

Edward Whymper scheiterte im Februar und Juni 1880 während zweier Versuche, den Iliniza Sur zu besteigen. Seinen Führern Jean A. Carrel und Louis Carrel gelang es jedoch am 4. Mai 1880, während einer Rekognoszierungstour den Gipfel zu erklimmen. E. Whymper hat dies später in einem Brief ausdrücklich bestätigt.

Anfahrt und Annäherung
siehe S. 163 - C15.

Alte Normalroute (4 1/2 h)
Von der Hütte folge man dem Weg zum Pass Cutucucho. Bereits nach ca. 30 m zweigt jedoch nach links ein Weg ab. Man folge diesem Weg durch eine Mulde bis zu einer Schuttebene (4865 m). Nächstes Ziel ist der Gletscherbeginn jenseits eines Felsriegels. Zwei Routen führen zu diesem Punkt: Entweder traversiere man ca. 200 m in Richtung SW bis der Felsriegel den Weg versperrt. Der Felsriegel ist an geeigneter Stelle zu durchsteigen, so dass man auf eine Rippe (4920 m) gelangt. Weniger steinschlaggefährdet ist die zweite Variante: Von der Schuttebene halte man absteigend nach W, bis der Felsriegel gut durchstiegen werden kann.

Man folge der Rippe bis zum Gletscherbeginn (4950 m). Auf dem Gletscher angekommen halte man sich rechts von einem verschrundeten Bereich nach SE und steige über teilwei-

Ausblick vom Iliniza Sur zum Chimborazo

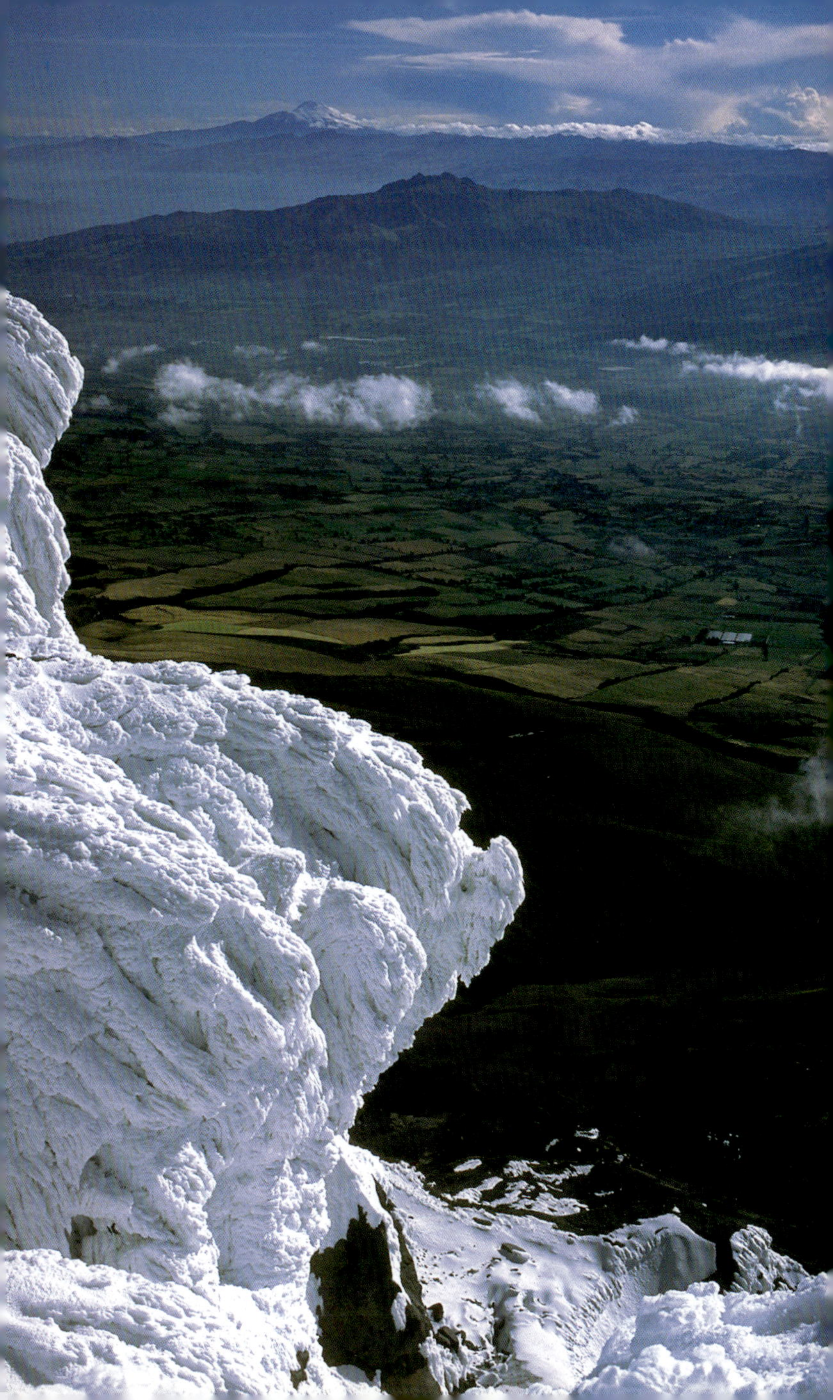

Klettertouren

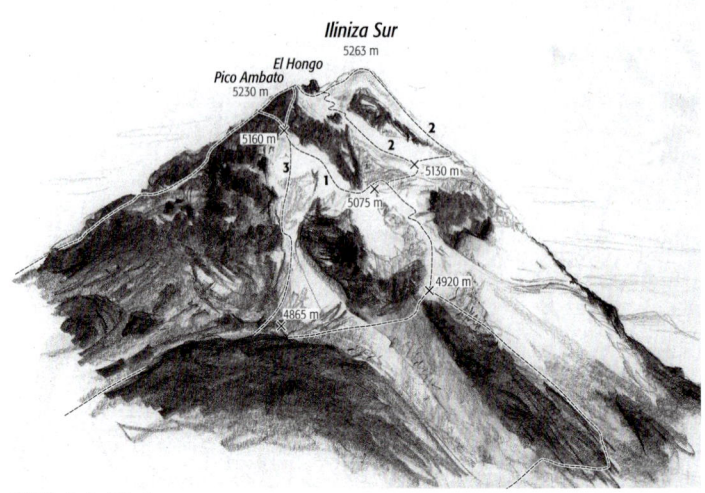

NNW-Flanke des Iliniza Sur

se steile Hänge (bis 40 Grad) bis auf 5045 m. Auf dieser Höhe wird eine Gletscherbrücke zwischen zwei versetzten Spalten überquert. Anschließend beginne man Höhe gewinnend nach links zu traversieren. Bald gelangt man an das untere Ende einer Felswand (5075 m). Man folge sanft absteigend der Begrenzung dieser Wand nach links, bis zu einem Felssporn (5070 m). Anschließend klettere man parallel zu den Felsen über steiles Eis (bis 45 Grad) nach oben, bis das Ende des Gletschers (5160 m) erreicht ist. Man befindet sich nun auf einer Gletscherzunge, die von einem Felskranz begrenzt wird. Dieser Felskranz ist je nach Schneestand aper oder schneebedeckt: Wenn eines der Couloirs durchgehend mit Schnee oder Eis gefüllt ist, begehe man dieses bis zum ersten Vorgipfel Pico Ambato. Wenn der Felskranz wenigstens in seinem linken Abschnitt schneebedeckt ist, traversiere man über steiles Gelände bis zum NE-Grat und besteige diesen bis zum Vorgipfel Pico Ambato. Sofern der Felskranz in seiner ganzen Länge aper ist, erklettere man ihn vertikal direkt bis zum Vorgipfel Pico Ambato (ca. 70 m). Für den Abstieg können hier gute Abseilstellen gefunden werden, da Zacken aus dem Felskranz ragen. Insbesondere bei tiefem Schneestand ist die Durchquerung dieses Felskranzes steinschlaggefährdet. Vom Vorgipfel Pico Ambato (5230 m) halte man sich nach SSW, traversiere in der NW-Flanke unter dem Vorgipfel El Hongo durch und gelange auf den Sattel zwischen dem Vorgipfel El Hongo und dem Hauptgipfel. Nun klettere man über die Gratschneide oder über die NW-Flanke zum Hauptgipfel (5263 m). El Hongo bedeutet zu deutsch Pilz. Früher war der Felskopf des zweiten Vorgipfels von einer kunstvoll aufgesetzten Schneehaube bedeckt, die ihm das Aussehen eines Pilzes verlieh. Eine Folge der Sublimation von Wasser aus den feuchten Sturmwinden.

Neue Normalroute (4 h)

Bis zur Felswand auf 5075 m sind die alte und die neue Normalroute identisch. Die neue Normalroute passiert ab diesem Punkt jedoch den Eisabbruch rechts der Felswand. Dazu halte man sich von der erwähnten Felswand nach rechts (S) und suche sich eine Route durch den steilen, zerrissenen Eisabbruch. Nach Bewältigung des Eisabbruches gelangt man auf eine Terrasse (5130 m). Hier stehen zwei Varianten zur Auswahl: Entweder steige man nach links (E) zum Sattel zwischen dem Vorgipfel El Hongo und dem Hauptgipfel. Kurz vor Erreichen des Sattels ist eine Spaltenzone zu durchqueren. Vom Sattel kann anschließend über die alte Normalroute der letzte Gipfelaufschwung erklommen werden. Oder man traversiere horizontal weit nach rechts (S) zum W-Grat des Hauptgipfels. Ein Bergschrund kurz vor Erreichen des W-Grates kann auf dieser Variante zum Problem werden. Der W-Grat ist recht steil, vermittelt aber normalerweise einen unproblematischen Zugang zum Hauptgipfel.

La Rampa oder Diretissima

Diese Route existiert wegen Eisschwund nicht mehr.

Frisch verschneiter Iliniza Sur, gesehen vom Pass Cutucucho

E5. **Morurcu** (4881 m)

Morurcu, auch genannt Baby-Cotopaxi

Koordinaten	MAP: 785, 000, 9921, 500
Erstbesteigung	B. Beate, A. Holguín, L. Meneses, S. Rivadeneira; 9. 10. 1972[83]
Anzahl Tage	2
Schwierigkeit	T6 (Morurcu III), ZS (Morurcu I)
Karten	Cotopaxi 1:50 000, Mulaló 1:50 000
Plan	S. 211, Cotopaxi; S. 216, Cotopaxi Luftaufnahme
Höhen	Cabañas Cara Sur 4000 m, Morurcu 4881 m
Zeiten	Aufstieg 7 h

Südlich des Cotopaxi sticht ein spitzer Felssporn ins Auge: Der Morurcu. Natürlich kann sich dieser Berg in Höhe nicht mit dem Cotopaxi messen, aber doch fällt er auf durch den Kontrast seiner schwarzen W-Flanke zum Schnee des Cotopaxi. Aus der Nähe betrachtet, besticht der Morurcu durch seine farbigen Felsschattierungen und durch seine Lage inmitten der riesigen Ascheablagerungen des Cotopaxi. Nicht zuletzt bietet der Morurcu einen Logenplatz bei der Betrachtung des Cotopaxi. Der Morurcu hat nur wenige Besteigungen erlebt. Erst 1972 wurde er erstbestiegen. Der Name stammt aus dem Quichua: „muru" bedeutet „Samen", wohingegen „urcu" mit „Gipfel" übersetzt werden kann.[84] Der Morurcu

E5. Morurcu

ist auch bekannt unter den Namen Guagua Cotopaxi (Baby-Cotopaxi) oder Cabeza de Inca (Inca-Kopf).

Genau genommen besteht der Berg aus einer Reihe von fünf markanten Gipfelköpfen, die von N nach S angeordnet sind und in dieser Reihenfolge auch stets höher werden: Ganz im N ist dies zuerst ein breites Kastell (Morurcu V), dann weiter nach S ein schiefer Zapfen (Morurcu IV), anschließend eine flache Pyramide (Morurcu III). Der nächste Gipfelkopf (Morurcu II) ist etwas nach E versetzt und nicht aus allen Richtungen zu erkennen. Zu guter Letzt ganz im S der Hauptgipfel (Morurcu I) in Form eines auf einer steilen, sandigen Terrasse aufgesetzten Kopfes. Der Morurcu ist, wie die Nähe zum Cotopaxi vermuten lässt, vulkanischen Ursprungs. Bei den erwähnten Felsköpfen und Nadeln handelt es sich um das, was nach einer Phase von Explosionen von der ehemaligen Caldera übrig blieb. Das Gestein ist entsprechend brüchig.

Die Routen auf diesen Berg sind von fragwürdigem andinistischem Interesse. Der Morurcu III ist relativ einfach zu besteigen, der Übergang zum Hauptgipfel (Morurcu I) ist aber aufgrund der schlechten Felsqualität problematisch. Im Grunde genommen kann gar nicht mehr von schlechter Felsqualität gesprochen werden, da es sich beim Verbindungsgrat zum Hauptgipfel vielmehr um kunstvoll zu einem spitzen Grat aufgetürmte, einzelne Steine handelt. Normalerweise gibt man sich also besser mit dem Morurcu III zufrieden. Von SW erreicht angeblich eine andere Route direkt den Hauptgipfel, aber es ist zu bezweifeln, ob diese Unternehmung tatsächlich zu verantworten ist.[85] Neben den Schwierigkeiten des Aufstieges im schlechten Gestein ist mit erheblichem Steinschlag zu rechnen. Ein weiterer Versuch könnte von SE erfolgen. Für alle Routen auf den Morurcu sind gute Verhältnisse unbedingte Voraussetzung. Wenn die Flanken und Grate vereist, verschneit oder nass sind, werden die Routen zu gefährlichen Abenteuern.

Anfahrt

Siehe S. 214 - D4.

Aufstieg (7 h)

Von den „Cabañas Cara Sur" führt ein Weg in die Q. Ticatilín, der bis zu ihrem Ende auf 4050 m zu folgen ist. Nun ist in einer sanft ansteigenden breiten Quebrada in Richtung NE aufzusteigen. Bei guter Sicht ist schon von weitem ein großer Steinblock (4500 m) zu sehen. Man steige über Lavaasche zu diesem Block. Von hier sind es weitere 50 Höhenmeter bis auf den höchsten Punkt von Sta. Barbara (4543 m). Nun steige man 50 Höhenmeter ab in Richtung NE. Ebensogut kann Sta. Barbara allerdings auch westlich umgangen werden. Spuren weisen den Weg. Ab dem Pass nördlich von Sta. Barbara halte man sich in Richtung E. Bald ist über eine steile Flanke abzusteigen. Nach einem hügeligen Gelände ist anschließend eine Rippe zu überqueren. Derart gelangt man in das obere Becken der Q. Burrohuaycu. Von diesem Becken mache man sich auf in Richtung NE zum Pass zwischen Cotopaxi und Morurcu. Entweder folge man einer der Rinnen oder man halte sich auf einer der Rippen, die die Rinnen begrenzen. Vom Pass (4670 m) folge man ca. 30 Höhenmeter dem Hauptgrat nach S. Sobald das Gelände aber günstig erscheint, beginne man mit einer langen, zunächst sanft ansteigenden Traverse in der E-Flanke des Morurcu in Richtung S. Diese Traverse erfolgt durch einen steilen, riesigen Schutt- und Sandhang. Das erste Zwischenziel ist der Fuß des Morurcu IV. Wenn dieser Fuß erreicht ist, lasse man sich aber nicht in Versuchung geraten, die Lücke zwischen dem Morurcu IV und der Morurcu III zu besteigen, sondern man setze die Traverse nach S fort. Nun muss sogar sanft abgestiegen werden, um zum Fuß des E-Ausläufers des Morurcu III zu gelangen. Südlich dieses Ausläufers steige man steil am unteren Rand der Felsen über den Schutt- und Sandhang auf zum Hauptgrat. Dieser Grat wird wenig rechts der Lücke zwischen des Morurcu III und Morurcu II erreicht. Wer sich nach N wendet, gelangt nach wenigen Metern Klettern über den brüchigen, ausgesetzten Grat zum höchsten Punkt (4845 m) des Morurcu III. Wer zum Hauptgipfel aufsteigen möchte, wende sich kurz vor Erreichen des Hauptgrates nach links, um den Grat in der Lücke zwischen dem Morurcu III und Morurcu II zu betreten. Der Morurcu II wird am besten in dessen W-Flanke umgangen. Dazu muss über eine heikle Passage einige Meter in die W-Flanke abgestiegen werden. Jenseits des Morurcu II kann wieder der Hauptgrat gewonnen werden. Nun folge man diesem Grat über extrem schlechtes Gestein bis zur Basis des Gipfelaufschwunges. Dieser Gipfelaufschwung wird sanft rechts der Gratschneide über eine steile, brüchige Flanke überwunden. Im Abschnitt zwischen der Lücke Morurcu II-Morurcu III und dem Hauptgipfel ist mit wenigen bis keinen guten Sicherungspunkten zu rechnen.

Empfehlungen

Auf allen Routen sollte ein Helm getragen werden. Sofern der Hauptgipfel anvisiert wird, ist ein Seil und etliches Sicherungsmaterial (Schlingen, Friends, Keile, Haken) mitzunehmen.

Eine kurze Bemerkung zum Wasser: Das letzte gute, sichere Wasser ist am Ende der Q. Ticatilín auf 4020 m zu finden. Am Fuße des Morurcu, in den vielen Sandrinnen, fließt zwar hin und wieder Wasser, dieses Wasser ist aber in der Regel dermassen mit Sand durchsetzt, dass sich im Topf eine Zentimeter dicke Schlammschicht absetzt. Kaffeefilter bilden hier unter Umständen die Lösung. Wenn diese Rinnen trocken sind, besteht Aussicht, ganz unten, kurz vor dem steilen Abschwung auf 4380 m, einigermassen sauberes Wasser zu finden. Natürlich bleibt immer die Möglichkeit, bis zum Gletscher aufzusteigen und sich dort mit tropfendem Wasser, mit Schnee oder mit Eis zu bedienen.

Spärliche Vegetation auf der Vulkanasche am Morurcu

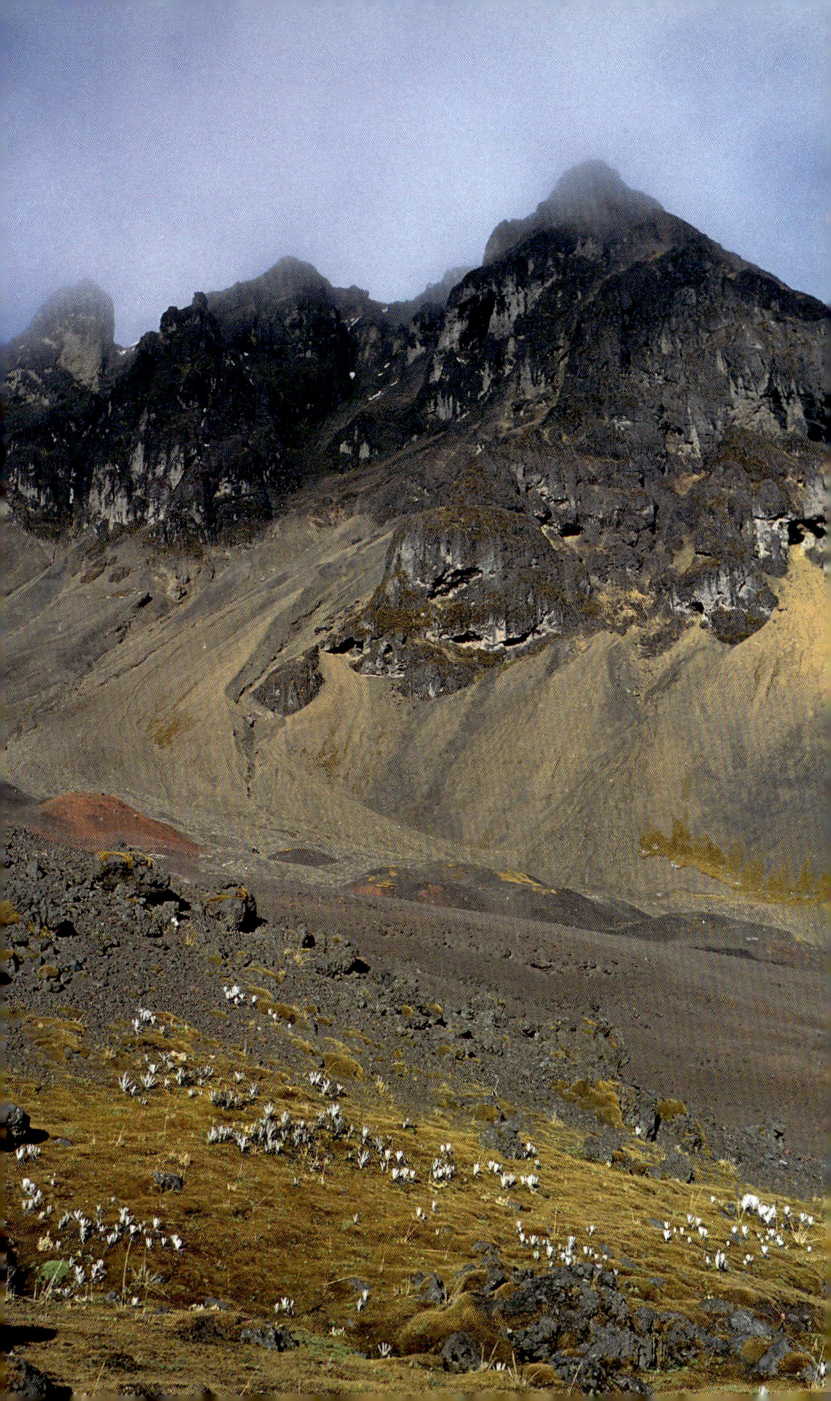

E6. **Quilindaña** (4877 m)

Quilindaña, das Matterhorn Ecuadors

Koordinaten	MAP: 797, 500, 9914, 000
Erstbesteigung	Arturo Eichler, Juan Elizalde, Horacio López Uribe, Paul Feret, Franco Anzil, Giovanni Vergani, Alfonso Vinci; 23. 2. 1952[86]
Anzahl Tage	3 - 4
Schwierigkeit	ZS bis S, IV-V
Karten	Cotopaxi 1:50 000
Plan	S.211, Cotopaxi
Höhen	Morro de Chalupas 4080 m, Basecamp 3980 m, Quilindaña 4877 m
Zeiten	Annäherung 4 h, Aufstieg über die S-Flanke 5 h

Der Quilindaña zählt wohl zu den am seltensten bestiegenen Bergen Ecuadors. Er liegt 16 km südöstlich des Cotopaxi und ist deshalb nicht einfach zu erreichen. Der Hauptgrund, weshalb dieser Berg nur selten Besuche erfährt, liegt aber nicht in seiner Abgeschiedenheit, sondern v.a. in der Schwierigkeit seiner Routen. In der Tat handelt es sich beim Quilindaña um einen der fünf schwierigen Gipfel Ecuadors. Beeindruckt von der massigen Felsburg des Quilindaña, versuchte Nicolás G. Martínez schon im Jahre 1912 eine Besteigung, scheiterte aber bereits nach 300 Höhenmetern: „Um 2 Uhr am Nachmittag, verliessen wir die traurige Hütte von El Tambo und setzten uns in Bewegung in Richtung des Schneeberges. Zwei Stunden später errichteten wir in der nördlich, am Fuße der großen Pyramide gelegenen Mulde Magmas unser Lager. Die vom Lager aus betrachtete, gewaltige Pyramide hat ein eindrückliches, majestätisches Aussehen und erscheint absolut unbezwingbar von dieser Seite. Sie ist wie ein Turm von mehr als 700 m, der sich fast senkrecht zu dieser Höhe aufrichtet. Zu Recht nennen einige europäische Reisende den Quilindaña das Matterhorn Ecuadors."[87] So erfuhr der Gipfel erst am 23. 2. 1952 durch Arturo Eichler, Juan Elizalde, Horacio

E6. Quilindaña

López Uribe, Paul Feret, Franco Anzil, Giovanni Vergani und Alfonso Vinci über die Vía del Espolón Sur eine Erstbesteigung. Alfonso Vinci meinte sarkastisch zum Vergleich mit dem Matterhorn: „Die Definition als Matterhorn Ecuadors war wirklich ziemlich pompös, aber da jedes Land sein Matterhorn möchte, hatte Ecuador wahrscheinlich jenes, das es verdiente."[88] Heute wird gewöhnlich über die Ruta Norte aufgestiegen, was aber nicht heißt, dass es sich um die einfachste Route handelt.

Wie bei den meisten Gipfeln dieser Höhe hat der Quilindaña in den letzten Jahrzehnten unter dem Abschmelzen der Gletscher gelitten. Heute präsentiert sich dieser Berg als reine Felsburg mit drei Gipfeln: Dem nördlich gelegenen Hauptgipfel (auch Stübel genannt), dem viel tieferen E-Gipfel und dem S-Gipfel (auch Elizalde genannt). Da das Gestein vulkanischen Ursprungs ist, kann wie üblich in Sachen Felsqualität nicht viel erwartet werden.

Je nach den Witterungsverhältnissen der letzten Monate liegt unterschiedlich viel Schnee in den Flanken und an den Graten des Gipfels. Es ist ohne weiteres auch möglich, den Quilindaña komplett von Schnee und Eis befreit anzutreffen. Von der Schneesituation hängt auch wesentlich die Schwierigkeit bzw. Gefährlichkeit der Routen ab. Für eine erfolgreiche Besteigung muss der Quilindaña im Grunde genommen mit schneefreien, trockenen Felsen und bei gutem Wetter angetroffen werden.

Der Name des Quilindaña stammt aus der Sprache Cayapa-Colorado und bedeutet soviel wie „dort ist es kalt": „qui" heißt „machen", „lin" bedeutet „dort" und „da" entspricht „kalt".[89]

Da sich der Quilindaña in den letzten Jahren erheblich verändert hat, ist davon auszugehen, dass die optimale Route auf diesen Berg noch nicht entdeckt wurde. Hier finden kundige Andinisten deshalb ein breites Feld, um neue Routen oder Varianten zu eröffnen.

Quilindaña von WNW (R. Reschreiter)

Klettertouren

Anfahrt
Siehe S. 87 - B3.

Annäherung (4 h)
Man folge der Straße zur H. Chalupas in Richtung E. Alsbald wird der Morro de Chalupas (4288 m) in seiner S-Flanke passiert. Auf der 1:50 000er Karte Cotopaxi ist der Morro de Chalupas übrigens nur als Morro bezeichnet. Man folge der Straße, bis sie eine Acequia quert (4020 m). Nun verlasse man die Straße und begleite diese Acequia über Wegspuren während 2 km bis zum Beginn einer sumpfigen Ebene. Anschließend folge man Wegspuren, die in Richtung NE auf die Anhöhe Loma Jatunconda (4084 m) führen. Nordöstlich dieser Anhöhe liegt die Laguna Yuragcocha. Man steige ab zu deren südlichem Ufer und folge dem See bis ans östliche Ende. Hier durchquere man eine Ebene in östlicher Richtung. Nach 1 km gelangt man zum Beginn einer Quebrada. Man steige über diese Quebrada in Richtung ESE, bis ein kleiner See in einem Pass (3980 m) erreicht wird. Dies ist ein geeigneter Ort, um das Basislager aufzuschlagen.

Aufstieg über die S-Flanke (5 h)
Vom kleinen See traversiere man in der S-Flanke des Punktes 4335 nach E. Nach 1 km gelangt man in einem Sattel an den W-Fuß des S-Gipfels. Man steige über die Verbindungsrippe hinauf zu den Felsen. Ca. 50 m links dieser Rippe beginnt ein diagonales Couloir (von rechts nach links), über welches die erste Steilstufe überwunden werden kann (UIAA III). Oben angelangt ist als Nächstes nach rechts haltend eine Terrasse zu überqueren. Man steuere auf ein Couloir zu, aus dem ein Bach strömt. Durch das

Der selten bestiegene Quilindaña

E6. Quilindaña

Quilindaña Máxima
4877 m

Quilindaña Sur

4700 m

W-Flanke des Quilindaña

mehr oder weniger feuchte Bachbett kann die nächste, kürzere Steilstufe einfach überwunden werden. Nach dieser Stufe begebe man sich über flacheres Gelände zu den linken Felsen am Ende des Kessels. Eine kurzes Wändchen (UIAA III) vermittelt den Einstieg in ein zweites, diagonales Couloir (von rechts nach links). Man klettere durch dieses zweite Couloir, um die dritte Steilstufe zu überwinden. In der folgenden Passage suche man sich eine geeignete Route durch ein Gelände, das geprägt ist von abschüssigen Terrassen, Wändchen und Couloirs. Auf 4700 m gelangt man auf den Verbindungsgrat zwischen S-Gipfel und Hauptgipfel. Man folge diesem Verbindungsgrat nach N in Richtung Hauptgipfel. Eventuelle Schwierigkeiten werden links oder rechts umgangen. Dort wo der Grat steiler wird, erreicht man eine von unten gut sichtbare Nadel. Man umgehe sie links und klettere über den ausgesetzten Grat nach oben. Kurz bevor die Neigung des Grates wieder abnimmt, quere man ein paar Meter von der linken Gratkante zur rechten Gratkante (UIAA IV-V). Nach dieser Querung kann ein letzter steiler Aufschwung überwunden werden. Daraufhin wird der Hauptgipfel nach einer kurzen Gratüberschreitung erreicht.

Ruta Bermeo

Diese Route besteigt im rechten Abschnitt die NNE-Flanke, erreicht den N-Grat und folgt diesem bis auf den Gipfel.

Vía del Espolón Sur

Zunächst muss zur südlichen Basis des Berges traversiert werden. Hier ist es möglich den Quilindaña Sur zu besteigen. Um auf den Hauptgipfel zu gelangen, ist anschließend der Verbindungsgrat zu beschreiten. Die Erstbesteiger benutzten für ihren Aufstieg diese Route.

E7. **Carihuairazo Máxima** (5018 m)

Koordinaten	MAP: 750, 400, 9844, 700
Erstbesteigung	Arturo Eichler, Horacio López Uribe, Jean Morawiecki; 23. 3. 1951[90]
Anzahl Tage	2
Schwierigkeit	L, II bzw. S, V - VI (Gipfelnadel)
Karten	Chimborazo 1:50 000, Quero 1:50 000
Plan	S. 219, Chimborazo
Höhen	Maleseyata 4080 m, Basecamp 4620 m, Carihuairazo Máxima 5018 m
Zeiten	Annäherung 4 h, Aufstieg 1 h bzw. 2 h, Abstieg nach Urbina 4 h

Der Carihuairazo liegt rund 10 km nordöstlich des Chimborazo. Bei diesem Berg handelt es sich um die Überbleibsel eines ehemaligen Stratovulkans, der die Höhe des Chimborazo erreicht haben muss. Am Ende einer langen aktiven Phase durchlief dieser Vulkan eine Etappe von Explosionen, die allmählich den Überbau zerstörten. Die ehemalige Caldera von 2 km Durchmesser lässt sich aber noch heute erkennen. Die Gipfelkette des Carihuairazo bildet den SW-Rand der Caldera, ist aber durch die Wirkung der Gletscher stark erodiert. Im SE dieser Kette liegt der Carihuairazo Mocha mit einer Höhe von 4980 m. Dieser Berg weist eine der anspruchsvollsten Normalrouten Ecuadors auf. Im Zentrum der Kette befindet sich der Carihuairazo Central. Etwas weiter nordwestlich liegt der Carihuairazo Máxima (5018 m), gut zu erkennen durch seinen felsigen Gipfelaufbau, der den flacheren, unteren Gletscherteil überragt. Nördlich des Carihuairazo Máxima sind schließlich die um einiges tieferen Josefinos zu finden. Der Carihuairazo hat wie kaum ein anderer Berg in den letzten Jahrzehnten unter dem Gletscherschwund gelitten. Noch vor wenigen Jahren verlief die Normalroute bis auf den höchsten Punkt über das Eis des Gletschers. Heute muss bereits von einer ausgesprochenen Felstour gesprochen werden. Auf einer der zwei Normalrouten wird der Gletscher lediglich noch für rund 100 m betreten. Während dem Pleistozän erstreckte sich dieser Gletscher übrigens bis zum Pass bei Abraspungo und verband sich dort mit den Gletschern des Chimborazo, so dass eine Gesamtgletscherlänge von über 30 km resultierte.

Über den Carihuairazo zirkulieren verschiedene Legenden und Fabeln. Nicolás G. Martínez erzählt eine Legende, die bis hin zu Wissenschaftlern des 19. Jhds. Glauben fand: „Gemäß jenen Legenden war bis zum Ende des 17. Jhds. der Carihuairazo in Höhe dem Chimborazo in einer Art ebenbürtig, dass nicht unterschieden werden konnte, welcher der Höhere war. Anschließend sei aufgrund einer gewaltigen Eruption der Carihuairazo im Jahre 1699 in sich zusammengebrochen.

Schwindende Gletscher am Carihuairazo

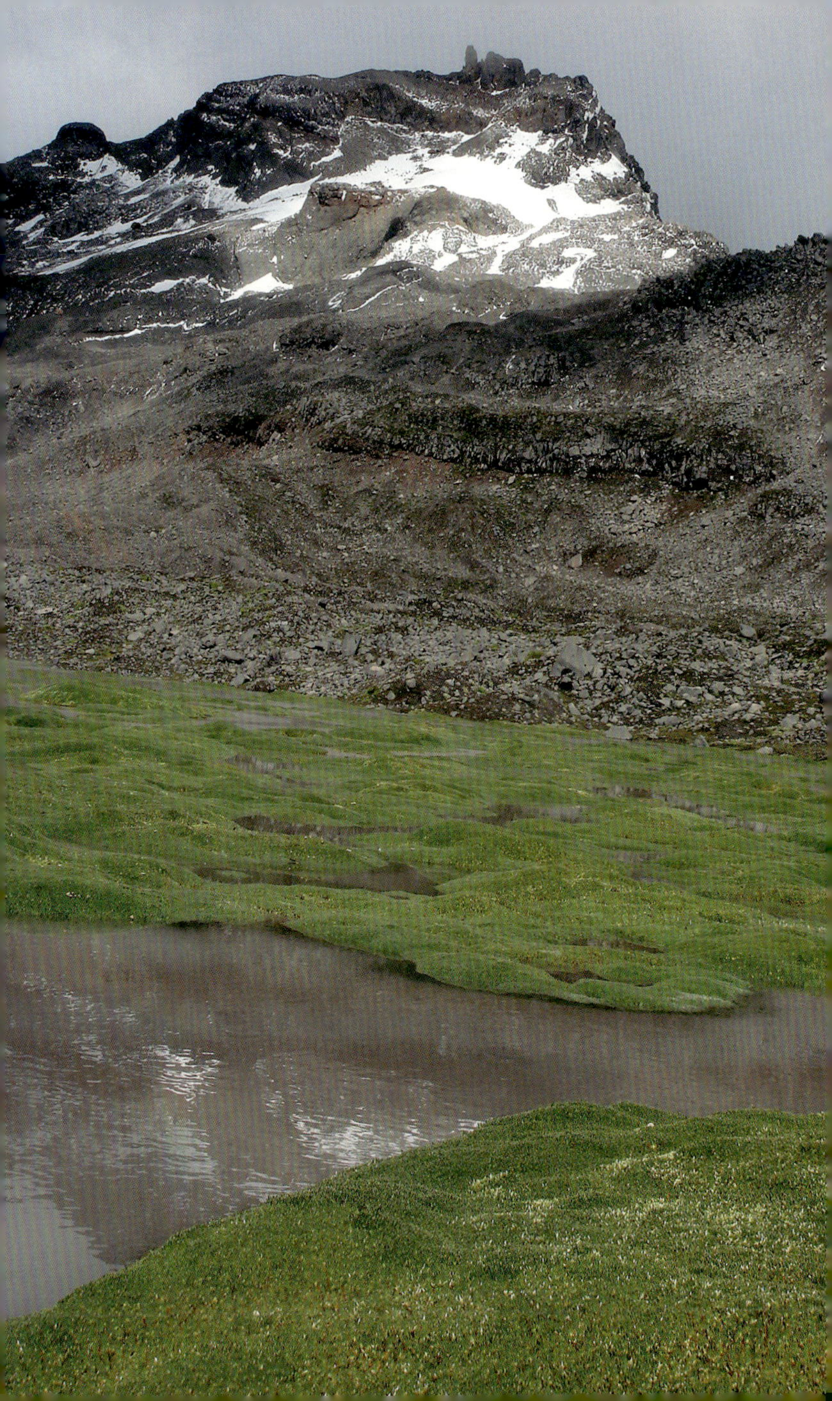

Klettertouren

Carihuairazo von W (R. Reschreiter)

Dieses Ereignis löste ein schreckliches Beben aus, das alle Dörfer der Umgebung zerstörte. Außerdem sei während der Eruption eine große Menge mit toten Fischen (preñadillas) vermengter, stinkender Schlamm ausgestoßen worden, der alle Felder in der Umgebung von Ambato bedeckte."[91] Entgegen diesen Legenden traten in historischer Zeitperspektive keine Symptome von Aktivität auf, so dass der Vulkan als erloschen gilt. Der Name dieses Berges stamme aus dem Quichua. „Cari" heißt soviel wie „Mann" oder „männlich". „huay" kann mit „starker Wind" übersetzt werden. „razu" hingegen bedeutet „kalt" bzw. „kalter Schnee". Zusammengesetzt ergibt sich in etwa „Der männliche, eisige Wind".[92] Evelio Echevarría hingegen übersetzt „carhua" mit „gelb". Damit ergibt sich die Übersetzung von „Gelber Schneegipfel".

Edward Whymper stattete diesem Berg zum Schluss seiner Reise einen Besuch ab. Es herrscht Unklarheit, welchen Gipfel er bei seiner Exploration bestiegen hat. In der ecuadorianischen Bergliteratur wird davon ausgegangen, dass er den Carihuairazo Mocha bestieg. Diese Annahme kontrastiert aber mit den Beschreibungen Whympers. Gemäß „Travels amongst the Great Andes of Ecuador" bestieg Whymper einen westlich gelegenen Gipfel: „Um 4 Uhr nachmittags öffneten sich die Wolken und wir konnten sehen, dass wir den westlicheren der zwei Hauptgipfel bestiegen hatten. Dieser Gipfel ist klar unterscheidbar, um wenige Meter tiefer als der E-Gipfel."[93] Ob nun unter dem E-Gipfel der Mocha und unter dem W-Gipfel der Hauptgipfel zu verstehen ist, ist eine andere Frage. Eher lassen die Beschreibungen vermuten, dass das Basecamp

E7. Carihuairazo Máxima

zur Besteigung des Carihuairazo im unteren Teil der Q. Aucacán aufgestellt wurde. Der Aufstieg erfolgte anschließend in der Richtung NW auf einen Bergrücken (vermutlich Loma Aucacán und Loma Tigre Saltana). Auf der Loma angekommen, änderte die Expedition ihre Richtung auf NNW. Bald gelangte die Gruppe auf den Gletscher, der wenig später zu steil war, um direkt bestiegen zu werden. Diese Beschreibung legt den Gedanken nahe, dass sich Whymper am Hauptgipfel befand. Wenn er nun östlich des erklommenen Gipfels einen noch höheren Punkt entdeckte, so kann daraus eigentlich nur geschlossen werden, dass Whymper den Hauptgrat in einem der Punkte westlich des Hauptgipfels erreichte.

Anfahrt

Von Quito oder von Ambato nehme man einen Bus, der nach Guaranda fährt und teile dem Busfahrer mit, dass man wünscht bei der „Entrada al Carihuairazo" auszusteigen. Genaugenommen heißt der Ort Maleseyata und liegt bei den Koordinaten (MAP: 0741, 200, 9847, 400; 4080 m). Es ist keine schlechte Idee mit Höhenmeter oder GPS den Zielort im Auge zu behalten. Unterhalb der Straße sticht eine einfache Schule ins Auge.

Annäherung (4 h)

Man folge der einzigen Erdstraße in Richtung ESE. Nach 2 km verzweigt sich die Straße. Man folge der linken Straße weiter in Richtung SE. Auf 4240 m gelangt man in einer Haarnadelkurve zu einem einfachen Refugio der Nationalparkverwaltung (MAP: 0744, 050, 9845, 050). Wer hier zu übernachten wünscht erkundige sich bei den nahe gelegenen Hütten nach dem Schlüssel. Man rechne allerdings nicht mit mehr, als mit ei-

Carihuairazo vom Bahnhof Urbina

Klettertouren

Carihuairazo Máxima
5018 m

4879 m

SW-Flanke des Carihuairazo

nem dichten Dach über dem Kopf. Ansonsten folge man der Straße bis zu einer Rechtskurve bei den Koordinaten (GPS: 0745, 790, 9844, 600; 4348 m). Hier verlasse man die Straße und steige querfeldein in Richtung E. Alsbald gelangt man zur Laguna Negra, wo sich eine Wegspur verdichtet, die nach ENE zum Pass Loma Arena Blanca (GPS: 0747, 666, 9844, 792; 4556 m) führt. Man folge dem nun klaren Weg in Richtung E und traversiere in das Tälchen nördlich der Loma Piedra Negra. Auf 4650 m gelangt man zum Pass nordöstlich der Loma Piedra Negra. Man folge der Wegspur weiter in Richtung E zu einem höher gelegenen Pass bei den Koordinaten (GPS: 0749, 439, 9844, 522; 4688 m). Nun steige man in südöstlicher Richtung querfeldein ab und begebe sich über ein Schwemmfeld ans Nordende der hübschen Laguna Carihuairazo (MAP: 0749, 600, 9844, 250; 4630 m). Hier befinden sich geeignete Plätze zum zelten.

Aufstieg (1 h bzw. 2 h)

Östlich des Sees schwingt sich ein Zackengrat in Richtung Hauptgipfel auf. Um auf die Schneide dieses Grates zu gelangen folge man dem östlichen Ufer des Sees nach S und besteige den Grat, sobald das Gelände dies erlaubt. Anschließend ist stets dem Grat in Richtung NE zu folgen, bis sich dieser in der SW-Flanke des Carihuairazo verliert (GPS: 0750, 118, 9844, 518; 4805 m). Nun besteige man ein markantes Podest unterhalb des Gipfels (GPS: 0750, 256, 9844, 568; 4879 m). Über Schutt, Schnee und Eisreste halte man auf einen Einschnitt unterhalb des Gipfels zu. Derart gelangt man über steinschlägiges Gelände bis an den Fuß der Gipfelnadel. Wer sich mit dem Kraterrand zufrieden geben will, besteige diesen entweder links oder rechts der Gipfelnadel. Wer hingegen die Gipfelnadel erklettern möchte, mache sich auf ein anspruchsvolles Kletterabenteuer ge-

E7. Carihuairazo Máxima

fasst. Vorerst steige man durch einen Kanal zur Lücke rechts der Gipfelnadel (UIAA III). Nun erklettere man entweder die plattige SE-Flanke der Nadel oder man erklettere durch einen Riss in der S-Flanke die Gipfelnadel (UIAA V-VI). Da der Gipfel des Carihuairazo meistens in widrigen Umständen angetroffen wird, sind Besteigungen der Gipfelnadel äußerst selten. Dies kontrastiert mit früheren Zeiten, als die Nadel noch mit Eis bedeckt war, so dass die Ersteigung einer unschwierigen Eistour gleichkam.

Abstieg nach Urbina (4 h)

Eine abwechslungsreiche Überschreitung ergibt sich durch den Abstieg zur Estación Urbina, einem stillgelegten Bahnhof an der Zuglinie Ambato - Riobamba. Vorderhand steige man über offenes Gelände von der Laguna Carihuairazo ab in Richtung SW. Auf 4280 m trifft man auf einen Weg. Hier stehen zwei Varianten zur Auswahl. Entweder folge man dem Weg hinab ins Tal des Río Mocha. Auf 3960 m, kurz vor der Einmündung des Río Aucacán überquere man den Río Mocha. Jenseits des Baches trifft man auf Wegspuren. Nach 2 km verdichten sich diese zu einem Fahrweg. Diesem folge man bis zur alten Straße Riobamba - Ambato. Um zur Estación Urbina zu gelangen folge man dieser Straße 2 km nach ENE. Die andere Route überquert auf 4240 m das breite, sumpfige Tal des Río Mocha. Auf der anderen Talseite angekommen trifft man auf eine Wegspur, die in südöstlicher Richtung sanft ansteigend die Loma Gavilán Machay umrundet. Derart gelangt man zu einem Durchgang bei einem meist trockenen Tümpel (GPS: 0748, 114, 9840, 526; 4325 m). In allmählichem Abstieg folge man dem Weg in südöstlicher Richtung. Bei guter Sicht kommt bald das Refugio „Poyecto Andino" in Sicht. Kurz vor dem Refugio verdichtet sich der Weg zu einer Fahrstraße. Man folge der Fahrstraße bis zu den Koordinaten (GPS: 0751, 842, 9837, 008; 3837 m), wo die Fahrstraße der ersten Variante einmündet. Nun wie beschrieben hinab zur alten Straße Riobamba - Ambato und zur Estación Urbina. Die ehemalige Bahnstation beherbergt ein schön eingerichtetes Hostal (Tel: +593-(0)23-294 22 15) und eignet sich hervorragend für eine weitere Akklimatisierungsnacht bevor der Chimborazo in Angriff genommen wird.

Empfehlungen

Der Kraterrand des Carihuairazo kann wegen Eisschwund in der Regel ohne Steigeisen bestiegen werden. Wenn der Gletscher aper ist oder der Schnee hartgefroren, können solche aber nützlich sein. Zur Besteigung der Gipfelnadel rüste man sich mit genügend Friends, Keilen und eventuell sogar einer Bohrmaschine aus.

E Klettertouren

E8. **El Altar** (5319 m)

Obispo, höchster Gipfel des Altars

Koordinaten	MAP: 786, 950, 9814, 000
Erstbesteigung	Marino Tremonti, Ferdinando Gaspard, Claudio Zardini; 7. 7. 1963[94]
Anzahl Tage	4 - 5
Schwierigkeit	S bis SS
Karten	Palitahua 1:50 000, Volcán El Altar 1:50 000
Plan	S. 263, Altar
Höhen	Vaquería Inguisay 3420 m, Campamento Italiano 4620 m, Hochlager 4800 m
Zeiten	Aufstieg zum Campamento Italiano 6 h, Ruta Italiana 4 - 8 h, Arista del Calvario 4 - 8 h, Variante zur Arista del Calvario 4 - 8 h

Ungefähr 25 km östlich von Riobamba, am W-Rand des Nationalparks Sangay, erhebt sich das prachtvolle Vulkangebilde El Altar. Seit mehreren tausend Jahren erloschen, brach der einstige Stratovulkan nach einer Phase von Explosionen in sich zusammen. Die entstandene Landschaft wurde durch die Gletschereinwirkung komplett remodeliert. Übrig blieb eine nach W offene Caldera von knapp 3 km Durchmesser. Inmitten der Caldera liegt die braunfarbene Laguna Amarilla. Sie wird gespiesen von Hängegletschern, die sich an die über 1000 m hohen Kraterinnenwände krallen. Der Kraterrand wird geschmückt von

E8. El Altar

14 spitzen, mit Eis verklebten Gipfeln. Der größte dieser Gipfel, der Obispo, erreicht eine Höhe von 5319 m. Über den äußeren Kratermantel fließen verschrundete Gletscher bis auf eine ungefähre Höhe von 4600 m. Die Neigung von 35 Grad lässt vermuten, dass der ehemalige Stratovulkan die Größenordnung eines Cotopaxi gehabt haben muss. Im S des Altars ist die Landschaft gespickt von wilden Eisseen, hohen Wasserfällen und selten besuchten Páramos. Nicht wenige Andinisten sehen im Altar das schönste Vulkangebilde Ecuadors. So faszinierend die steilen Eis- und Felsspitzen für das Auge sind, so schwierig sind aber auch dessen Routen. Die meisten der Gipfel wurden nur einige wenige Male bestiegen. Einzig der Obispo im S des Kraterrandes und der Canónigo im N des Kraterrandes erfahren hin und wieder eine Besteigung. Nicht nur sind die Routen schwierig, sondern wegen Steinschlag, Eisschlag, Lawinen, schlechtem Eis und vielen Spalten auch objektiv gefährlich. Die Sicherungsmöglichkeiten im brüchigen Gestein sind zudem schlecht, das Wetter feucht.

Die folgende Tabelle listet alle 14 Gipfel im Gegenuhrzeigersinn auf. Alle Gipfel ausser dem Fraile Beato liegen direkt auf dem Kraterrand. Die Höhen sind den Karten des IGM entnommen. Es herrscht große Uneinigkeit über die tatsächliche Höhe der verschiedenen Gipfel:

Nr.	Gipfel	Höhe	Koordinaten
1	Pico Carmelo	5100 m	(MAP: 785, 850, 9813, 750)
2	Púlpito	4900 m	(MAP: 786, 400, 9814, 000)
3	El Obispo	5319 m	(MAP: 786, 950, 9814, 000)
4	Monja Grande	5280 m	(MAP: 787, 550, 9813, 900)
5	Monja Chica	5154 m	(MAP: 788, 000, 9814, 200)
6	Tabernáculo Sur oder Máxima (I)	5209 m	(MAP: 788, 500, 9815, 050)
7	Tabernáculo Central (II)	5160 m	(MAP: 788, 550, 9815, 200)
8	Tabernáculo Norte (III)	5180 m	(MAP: 788, 550, 9815, 350)
9	Fraile Beato (früher Oriental)	5060 m	(MAP: 788, 900, 8816, 200)
10	Fraile Oriental (früher Central)	5180 m	(MAP: 788, 400, 9816, 100)
11	Fraile Central (früher Occidental)	5140 m	(MAP: 788, 050, 9816, 400)
11	Fraile Grande	5220 m	(MAP: 787, 650, 9816, 650)
13	Canónigo	5259 m	(MAP: 786, 800, 9816, 800)
14	Acólito (El Pilar)	4700 m	(MAP: 785, 800, 9816, 000)

Ganz offensichtlich stammen alle diese Namen aus der Religion der spanischen Eroberer. Der Name „Altar" ist dabei noch einigermassen nachzuvollziehen, weist der Berg doch entfernte Verwandtschaft mit einem gotischen Altar auf. Die ansässigen Quichua-Indios nannten den Berg „Capa Urcu", zu deutsch „erhabener, grandioser Berg".[95] Die Cayapas-Indianer benutzen die Bezeichnung „Collanes". Zur Übersetzung lässt sich wenig Eindeutiges sagen. Gemäß der einen Theorie bedeute „Culla" „Donner" oder „Blitz", „ni" könne mit „Feuer" übersetzt wer-

Klettertouren

den. Zusammengesetzt ergibt sich "Feuer des Blitzes oder Donnerschlages". Gemäß Alphons Stübel stammt das Wort "Collanes" jedoch aus der Sprache der Aymará und bedeutet ebenfalls "prachtvoll".[96] Hinter dieser Theorie versteckt sich die Annahme, dass die Quichua-Indios den Ausdruck aus dem Aymará in ihre eigene Sprache übersetzten. Heute wird mit Collanes die Ebene westlich der Caldera bezeichnet.

Die meisten Forschungsreisenden des 19. Jhds. statteten dem Vulkan einen Besuch ab. Die ersten ernsthaften Besteigungsversuche fanden aber erst ab Mitte des letzten Jahrhunderts statt. Edward Whymper drang zwar auch bis zur Basis des Berges vor, schlechtes Wetter liess ihn aber von einem Besteigungsversuch absehen. Erst im Jahre 1963 gelang es einem italienischen Team um Marino Tremonti den Obispo zu besteigen. Sie benutzten dabei eine Route, die von Marco Cruz, dem wohl bekanntesten ecuadorianischen Bergsteiger, ausfindig gemacht worden war. Bis der letzte der Gipfel, der Fraile Central bestiegen war, vergingen weitere 16 Jahre.

Die folgende Tabelle listet für jeden der wichtigeren Gipfel die Erstbesteiger auf:

Gipfel	Erstbesteigung
El Carmelo	Club "Aguilas", Riobamba; Anfangs 1962[97]
Púlpito	Rafael Martínez, Marcos Serrano; September 1980[98]
El Obispo	Marino Tremonti, Ferdinando Gaspard, Claudio Zardini; 7.7.1963[99]
Monja Grande	Bill Ross, Margaret Young; 17.8.1968[100]
Monja Chico	Peter Bednar, Erich Griessl, Günter Hell, Rudolf Lettenmeier, Sepp Rieser; 16.1.1971[101]
Tabernáculo Sur	Peter Bednar, Erich Griessl, Günter Hell, Rudolf Lettenmeier, Sepp Rieser; 19.1.1971[102]
Tabernáculo Norte	Peter Bednar, Erich Griessl, Günter Hell, Rudolf Lettenmeier, Sepp Rieser; 20.1.1971[103]
Fraile Beato	Bernardo Beate, Rafael Terán, Jacinto Carrasco; 28.12.1974[104]
Fraile Oriental	Bernardo Beate, Rafael Terán; Januar 1978[105]
Fraile Central	Louis Naranjo, Hernán Reinoso, Mauricio Reinoso, Milton Moreno, Danny Moreno, Fernando Jaramillo; 28.9.1979[106]
Fraile Grande	Marino Tremonti, Armando Perron, Lorenzo Lorenzi; 1.12.1972[107]
Canónigo	Marino Tremonti, Ferdinando Gaspard, Lorenzo Lorenzi, Claudio Zardini; 3.7.1965[108]

Die meisten dieser Gipfel wurden nur einige wenige Male bestiegen. Die Routen sind schwierig und objektiv gefährlich. Aus diesem Grunde enthält dieser Führer nur eine einzige detaillierte Beschreibung, nämlich auf die höchste Erhebung, den Obispo. Im Vergleich zu den meisten anderen Routen ist dieser Gipfel einfacher. Viel hängt aber von den angetroffenen Verhältnissen ab.

Als Zustieg zum Campamento Italiano wird die

E8. El Altar

Route über die Vaquería Inguisay beschrieben. Genau so gut könnte aber auch von der H. Releche oder von Alao zu diesem Lager aufgestiegen werden. Entsprechende Routenbeschreibungen finden sich auf S. 110-B7. Wer den Vulkan von nahem betrachten möchte, findet auf S. 111-B7. außerdem die Routenbeschreibung zur Laguna Amarilla.

Monja Grande (R. Reschreiter)

Klettertouren

Die drei Tabernáculo und Monja Chica

Anfahrt

Erste Zwischenetappe auf dem Weg zum Altar ist das Dorf Quimiag. Dieses Dorf liegt ca. 10 km östlich von Riobamba und ist vom Terminal del Oriente in Riobamba (Av. Espejo y Luz Elisa Borja) über die Ortschaft Cubijíes zu erreichen. In Quimiag heuere man eine Camioneta an. Das Ziel der Fahrt ist die Vaquería Inguisay (auch Boca Toma genannt). Die Fahrt dauert ca. 1 1/2 h und kostet rund 20 US$. Ein zuverlässiger Fahrer ist Pacífico Romero (Tel: +593-(0)95-416 16 31).

Aufstieg zum Campamento Italiano (6 h)

Von der Vaquería Inguisay (GPS: 779, 057, 9813, 146; 3420 m) wird gewöhnlich in einer langen Etappe zum Campamento Italiano aufgestiegen. Bis zum Machay de Tiaco können die Dienste eines Maultiertreibers in Anspruch genommen werden. Bei der Vaquería Inguisay überquere man die Bettonbrücke und schlage sich jenseits des Baches über ein Feld zu einem breiten, matschigen Weg hoch. Man folge dem Weg nach rechts. Der Weg folgt dem orographisch rechten Ufer des Río Tiaco Chico. Beim Einfluss des Río Paduazo (3700 m) überquere man den Fluss über eine Betonbrücke. Jenseits des Flusses ersteige man den Hang über eine Wegspur in Richtung S. Anschließend traversiert der Weg sanft Höhe gewinnend in das Becken unterhalb des Passes Tiaco Machay. Kurz vor Erreichen des Passes erscheint links eine Höhle, die gut als Zeltplatz dienen kann. Vom Pass (GPS: 783, 982, 9810, 317; 4282 m) folge man stets der Cordillera de Mandur in Richtung NNE. Der Gratabschnitt bis zum Campamento Italiano wird auch Cuchilla de Yuibug genannt. Auf einer Höhe von 4620 m findet man schließlich bei einem markanten Felszacken das Campamento Italiano (GPS: 785, 527, 9812, 883; 4620 m).

E8. El Altar

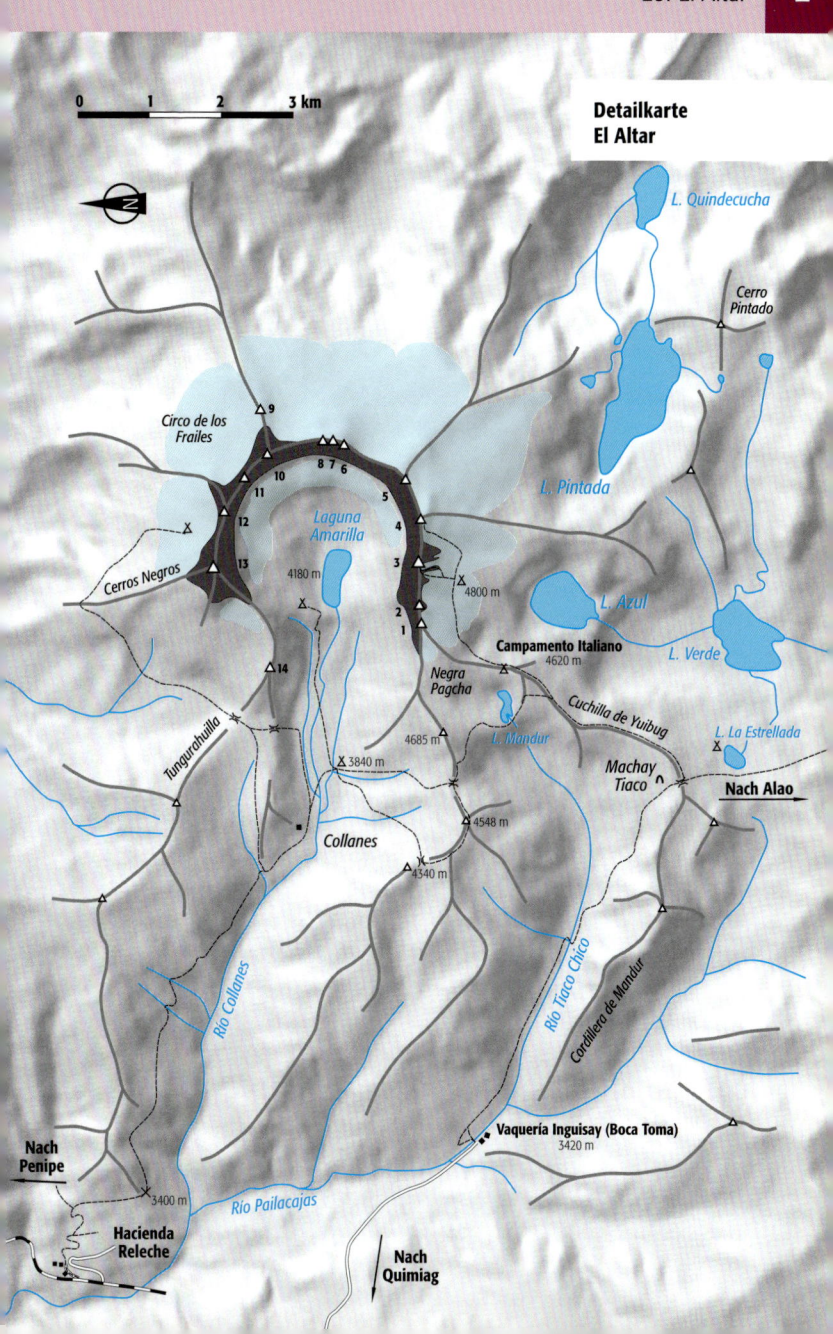

Detailkarte El Altar

Klettertouren

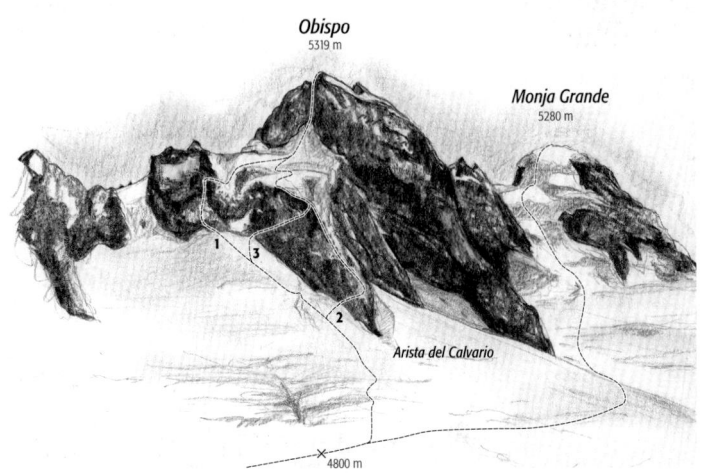

S-Flanke des Altar

Um zur Basis des Obispo zu gelangen folge man 100 m der Gratschneide und traversiere dann sanft absteigend in die E-Flanke des Hauptgrates. Alsbald kann am Fuße von Pegra Pagcha zum Gletscher aufgestiegen werden. Nun überquere man den Gletscher in Richtung ENE. Auf 4800 m erreicht man den Ausläufer der markanten Arista del Calvario.

Ruta Italiana (4 - 8 h)

Diese Route wurde von den Erstbesteigern benutzt und bildete in der folgenden Zeit die Normalroute auf den Obispo. In den letzten Jahren sind die Verhältnisse auf dieser Route mangels Schnee bzw. Eis und wegen Steinschlag schlecht, so dass der Arista del Calvario oder der Variante zur Ruta del Calvario der Vorzug gegeben wird.

Etwas links der Falllinie der ersten Lücke westlich des Obispo führt am Ende eines Kessels ein Couloir auf den Kraterrand. Das Couloir besteht aus zwei Sektionen, die durch ein Band in der Mitte getrennt sind. Über gemischtes Gelände durchklettere man diese zwei Sektionen bis auf das Niveau des oberen Gletschers (Hängegletscher). Nun traversiere man nach rechts, um diesen Gletscher im mittleren Teil zu betreten. Anschließend durchsteige man den verschrundeten Gletscher in Richtung eines tiefen Couloirs, das sich vom Hauptgipfel des Obispo nach unten zieht. Dieses Couloir ist steiler und enger als die Couloirs im unteren Abschnitt. Wenn ein Bergschrund den Einstieg verhindert, klettere man über die seitlichen Felsen in das Couloir. Über das Couloir steige man in gemischter Kletterei bis auf den Hauptgrat, der wenig westlich des Obispo erreicht wird. Man folge dem Grat nach E bis an den Fuß einer ca. 30 m hohen Wand. Diese Wand ist steil und ausgesetzt. Über brüchigen, schlecht abzusichernden Fels durchklettert man in der Mitte diese Wand. Oben angelangt kann über einen Firngrat der höchste Punkt erreicht werden.

Arista del Calvario (4 - 8h)

Seitdem die Ruta Italiana wegen Schneemangels schwierig und gefährlich ist, erfolgen die Besteigungen gewöhnlich über die sogenannte Arista del Calvario. Mit Arista del Calvario wird ein Gratausläufer benannt, der am Fuß des Obispo beginnt und bis zum Hängegletscher führt.

Man folge auf der linken Seite den Felsen der Arista del Calvario bis zu einem Couloir in dessen W-Flanke. Über dieses Couloir klettere man bis auf die Schneide der Rippe (UIAA IV). Anschließend folge man in gemischter Kletterei der Rippe bis zum Beginn des Hängegletschers. Über den verschrundeten Gletscher führt die Route nun aufwärts bis zur Vereinigung mit der Ruta Italiana am Beginn des oberen Couloirs.

Variante zur Arista del Calvario (4 - 8 h)

Anstatt die Arista del Calvario in der ganzen Länge zu erklettern, kann über eine Rampe direkt zum oberen Abschnitt dieses Grates aufgeklettert werden.

Zunächst begebe man sich zum Einstieg der Ruta Italiana. Am Ende des Kessels beginnt am W-Fuß der Arista del Calvario eine diagonale Rampe, die nach oben rechts zur Arista del Calvario führt. Um in diese Rampe einzusteigen, ist als erstes über eine Wand zu einem Bändchen zu klettern. In gemischter Kletterei steige man anschließend über die Rampe zur Arista del Calvario. Der Grat wird dabei wenig unterhalb des Hängegletschers erreicht.

Empfehlungen

Für Klettereien am Obispo ist der Helm wichtigster Ausrüstungsgegenstand. Ansonsten werden zwei Eisgeräte, Eisschrauben, Schneestaken und Sicherungsschlingen für die gemischte Eiskletterei benötigt. Um den Gletscher zwischen dem Campamento Italiano und dem Hochlager zu markieren, nehme man außerdem einige Fähnchen mit.

E9. **Felstürme von Atillo** (4665 m)

Sumpfige Páramo-Vegetation an der Laguna Atillo

Koordinaten	GPS: 776, 696, 9752, 538; 4665 m
Erstbesteigung	Günter Schmudlach, Patrick Mächler; 9. 11. 2002
Anzahl Tage	2
Schwierigkeit	T6, III
Karten	Totoras 1:50 000
Plan	S. 117 Osogoche; S. 269 Sasquin
Höhen	Atillo 3460 m, Basecamp 3775 m, Sasquín I 4665 m
Zeiten	Annäherung 4 h, Cerro Tres Cabezas 3 ½ h, Cerro Azul Chico 3 ½ h, Cerro Sasquín I – W-Flanke 5 h, Cerro Sasquín I – Diretissima 4 h

Wer von den Seen bei Atillo (Straße Riobamba - Macas) in Richtung SE blickt kann mit etwas Glück eine verblüffende Serie von steil aufragenden Felstürmen erkennen. Da das Gestein nichtvulkanischen Ursprungs ist, ist die Felsqualität ausnehmend gut. Dennoch sind die Felstürme unter ecuadorianischen Andinisten kaum bekannt.

Die wichtigste Kette der Felstürme wird auf der 1.50 000er Karte Totoras mit Silla bezeichnet. Marco Cruz hingegen nennt sie auf einer Karte in „Die Schneeberge Ecuadors" Cerro Sasquín.[109] *So lange sich keine anderen Benennungen recherchieren lassen, baut der Führer auf diesem Namen. Dabei numeriert der Führer die Türme von I bis VII. Weiter südöstlich befinden*

E9. Felstürme von Atillo

sich zwei weitere Gipfel, benannt Cerro Azul Chico und Cerro Azul Grande. Nordöstlich der Sasquines befindet sich ein Massiv mit drei Gipfeln. Auf der Karte wird das Massiv Cerro Frutatián benannt. In diesem Führer werden sie jedoch mit Tres Cabezas benannt.

Anfahrt
Siehe S. 115-B8.

Annäherung (4 h)
Um zur Basis der Felstürme von Atillo zu gelangen, muss zu einem Tal südöstlich der Lagunas de Atillo gestiegen werden. Ein erstes Hindernis stellt der Río Atillo dar. Wenn von Atillo Grande (MAP: 773, 100, 9759, 000) ausgegangen wird, kann die auf der Karte verzeichnete Brücke benutzt werden. Jenseits der Brücke führt in südlicher Richtung eine Wegspur, die bald in eine Fahrstraße einmündet. Über diese Fahrstraße wird in Kürze die Fischzucht beim Río Cachi erreicht. Nun halte man sich am Rande des feuchten Haupttals in Richtung SE. Je weiter entfernt von der Ebene gewandert wird, desto größer die Aussicht weniger im Sumpf einzusinken. Nach knapp 2 km wird der Taleingang zur Laguna Iguan Cocha passiert. Man folge weiterhin dem Rand der Ebene in Richtung SE. Nach weiteren guten 2 km biege man allmählich in jenes Tal ein, das westlich des Cerro Silla (Sasquín) liegt. Ca. einen Kilometer südlich der Laguna Atillo kann der Fluss dieses Tales gut überquert werden. Nun steige man in östlicher Richtung zur Ebene südlich der Loma Chapana Pungu. Man überquere besagte Ebene in südlicher Richtung und steige zu einer Lücke, die den Zugang zur Laguna Frutatián vermittelt. Diesen See passiere man auf dessen westlicher Seite. Das Basislager könnte bereits an diesem See aufgeschlagen werden (feucht), besser ist es jedoch weiter die Quebrada hochzusteigen. Ein passabler Zeltplatz lässt sich in etwa einen Kilometer südlich der Laguna einrichten (MAP: 777, 350, 9753, 650; 3775 m). Einen ebenen, trockenen Zeltplatz wird man vergeblich suchen. Vielmehr wird am besten auf einer Kuppe in mühsamer Rodungsarbeit mit Messer und Füßen ein möglichst ebener Platz eingerichtet. Alternativ könnte auch bis auf die Talebene von 4000 m gestiegen werden. Ein hübscher Bach schlängelt sich hier durch die Restbestände eines Polylepis-Waldes. Der Boden ist allerdings nicht weniger feucht, als anderswo.

Cerro Tres Cabezas (3 ½ h)
Vom Basislager auf 3775 m folge man auf der rechten Flussseite dem Haupttal in Richtung SE. Auf 3920 m, kurz nach einem kleinen Wasserfall besteige man eine Rippe auf der linken Seite des Tales, die sich in Richtung 125 Grad zu den Tres Cabezas aufschwingt. Auf 4035 m erreicht man eine Kuppe, von der aus wieder gut ins Haupttal zur beschriebenen Talebene auf 4000 m zurückgestiegen werden könnte. Von dieser Kuppe wende man sich nach E, um weiter über die nun steilere Rippe aufzusteigen. Die steilste Partie kann durch eine kurze Traverse nach links umgangen werden. Auf 4170 wird in einer markanten Kuppe das Ende der Rippe erreicht. Nun

halte man sich sanft absteigend in Richtung 170 Grad. Nach 200 m kann nach links abbiegend (110 Grad) über einen Kanal aufgestiegen werden. Auf 4184 m erreicht man eine Lücke. Von dieser Lücke kann über eine steilere Rinne in Richtung 44 Grad aufgestiegen werden. Auf 4250 m erreicht man über einen engen Ausstieg aus der Rinne eine geneigte Terrasse. Man folge dieser Terrasse in derselben Richtung 44 Grad, bis man sich unter einem imposanten Felsaufschwung befindet (4280 m). Rechts dieses Aufschwunges kann über eine steilere Felspartie in Richtung 168 Grad zu einer sich weiter oben befindenden Terrasse aufgestiegen werden. Auf dieser Terrasse angekommen (4330 m) steige man in Richtung 180 Grad über eine Steilstufe bis zum SW-Grat des W-Gipfels (4413 m). Von diesem Grat kann der Bergsee eingesehen werden, der zwischen den drei Cabezas eingebettet ist. Nun folge man dem SW-Grat in Richtung W-Gipfel. Auf 4410 m kann nach rechts in eine Rinne eingestiegen werden, die vom Gipfel bis zur Laguna hinabführt. Über diese Rinne kann leicht entweder zum W-Gipfel hinauf oder zum Laguna hinabgestiegen werden.

Sofern der Hauptgipfel (4518 m) anvisiert wird, überschreite man am besten den W-Gipfel (4500 m). Der Aufstieg erfolgt über die erwähnte Rinne bis zum Hauptgrat, der wenige Meter später im W-Gipfel (GPS: 778, 209, 9752, 822) endet. Um zur Lücke (4410 m) zwischen dem W-Gipfel und dem Hauptgipfel zu gelangen steige man in Richtung 110 Grad ab. Von der Lücke folge man stets dem Hauptgrat vorerst in Richtung 110, dann in Richtung 150 Grad. Kurz vor dem Gipfel kann eine schwierigere Stelle leicht umgangen werden, indem kurz nach rechts traversiert wird, um dann wieder auf den Grat zurückzuklettern (UIAA II). In Kürze wird der Hauptgipfel (GPS: 778, 471, 9752, 708; 4518 m) über den Grat erreicht.

Um auch den S-Gipfel zu besteigen, könnte theoretisch weiterhin dem Grat nach S gefolgt werden. Die Lücke zwischen dem Hauptgipfel und dem S-Gipfel kann jedoch nur mittels Abseilen erreicht werden. Deshalb wird am besten von der Lücke zwischen W-Gipfel und Hauptgipfel über eine Schuttrinne zur Laguna abgestiegen. Von der Laguna ist der S-Gipfel leicht über entweder den N-Grat oder den S-Grat zu erreichen.

Cerro Azul Chico (3 ½ h)

Die Route zu diesem Gipfel führt in verblüffender Abwechslung durch zwei raffiniert miteinander verbundenen Tälchen. Man beachte, dass über die hier beschriebene Route auch leicht zur Basis des Sasquín VI gelangt werden kann. Mit der nachfolgend beschriebenen Route auf den Sasquines VI, ergibt sich daher eine hübsche Rundwanderung.

Ausgangspunkt für diese Route ist die erwähnte Talebene auf 4000 m. Zu dieser Talebene wird am einfachsten gelangt, wenn über die Route zu den Tres Cabezas bis auf die Kuppe von 4035 m aufgestiegen wird. Von dieser Kuppe kann durch einen kurzen Abstieg zur Talebene auf 4000 m traversiert werden. Man begebe sich anschließend an das südliche Ende dieser Ebene. Hier teilt sich das Tal in zwei Arme. Man

E9. Felstürme von Atillo

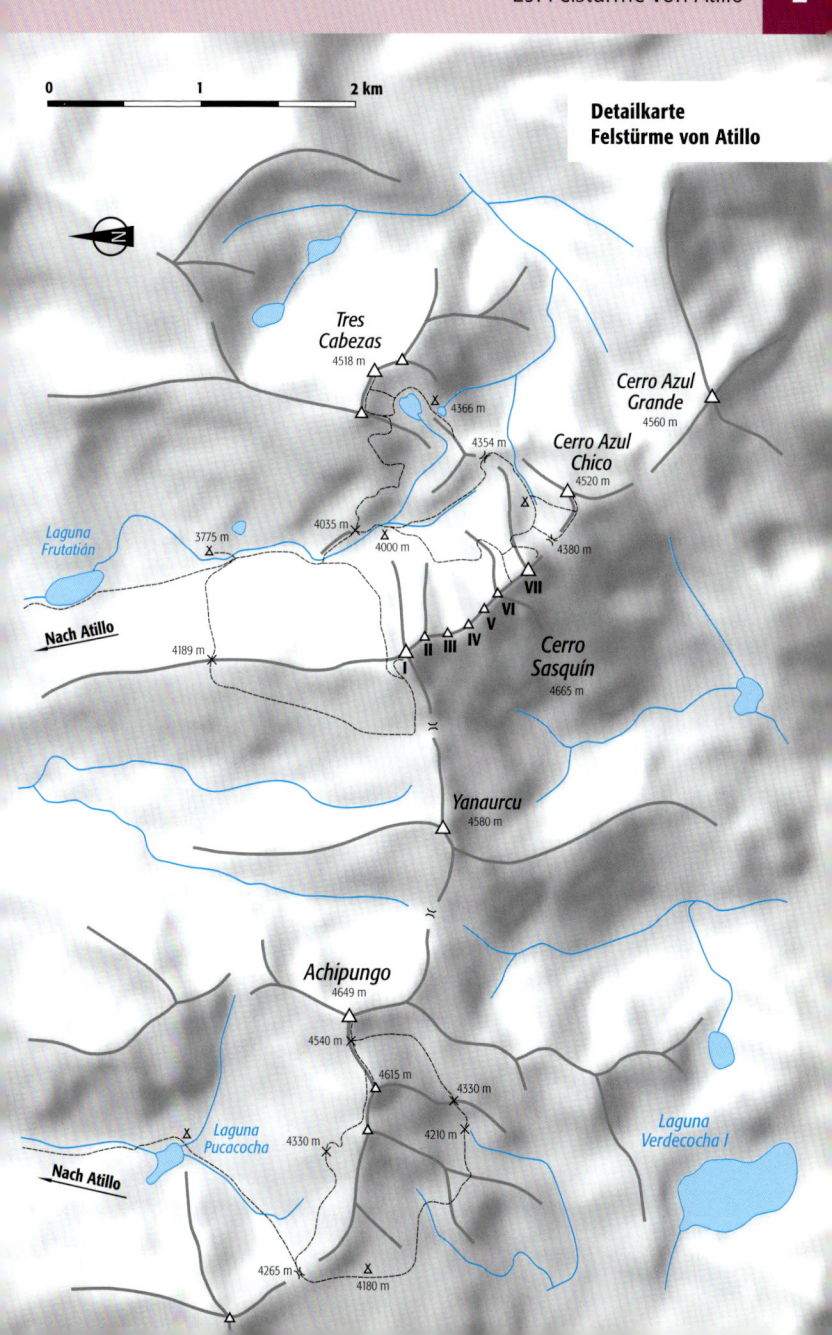

Detailkarte Felstürme von Atillo

steige über den südlicheren Arm vorerst in Richtung S, allmählich jedoch in Richtung SE. Auf 4300 m traversiere man nach links in ein Seitentälchen hinein. Baldmöglichst gewinne man jedoch den tiefsten Passeinschnitt rechts dieses Seitentälchens (4354 m). Von diesem Pass aus kann in sanftem Abstieg durch Beschreibung eines Halbkreises zum Ausgang eines kleinen, verwunschenen Tälchens gelangt werden. Offensichtliche Spuren weisen daraufhin, dass diese Verbindung auch oft von Tieren genutzt wird. Vorerst traversiere man in Richtung SE, allmählich jedoch in Richtung S und schließlich in Richtung SW abdrehend bis zu einer Lücke. Von dieser Lücke wird in Kürze der Hauptbach des verwunschenen Tälchens erreicht. Vom Talausgang müsste es im übrigen leicht möglich sein zur Lücke zwischen dem Cerro Azul Grande und Cerro Azul Chico zu gelangen. Dazu müsste über mäßig geneigtes Gelände ein Kilometer nach S durch die E-Flanke des Cerro Azul Chico traversiert werden.

Wenn der Gipfel des Cerro Azul Chico auf dem Programm steht folge man jedoch dem Hauptbach in Richtung SW. An etlichen Stellen könnten in diesem Tälchen trockene, ebene Zeltplätze gefunden werden. Vom Talende steige man über einen Schutthang in Richtung 220 Grad zur Lücke zwischen dem Sasquín VII und Cerro Azul Chico (4380 m). Von diesem Pass folge man vorerst in der S-Flanke dem W-Grat des Cerro Azul Chico. Nach 200 m wende man sich jedoch nach links, um zu besagtem W-Grat aufzusteigen. Kurz vor Erreichen des Hauptgipfels wende man sich nach NE, um den höchsten Punkt zu besteigen (GPS: 777, 694, 9751, 470; 4520 m). Übrigens kann auch vom Tälchen ausgehend die N-Flanke des Cerro Azul Chico durchstiegen werden.

Cerro Sasquín VI, VII

Ausgangspunkt für diese Route ist die erwähnte Talebene auf 4000 m. Zu dieser Talebene wird am einfachsten gelangt, wenn über die Route zu den Tres Cabezas bis auf die Kuppe von 4035 m aufgestiegen wird. Von dieser Kuppe kann durch einen kurzen Abstieg zur Talebene auf 4000 m traversiert werden. Man begebe sich anschließend an das südliche Ende dieser Ebene. Hier besteige man in Richtung 226 Grad die immer steiler werdende NE-Flanke der Sasquines. Mit zunehmender Höhe tritt allmählich der Hangschutt an die Oberfläche. Auf 4150 m vereinigen sich zwei Rinnen. Man steige über die linke Schuttrinne in Richtung 180 Grad. Auf 4350 m bietet sich eine Gelegenheit nach links in Richtung 100 Grad zu einer Kanzel zu traversieren (4450 m). Von der Kanzel steige man über einen schwach ausgeprägten Kanal in Richtung 190 Grad bis zur Höhe von 4480 m. An diesem Punkt bestehen zwei Optionen. Entweder steige man in Richtung 240 Grad über eine steile Rinne zur Lücke (4560 m) zwischen dem Sasquín VI und VII oder man wende sich nach links, um nach 50 m zu einer Kanzel (4530 m) am E-Fuß des Sasquín V zu gelangen. Natürlich kann versucht werden von der erwähnten Lücke (4560 m) aus einen der beiden Felstürme zu besteigen. Eine vollständige Kletterausrüstung ist hierzu allerdings Voraussetzung. Der Fels ist zwar

E9. Felstürme von Atillo

nass und moosig aber von guter Qualität. Von der Kanzel (4530 m) kann übrigens in die E-Flanke des Sasquín VII traversiert werden. Über diese Flanke führt vermutlich die einfachste Route auf den Sasquín VII. Alternativ kann von der Kanzel auch nach Umgehung eines Abschwunges über eine Rinne in Richtung 150 Grad zum verwunschenen Tälchen (siehe Cerro Azul Chico) abgestiegen werden.

Cerro Sasquín I – W-Flanke (5 h)

Vom Basislager auf 3775 m wende man sich zur grasigen E-Flanke des N-Ausläufers der Sasquines. Über eine steile Grasrinne kann die ganze Flanke bis zu einer Lücke auf 4185 m bestiegen werden (MAP: 776, 650, 9753, 800). Nun beginnt eine mühsame Traverse der Grundrichtung 208 Grad durch die W-Flanke des erwähnten Ausläufers. Man versuche mehr oder weniger Höhe zu halten. Alsbald zwingt jedoch eine stark eingeschnittene Furche zu einem komplizierten Abstieg. Nachdem diese Furche durchquert ist, folge man in sanftem Aufstieg mehreren Bächlein in Richtung S. Auf 4300 m verdichtet sich das Gelände allmählich zu einem Kanal, der in der Lücke zwischen Cerro Sasquín I und Yanaurcu endet. Man begebe sich bis zum Fuß dieser Lücke (4380 m) ohne zu ihr hochzuklettern. Natürlich kann auch versucht werden über das Haupttal nördlich des Yanaurcu zu dieser Lücke (bzw. wenig darunter) aufzusteigen. Der Aufstieg ist jedoch auf Grund der hohen Vegetation bestimmt nicht weniger mühsam, als die Durchquerung der W-Flanke der Sasquines.

Vom Fuß der erwähnten Lücke wende man sich nach links, um über plattiges Gelände all-

Tres Cabezas, Sasquines und Achipungo

mählich in Richtung 60 - 100 Grad aufzusteigen. Wenn die Route geschickt gelegt wird, können alle Schwierigkeiten gut umgangen werden. Im gut überlegten Zickzack steige man allmählich bis auf eine Terrasse oberhalb eines stufigen Geländes (4480 m). Wenn dieser Terrasse horizontal nach N gefolgt wird, kann leicht in eine Lücke nördlich des Sasquín I gequert werden.

Von der Terrasse steige man weiterhin durch das plattige Gelände in Richtung 60 - 100 Grad. Auf 4520 m erreicht man schließlich den Hauptgrat. Man begebe sich nun rechts des Grates haltend zum Fuße des steilen Gipfelkopfes (4620 m).

Nun beginnt eine interessante Kletterei in glitschigem, ausgesetztem Gelände. Der Einstieg befindet sich auf dem Hauptgrat am Fuße des Gipfelkopfes. Erste Seillänge (30 m): Man klettere über griffigen Fels (UIAA III) nach rechts haltend zu einer erdigen Verschneidung. Über diese Verschneidung hinauf zu einem Aufschwung. Den Aufschwung (UIAA III) wiederum nach rechts überwindend, gelangt man zur Fortsetzung der erdigen Verschneidung. Nach 30 m erreicht man ein Podest gebildet aus Steinbrocken. Zweite Seillänge (30 m): Nach rechts kann in eine markante Verschneidung eingebogen werden. Allmählich wandelt sich die Verschneidung in ein ausgesetztes Bändchen. Nach 30 m wird hinter einem Steinblock ein guter Standplatz gefunden. Dritte Seillänge (20 m): Vom Standplatz traversiere man horizontal nach rechts, die Gipfelkante umgehend. Derart kann in die S-Flanke des Gipfels und in Kürze über einfache Kletterei durch Felsblöcke der Gipfel erreicht werden (GPS: 776, 696, 9752, 538; 4665 m).

Der Gipfel wird durch eine schöne horizontale Felsplatte gebildet. Bei einer Besteigung am 9. 11. 2002 wurde der Gipfel und die Route frei von menschlichen Spuren aufgefunden. Wenn das Wetter schön ist, bietet der Berg einen phantastischen Ausblick auf die Lagunas de Atillo, auf die benachbarten Felstürme und auf das Seengebiet von Osogoche.

Cerro Sasquín I – Diretissima (4 h)

Ein steiles Couloir führt direkt vom Tal zwischen den Tres Cabezas und Sasquín zu einer Lücke nördlich des Cerro Sasquín I. Dieses Couloir ist steinschlaggefährdet und im Abstieg nicht einfach zu bewältigen. Dennoch bietet es einen schnellen Zugang zum Gipfelkopf des Sasquín I.

Vom Basislager auf 3775 m folge man auf der rechten Flussseite dem Hauptal in Richtung SE. Auf 3920 m, kurz nach einem kleinen Wasserfall, gelangt man zu den Restbeständen eines Polylepis-Waldes. Überhalb diesem Wald findet ein schmales Schuttcouloir allmählich sein Ende. Man durchquere mühsam diesen Wald in Richtung SW auf dieses Schuttcouloir zuhaltend. Im Schuttcouloir steige man in Richtung SW bis auf eine Höhe von 4200 m. Ab dieser Höhe wird das Gelände immer steiler, das Couloir schneidet sich tief in den Fels ein. Links des Couloirs türmt sich eine vertikale Felswand von mehreren hundert Höhenmeter auf. Man steige weiterhin über dieses Couloir, nun exakt in Richtung W. Auf 4330 m gelangt man zu einem Überhang. Durch eine kurze Traverse nach rechts (UIAA III) kann diese Stelle aber gut umgangen werden. Im Abstieg empfiehlt es sich um einen weiter oben liegenden großen Felsblock abzuseilen (10 m). Ca. 100 Höhenmeter überhalb der Schlüsselstelle verflacht sich das Gelände, so dass einfach zur Lücke (4515 m) nördlich des Sasquín I gestiegen werden kann. Links hinter dieser Lücke befindet sich eine markante Höhle. Von der Lücke traversiere man horizontal über eine gute Terrasse in Richtung S, um bald auf die W-Route zu stoßen.

Dschungeltouren

Der verwunschene Urwaldsee Sumaco

Die Touren in diesem Kapitel führen entweder durch Dschungel oder durch andinen Bergwald. Dabei werden teilweise alle Klimastufen durchstiegen, wodurch sich der Wald ständig verändert. An Orientierungssinn, Kondition und Ausrüstung stellen diese Berge hohe Anforderungen. Die Anstrengung wird jedoch belohnt mit der Einsicht in eine Naturlandschaft, wie sie in Europa mit Sicherheit nicht zu finden ist.

F1.	El Reventador	S. 276
F2.	Volcán Sumaco	S. 282
F3.	Cerro Hermoso	S. 292
F4.	Sangay	S. 300

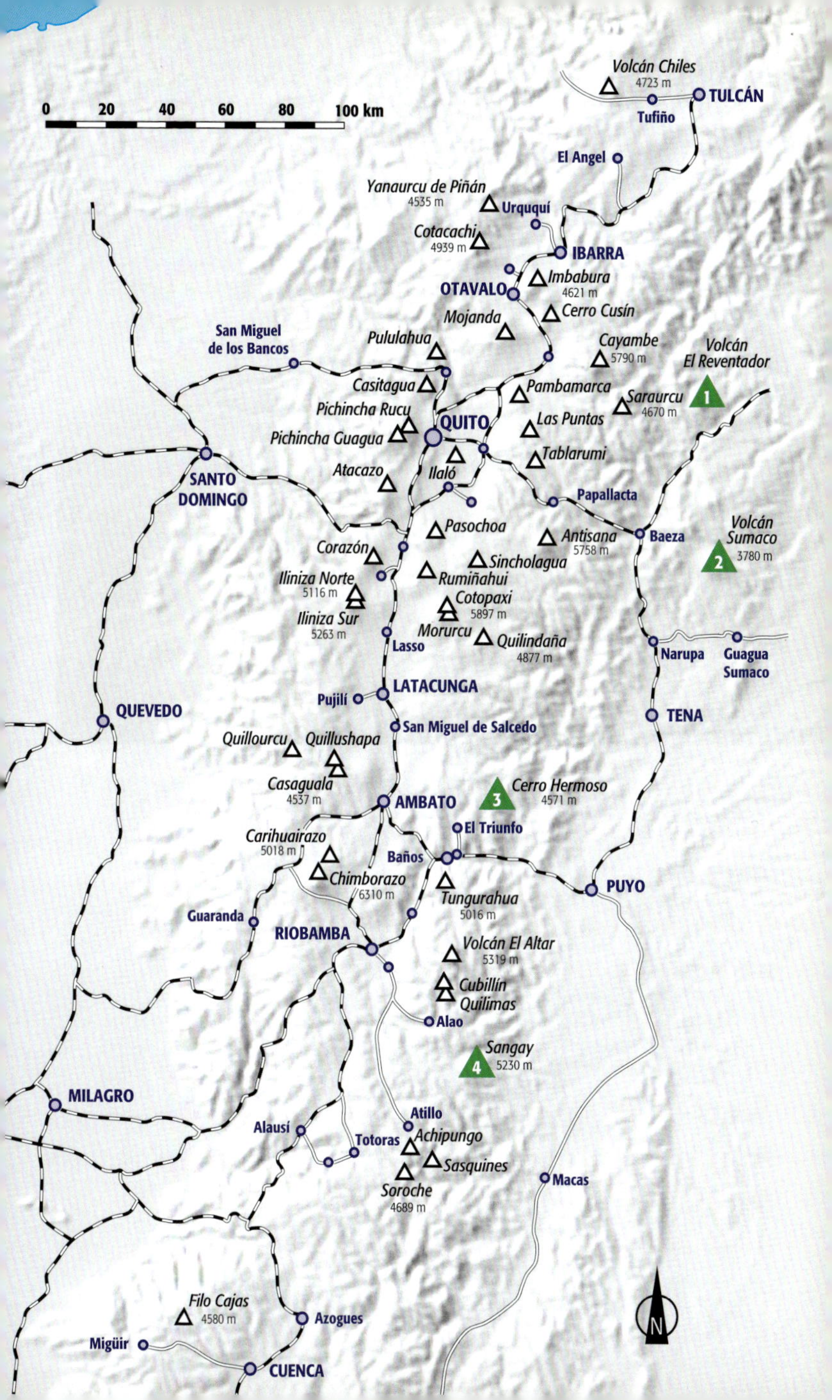

F Dschungeltouren

F1. **El Reventador** (3562 m)

Zur Zeit aktiver Vulkan El Reventador

Koordinaten	MAP: 204, 250, 9991, 450
Erstbesteigung	L.T. Paz y Miño, J. Guerrero, C. Bonifaz, M. Vaca, M. Sánchez; 5.1.1931[110]
Anzahl Tage	3 - 4
Schwierigkeit	T4 bzw. T6
Karten	Volcán El Reventador 1:50 000
Plan	S. 279, Reventador
Höhen	Río Reventador 1410 m, Basecamp 2050 m, El Reventador 3562 m
Zeiten	Annäherung 3 $\frac{1}{2}$ h, Aufstieg 4 $\frac{1}{2}$ bzw. 5 $\frac{1}{2}$ h

Der Reventador liegt 90 km ostnordöstlich von Quito, inmitten des E-Abhangs der Cordillera Central. Diese Lage macht ihn zum idealen Ausgangspunkt für Blicke auf das obere Amazonasbecken und für ungewohnte Perspektiven auf den Sararcu und Cayambe. Als einer der aktivsten Vulkane Ecuadors, besteht er aus einem äußeren, nach SE geöffneten Krater mit einem Durchmesser von 3 - 4 km. In diesem Krater hat sich ein neuer, regelmäßiger Kegel der Höhe 1200 m gebildet. Dieser Kegel befindet sich in einer Wachstumsphase. Der innere Kegel weist einen kleinen Krater eines Durchmessers von

F1. El Reventador

etwa 200 m auf. Der äußere Krater ist das Überbleibsel eines riesigen Stratovulkans, der durch eine Phase von Explosionen abgebaut wurde. Auf Grund des Durchmessers des äußeren Kraters kann geschlossen werden, dass dieser Vulkan die Größenordnung eines Chimborazo erreicht haben muss. Man stelle sich das eindrückliche Bild eines mit Eis überzogenen Riesenvulkans am Rande des tropischen Regenwaldes vor. Da der Vulkan bis in die 60er Jahre (Bau des Oleodukts) abseits aller Verkehrswege lag, ist wenig über seine eruptive Geschichte bekannt. Erst 1931 wurde der Vulkan durch eine Expedition von L.T. Paz y Miño, J. Guerrero und C. Bonifaz eingehend untersucht. Die vorletzte aktive Phase geht auf die Mitte der 70er Jahre zurück. Die Eruptionen des Reventador seien zu gewissen Zeiten jenen des Sangay gleichgekommen. Seit dem Ende der 70er Jahre war der Vulkan relativ ruhig. Anzeichen seiner Aktivität beschränken sich auf einige Fumarole am inneren Kraterrand. Als sich am 3. November 2002 der Himmel über Quito verdunkelte und bald darauf Asche fiel, wurde zuerst der Pichincha Guagua für dieses Phänomen verantwortlich gemacht. Bald darauf stellte sich allerdings heraus, dass der Reventador eine 10 km hohe Säule aus Wasserdampf und Asche ausgestoßen hatte. Die entsprechende Explosion riss den Kraterrand an zwei Stellen auf und schuf damit zwei Gipfel: Den spitzen E-Gipfel und den Hauptgipfel am W-Rand des Kraters. In der Kratermitte entstand ein sekundärer Dom bestehend aus losen Lavablöcken. Ungezählte Fumarole und ausströmende Gase zeugen davon, dass die Lava immer noch heiß ist. Pyroplastische Flüsse zerstörten einen guten Teil der Vegetation an den Flanken des Reventador. Zwei Lavaflüsse ergossen sich über die SE-Flanke und näherten sich bis auf 4 km der Straße.

Der Reventador weist eine einmalige geologische und ökologische Landschaft auf. Die Eruptionen und die spezielle Lage am äußersten Abhang zum Oriente haben interessante Landformen und Lebensräume geschaffen, die sich extrem schnell verändern. An Orten, wo die Lava den alten Boden nicht bedeckte, können Überbleibsel des ehemaligen Regenwalds beobachtet werden. Der Unterschied bezüglich Flora und Fauna in diesen Inseln und auf den Lavafeldern ist verblüffend.

Die Besteigung des Reventador gehört sicher zu den eindrücklichsten Touren, die in Ecuador möglich sind. Der Berg ist an und für sich nicht besonders hoch (3562 m), die Besteigung beginnt aber auf 1516 m, so dass immerhin 2000 Höhenmeter zu überwinden sind. In der Regel sind drei Tage für die Besteigung zu veranschlagen: Erster Tag Anfahrt und Aufstieg zum Basecamp. Zweiter Tag Aufstieg zum Gipfel und Abstieg zum Basecamp. Dritter Tag Abstieg und Heimreise. Besser werden aber vier Tage eingeplant, um möglichst zwei Chancen für eine Besteigung zu haben. Man bedenke, dass das Wetter schlecht ist und mit viel Regen und Nebel zu rechnen ist.

Die pyroplastischen Flüsse der Eruption vom 3. 11. 2002 haben die ehemalige Holzhütte hinweggefegt. Früher oder später dürfte wieder eine neue Hütte entstehen. Zur Zeit führt jedoch kein Weg an der Mitnahme eines Zeltes vorbei. Die Aufstiegsroute bis zum Basecamp

Dschungeltouren

hat sich in keiner Weise verändert. Ab dem Basecamp ist jedoch alles anders. Da ein großer Teil der Vegetation plattgewalzt wurde, ist der Aufstieg nun viel bequemer. Eine offene Frage ist allerdings mit wie viel Risiko eine Besteigung des Reventadors verbunden ist. Man erkundige sich deshalb während der Planungsphase und vor der Besteigung auf der Homepage des Instituto Geofísico (Info im Anhang) nach dem aktuellen Aktivitätsniveau des Vulkans. In Gipfelnähe muss vorsichtig abgewogen werden, wie sehr man sich dem Krater nähern kann. An dieser Stelle ist absolute Eigenverantwortung gefragt.

Anfahrt

Die Route auf den Reventador beginnt im Weiler Río Reventador. Dieser Weiler wird gern mit dem Dorf El Reventador verwechselt. Alle Busse, die von Quito nach Lago Agrio verkehren, fahren durch Río Reventador. Dem Busfahrer teile man mit, dass man bei der Cascada San Rafael aussteigen möchte. Dieser Wasserfall ist bekannter als der Weiler Río Reventador. Man verlasse sich aber besser nicht auf die Hilfestellung des Busfahrers. Die Cascada San Rafael wird eine knappe Stunde nach El Chaco erreicht. Man steige aber nicht bei der Abzweigung zum Wasserfall aus, sondern fahre noch ca. 1.5 km weiter. Nach der Abzweigung zum Wasserfall überquert der Bus den Fluss Río Reventador, anschließend werden ein paar Häuser passiert. Es folgt eine Linkskehre. Der Bus steigt weiter, bis zu einer Rechtskehre. Kurz darauf kreuzt die Straße

Fumarole im Gipfelbereich des El Reventador, November 2007

F1. El Reventador

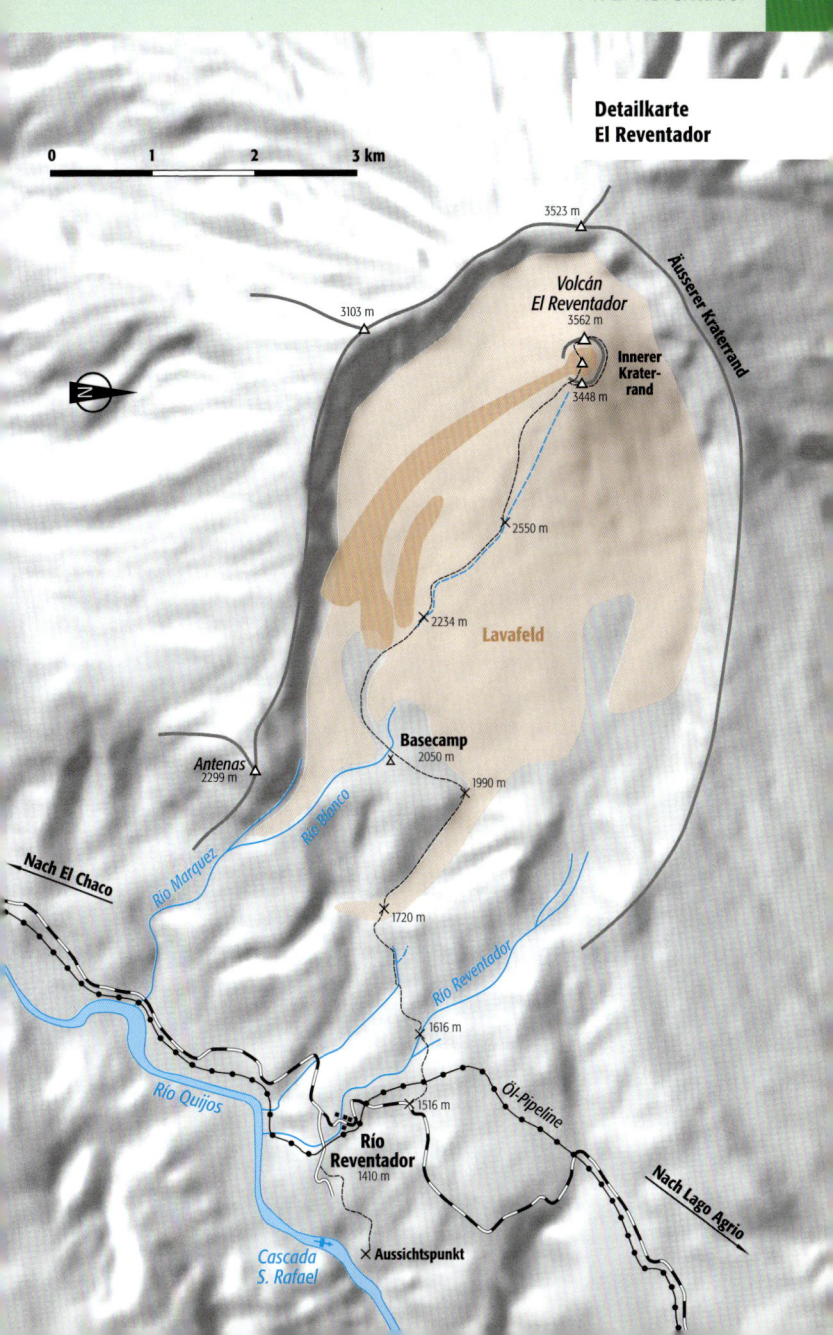

Detailkarte El Reventador

0 — 1 — 2 — 3 km

3523 m
Äusserer Kraterrand
3103 m
Volcán El Reventador 3562 m
Innerer Kraterrand
3448 m
2550 m
2234 m
Lavafeld
Antenas 2299 m
Basecamp 2050 m
1990 m
Río Marquez
Río Blanco
Nach El Chaco
1720 m
Río Reventador
1616 m
Río Quijos
1516 m
Öl-Pipeline
Río Reventador 1410 m
Nach Lago Agrio
Cascada S. Rafael
× Aussichtspunkt

das Oleodukt. Hier steht der Kilometerstein 100. In der nächsten Rechtskurve (GPS: 0211, 514, 9989, 802; 1516 m) steht auf der linken Seite ein verrostetes Schild mit dem Inhalt „INEFAN: Reserva Ecológica Cayambe - Coca, Volcán El Reventador". Hier aussteigen.

Annäherung (3 $^1/_2$ h)

Beim Schild schlage man sich durch hohes Gras in den Urwald. Bald werden Wegspuren deutlich, die über eine Rippe zum Oleodukt führen. Jenseits des Oleodukts setzt sich der Weg horizontal durch kleine Lichtungen in Richtung WNW fort. Bald führt er über eine mit hohem Gras bewachsene Lichtung zum Río Reventador hinab. Jenseits des Baches, einige Meter bachaufwärts setzt sich der Weg fort (GPS: 0210, 813, 9989, 924; 1616 m). Nach einem allmählichem Aufstieg der Grundrichtung W gelangt der Weg über einen kurzen, steilen Abstieg hinab zu einem Bach. Im folgenden wird direkt im nassen Bachbett aufgestiegen, wobei immer dem Hauptbach der Vorzug gegeben wird. Allmählich verkommt der Bach zu einem Rinnsal und Wegspuren werden wieder deutlich. Nach zweimaligem Auf und Ab gelangt man schließlich auf ein buschbewachsenes, altes Lavafeld (MAP: 209, 660, 9989, 500; 1720 m). Nachdem dieses überquert ist, folgt der Weg stets dem linken Rand des Lavafeldes. Bei den Koordinaten (GPS: 0208, 521, 9990, 372; 1990 m) gelangt man zu einem Aussichtspunkt über das erwähnte Lavafeld. Anschließend durchquert der Weg vorerst in allmählichem Aufstieg, dann in allmählichem Abstieg eine äußerst matschige Zone in Richtung SW. Bei den Koordinaten (GPS: 0208, 135, 9989, 622; 2050 m) öffnet sich der Wald und man gelangt am Río Blanco zum offenen Feld der pyroplastischen Flüsse. Improvisierte Unterstände und viel Abfall zeugen von vergangenen Besteigungen.

Aufstieg (4 $^1/_2$ h bzw. 5 $^1/_2$ h)

Vor der Eruption vom 3.11. 2002 durchquerte ein Weg den westnordwestlich gelegenen Aufschwung durch einen dichten Regenwald, um zur Ebene jenseits des Aufschwunges zu gelangen. Nachdem aber die pyroplastischen Flüsse direkt bis zum Río Blanco gelangt sind, kann dieser Aufschwung leicht links umgangen werden. Dazu halte man sich vorerst 500 m nach SW. Anschließend steige man nach WNW haltend auf bis zum Lavafluss der Eruption vom 3. 11. 2002. Ohne diesen direkt zu betreten steige man nach rechts haltend durch einen Einschnitt auf bis zur erwähnten Ebene (GPS: 0207, 194, 9989, 554; 2195 m). Wer diese Ebene in Richtung NW durchquert, gelangt alsbald zu einem meist trockenen Bachbett (GPS: 0206, 882, 9989, 912; 2234 m), das sich kurvenreich bis zum E-Gipfel des Reventador fortsetzt. Dank diesem Bachbett kann bequem eine Zone von dichtbewachsener Lava vermieden werden. Man folge stets dem Bachbett, bis dieses auf einer Höhe von ca. 2550 m nach links verlassen wird. Nun steige man vorerst leicht nach links haltend aufwärts. In der Nähe des Kraterrandes halte man sich vermehrt nach rechts, um diesen in der Lücke links eines markanten Zackens zu erreichen (GPS: 0204, 657, 9991, 328; 3401 m). Wer den E-Gipfel besteigen will umgehe diesen Zacken auf der Kraterinnenseite. So gelangt man zu einer zweiten Lücke von der aus der E-Gipfel leicht erklettert werden kann (GPS: 0204, 648, 9991, 420; 3448 m).

Wer zum Hauptgipfel aufsteigen möchte, mache sich auf ein heikles, gefährliches Unterfangen gefasst. Nicht nur muss eine Zone heißer Lava, gespickt mit Fumarolen durchquert werden. Gase unbekannter Natur machen die Kraterzone unerträglich. Zudem ist die Lava in der Kratermitte äußerst instabil. Vorerst ist bis zur Lavazone abzusteigen. Nun ersteige man den Lavadom in der Kratermitte. Anschließend kann zum Südgrat des Hauptgipfels gequert werden. Über diesen Grat kann in losem, steilen Schutt der Hauptgipfel erklommen werden (MAP: 204, 250, 9991, 450; 3562 m). Vielleicht ist es eine bessere Idee dem Kraterrand rechterhand zu folgen. Etwelchen Hindernissen ausweichend sollte man ohne die Lava zu betreten den Hauptgipfel erreichen können.

Empfehlungen

Welches Schuhwerk empfiehlt sich für die Besteigung des Reventador? Ideal wäre, im Urwaldbereich mit Gummistiefeln zu gehen und im Lavabereich mit festen Bergschuhen. Der Urwaldbereich kann sehr sumpfig sein, so dass selbst feste Bergschuhe schnell nass werden. Im Lavabereich hingegen sind feste Bergschuhe mit einem guten Profil von Vorteil. Aus diesem Grund liegt es nahe, den Bergschuhen den Vorzug zu geben.

Bäume überwuchert von Epiphyten

F2. **Volcán Sumaco** (3780 m)

Blick auf den Gipfel des Sumaco vom gleichnamigen See

Koordinaten	MAP: 207, 750, 9940, 450
Erstbesteigung	Jiménez de la Espada; 19. 6. 1865[111] bestritten durch Emilio Gianotti, José Schweizer, einige Indios; 14 - 15. 12. 1924[112]
Anzahl Tage	3 - 6
Schwierigkeit	T5
Karten	Volcán Sumaco 1:50 000, Pavayacu 1:50 000
Plan	S. 285, Sumaco
Höhen	Pacto Sumaco 1530 m, Laguna Guagua Sumaco 2500 m, Sumaco 3780 m
Zeiten	nicht zu beziffern

Der Volcán Sumaco bildet in verschiedener Hinsicht eine Besonderheit unter den ecuadorianischen Vulkanen. Als einzige Erhebung um 3800 m steht er weit abgesondert von der Cordillera Central inmitten des tropischen Regenwaldes. Bei einem flüchtigen Blick könnte man in ihm den einzigen ecuadorianischen Vertreter der Cordillera Oriental erkennen. In Wirklichkeit gehört der Volcán Sumaco zu einer Reihe von Vulkanen (Reventador, Pán de Azúcar und Sumaco), die sich geologisch grundsätzlich von jenen der

F2. Volcán Sumaco

Cordillera Central und Cordillera Occidental unterscheiden. Sie stehen nämlich auf einer tektonisch stabilen Zone, die eigentlich keine Vulkane vermuten liesse. Der aktuelle Kegel des Volcán Sumaco ist mit weniger als 100'000 Jahren Alter relativ jung. Gemäß Untersuchungen gab es einen älteren Kegel, der allerdings in Richtung NE zusammengebrochen ist. Obwohl der Volcán Sumaco in einer Region mit hoher Erosion liegt, ist der heutige Kegel praktisch noch vollständig erhalten. Dies deutet auf eine kürzliche vulkanische Aktivität hin. Es wird vermutet, dass der letzte Ausbruch weniger als 800 Jahre zurückliegt. Die Vulkanasche soll bei diesem Ausbruch das 30 km nordwestlich liegende El Chaco erreicht haben. In den letzten Jahrzehnten wurde keine Aktivität beobachtet. Der Krater präsentiert sich darum überzogen von einer Vegetationsschicht. Mitten im Krater, in einer Tiefe von 50 Metern, schmückt ein kleiner Tümpel den ca. 200 m breiten Schlund. Laut der IGM-Karte liegt dieser See auf einer Höhe von 3732 m. Der höchste Punkt im Kraterrand befindet sich aber auf ca. 3780 m. Etwa 500 m südlich liegt der tiefere Südgipfel (3730 m), welcher bei einer Besteigung überschritten werden muss.

Der Sumaco steht weit ab von der Zivilisation, inmitten eines undurchdringbaren Urwaldes. Seine Hänge sind bis heute von menschlichen Einflüssen weitgehend verschont geblieben. Wegen der hohen Artenvielfalt wurde 1994 eine Fläche von 205 249 ha rund um den Vulkan zum Parque Nacional Sumaco - Napo - Galeras erklärt. Die Höhe dieses Parks variiert zwischen 500 und 3780 m, weshalb der Park unterschiedlichste Klimazonen aufweist. Der Park ist eine regelrechte ökologische Insel, die zudem klare Anzeichen von endemischer Flora und Fauna trägt. An den Rändern des Parks dringen allerdings seit einigen Jahren Siedler (colones) vor, die im Urwald Naranjilla-Pflanzungen (wird vor allem als Fruchtsaft konsumiert) anlegen. Die Siedlung Pacto Sumaco ist eines der Beispiele einer kaum 20 Jahre zurückliegenden Kolonisierung. Mit der Unterstützung der Gesellschaft für technische Zusammenarbeit (GTZ) setzt das Ministerio del Ambiente gegenwärtig in diesem Gebiet das sogenannte Proyecto Gran Sumaco um. Der Park soll rund viermal vergrößert werden. Das Projekt möchte die nachhaltige Entwicklung der Siedlungen und den Schutz der Biosphäre unter einen Hut bringen.

Über die Herkunft des Namens „Sumaco" kann wenig Sicheres gesagt werden. Marco Cruz führt ihn auf eine in Spanien beheimatete Pflanze namens Zumaque (Familie der Terebintáceas) zurück. In den Berichten spanischer Chronisten werde eine Ähnlichkeit der Zumaque-Pflanze mit der amerikanischen Coca-Pflanze erwähnt. Der Vulkan scheint nach dieser Zumaque-Pflanze benannt worden zu sein.[113] Der Herausgeber von „El Gran Viaje" ist allerdings der Ansicht, dass „sumac" in Quichua „schöner" bedeutet.[114] Der Sumaco erregte wegen seiner konischen Form auch die Aufmerksamkeit der Forschungspioniere. Wolf nennt ihn Guacamayos.[115] Reiss hingegen benutzt den Namen Cuyufa.[116]

Die andinistische Geschichte dieses Berges ist kurz. Im Jahre 1865 bestieg Jiménez de la Espada vermutlich als erster den Gipfel. Der

Dschungeltouren

italienische Missionar Emilio Gianotti folgte ihm im Jahre 1924. Ein Jahr später erreichte der englische Abenteurer G. W. Dyott ebenfalls den Gipfel. Heute wird dieser Vulkan praktisch nur von geführten Gruppen wenige Male pro Jahr bestiegen. Der Zustand der Route hängt vor allem davon ab, wieviel Zeit seit der letzten Besteigung verstrichen ist. Liegt die letzte Säuberung der Route nur wenige Tage oder Wochen zurück, könnte in drei Tagen auf- und abgestiegen werden. Wenn der Weg jedoch monatelang nicht gesäubert wurde, verlängert sich die Besteigung ohne weiteres auf sechs Tage. Aus diesem Grund verzichtet die folgende Beschreibung auf eine Einteilung in Tagesetappen. Es erfolgen einzig Hinweise auf mögliche Campingplätze.

Wie überall im oberen Amazonasbecken ist mit viel schlechtem Wetter zu rechnen. Um trotzdem in den Genuss der einzigartigen Aussicht zu gelangen, wird dringend empfohlen, auf dem Gipfel ein Camp einzuplanen. Die Cordillera Central windet sich in einem langgeschwungenen Bogen um das scheinbare Zentrum Volcán Sumaco. Bei guten Sichtverhältnissen wird man für den Aufstieg deshalb nicht nur mit einer atemberaubenden Aussicht auf den tropischen Regenwald belohnt, sondern auch mit einem einzigartigen Blick auf die Bergkette der Cordillera Central.

Es versteht sich von selber, dass eine Besteigung des Volcán Sumaco Bergsteigern vorbehalten ist, die bereits Erfahrungen in der Cordillera Central (beispielsweise Reventador) gemacht haben und Experten im Umgang mit Karte, Kompass und Höhenmesser sind.

Anfahrt

Gewöhnlich wird der Volcán Sumaco ausgehend von Pacto Sumaco bestiegen. Als Pacto Sumaco wird ein Dorf bezeichnet, das vor weniger als 20 Jahren infolge einer Umsiedlung wegen eines Erdbebens in El Reventador entstand. Die Anfahrt von Quito nimmt einen vollen Tag in Anspruch und ist nicht unkompliziert. Zunächst ist in einem Bus in Richtung Tena anzureisen. Ca. 1 Fahrstunde vor Tena zweigt in Narupa die Verbindungsstraße nach Coca ab. Knapp 2 Fahrstunden in Richtung Coca liegt Guagua Sumaco. Zwei Kilometer vor Guagua Sumaco, bei der sogenannten Entrada al Sumaco (MAP: 212, 800, 9921, 000), beginnt eine 10 km lange Schotterstraße, die schließlich in Pacto Sumaco endet. Nun kann natürlich in Narupa ausgestiegen und auf einen Bus nach Coca gewartet werden. Diese Busse sind aber in der Regel dermassen überfüllt, dass es keine schlechte Idee ist, erst in Tena umzusteigen. Die Cooperativa de Transporte Jumandy unterhält den dichtesten Busdienst von Tena nach Coca. Die Abfahrtszeiten in Tena sind wie folgt festgelegt: 4.30 h, 8.00 h, 11.00 h, 14.30 h, 20.30 h, 22.00 h. In Guagua Sumaco angekommen bestehen zwei Möglichkeiten. Entweder steigt man bei der Entrada al Sumaco aus und wartet auf eine der sporadischen Camionetas oder Camiones. Oder man fährt 2 km weiter bis in den Dorfkern von Guagua Sumaco und heuert dort eine Camioneta nach Pacto Sumaco an. Der Fahrpreis bewegt sich um 8 US$. In Pacto Sumaco sehe man sich nach einer Übernachtungsgelegenheit um. Die

F2. Volcán Sumaco

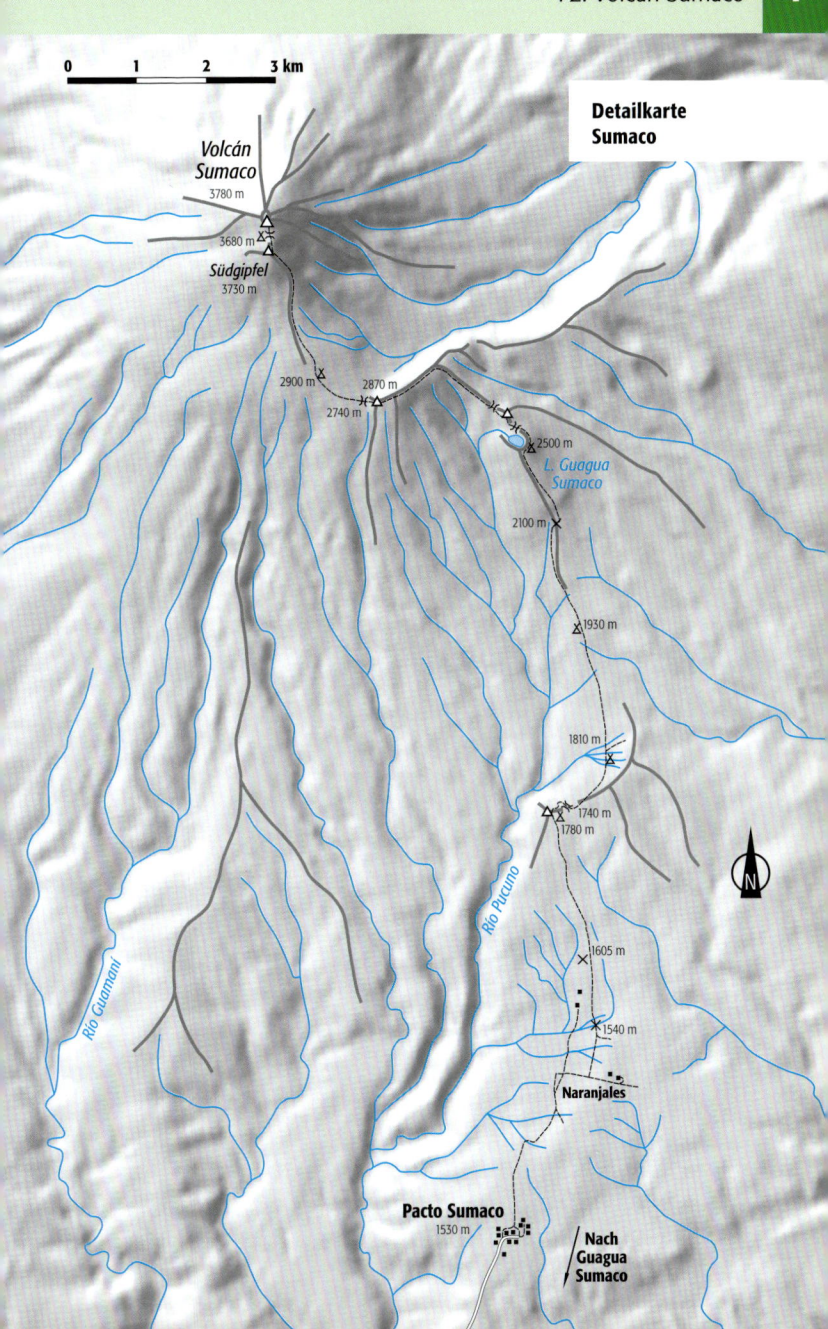

Detailkarte Sumaco

F Dschungeltouren

Aussicht vom Sumaco auf das grenzenlose Amazonas-Tiefland

Bewohner sind sehr hilfsbereit, so dass ein paar Quadratmeter Boden zum Übernachten leicht zu finden sind.

In einigen älteren Führern wird als Ausgangspunkt für die Besteigung des Volcán Sumaco die Ortschaft Guamaní angegeben. Diese Information ist falsch. Der einzige Weg zum Sumaco beginnt in Pacto Sumaco. In diesem Ort lassen sich übrigens auch ohne Schwierigkeiten kundige Führer für eine Besteigung anheuern.

Aufstieg

Grundsätzlich führt ein durchgehender Weg von Pacto Sumaco hinauf bis zum Volcán Sumaco. Dieser Weg mag an einigen Stellen von wucherndem Urwald zugedeckt sein oder verwirrende Spuren zweigen vom Hauptweg ab. Das Hauptproblem besteht jedoch im Auffinden des genauen Anfangs dieses Wegs. Dies hängt nicht zuletzt mit den Naranjilla-Pflanzungen zusammen, die sich in rasendem Tempo in den Urwald hineinfressen. Dieser Prozess wird erst dann sein Ende finden, wenn die Parkgrenze erreicht ist. Bis es so weit ist, könnte sich die Situation im Bereich der Naranjilla-Pflanzungen allerdings noch einige Male ändern. Um ein stundenlanges, vergebliches Suchen nach dem Wegbeginn möglichst zu vermeiden, bietet sich die Möglichkeit an, für die ersten paar Stunden einen Führer in Pacto Sumaco anzuheuern. Gegen Bezahlung lässt sich beispielsweise leicht ein Einheimischer finden, der Gruppen bis zum Beginn des Urwaldes (Bosque primario) führt.

Für alle anderen, ehrgeizigeren Andinisten sei auf die folgende Beschreibung verwie-

F2. Volcán Sumaco

sen: Pacto Sumaco liegt auf einer geschätzten Höhe von 1530 m, ungefähr bei den Koordinaten (MAP: 211, 150, 9926, 400). Die Karte IGM 1:50 000 Volcán Sumaco verzeichnet an diesem Punkt und überhaupt auf dem ganzen Kartenblatt jedoch ein einziges ungestörtes Urwaldgrün. Im Zentrum von Pacto Sumaco biegt die Hauptstraße nach E ab und endet nach 100 m beim Centro de Salud. Von hier zweigt ein mit Holzpfählen belegter Weg (empalizada) nach N ab. Dieser Weg überwindet ca. 100 m später zur Linken eine Böschung und führt zum Beginn der Pflanzungen. Auf den nächsten 1.5 km werden auf dem „empalizada" die ersten Naranjilla-Pflanzungen passiert. Der Weg durchquert dabei vier mehr oder weniger tief eingeschnittene Quebradas. Die Richtung weist stets auf N. Bei der fünften Quebrada enden die bequemen Holzpfähle. Der Weg folgt 30 m dem Bach und setzt sich anschließend auf der anderen Seite der Quebrada nun ohne Holzpfähle durch tiefen Matsch fort nach N bis NE. Nach einem halben Kilometer trifft dieser Weg aber auf einen weiteren, mit Holzpfählen belegten Weg. Man folge diesem neuen „empalizada" nach N, bis er nach 500 m abrupt nach E abbiegt. Nach ca. 140 Schritten (1560 m) zweigt vom Hauptweg ein weiterer „empalizada" nach N ab. Dieser Weg vermittelt jedoch nur den Zugang zur Wasserfassung für Pacto Sumaco. Man folge dem Hauptweg für weitere 340 Schritte nach E. Bei besagter Schrittzahl angelangt, trifft man auf eine offensichtliche Grenze zwischen zwei Pflanzungen. Genau bei dieser Grenze endet übrigens auch ein Stacheldrahtzaun, der auf dem letzten Bereich den Hauptweg von der Pflanzung abtrennte. Nichts weist daraufhin, dass hier der Weg zum Volcán Sumaco beginnt. Man folge der Grenze zwischen den zwei Pflanzungen nach N. Die linke Pflanzung ist geprägt von einem wilden Durcheinander umgelegter Bäume. Einige dieser Bäume weisen Kerben von Machetenhieben auf. Nach ca. 100 m ab dem Hauptweg zeigen sich erste Wegspuren in hohem Gras. Der Weg windet sich hinab zu einem ersten Rinnsal. Jenseits dieses Rinnsales wird der Weg schon etwas deutlicher. Nach weiteren ca. 100 m trifft der Weg auf ein zweites Bächlein (1540 m). Ein massiger Baum, der in idealer Weise auf die Quebrada gefallen ist, erlaubt ein bequemes, aber luftiges Überschreiten des Baches. Nach ca. 100 m verzweigt der Weg. Man folge dem linken Weg. Bald wird ein größerer Bach überschritten (MAP: 212, 425, 9929, 450; 1540 m). Diesem Bach folgt in einem Abstand von wiederum ca. 100 m ein letzter, vierter Bach (1550 m), der zu überqueren ist. Nun befindet man sich definitiv im Urwald und auf dem richtigen Weg, sofern sich die Umgebung wie beschrieben präsentiert hat. Wenn ein Führer angeheuert wurde, sollte er die Gruppe bis zu dieser Stelle begleiten.

Im nächsten Abschnitt ist der Weg in der Regel recht eindeutig. Man achte auf Kerben in querliegenden Bäumen. Die Richtung weist stets ziemlich genau auf N. Zu Beginn ist das Gelände recht flach, erst mit zunehmender Distanz von den Bächen gewinnt der Weg etwas an Höhe. Auf 1605 m begegnet man den Resten einer Hütte aus Brettern. Nun

F Dschungeltouren

Straßenkreuzung nach Pacto Sumaco, im Hintergrund der Sumaco

schwankt die Richtung zwischen NNW und N. Ca. 3.5 km ab den Flüssen gelangt man auf einer Höhe von 1780 m (MAP: 211, 850, 9932, 250) zu einem Ausguck. Bei guter Sicht kann von hier aus der Gipfel des Sumaco gesichtet werden. Ca. 50 m nach diesem Ausguck biegt der Weg nach rechts ab und führt über steiles Gelände nach E hinab zu einem wenig ausgeprägten Pass (1740 m). Auf den folgenden Metern schwankt die Richtung in einem verrückten Gang zwischen SE und NE. Bald pendelt sich jedoch eine Grundrichtung von NE ein. Der Weg steigt allmählich wieder an und gewinnt auf einer Höhe von 1800 m eine wenig ausgeprägte Loma. Diese Loma wird jedoch anschließend in Richtung NNE verlassen, um eine längere Traverse in flachem Gelände anzugehen. Am Ende der Traverse wird allmählich zu einem ersten Bach (1770 m) abgestiegen. Genau genommen handelt es sich um zwei kurz aufeinanderfolgende, wenig eingeschnittene Rinnen, die nicht immer Wasser führen. Diesen Rinnen folgt in einem Abstand von ca. 200 m ein eindeutiger Bach (1810 m). Jenseits dieses Baches weisen Spuren auf vergangene Camps hin. Nach 100 m trifft der Weg auf einen dritten Bach (1810 m). Ca. 100 m nachdem auch dieser Bach überquert wurde, verzweigt der Weg. Man halte sich an den linken, klareren Weg. Nach 100 m begegnet man einem vierten Bach (1770 m). Dieser Bach ist der breiteste aller eben überquerten Bäche, es dürfte sich deshalb um jenen Bach handeln, der auf der Karte bei den Koordinaten (MAP: 212, 650, 9933, 150) eingezeichnet ist. Im Bereich vor und nach diesem vierten Bach zweigen übrigens an mehreren Stellen va-

F2. Volcán Sumaco

ge Wegspuren vom Hauptweg ab. Man widme der Wegsuche in diesem Abschnitt deshalb besondere Aufmerksamkeit und markiere den Hauptweg im Hinblick auf den Rückweg mit Bändern und Machetenkerben. Auf den nächsten Kilometern hält sich der Weg an eine durchschnittliche Richtung von N bis NNW. Allmählich wird auch wieder etwas Höhe gewonnen. Auf 1830 m gelangt der Weg zu einem schlammigen Bach, dessen Umgebung sehr sumpfig ist. Jenseits des Baches wird das Gelände allmählich steiler. Auf 1930 m überquert der Weg einen kleinen Bach, der im Gegensatz zu allen bisherigen Bächen nach E entwässert. Kurz nach diesem Bach bieten sich links des Hauptweges Plätze zum Campieren an (MAP: 212, 200, 9935, 000). Der Weg setzt sich im Folgenden in Richtung NNW fort. Ca. 500 m nach dem letzten Bach trifft der Weg auf einen Bach (1955 m), der wie die meisten Bäche nach W entwässert. Bald darauf nimmt die Neigung des Geländes zu. Ab 2000 m ist mit einer Zunahme recht lästiger Bambuspflanzen zu rechnen, die sich mit besonderer Vorliebe auf den Weg zu senken scheinen. Da das Holz dieser Pflanzen hart ist, resultiert eine anstrengende Arbeit mit der Machete. Auf 2100 m schwenkt der Weg für ca. 100 m auf die Richtung E. Bald wird aber wieder die ursprüngliche Richtung von NNW eingenommen. Das Gelände wird zunehmend steil, so dass der Aufstieg v.a. auch im Zusammenhang mit den erwähnten Bambusbäumen mühsam ist. Auf 2460 m ist einige Meter nach E zu traversieren. Wenig später erreicht der Weg bei

Kurze Regenpause beim Abstieg vom Sumaco

F Dschungeltouren

Naranjillo-Pflanzungen, erste Vorboten der Zivilisation

einer Höhe von 2500 m eine Rippe. Jenseits der Rippe liegt die Laguna Guagua Sumaco (ein Kratersee in einem Satellitvulkan[117]). Man folge der Rippe ca. 100 m nach rechts (E) und erreicht bei den Koordinaten (MAP: 211, 450, 9937, 250; 2500 m) einen guten Campingplatz auf einer kleinen, künstlichen Lichtung. In dieser Lichtung wurde auf einer Plattform ein einfaches Refugio gebaut. Wenn der Weg erst kürzlich begangen wurde, kann bei guter Kondition in einem langen Tag dieses Camp erreicht werden. Östlich der Lichtung beginnen zwei Wege. Über den linken Weg kann das Ufer der Laguna Guagua Sumaco (2480 m) erreicht werden. Der rechte Weg folgt der Rippe nach NE und bildet den Zugang zum Volcán Sumaco. Ab diesem Camp ist der Weg recht eindeutig, wenn auch ziemlich mühsam, da ständig Wurzeln oder Bäume um-, über- oder unterstiegen werden müssen. Ca. 200 m ab dem Camp verlässt der Weg die Rippe nach rechts so dass 25 Höhenmeter in einen ersten Pass abzusteigen sind. Von diesem Pass wird anschließend eine Kuppe (2525 m) bestiegen, die in Richtung 325 Grad liegt. Von dieser Kuppe steige man wiederum 50 Höhenmeter zu einem zweiten Pass ab. In diesem Pass beginnt eine lange Rippe, die in Richtung 310 Grad allmählich ansteigt. Der Weg folgt stets der Schneide dieser Rippe. Auf 2770 m vereinigt sich diese Rippe fast unmerklich mit einer zweiten Rippe, die von NE einzweigt. Die nun vereinigte Rippe nimmt eine Richtung von SW bis W an. Der Weg folgt weiterhin in der entsprechenden Richtung der Hauptrippe. Auf 2870 m erreicht sie ihren höchsten Punkt. Nun ist über zwei Abschwünge bis in den dritten Pass (MAP:

209, 200, 9937, 900; 2740 m) abzusteigen. Erst in diesem Pass ist wieder mit Wasser zu rechnen. Ein Camp ist aber schwierig zu erstellen, da der Wald dicht und das Gelände gar unebenmäßig ist. Von diesem dritten Pass nimmt der Weg die Richtung W an. Allmählich ändert sich die Richtung aber über NW und N bis nach NNE. Ca. 1 km ab dem dritten Pass gelangt man auf einer Höhe von 2900 m zu einem Platz, der offensichtlich als Camp benutzt wurde (MAP: 208, 550, 9938, 250). Nun steige man weiter entlang dem Weg über zunehmend steileres Gelände nach NNW. Auf 3155 wird nach rechts eine letzte Quebrada überquert, die nach Regenfällen Wasser führt. Auf 3255 m wird endlich die Waldgrenze erreicht. Dieser Ort ist gut zu markieren. Wehe dem, der beim Abstieg den Einstieg in den Wald verfehlt! Das Ende des Waldes bedeutet zunächst, dass man sich durch hohes Gras und widerspenstiges Gebüsch in einem unglaublich beschwerlichen Aufstieg nach oben zu kämpfen hat. In diesem Abschnitt ist der Weg wenig eindeutig. Mehrere parallele Spuren führen in Richtung Vorgipfel. Auf 3325 m erreicht man den eigentlichen SSE-Grat. Auch dieser Punkt ist gut zu markieren. Nun wird der Weg wieder klarer und besser. Man folge der Gratschneide zu Beginn nach N, dann nach NW und kurz vor Erreichen des S-Gipfels wieder nach N. Auf 3730 m gelangt man schließlich zum S-Gipfel. Man überschreite diesen Gipfel in Richtung N und steige über den NNE-Grat ab in den Sattel zum Hauptgipfel. Dieser Sattel bietet einen guten Standort für ein Camp. Einziges Problem: Wasser. Wenn es in den letzten Tagen zu Regenfällen kam (ziemlich wahrscheinlich), kann jedoch durch das Graben eines Loches im Moos und etwas Geduld Wasser gewonnen werden. Vom Sattel steige man in direkter Linie die fehlenden 100 Höhenmeter auf zum Kraterrand. Der Kraterrand wird just im höchsten Punkt des Sumaco erreicht (3780 m). Der Krater weist einen ungefähren Durchmesser von 150 m auf und kann bequem umrundet werden. Von einer Lücke nordöstlich des höchsten Punktes kann in den Krater zu einem kleinen See abgestiegen werden (Wasser!). Der Krater dürfte sich ebenfalls für ein Camp eignen. Auf der N-Seite des Kraterringes wurde eine solarbetriebene Antenne konstruiert. Dementsprechend ist die Umgebung mit Müll verunreinigt.

Empfehlungen

Ohne Gummistiefel geht am Sumaco nichts. Auch sonst rüste man sich absolut wasserdicht aus. Eine Machete ist lebenswichtig. Unerlässlich auch die Mitnahme von ca. 100 Soffbändern, um die Route zu markieren. Schließlich rüste man sich auch mit einer guten Portion Humor aus, um im „Kampf gegen die Vegetation" nicht verrückt zu werden.

F3. **Cerro Hermoso** (4571 m)

Kurzer Blick auf den Cerro Hermoso

Koordinaten	MAP: 802, 100, 9864, 950
Erstbesteigung	Carlos Hirtz, Georg Kiederle, Dimitri Kakabadse, Toni Stuiss; Dezember 1941[118]
Anzahl Tage	4 - 5
Schwierigkeit	T6
Karten	Sucre 1:50 000
Plan	S. 295 Cerro Hermoso; S. 93 Llanganati
Höhen	El Triunfo 2480 m, Erstes Camp 3140 m, Basecamp 3580 m, Cerro Hermoso 4571 m
Zeiten	Erste Etappe 5 h, Zweite Etappe 5 $^1/_2$ h, Aufstieg 5 h

Der Cerro Hermoso erscheint selten auf der Wunschliste von Andinisten. Dies hängt vor allem mit seinem Standort inmitten einer der menschenfeindlichsten Gegenden Ecuadors zusammen: Den Llanganati. Als Llanganati wird ein kompliziertes System von Bergketten nördlich von Baños bezeichnet. Im Süden begrenzt der Río Pastaza dieses Gebiet, im Norden reicht es bis zum Río Mulatos. Im Westen bildet die innerandine Ebene die Grenze und im Osten erstrecken sich die Llanganati bis zur Ebene des Amazonasbeckens. Wegen

F3. Cerro Hermoso

der komplizierten Topographie, der wildwuchernden Vegetation und dem unwirtlichen Klima, Nebel und fast permanentem Regen sind die Llanganati weitgehend unbekannt. Eine Fülle von Sagen und Legenden trug das ihre dazu bei, dass bis heute nur wenige Leute tief in die Llanganati eingedrungen sind.

Im Süden finden die Llanganati im Massiv des Cerro Hermoso ihren höchsten Punkt. Dieser Berg besteht aus einer wuchtigen Felsburg, zusammengesetzt aus vier Türmen: Im Norden der Hauptgipfel, besetzt mit einem schon von weitem sichtbaren Vermessungsstein des IGM. Im Süden die drei SW-Türme, die trotz gegenteiligem Anschein um einige Meter kleiner sind. Gewaltige Wände begrenzen diese Türme nach N und nach W. Über die Höhe dieses Berges ist man sich nicht einig. Das IGM behauptet eine vermessene Höhe von 4571 m, die ecuadorianische Bergliteratur geht in der Regel von 4639 m aus. Der Cerro Hermoso besteht aus Kalkgesteinen. Damit ist er einer der wenigen ecuadorianischen Berge nichtvulkanischen Ursprungs.

Im Jahre 1992 wurden die Llanganati in einer Ausdehnung von 219 707 ha zum Bosque Protector erklärt. Es bleibt abzuwarten, inwieweit dieser Status die Llanganati schützen kann.

Die Llanganati verdanken ihre relative Bekanntheit vor allem der Legende vom Schatz des letzten Inkakönigs Atahualpa: Zu Beginn des 16. Jhds. war das Inkareich zweigeteilt. Im Norden (Quito) wurde es regiert vom Inkakönig Atahualpa, im Süden (Cuzco) von dessen Bruder Huáscar. Atahualpa besiegte jedoch seinen Bruder in einer Schlacht bei Ambato. Als Pizarro 1532 in Tumbes (Peru) landete, traf er auf ein zerspaltetes, geschwächtes Inkareich. Bei einem Treffen von Atahualpa und Pizarro in Cajamarca nahm der Konquistador den Inkakönig gefangen und verlangte für dessen Freilassung ein Lösegeld. Obwohl die Inkas Gold, Silber und andere Wertgegenstände in unschätzbarer Höhe an die Spanier auslieferten, töteten diese den letzten Inkakönig. Soweit handelt es sich um Geschichte. Dort wo behauptet wird, dass nur ein Teil des Goldes ausgeliefert wurde, beginnt die Legende. Rumiñahui, der Feldherr von Atahualpa, soll nämlich den anderen Teil tief in den Llanganati versteckt haben. Trotz Atahualpas Tod kämpfte Rumiñahui übrigens für zwei weitere Jahre gegen die Spanier. Erst im Januar 1534 wurde der Feldherr gefasst, gefoltert und anschließend getötet.

Unzählige Abenteurer haben sich seit der „Entdeckung" Amerikas bis heute vergeblich auf die Suche nach dem versteckten Schatz gemacht. Bei ihrer Suche beriefen sie sich v.a. auf zwei mysteriöse Dokumente. Das eine Dokument stammt von einem spanischen Soldaten namens Valverde. Dieser Soldat soll die Tochter eines Kaziken geheiratet haben, der wiederum ein Weggefährte Rumiñahuis war. Das Dokument, betitelt „El Derrotero de Valverde"[119], beschreibt eine Route, die in Píllaro beginnt, an den Lagunas Anteojos sowie Yanacocha vorbeiführt und dann irgendwo im Ostabhang der Llanganati ausufert. Solange die Route durch den offenen Páramo der westlichen Llanganati führt, ist sie eindeutig und klar nachzuvollziehen. Die Probleme beginnen dort, wo die Route in den viel zerklüfteteren und von dichten

Wäldern überzogenen Ostabhang eindringt. Beim anderen Dokument handelt es sich um eine Karte eines Botanikers namens Atanasio Guzmán.[120] Besagter Botaniker stattete Ende des 19. Jhds., anscheinend auf der Suche nach dem Goldschatz, den Llanganati ungezählte Besuche ab. Diese zwei Dokumente beflügelten die Phantasie vieler Abenteurer, die sich bis heute auf die Suche nach dem Schatz machten. Mehrere dieser Schatzsucher hielten ihre Abenteuer in Büchern fest. Oft fanden diese Leute aber ein trauriges Ende: Entweder wurden sie verrückt, begingen Selbstmord oder starben in Kürze an einer merkwürdigen Krankheit.

Die Indios nennen den Cerro Hermoso Yuracllanganati. „Yurac" stammt aus dem Quichua und bedeutet „weiss". Vor nicht allzu langer Zeit müssen die Flanken des Cerro Hermoso von Gletschern bedeckt gewesen sein. Heute liegt ab und zu etwas Schnee auf den Gipfeln des Berges. Soweit ist man sich einig über die Bedeutung des Namens. Zwar kursieren einige Theorien über den Namen „Llanganati", vermutlich ist die Angelegenheit aber nie wissenschaftlich untersucht worden. Luciano Andrade Marín leitet den Begriff vom Wort „llangana" ab. Dieses Wort stammt ebenfalls aus dem Quichua und bedeutet soviel wie „zu Tage fördern". „Ati" bezeichnet nach dieser Theorie einen indigenen Stamm. „Llanganati" könnte also mit „Die Mine der Ati" übersetzt werden.[121] Jorge Anhalzer stellt dieser Theorie eine humoristische Antithese gegenüber. „Llanga" ist in Quichua eine Vorsilbe zu Verben, die mit „vergeblich" übersetzt werden kann. „Ati" ist der Imperativ von „siegen". „Langanati" würde also „vergeblich wirst du siegen" bedeuten. Dies könnte, gemäß Anhalzer, als Botschaft von Rumiñahui an die Schatzsucher interpretiert werden.[122]

Die Vegetation der Llanganati unterscheidet sich erheblich von jener vergleichbarer Gegenden. Insbesondere der Páramo erstaunt durch die Höhe seiner Pflanzen. Die Gräser erreichen hier ohne weiteres eine Höhe von zwei Metern. Oft watet man tief versteckt im Gras, nur die wackelnden Gräser signalisieren dem aus einer Vogelperspektive Beobachtenden die Gegenwart eines Lebewesens. Ein Grund für die Höhe der Vegetation mag in der schlechten Erschließung der Llanganati liegen. Weder Vieh noch künstliche Páramo-Verbrennungen wirken hier auf die Umwelt ein. Da die Llanganati die vorderste Front zum Amazonasbecken bilden, liegt die Niederschlagsmenge bei rekordverdächtigen 500 cm pro Jahr. Eine weitere Besonderheit liegt in der großen Konzentration von einer Art Schilfrohr, das Suros oder Flechas genannt wird. Diese Pflanze erreicht eine Höhe von bis zu 4 m, hat messerscharfe Blätter und ist verblüffend widerspenstig. Die Machete ist machtlos gegen dieses Kraut. Ohne einen Weg oder wenigstens Wegspuren wird jeder Schritt zu einem Kampf. Die Llanganati stellen außerdem neben dem Páramo El Angel die zweite Heimat der Frailejones in Ecuador dar.

Bei einem Berg, der sich in einer dermassen unwirtlichen Gegend befindet, stellt sich die Frage, ob die Route ohne Führer überhaupt auffindbar ist. Es steht fest, dass ohne entsprechende Erfahrung ein solches Unternehmen ein Wagnis mit unkalkulierbarem Risiko dar-

F3. Cerro Hermoso

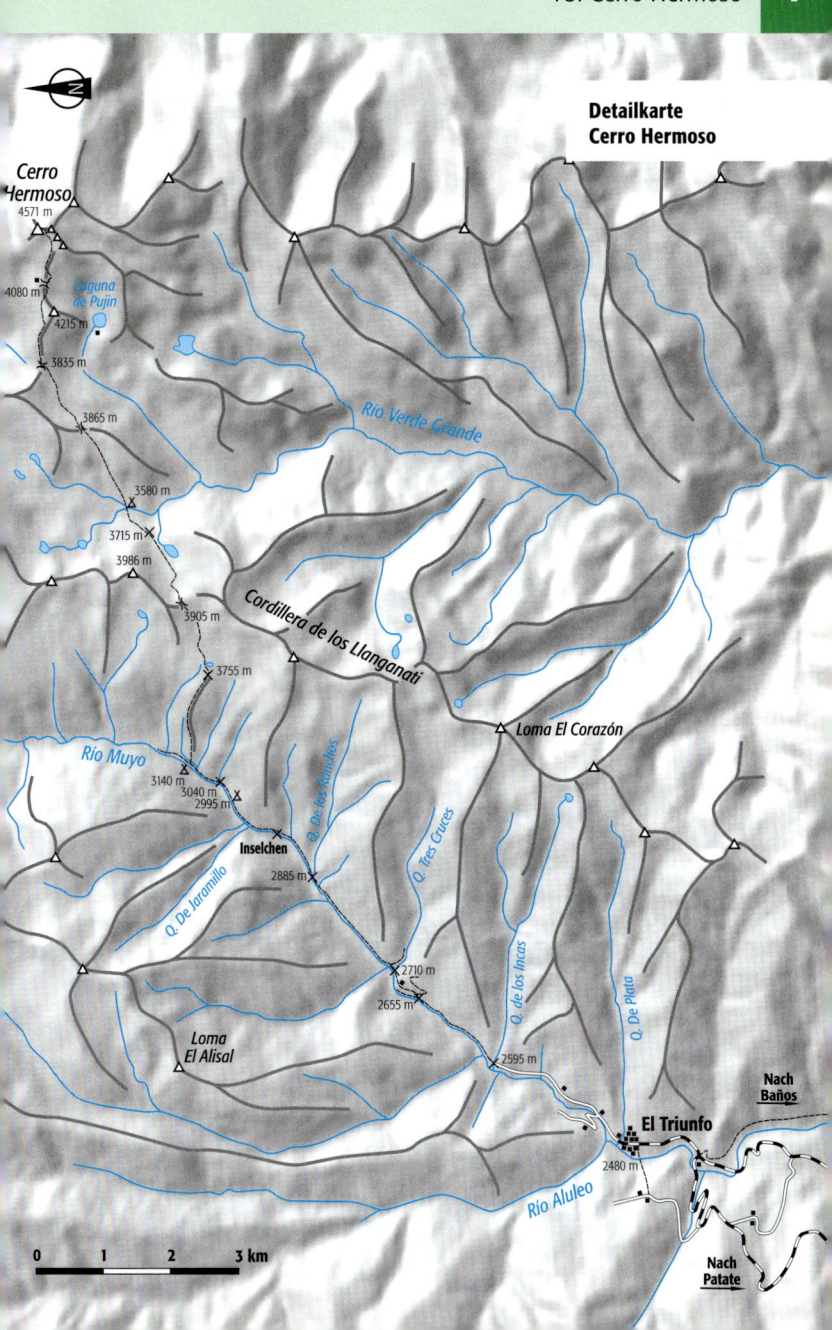

Detailkarte Cerro Hermoso

Dschungeltouren

stellt. Die folgende Routenbeschreibung richtet sich deshalb an Bergsteiger, die im Umgang mit Karte, Kompass und Höhenmeter Übung haben, die etliche Besteigungen in den Anden aufweisen und die bereits in Kontakt getreten sind mit den besonderen Problemen der östlichen Cordillera Central. Eine gute Vorbereitung bildet beispielsweise die Besteigung des Reventador.

Anfahrt

Als Ausgangspunkt für die Besteigung des Cerro Hermoso dient die Ortschaft El Triunfo (nicht zu verwechseln mit dem viel bekannteren El Triunfo der Costa). Dieses Dorf liegt Luftlinie ca. 10 km nördlich von Baños. Zwei Straßen erschließen El Triunfo. Die eine verbindet El Triunfo mit Patate (30 km), die andere mit Baños (20 km). Da von Patate wenig direkter Verkehr nach El Triunfo besteht, drängt sich der Zugang über Baños auf.

Eine Quadra unterhalb des Bus-Terminals von Baños an der Ecke Av. Amazonas y Halflants befindet sich eine dunkelgrüne Bushaltestelle. Von hier fahren täglich am 5.50 h, 11.00 h, 13.00 h, 14.00 h, 16.00 h und 18.00 h Busse nach El Triunfo.

Erste Etappe (5 h)

Der erste Tag führt bis tief in das Tal des Río Muyo hinauf. An einem gewissen Punkt zweigt die Route vom Haupttal nach rechts ab und steigt zur Cordillera de los Llanganati auf. Es liegt nahe, das erste Camp bei dieser Abzweigung aufzustellen. Das Hauptproblem besteht allerdings im genauen Auffinden dieser Abzweigung. Damit die Abzweigung nicht verpasst wird, beschreibt dieser Führer den Aufstieg im Tal des Río Muyo mit vielen Details. Um es gleich vorwegzunehmen: Die Abzweigung befindet sich bei den Koordinaten (MAP: 794, 450, 9862, 650), auf einer Höhe von 3140 m.

In El Triunfo (2480 m) folge man der Hauptstraße dem rechten Ufer des Río Muyo nach NE. Ab der Q. de los Inca (2595 m) ist die Straße definitiv nicht mehr befahrbar. Nun ist über den anfolgenden matschigen Mauleselweg aufzusteigen, bis dieser sich auf 2655 m verzweigt. Der linke Weg folgt dem Flussufer, findet aber bald sein Ende. Der rechte Weg gewinnt zunächst einige Höhenmeter und führt alsbald auf eine offene Wiese. Allmählich ansteigend folgt der Weg einer Terrasse bis zu einer Holzhütte, wo eine Stromleitung ihr Ende findet. Nach weiteren 500 m wird auf einer Höhe von 2710 m der Seitenbach der Q. Tres Cruces überquert. Gleich nach der Überquerung dieses Flusses zweigen mehrere Seitenwege vom Hauptweg ab. Zunächst zweigt ein Weg, der vermutlich den Zugang zur Q. Tres Cruces bildet, scharf nach rechts ab. Wenige Meter später zweigt erneut ein falscher Weg scharf nach rechts ab. Erneut wenige Meter später begegnet man einer weiteren Abzweigung. Der linke Weg folgt dem Hauptfluss und findet bald sein Ende. Hier folge man also dem rechten Weg, der zunächst ansteigt, sich aber bald wieder dem Río Muyo nähert. Nach 2 km wird der Seitenfluss der Q. de los Ranchos überquert (2885 m). Kurz vor diesem Bach und kurz nach die-

F3. Cerro Hermoso

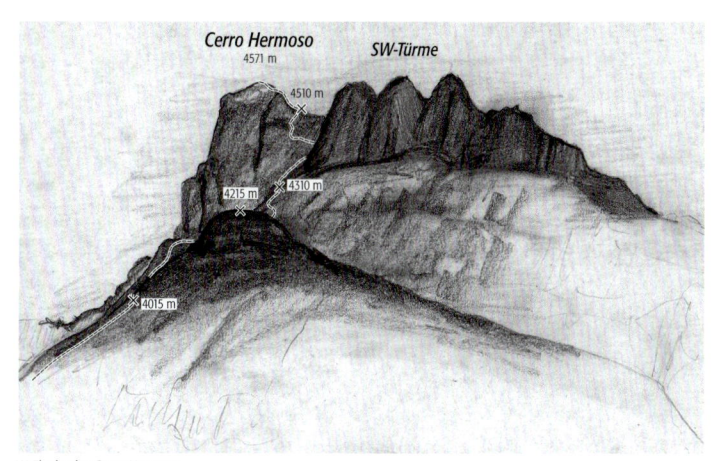

W-Flanke des Cerro Hermoso

sem Bach werden übrigens zwei weitere, namenlose Seitenbäche überquert. Einen knappen Kilometer nach dem Río de los Ranchos scheint der Weg just bei einem Inselchen im Flussbett des Río Muyo zu enden. Bis zu diesem Punkt ist der Weg bis auf eine kurze Stelle, wo aufs Bachbett des Río Muyo ausgewichen werden muss, durchgehend. Ab diesem Inselchen muss des öfteren ins Bachbett ausgewichen werden. Das Problem besteht jeweils darin, wieder die Eingänge in den Wald zu finden, nachdem der Weg ins Bachbett mündete. Man achte deshalb ständig auf Wegspuren. Ca. 2 km nach dem Río de los Ranchos erreicht man auf einer Höhe von 2995 m eine kleine hübsche Wiese, die ganz offensichtlich für Übernachtungen benutzt wurde. Bald darauf wird auf 3040 m erneut ein unbenannter Seitenbach überquert. Nach weiteren 400 m wird wiederum ein Seitenbach (MAP: 794, 300, 9862, 550) überquert. Man beachte, dass dort, wo der Bach überquert wird (3105 m), sich genau genommen zwei Seitenbäche vereinigen. Der eine Bach kommt von einer Quebrada, die nach ESE ausgerichtet ist. Dieser Bach ist auf der Karte eingezeichnet. Der andere Bach verläuft einige hundert Meter parallel zum Río Muyo, ist aber nicht auf der Karte verzeichnet. Der Weg verläuft für die nächsten 300 m zwischen diesem Parallelbach und dem Río Muyo. Ca. 100 m nach der Vereinigung der beiden Seitenbäche ist auf einer Höhe von 3140 m schließlich besagte Abzweigung zu finden. Direkt bei der Abzweigung kann Lager gemacht werden. Wer übrigens dem Hauptweg folgt, trifft nach ca. 300 m auf ein von Fischern benutztes Lager. Es empfiehlt sich eine Erkundigung bis zu diesem Lager vorzunehmen, um sicher zu sein, dass die richtige Abzweigung gefunden wurde.

Bei Hochwasser kann der Aufstieg im Tal des Río Muyo problematisch werden. Insbesondere jene Stellen, die im Bachbett zu überwinden sind, können überschwemmt sein. In diesem Fall hat man sich an einigen Passagen durch das Dickicht der Böschung zu schlagen.

Zweite Etappe (5 ½ h)

Am zweiten Tag ist die Cordillera de los Llanganati zu überwinden. Jenseits dieser Cordillera gelangt man am Río Verde Grande zum Basislager:

An der beschriebenen Abzweigung folge man dem rechten Weg in Richtung E. Nach 10 m wird zunächst der Fluss überquert, der parallel zum Río Muyo verläuft. Anschließend erklimmt der Weg in einem urwüchsigen Urwald die steile Talflanke: Auf den untersten 50 Metern folgt die Spur einem Rinnsal. Bald wird aber deutlicher, dass es sich tatsächlich um einen Weg handelt. Auf 3515 m wird inmitten eines zauberhaften Waldes eine kurze, ebene Stelle erreicht. Anschließend verläuft der Weg über eine schwach ausgeprägte Rippe weiterhin nach E. Auf 3700 m wird der Wald allmählich buschig und auf 3755 m gelangt man auf eine Kanzel, die den Übergang zum Páramo bildet (Punkt 3746 m). Bei guter Sicht kann in Richtung 72 Grad ein Pass erkannt werden. Theoretisch können von diesem Punkt bereits die vier Gipfel des Cerro Hermoso gesehen werden. Zufälligerweise liegt die Silhouette dieses Berges genau im Ausschnitt von jenem Pass, der zu überqueren ist. Der nächste Kilometer bis zum Pass ist weitgehend weglos. Erst im letzten Steilaufschwung zum Pass ist mit eindeutigen Wegspuren zu rechnen. Man steige also vom erwähnten Hügel ab, in Richtung 72 Grad. Bald versperrt ein Tümpel den Weg. Man umgehe diesen Tümpel auf der linken Seite und steige weiterhin in derselben Richtung auf einen schwach ausgeprägten Rücken. Jenseits dieses Rückens erstreckt sich eine Ebene in Richtung Pass. Man begebe sich ans Ende dieser Ebene (3785 m). Nun steige man über zwei Stufen in Richtung 50 Grad zum Pass (MAP: 796, 750, 9862, 800) auf. Die erste Stufe weist im rechten Bereich bereits vage Wegspuren auf. Bei der zweiten Stufe kann man bereits von einem Weg sprechen. Ab dem Pass (3905 m) ist der Weg bis zur Basis des Cerro Hermoso durchgehend. Allerdings gibt es ein paar Stellen, wo der Weg nicht eindeutig ist, so dass ständige Aufmerksamkeit gefordert ist. Zunächst muss über zwei Stufen zum See jenseits des Passes abgestiegen werden. Dies geschieht vorwiegend in der SE-Flanke des Berges 3986. Nordwestlich des Sees wird auf der Höhe von 3745 m eine sumpfige Ebene erreicht. Diese Ebene ist auf der linken Seite bis zum Abschwung zum Río Verde Grande zu überqueren (3715 m). Hier schwenkt der Weg nach links ab und traversiert in Richtung 10 bis 50 Grad durch die E-Flanke des Berges 3986. Nach 600 m ab Seeende erreicht der Weg die Kante zu einer letzten Stufe (3660 m). Nun steige man ab zur Ebene des Río Verde Grande, überquere zwei Bäche und gelange schließlich zum Hauptbach Río Verde Grande. Direkt jenseits dieses Baches liegt das Basislager mit all seinem von vergangenen Expeditionen liegengelassenen Müll. Das Basislager liegt auf einer Höhe von 3580 m, bei den Koordinaten (MAP: 798, 150, 9863, 600), und ist umgeben

F3. Cerro Hermoso

von zauberhaften Bäumen inmitten der für die Llanganati typischen Páramo-Landschaft.

Aufstieg (5 h)

Der Weg zum Fuße des Cerro Hermoso beginnt unmittelbar bei jenem Baum, der das Lager nach N zum Fluss hin abschirmt. Zunächst muss zu einem Pass in Richtung 60 Grad aufgestiegen werden. Der Weg ist stets recht eindeutig, verläuft aber tief versteckt zwischen hohen Grasbüscheln. Besagter Pass wird auf einer Höhe von 3865 m erreicht. Nun muss zu einem zweiten Pass in Richtung 60 Grad traversiert werden. Der Weg verläuft in ständigem Auf und Ab in der SE-Flanke der Loma (MAP: 799, 700, 9865, 300). Im letzten Abschnitt vor dem Pass verschwindet der Weg. Man schlage sich irgendwo durch das Dickicht bis zum Pass durch (3835 m). Gemäß Karte ist dieser zweite Pass etwas höher als der erste, in natura lässt sich aber leicht erkennen, dass es umgekehrt ist. Ab dem zweiten Pass steige man über einen Grat nach E in Richtung Vorgipfel (4215 m). Auf einer Höhe von 4015 m wird aber unerwarteterweise in die N-Flanke des Vorgipfels (4215 m) in Richtung E traversiert. Es werden sogar einige Meter abgestiegen. Allmählich steigt der Weg wieder an und gewinnt östlich des Vorgipfels (4215 m) den Verbindungsgrat zwischen Vorgipfel (4215 m) und Cerro Hermoso. Man folge diesem Verbindungsgrat bis zum tiefsten Punkt 4080 m. Gemäß Karte liegt dieser Pass zwischen 4160 m und 4200 m. Messungen mit dem Höhenmesser legen allerdings eine Höhe von weniger als 4100 m nahe. Nördlich dieses Passes kann zu einer improvisierten Schutzhütte abgestiegen werden. Das Tal südlich des Passes führt zur Laguna de Pujín, auch Laguna Brunner benannt. Auf der Karte ist dieser See mit Laguna El Cable beschriftet. Westlich der Laguna befindet sich eine weitere Schutzhütte. Das nächste Ziel ist die Lücke zwischen dem N-Gipfel (Hauptgipfel) und den drei SW-Türmen. Vom Pass (4080 m) halte man sich zunächst nach rechts zu einem tiefen Loch, steige etwas auf und quere zurück auf die Hauptrippe. Nun folge man stets dieser Hauptrippe (100 Grad) bis zu einer Terrasse mit einem kleinen Tümpel (4310 m). Jenseits des Tümpels ist über einen Einschnitt zu einem Kessel, der von hohen Wänden umrundet ist, (4375 m) aufzusteigen (UIAA II). Diesen Kessel verlasse man in seinem hintersten Ende nach links und steige auf, in Richtung Hauptgipfel. Sobald möglich erklettere man über eine Rinne (UIAA II) den Verbindungsgrat zwischen dem Hauptgipfel und den SW-Gipfeln. Dieser Grat wird auf einer Höhe von 4510 m, ein ganzes Stück nördlich des tiefsten Punktes, erreicht. Nun folge man dem S-Grat nach N zum Hauptgipfel (UIAA II). Wenn der S-Grat vereist oder verschneit ist, kann der Aufstieg alpinen Charakter annehmen.

Empfehlungen

Die Llanganati sind bekannt für permanenten Regen. Entsprechende Anforderungen werden an die Ausrüstung gestellt. An Gummistiefeln führt jedenfalls kein Weg vorbei. Eine Machete kann ebenfalls nützliche Dienste leisten.

F. Dschungeltouren

F4. **Sangay** (5230 m)

Koordinaten	MAP: 795, 800, 9778, 350
Erstbesteigung	Robert T. Moore, Terris Moore, Waddel Austin, L. Thorne; 4.8.1929[123]
Anzahl Tage	6 - 8
Schwierigkeit	WS
Karten	Llactapamba de Alao 1:50000, Volcán Sangay 1:50000
Plan	S. 303, Sangay
Höhen	Alao 3140 m, Culebrillas 3310 m, Yanayacu 3480 m, La Playa 3580 m, Sangay 5230 m
Zeiten	Erste Etappe 8 h, Zweite Etappe 4 $^1/_2$ h, Dritte Etappe 4 h, Aufstieg 6 $^1/_2$ h

Der Sangay gehört mit Sicherheit zu den ausserordentlichsten Vulkanen Ecuadors. Dies ist unter anderem auf dessen Aktivität zurückzuführen: Der Sangay zählt zu den aktivsten Vulkanen der Erde. Das Spezielle an seiner Aktivität liegt insbesondere an dessen Konstanz während der letzten Jahrhunderte. Anderseits besticht dieser Berg durch seine Lage am Ostrand der Cordillera Central, 45 km südöstlich von Riobamba gelegen. Der Vulkan befindet sich dort, wo der Páramo in den Dschungel übergeht. In der Folge präsentiert sich dieser Berg mit einer einzigartigen Flora und Fauna. Aus diesem Grunde wurde 1979 das Gebiet um den Sangay in einer Fläche von 272'000 ha zum Nationalpark erklärt. Die UNESCO setzte zudem diesen Park auf die Liste des „Welterbes der Menschheit". Heute stellt dieser Nationalpark eines der letzten natürlichen Rückzugsgebiete des vom Aussterben bedrohten Tapirs dar. Für weitere Informationen siehe http://www.parquesangay.org.ec.

Der Vulkan Sangay besteht aus einem symmetrischen Kegel einer Neigung von 30 - 40 Grad. Dieser Kegel befindet sich aufgrund ständiger Explosionen in einer Aufbauphase. Solche Explosionen finden in einem Abstand von 15 bis 60 Minuten statt und führen zum Ausstoß einer mehrere hundert Meter hohen, weissen Rauchwolke. Diese Rauchwolke kann bei guten Sichtverhältnissen von jedem beliebigen ecuadorianischen Gipfel beobachtet werden. Außerdem werden durch die Explosionen Steine und Blöcke der unterschiedlichsten Größe aus dem Krater geschleudert. Eine solche Explosion dauert einige Sekunden und hat einen ohrenbetäubenden Lärm zur Folge. Der Vulkankegel weist drei Krater auf. Im Zentrum der Hauptkrater mit einem Durchmesser von ca. 200 m, ein kleinerer Krater im W und ein dritter Krater im N des Gipfelplateaus. Die Aktivität scheint dabei über die Jahrzehnte zwischen diesen verschiedenen Kratern zu wandern. Zur Zeit sorgt der Hauptkrater für die Explosionen. Neben diesen Explosionen sind

Sangay mit Rauchfahne, im Vordergrund das Basecamp La Playa

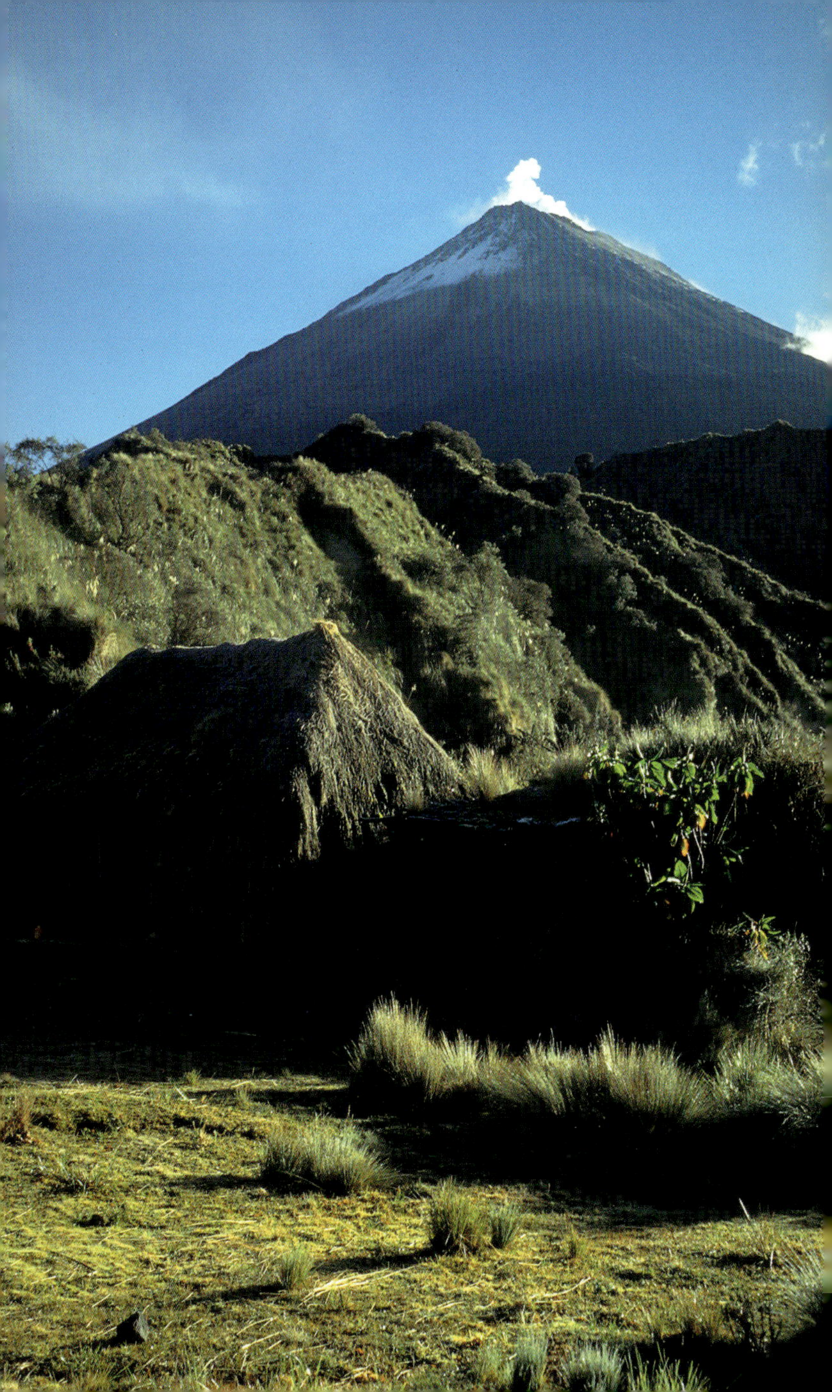

Dschungeltouren

auf dem Gipfelplateau verschiedene Fumarole zu beobachten. Die erste historisch verzeichnete Eruption datiert von 1628. Mit Sicherheit war der Sangay aber schon zuvor aktiv. Die Geschichte notiert im Folgenden ständige Eruptionen zwischen 1728 und 1916. Nach 1916 trat eine ruhigere Phase ein. Diese Pause konnte im August 1929 von Robert T. Moore, Terris Moore, Waddel Austin und Lewis Thorne für eine Erstbesteigung genutzt werden. Ab 1934 bis heute erstaunte dieser Vulkan jedoch wieder durch seine konstante Aktivität.

Dass die Besteigung eines dermassen aktiven Vulkans nicht ohne Risiko ist, überrascht nicht weiter. Bereits ist es zu mehreren tödlichen Unfällen gekommen. Im August 1976 starben durch Steinschlag zwei Briten, vier weitere wurden teilweise schwer verletzt. Der Steinschlag erfasste die ganze Gruppe und riss sie über mehrere 100 Höhenmeter die steile Schneeflanke hinab.[124] Nun ist in der Regel nicht damit zu rechnen, dass Steinbrocken durch die Luft fliegen oder dass gegen einen Lava- bzw. Schlammfluss angeschwommen werden muss. Die Hauptgefahr liegt darin, dass sich mehr oder weniger große Steine am Kraterrand lösen und heruntergeschossen kommen. Man bedenke, dass sich der Kegel in einer Aufbauphase befindet und genau die maximal mögliche Neigung eines Schutthaufens (knapp 40 Grad) hat. Bei einer Besteigung im Dezember 2002 konnte beobachtet werden, dass die Steine stets in Wellen kommen. Möglich, dass kleine Erschütterungen den Steinschlag auslösen. Möglich, dass der Hang während des täglichen Trocknungsprozesses Steine löst. Es ist auf jeden Fall unerlässlich, dass auf den letzten 500 Höhenmetern gute Sichtverhältnisse herrschen, damit den Steinen ausgewichen werden kann. Außerdem wird empfohlen früh morgens aufzusteigen, wenn der Schutthang noch mehr oder weniger in sich gefroren ist.

Über den Namen dieses Vulkans kursieren verschiedene Theorien: Eine Theorie führt „Sangay" auf das Wort „Samkay" der Sprache Quichua zurück. „Samkay" bedeutet dabei soviel wie „erschrecken".[125] Gemäß einer anderen Theorie ist „Sangay" mit „Shanga" verwandt. „Shanga" wiederum bedeutet „wohlwollend, von guter Natur oder Charakter".

Die Schwierigkeit einer Besteigung ist aber nicht nur auf die beschriebene Aktivität zurückzuführen. Ein weiteres Hauptproblem hängt mit dem Standort des Vulkans zusammen. Der Sangay befindet sich in einer abgeschiedenen Lage, inmitten eines der unwegsamsten Gebietes Ecuadors. Allein um zur Basis des Vulkans zu gelangen, sind drei Tage notwendig. Der Weg führt dabei teilweise durch unberührte Páramo-Landschaft mit allen daraus folgenden Schwierigkeiten. Die Topografie, insbesondere in der näheren Umgebung des Vulkans, ist aufgrund eines komplexen Systems von Tälern und Rippen (bad lands) dermassen unregelmäßig, dass in Sachen Orientierung und Kondition hohe Anforderungen gestellt werden. Dies lässt die vorhandene Bergliteratur in der Regel zur Aussage verleiten, dass hier ohne Führer nichts mehr geht. Folgendermassen hört sich das in der Übersetzung an: „Es ist praktisch unvermeidlich, Esel und Führer anzuheuern."[126] „Nach meiner Meinung haben Sie eine bessere Chance in der Lotterie zu gewinnen, als den

F4. Sangay

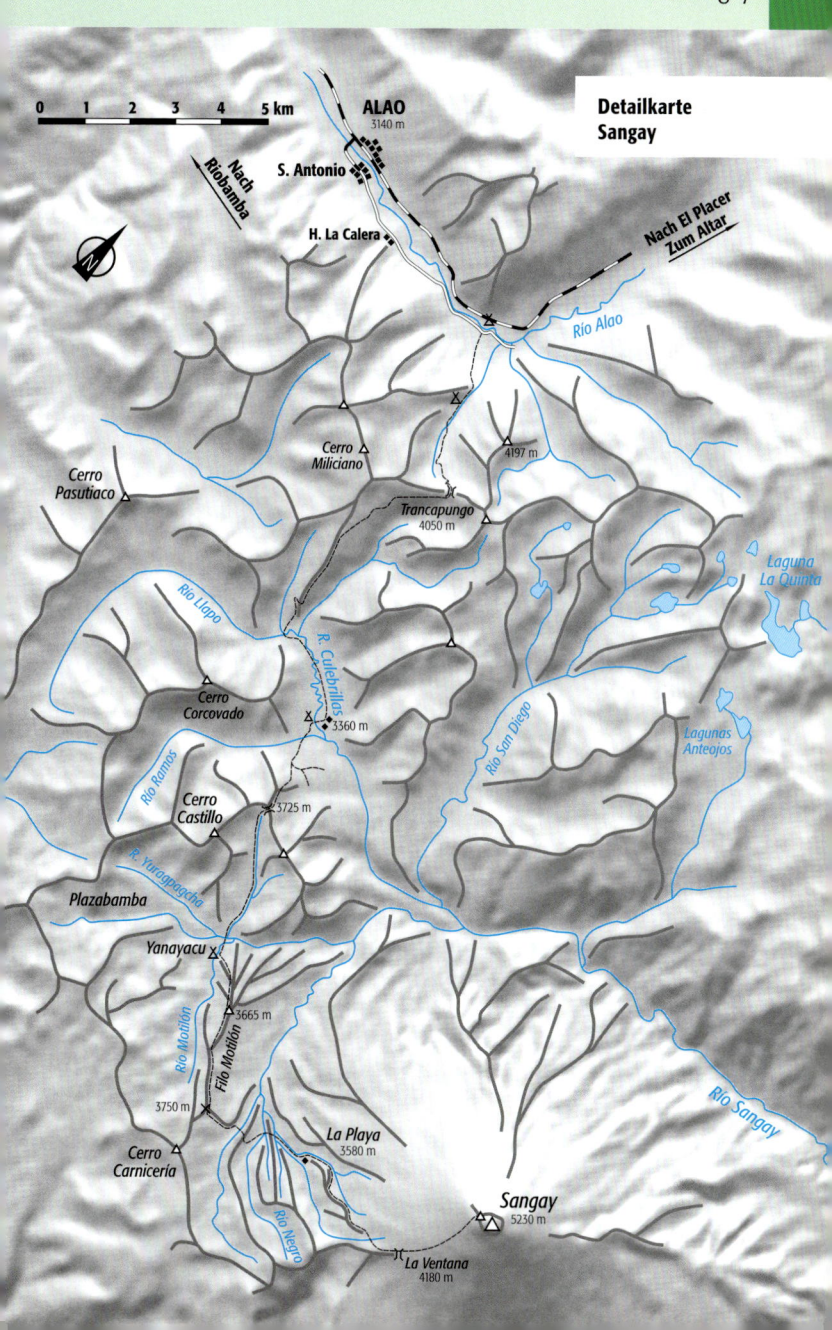

Detailkarte Sangay

F Dschungeltouren

Sangay ohne Führer zu erreichen."[127] „Ich werde es nicht mal versuchen die Routen zu beschreiben oder eine Karte zu zeichnen. Es ist ganz einfach zu kompliziert... Sogar mit Karte, Skizze, Routenbeschreibung, Kompass, Höhenmesser und einer guten Portion Glück könnte ich beinahe garantieren, dass die Route nicht gefunden würde."[128] Übertreibung oder gerechtfertigte Warnung? Gemäß eigenen Erfahrungen zeigt auch beim Sangay die Kompassnadel nach N, die Landschaft ist am Morgen noch dieselbe wie am Abend zuvor und die Reliefzeichnungen der Karten sind nicht ungenauer als an anderen Orten Ecuadors auch (aber auch nicht genauer). Um die Route jedoch in beiden Richtungen aufzufinden, ist Sattelfestigkeit im Umgang mit Karte, Kompass und Höhenmeter gefordert. Außerdem empfiehlt es sich, zuvor bei einigen anderen ecuadorianischen Bergen der Cordillera Central Erfahrungen zu sammeln (beispielsweise am Volcán El Reventador). Natürlich gibt es Gründe, die für das Anheuern eines Führers sprechen. Einerseits kann durch die Bezahlung des Führers die lokale Ökonomie gestützt werden und anderseits erlaubt ein ansässiger Führer einen kleinen Einblick in die Kultur der Indios.

Die Basis des Sangay (La Playa) kann über drei unterschiedliche Routen erreicht werden: Alao - Culebrillas - Yanayacu - La Playa, Guargualla Chica - Escaleras - Plazabamba - La Playa oder Eten - Plazabamba - Yanayacu - La Playa. Die erste Route ist kürzer, dafür können Esel oder Pferde aber nur auf der ersten Tagesetappe mitgenommen werden. Viele Führer ziehen eine der anderen Routen vor, da die Tiere bei dieser Variante bis nach Yanayacu gelangen können. Als Individualtourist wird man in der Regel auf die Begleitung von Tieren verzichten, weshalb die Route über Culebrillas vorteilhaft ist. Theoretisch liesse sich La Playa mit einer einzigen Übernachtung in Culebrillas in zwei Tagen erreichen. Dies bedingt aber, dass keine Zeit mit Orientierungsschwierigkeiten verschwendet wird. Ein Vorteil läge im möglichen Verzicht auf ein Zelt. In Culebrillas könnte in einer der Strohhütten übernachtet werden, falls diese nicht abgeschlossen sind. In La Playa steht seit 1995 eine Strohhütte, die vom Ministerio del Ambiente mit der finanziellen Unterstützung von „La Natura" und dem „WWF" gebaut wurde. Diese Hütte misst 3 x 5 m und bietet Platz für 8 bis 10 Leute. In Anbetracht möglicher Schwierigkeiten beim Auffinden der Route sowie mit abgeschlossenen Hütten lässt sich die Mitnahme eines Zeltes faktisch kaum umgehen.

Anfahrt

Die hier beschriebene Route zum Sangay beginnt in der Comunidad Indígena von Alao (3140 m). Dieses Dorf befindet sich in einem lieblichen Tal, 30 km südöstlich von Riobamba. Mittlerweile wurde ein regelmäßiger Busverkehr eingerichtet, so dass es nicht mehr schwierig ist, Alao zu erreichen. Die Busse nach Alao fahren bei der Plaza La Dolorosa (Primera Constituyente y Eloy Alfaro) im Süden von Riobamba ab. Die Plaza La Dolorosa liegt rund 25 Blocks vom Bus-Terminal entfernt, so dass sich eine Anfahrt per Taxi oder Stadtbus aufdrängt. Unter der

F4. Sangay

Sangay (A. Stübel)

Woche fahren die Busse morgens am 5.45 h und 6.30 h, am Nachmittag stündlich zwischen 12.00 h und 18.00 h in Riobamba ab. An Sonntagen verkehren die Busse nur zwischen Licto und Alao. Man nehme also vorerst am gleichen Busbahnhof einen Bus nach Licto und erkundige sich dort bezüglich der Busse nach Alao. In umgekehrter Richtung fahren die Busse halbstündlich zwischen 4.30 h und 8.30 h von Alao ab. Die Fahrt nach Alao dauert rund 2 h. Der Bus fährt zuerst in den südlich des Río Alao gelegenen Dorfteil S. Antonio und kehrt anschließend zurück, um den nördlich gelegenen Hauptteil zu bedienen. Da sich das Nationalparkgebäude im nördlich gelegenen Hauptteil von Alao befindet, wird in der Regel hier ausgestiegen, obwohl die erste Etappe streng genommen in S. Antonio beginnt. Eine Fußgängerbrücke verbindet jedoch die beiden Dorfteile. Sofern mit einem der erwähnten Busse angereist wurde, kann die erste Etappe sicher nicht mehr am gleichen Tag angegangen werden. Entweder übernachte man in Alao (gegen eine Gebühr kann im Nationalparkgebäude übernachtet werden) oder man suche sich in der Nähe des Río Alao östlich des Dorfes einen geeigneten Ort zum Campieren.

Wer sich nicht an diese Zeiten halten möchte, begebe sich am besten vorerst nach Chambo oder Licto und warte dort auf eine der sporadischen Camionetas nach Alao. Natürlich kann auch in Riobamba eine Camioneta angeheuert werden.

Erste Etappe (8 h)

Nachdem man die Eintrittsgebühr von 10 US$ im Nationalparkgebäude entrichtet hat, überquere man die Fußgängerbrücke zum südlich des Río Alao gelegenen Dorfteil S. Antonio. Nun folge man stets der Hauptstraße nach E. Nach gut 5 km, wo das Tal scharf nach N abbiegt, gelangt man zu einer großen Ebene. Hier reduziert sich die Fahrstraße zu einem Maultierweg. Allmählich nähert sich der Weg dem Fluss. Dort, wo sich Weg und Fluss unmittelbar berühren (MAP: 782, 575, 9791, 700), zweigt ein Weg, der zwischen zwei Zäunen nach SE ansteigt, nach rechts ab. Bald durchquert dieser Weg im Zickzack einen

Dschungeltouren

dichten Wald in Richtung der Q. La Tranca. Auf 3640 m erreicht man den Talgrund der Q. La Tranca. Dieser Ort eignet sich übrigens für eine erste Übernachtung, sofern Alao erst am Nachmittag erreicht wurde. Auf ca. 3760 m scheint sich der Weg im Páramo zu verlieren. Jenseits des Hauptbaches (Achtung: In der 1:50000er Karte ist im oberen Teil der Q. La Tranca nur ein Seitenbach, nicht aber der Hauptbach, eingezeichnet) setzt sich der Weg wieder eindeutig fort. Man folge dem Weg im Zickzack bis auf den Pass Trancapungo (4050 m). Dieser Ort ist auf der Karte mit Filo de Miliciano beschriftet. Jenseits des Passes quert der Weg in einem ewigen Auf und Ab die SE-Flanke des Cerro Miliciano. Nach 2 km Traverse gelangt man auf den S-Ausläufer des Cerro Miliciano. Wer Glück hat, kann von diesem Ort nicht nur die Ebene von Culebrillas übersehen, sondern bereits erste Blicke auf den Sangay werfen. Anschließend folgt die Route dem S-Ausläufer hinab in Richtung der Ebene von Culebrillas. Auf 3600 m taucht der Weg in einen malerischen Wald ein. Im Zickzack kann auf dem Hauptweg oder über Abkürzungen zur Ebene von Culebrillas abgestiegen werden. Im unteren Abschnitt holt der Weg weit nach SW aus, um kurz unterhalb der Vereinigung des Río Llapo und Río Mucupungu zum Río Culebrillas den Bach zu überqueren. Eine kurze Anmerkung zum Río Culebrillas: Der Weg wird im Folgenden weitere neun Male den Río Culebrillas überqueren, bevor er zu den zwei Strohhütten von Culebrillas gelangt. Auf der Karte ist zwar links des Flusses ein durchgehender

Luftaufnahme Sangay (Ekkehard Jordan)

Weg eingezeichnet, aber dieser Weg existiert nur in der Phantasie der Kartographen. In Wirklichkeit folgt der Weg unmittelbar dem Fluss und überquert diesen ständig. Da die Campesinos per Pferd unterwegs sind, stören sie solche Überquerungen in keiner Weise. Gewöhnlich ist die Überquerung des Río Culebrillas kein Problem. Der Wasserstand erreicht in etwa Gummistiefelhöhe, so dass die Überquerungen am besten nachvollzogen werden. Bei Hochwasser wird man allerdings bestrebt sein, diesen Fluss möglichst selten zu überqueren. Nun hängt es ganz vom Ziel der ersten Etappe ab, ob man sich am rechten oder linken Ufer hält. Wenn die zwei Strohhütten von Culebrillas anvisiert werden, folge man dem linken Ufer, ohne den Fluss je zu überqueren. Sofern der Beginn des Weges nach Yanayacu das Ziel ist, wird der Fluss am besten bei der ersten Gelegenheit überquert, im Extremfall sogar oberhalb der erwähnten Flussvereinigung. Anschließend schlage man sich entlang dem rechten Flussufer durch. Man bedenke allerdings, dass dichtes Gestrüpp und sumpfiges Gelände durchschritten werden muss, sofern nicht ständig zum günstigeren Flussufer gewechselt werden kann. Nach 2.5 km schöner Uferlandschaft werden links des Flusses die Strohhütten von Culebrillas erreicht (MAP: 785, 950, 9783, 475). Diese Strohhütten können abgeschlossen sein, so dass sie für eine Übernachtung nicht fest eingeplant werden können. Ein geeigneter Platz zum Übernachten befindet sich unmittelbar unterhalb der Hütten am Río Culebrillas.

Zweite Etappe (4 $^1/_2$ h)

Der Weg nach Yanayacu ist nicht einfach zu finden. Im ersten Abschnitt ist er wenig eindeutig und im zweiten Abschnitt äußerst sumpfig. Von den Strohhütten in Culebrillas steige man vorerst die wenigen Meter ab zum Río Culebrillas und überquere diesen. Jenseits des Baches folge man einem Weg in Richtung SW. Oben am Ende der Böschung angelangt, knickt der Weg scharf nach links ab. Nach weiteren 100 m biegt er scharf nach rechts ab. Nun nähert er sich dem Río Ramos und scheint sich zu verlieren. Jenseits des Bachs beginnen aber wiederum Wegspuren, die bald nach links abschweifen. Diese Spuren verdichten sich zu einem eigentlichen Weg, der rechts eines Seitenbaches des Río Ramos nach S ansteigt. Auf ca. 3400 m biegt der Weg nach E ab und überquert eine Wiese. Diese Wiese wird nach allen Seiten, ausser nach unten, von einem Wald begrenzt. Man verlasse den Weg und steige über die Wiese nach SE. Je höher man gelangt, desto enger wird diese Wiese. Am obersten Zipfel dieser Wiese angelangt (3450 m), suche man den Beginn eines Weges, der nach links (E) in den Wald einzweigt (GPS: 786, 331, 9782, 090). Dieser Weg führt durch dichtes Gebüsch und ist ziemlich überwachsen. Bevor dieser Einstieg nicht gefunden wird, ist an eine Fortsetzung nicht zu denken, da der Wald ohne den erwähnten Weg praktisch undurchquerbar ist. Man folge also diesem Weg durch dichten Wald bis zu den ersten Mammutblättern (3490 m). Hierbei handelt es sich um Pflanzen, dessen Blätter bis zu zwei Meter Spannweite errei-

Dschungeltouren

Noch fehlen zwei Tagesetappen zum Basecamp des Sangay

chen und dessen armdicke Stiele mit weichen Stacheln übersät sind. Dies ist der einzige Punkt im Aufstieg, wo der Weg nicht besonders eindeutig ist. Der Weg scheint unterhalb dieser Pflanzen nach oben zu führen. In Wirklichkeit muss aber bei den ersten dieser Pflanzen ca. 15 m nach links, sanft abwärts haltend, gequert werden. Hier setzt sich der Weg in einem dicht überwucherten Stück steil nach oben fort. Er führt in Richtung 200 Grad und erreicht auf 3710 m einen Grat. Man folge dem Grat ein Stück nach SE und dann nach S. Auf 3725 m wird ein Pass erreicht. Genau genommen handelt es sich nicht um einen Pass, sondern um einen Punkt, wo sich drei Rippen in einer kleinen Erhöhung vereinigen. Die SW-Rippe führt zum Cerro Castillo, die SE-Rippe hingegen zum Timaran Pungu. Über die N-Rippe wurde eben aufgestiegen.

Dieser Punkt befindet sich übrigens bei den Koordinaten (GPS: 786, 359, 9781, 336). In diesem Übergang beginnt ein Tal, das sich in Richtung SSE entfaltet. Für die nächsten Stunden ist stets diesem Tal zu folgen. Ausser im obersten Teil ist der Weg hier nicht mehr wirklich durchgehend. Insbesondere im unteren Teil des Tales ist rechts und links des Baches mit vielen verwirrenden Spuren zu rechnen. Das Gelände ist äußerst sumpfig, manchmal wird direkt im Bachbett abgestiegen. In der Regel wird über die rechte Uferseite abgestiegen. Oft ist es aber besser, zum linken Ufer zu wechseln.

Man beachte, dass im Abstieg über dieses Tal die Orientierung einfach ist. Schließlich hat man nichts weiteres zu tun, als der Bachrichtung zu folgen. Ganz anders sieht es bei der Rückkehr aus. Beim Aufstieg ist bei jedem Zufluss eine Entscheidung zu treffen. Insbesondere bei Nebel besteht das Risiko, einem falschen Bach entlang aufzusteigen. Man merke sich deshalb gut, über welchen Bach man absteigt. Zur weiteren Hilfe sollen die folgenden Angaben dienen: Zu Beginn ist das Tal nach 164 Grad ausgerichtet. Auf 3630 m zweigt von rechts ein größerer Seitenbach ein. Für die nächsten 1.5 km schlägt der Bach die Richtung 144 Grad ein. Auf ca. 3530 m biegt das Tal auf die Richtung 170 Grad ein. Kurz nach diesem Knick fließt von links ein Seitenbach ein. Etwas später zweigt von links erneut ein Seitenbach ein (3510 m). Nach 1.5 km ab dem Knickpunkt wird endlich auf 3480 m der Río Yuragpagcha erreicht. Man achte darauf, dass man sich bei der Einmündung auf der rechten Seite des Seitenbaches befindet. Außerdem merke man sich gut die Stelle dieser Einmündung. Bei der Rückkehr muss das Seitental des Río Yuragpagcha eindeutig identifiziert werden können.

Man überquere den Río Yuragpagcha also unmittelbar oberhalb der Vereinigung der Bäche und folge den Wegspuren jenseits des Hauptbaches. Diese Spuren führen über eine Rippe und nach rund 50 m zum Ufer des Río Motilón. Dieser Fluss vereinigt sich nur wenige Meter weiter unten mit dem Río Yuragpagcha. Die Wegspuren folgen dem Río Motilón, überqueren diesen zweimal und gelangen zum Camp von Yanayacu. Dieses Camp befindet sich ca. 350 m südlich des Zusammenflusses von Río Yuragpagcha und Río Motilón auf einer Höhe von 3502 m, an den Koordinaten (GPS: 0787, 791, 9778, 430). Mehrere Seitenbäche fließen auf dieser Wegstrecke dem Río Motilón zu, eine Identifizierung des Río Motilón ist aber einfach, da dieser Bach wesentlich größer ist als die Zuflüsse. In diesem Abschnitt ist hohe Aufmerksamkeit bei der Orientierung erforderlich. Die Flüsse gleichen sich wie ein Ei dem anderen. Außerdem verwirren die ständigen Schleifen und Biegungen der Flüsse jedes Gefühl für Richtungen. Es ist keine schlechte Idee, direkt bei der Einmündung des Seitentals in den Río Yuragpagcha auf einen der Bergrücken zu steigen, um sich ein Bild von der Situation zu machen.

Dritte Etappe (4 h)

Im Vergleich zu der vorhergehenden Etappe ist dieser Abschnitt unproblematisch. In der Regel folgt die Route einem guten, weitgehend trockenen, immer eindeutigen Weg, so dass auch die Orientierung einfach ist. Der Weg beginnt jenseits des Río Motilón direkt beim Camp von Yanayacu. Vorerst steigt er über ein Tälchen in Richtung 115 Grad. Zu Beginn ist das Gelände sumpfig, der Weg wenig eindeutig, bald wird er aber klarer. Im Talabschluss biegt der Weg nach rechts ab und gewinnt eine Rippe. Über diese Rippe wird bald ein Punkt erreicht, wo sich insgesamt drei Rippen vereinigen (3665 m). Hier beginnt der sogenannte Filo de Motilón, eine ausgeprägte Rippe, die sich unendlich lange in Richtung SSE fortsetzt. Der Weg führt meistens direkt auf der Schneide über diese Rippe, zunächst in Richtung 146 Grad bis zu einem Punkt, wo sich eine weitere Rippe mit der Hauptrippe vereinigt (3700 m), dann

Dschungeltouren

in Richtung 154 Grad. Kurz vor einer weiteren, wenig ausgeprägten Erhöhung (3710 m) wechselt die Richtung auf 174 Grad. Nach dieser Erhöhung fällt die Rippe einige Meter ab. Ungefähr im tiefsten Punkt zweigt nach links ein Weg ab. Man folge aber dem Hauptweg in Richtung 140 Grad. Links der Haupttrippe wird eine nahe gelegene parallele Rippe sichtbar, die sich bald darauf mit der Haupttrippe vereinigt. Ein Stück nach dieser Vereinigung wird auf der Höhe von 3750 m ein Punkt erreicht, wo der Weg scharf nach links abbiegt. Geradeaus setzt sich der Weg zwar weiterhin über die Rippe fort, die anfängliche Spur verliert sich aber bald. Diese Abzweigung befindet sich bei den Koordinaten (GPS: 789, 919, 9775, 858) und darf auf keinen Fall verpasst werden. Bei guter Sicht kann bereits von hier aus in Richtung 74 Grad mit einem Fernglas die Strohhütte von La Playa gesichtet werden. Wie ein Blick auf das Gelände nach La Playa ergibt, muss noch eine Reihe von Quebradas und Aristas überquert werden. Zunächst führt der Weg bergab über eine Seitenrippe der Grundrichtung 64 Grad bis zum ersten Fluss (3550 m). Bei hohem Wasserstand kann die Überquerung dieses Flusses zum Problem werden. Jenseits des Flusses muss steil zu einer weiteren Rippe aufgestiegen werden. Oben angekommen (3610 m) folgt der Weg einige Meter der Rippe entlang in Richtung 169 Grad. Auf 3620 m angelangt, biegt der Weg wiederum nach links ab und steigt über eine Seitenrippe hinab zum Río Negro. Der Fluss wird auf einer Höhe von 3500 m, unmittelbar unterhalb einer Flussvereinigung, bei den Koordinaten (GPS: 791, 127, 9776, 485) erreicht. Dieser Fluss stellt bei Hochwasser das größte Hindernis dar. Der Wasserstand kann ohne weiteres einen Meter erreichen. Auf der anderen Flussseite muss wiederum über eine steile Flanke eine Rippe erklommen werden. Oben angekommen zweigen Wegspuren nach links ab. Man folge aber ein Stück der Schneide nach SE bis auf 3560 m Höhe. Hier biegt der Weg wiederum nach links ab und steigt hinab zum Río Sarahuaycu (3500 m). Dieser Fluss stellt im Vergleich zu den vorhergehenden kein großes Hindernis dar. Jenseits des Flusses folgt der Weg in etwa dem Verlauf des Río Sarahuaycu in Richtung 98 Grad. Auf einer Höhe von 3580 m, dort, wo sich zwei Täler vereinigen, findet man die Hütte von La Playa und genügend Platz, um das Basislager aufzustellen (GPS: 792, 007, 9776, 530).

Aufstieg (6 ½ h)

La Playa befindet sich wie erwähnt bei der Vereinigung zweier Täler. Die zwei entsprechenden Bäche (u.a. der Río Sarahuaycu) vereinigen sich jedoch erst einen knappen Kilometer unterhalb von La Playa. Das Tal des Río Sarahuaycu ist nach E ausgerichtet, wohingegen das zweite Tal nach NE weist.

Der Weg zur Basis des Berges folgt diesem zweiten Tal zunächst nach NE. Ein klarer Weg steigt in einiger Entfernung des Baches über den Talgrund. Bald wird der Hauptbach jedoch überquert, um einen von Steinen überzogenen Abschnitt zu erreichen. Man folge dem Hauptbach ungefähr nach E. Hin und wieder trifft man auf recht eindeutige Wegspuren. Man folge auch dort weiterhin dem Hauptbach, wo von rechts ein Seitental einzweigt. Auf einer Höhe von 3680 m, wo das Hauptttal eng wird, biegt der Weg scharf nach rechts ab, um über eine sehr steile Flanke eine Rippe zu erklimmen. Oben angelangt, folgt der Weg dieser Rippe bis zum Zusammentreffen mit einer weiteren Rippe (3780 m). Nun folge man dieser Rippe in einem langen Auf und Ab in Richtung 100 bis 120 Grad. Bald müssen einige Meter abgestiegen werden, um eine parallele Rippe zu besteigen (3810 m). Im nächsten Abschnitt quert der Weg nach rechts haltend (90 bis 110 Grad) bis zum Fuß (3980 m) einer ausgeprägten, hohen und felsigen Rippe. Diese Rippe ist bei guter Sicht schon von La Playa aus erkennbar. Sie zieht sich von weit unten beginnend hoch in Richtung Vulkan bis auf eine Höhe von 4180 m. Der Weg folgt in etwas Abstand dem Fuße der Rippe (Richtung 50 bis 70 Grad). Auf 4180 m erreicht der Weg einen ebenen Sattel, „La Ventana" genannt, der das Ende der erwähnten Rippe bildet. Westlich von La Ventana befindet sich in einer Mulde ein geschützter Campingplatz. Wasser wird man allerdings weit unten holen müssen.

In dieser Höhe findet übrigens der Vegetationsgürtel sein definitives Ende. Man folge Wegspuren in Richtung 20 Grad bis zu einem runden, markanten Metallschild auf 4360 m. Die nächsten 100 Höhenmeter halte man sich nach N. Auf 4460 m wird ein weiterer, schwach ausgeprägter Grat erreicht (GPS: 0795, 151, 9777, 278; 4426 m). Diesem Grat ist bis zum Beginn der Sandfläche zu folgen (GPS: 0795, 288, 9777, 480; 4582 m). Des weiteren halte man sich bis zum Erreichen des Gipfels in Richtung 15 Grad. Auf 4996 m wird ein Stein erreicht, der gut vor Steinschlag schützt. Nun halte man sich in Richtung 6 Grad und quere baldmöglichst nach links unter die Felsen des W-Gipfels. Durch diese

Explosion auf dem Gipfelplateau des Sangay

Dschungeltouren

Felsen kann der W-Gipfel frei von Steinschlag gut bestiegen werden (GPS: 0795, 500, 9778, 458; 5217 m). Das weitere Vordringen hängt nur noch von der aktuellen Aktivität des Vulkans ab. Man halte immer nach E, vorbei am W-Krater und am Überbleibsel eines alten Zentralkraters und besteige den höchsten Punkt im W-Rand des Zentralkraters. Im Dezember 2002 sorgte dieser Krater für die halbstündigen Ausbrüche von Wasserdampf. Auf den letzten 500 Höhenmetern sollten unbedingt gute Sichtverhältnisse herrschen. Andernfalls kann der Grad der aktuellen Aktivität schlecht beurteilt werden und die Route kann nicht optimal gelegt werden.

Empfehlungen

Die wichtigsten Empfehlungen zur Besteigung eines Berges wie des Sangay sind auf S. 30 nachzulesen. Das bedeutet vor allem Gummistiefel! In der Regel kann mit Gummistiefeln problemlos bis zum Gipfel des Sangay aufgestiegen werden. Sollte allerdings viel Schnee liegen und dieser Schnee hart gefroren sein, ist ohne Bergschuhe und eventuell Steigeisen nichts mehr zu machen. Ein unerlässlicher Ausrüstungsgegenstand ist der Helm. Der Helm soll gegen Steinschlag schützen. Außerdem kann für die Bachüberquerungen bei Hochwasser eine ca. 20 m lange Repschnur nützliche Dienste leisten. Für die Markierung der Route wird die Mitnahme von Stoffbändern empfohlen. In La Playa können aus diesen Bändern mit Hilfe von Ästen kleine Fähnchen für den Gipfelaufstieg gebastelt werden.

Mammutblätter im Märchenland

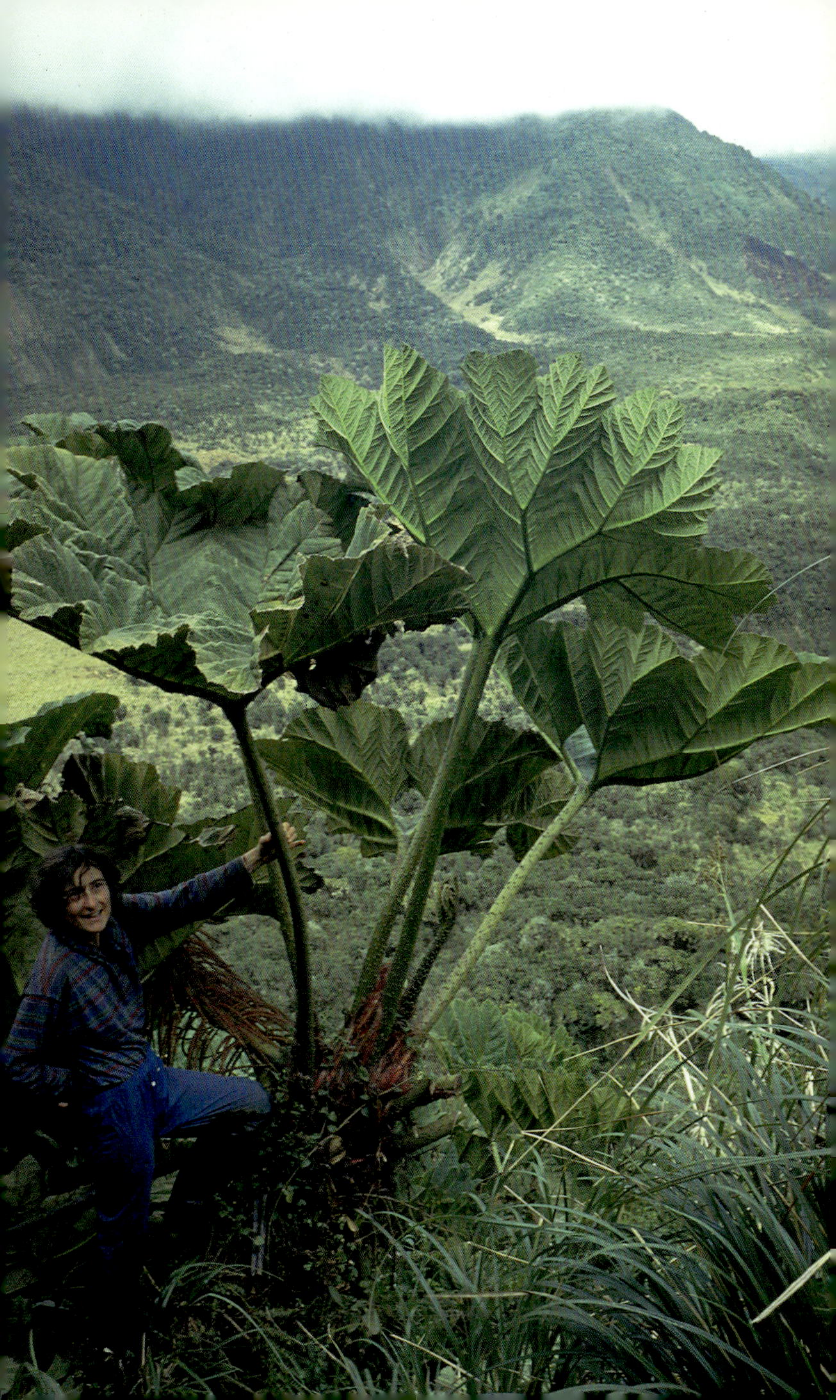

Anhang

A. Adressen

Bergsportläden in Quito

Altamontaña
Jorge Washington E8-20 y 6 de Diciembre
Tel : +593-(0)22-252 44 22
Verleih von Bergsportartikeln

Camping Sports
Av. Colón 942 y Reina Victoria
Tel : +593-(0)22-252 16 26
Verkauf von Camping-, Bergsport- und
Fischereiartikeln

Los Alpes
Reina Victoria 2345 y Boquedano
Juan León Mera N23-15 y Veintimilla
Tel : +593-(0)22-223 23 62
Verkauf und Verleih von Bergsportartikeln

The Explorer Travel
Reina Victoria 928 y Pinto
Tel: +593-(0)22-290 60 57, +593-(0)22-255 09 11
Verkauf und Verleih von Bergsportartikeln

Kartenverkauf

Instituto Geográfico Militar (IGM)
Senierges Gral. T. Paz y Miño (El Dorado),
Apartado 2435
Quito-Ecuador
Tel: +593-(0)22-252 20 66
http://www.igm.gov.ec

Offizielles Vulkanobservatorium

Instituto Geofísico: Departamento de Geofísica
Escuela Politécnica Nacional
Ladrón de Guevara E11-253, Apartado 2759
Quito-Ecuador
Tel: +593-(0)22-222 56 55; +593-(0)22-222 56 27
E-Mail: geofisico@igepn.edu.ec
http://www.igepn.edu.ec/

Nationalparkverwaltung

Ministerio del Ambiente de la República del Ecuador
Avenida Eloy Alfaro y Amazonas
Quito-Ecuador
Tel: +593-(0)22-256 34 29; +593-(0)-2-256 34 30
E-Mail: mma@ambiente.gov.ec
http://www.ambiente.gov.ec/
Früher wurden die Nationalparks durch die INEFAN verwaltet. Dieser Begriff ist deshalb immer noch im Gebrauch.

Wettervorhersagen

Instituto Nacional de Meteorología e Hidrología
Iñaquito N36-14 y Corea
Quito-Ecuador
Tel: +593-(0)22-397 11 00
http://www.inamhi.gov.ec

A. Adressen

Ecuadorianischer Bergführerverband

Asociación Ecuatoriana de Guías de Montaña (ASEGUIM)
Pinto 416 y Juan León Mera, 2do Piso, Oficina 307
Quito-Ecuador
Tel: +593-(0)95-982 23 63 (Xavier Carrera, Präsident der ASEGUIM)
Tel: +593-(0)22-222 29 54 (Büro)
Fax: +593-(0)22-223 41 09 (Büro)
E-Mail: aseguim@punto.net.ec
http://www.aseguim.org

Reiseinformationszentrum

South American Explorers Club (SAEC)
311 Jorge Washington y Leonidas Plaza
Quito, Ecuador
Tel: +593-(0)22-222 52 28
E-Mail: quitoclub@saexplorers.org
http://www.saexplorers.org/clubhouses/quito/
http://www.saexplorers.org/climbing.htm

Fundación Antisana

Gonzalo Serrano E 10-27 y Av. 6 de Diciembre
Apartado Postal 17-03-1486
Tel: +593-(0)22-243 08 61, +593-(0)22-244 23 02, +593-(0)22-333 21 32
Quito, Ecuador
E-Mail: fundacion@antisana.org
http://www.antisana.org/

Reserva Ecológica Antisana (REA)

Zuständiger für die REA: Patricio Taco
Avenida Eloy Alfaro y Amazonas
Quito-Ecuador
Tel: +593(0)26-232 0605 (Baeza)
Tel: +593(0)22-238 31 73 (Pintag)

Hütten am Cotopaxi und Cayambe

Grupo de Ascensionismo del Colegio San Gabriel
In Boutique
Roca 759 y Av. Amazonas
Tel: +593(0)22-222 22 40
E-Mail: plfernandez@hotmail.com
http://cotopaxi.8m.com

Anhang

B. Bibliographie

Monographien

Im folgenden eine alphabetische Auflistung von Monographien, die in direktem Zusammenhang zum Bergsteigen in Ecuador stehen. Ausgewählt wurden Werke, die auch aus heutiger Sicht von Interesse sein können.

Andrade Marín, Luciano: *Viaje a las misteriosas Montañas de Llanganati - Expedición italo-ecuatoriana, 1933-1934*
(Segunda Edición) Edit. Sto. Domingo, Quito, 1970
Der Klassiker für alle diejenigen, die immer noch fest daran glauben, dass Atahualpas Gold in den Llanganati versteckt ist. Das Buch ist längst vergriffen. Selbst um schäbige Kopien wird ein großes Geheimnis gemacht. Im wesentlichen handelt es sich jedoch um einen „wissenschaftlichen" Bericht einer Forschungsexpedition zu den Llanganati.

Anhalzer, Jorge: *Ecuador, the Highlands*
Imprenta Mariscal, Quito, 1987
Bildband des ecuadorianischen Andinisten Jorge Anhalzer.

Anhalzer, Jorge: *Llanganati*
Imprenta Mariscal, Quito, 1998
Bildband in Schwarzweiss zu den Llanganati. Anhalzer stellt der Reihe nach alle Schatzsucher vor, die der Legende von Atahualpas Gold verfielen.

Anhalzer, Jorge: *Andes del Ecuador*
Imprenta Mariscal, Quito, 2000
Bildband mit phantastischen Flugaufnahmen der Anden Ecuadors.

Anhalzer, Jorge; Navarrete, Ramiro: *Por los Andes del Ecuador*
Ediciones Campo Abierto, Quito, 1983
Klassischer Bildband zu den Bergen Ecuadors mit Hintergrundinformationen.

Brain, Yossi: *Ecuador, A Climbing Guide*
Cordee, Leicester, 2000
Mit Abstand der beste englischsprachige Bergführer zu Ecuador. Yossi Brain schreibt ganz offensichtlich aus eigener Anschauung.

Braun, Blahoslav: *Im Eis und Feuer der Anden*
F. A. Brockhaus Verlag, Leipzig, 1981
Witziger Abenteuerbericht eines tschechischen Teams, das anfangs der Siebzigerjahre auf den Grund des Cotopaxi-Kraters hinabstieg.

Brogiato, Heinz Peter: *Die Anden - Geographische Erforschung und künstlerische Darstellung - 100 Jahre Andenexpedition von Hans Meyer und Rudolf Reschreiter 1903 - 2003*
Wissenschaftliche Alpenvereinshefte, Heft 37, München, 2003
Wissenschaftliche Würdigung Meyers und Reschreiters Reise durch die Berge Ecuadors um die Jahrhundertwende. Im Anhang Reproduktionen der wunderbaren Landschaftsporträts Reschreiters.

B. Bibliograpie

Cruz, Marco: *Mountains of Ecuador*
Dinediciones, Quito, 1992
Informativer Bildband des bekannten ecuadorianischen Bergsteigers Marco Cruz.

Cruz, Marco: *Die Schneeberge Ecuadors - Eis und ewiger Schnee unter der Äquatorsonne*
Frank-Verlag, Naila, 1983
Hübscher Bergführer in deutsch mit detaillierten Hintergrundinformationen zu den Bergen Ecuadors. Leider vergriffen.

Eichler, Arturo: *Nieve y Selva en Ecuador*
Editorial Bruno Moritz, Guayaquil, 1952
Unvergleichlicher Bildband in Schwarzweiss eines deutschen Flüchtlings, der in den Vierzigern zusammen mit einer bunten Gruppe ecuadorianischer Andinisten die Berge Ecuadors unsicher machte.

García, Marcela; Francou Bernard: *El Corazón de los Andes*
Ediciones Libri Mundi, Quito, 2002
Moderner Bildband zu den Bergen Ecuadors.

Hall, Minard L.: *El Volcanismo en el Ecuador*
Publicación del IPGH, Sección Nacional del Ecuador, Quito, 1977
Studien zum Vulkanismus in Ecuador.

Humboldt, Alexander Von: *Kleinere Schriften - Über einen Versuch den Gipfel des Chimborazo zu ersteigen, am 22. Junius 1802*
Stuttgart, Tübingen, Cotta, 1853
Diese kurz vor dem Tode Humboldts verfassten Schriften beschreiben u.a. die Reisen durch das Hochland von Ecuador.

Koerner, Michael: *The fool s climbing guide to Ecuador and Peru - A work of fiction and plagiarism*
Eigenverlag, Birmingham, 1976
Erster eigentlicher Bergführer zu Ecuador. Koerner bringt mit Ironie und Witz die Eigenheiten des ecuadorianischen Bergsteigens zum Ausdruck. Vergriffen.

Kunstaetter, Robert; Kunstaetter, Daisy: *Trekking in Ecuador*
The Mountaineers Books, Seattle, 2002
Seriös gemachter Wander- und Trekkingführer, der allerdings Berggipfel links liegen lässt. Von den gleichen Autoren stammt der konkurrenzlose Reiseführer zu Ecuador aus der Footprint-Reihe.

Landázuri, Freddy: *Cotopaxi - La Montaña de Luz*
Campo Abierto Ediciones, Quito, 1994
Alles über das Matterhorn Ecuadors.

Lourie, Peter: *Schweiss der Sonne, Tränen des Mondes - Chronik einer Schatzsuche*
Schönbach Verlag, Hannover, 1992
Lourie verfällt der Goldschatzlegende und beschreibt seine missglückten Versuche in die Stapfen der Schatzsucher zu treten.

Martínez Holguín, Nicolás G.: *Pioneros y precursores del Andinismo Ecuatoriano - Ascensiones y Exploraciones en los Andes Ecuatorianos*
Abya-Yala, Quito, 1994
Martínez, ein ecuadorianischer Gelehrter ist der Begründer des ecuadorianischen Andinismus. Der Band veröffentlicht seine Studien nach Besteigungen von Tungurahua, Iliniza, Chimborazo, Cotopaxi und Antisana.

Anhang

Meyer, Hans: *Hochtouren im tropischen Amerika*
F.U. Brockhaus, Leipzig, 1925
Hans Meyer, der Erstbesteiger des Kilimandscharo beschreibt in diesem Buch die Berge Ecuadors aus alpinistischer Sicht.

Rachowiecki, Rob: *Climbing and Hiking in Ecuador*
Bradt, New York, 2004
Ein Sammelsurium von heterogenen Hinweisen, mehr oder weniger nützlich bei Bergtouren in Ecuador.

Reiss, Wilhelm: *Reisebriefe aus Südamerika*
Verlag von Duncker & Humblot, München und Leipzig, 1921
Reiss und Stübel, zwei deutsche Geologen untersuchen Ende des 19. Jhd. die ecuadorianischen Anden. Die Reisebriefe legen Zeugnis von den Resultaten der Forschungsreise ab. Nebenresultat der geographischen Untersuchungen sind ein paar Erstbesteigungen.

Rotter, Peter: *Ecuador, Trekkingführer*
Brigitte Rotter-Eigenverlag, München, 1998
Handgestrickter Berg- und Reiseführer zu Ecuador.

Scurla, Herbert: *Im Banne der Anden-Reisen deutscher Forscher des 19. Jahrhunderts*
Verlag der Nation, Berlin, 1973
Scurla behandelt u.a. die Forschungsreisen von Humboldt, Stübel und Reiss

Serrano, Marcos; Rojas, Iván; Landázuri, Freddy: *Montañas del Sol - Guía de Ascensiones a las Montañas del Ecuador*
Campo Abierto Ediciones, Quito, 1994
Spanischsprachiger Bergführer zu Ecuador. Als eigentlicher Führer taugt das Buch nicht wirklich. Dennoch sind interessante Hintergrundinformationen zu den Bergen Ecuadors enthalten.

St-Onge, Daniel: *Llanganati ou la malédiction de l'Inca*
Editions Triptyque, Montréal, 1995
Spannender Roman, der die Legende des verschwundenen Goldschatzes Atahualpas zum Thema macht. Ganz offensichtlich ist der Autor ein Kenner der Llanganati.

Stübel, Alphons: *Skizzen aus Ecuador*
Verlag von A. Asher & co., Berlin, 1886
Ein Band mit Kupferstichen Stübels.

Whymper, Edward: *Traverls amongst the Great Andes of the Equator*
Peregrine Smith Books, Salt Lake City, 1987
Reisebericht von Edward Whymper mit wunderbaren Kupferstichen. Whymper, der Erstbesteiger des Matterhorns, erobert die meisten Gipfel Ecuadors während seiner knapp einjährigen Reise durch Ecuador.

Bibliographie

Zeitschriften

Zwei ecuadorianische Bergzeitschriften haben sich mit einiger Konstanz dem bergsteigerischen Geschehen in Ecuador gewidmet. Die immer wieder totgesagten Zeitschriften sind nach Jahren des Unterbruchs oft wieder zum Leben erweckt worden. Bei Recherchen zur Geschichte des ecuadorianischen Andinismus stellen sie einen unverzichtbaren Wert dar. Leider ist es oft schwierig die Nummern aufzutreiben.

Revista *Montaña*
Diese Zeitschrift wird herausgegeben vom Bergsteigerclub des Colegio San Gabriel. Sie erscheint in unregelmäßigen Abständen, im Schnitt ein bis zwei mal pro Jahr. Die erste Nummer erschien im Januar 1961, die neuste Nummer (Nr. 25) datiert vom Juli 2007.
Information: revistamontana@gmail.com

Revista *Campo Abierto*
Diese Zeitschrift wurde um die Bergsteiger Marcos Serrano, Iván Rojas und Freddy Landázuri herausgegeben. Die erste Ausgabe datiert vom Februar 1982. Die letzte bisher erschienene Ausgabe (Nr. 20) datiert vom November 1998. Es ist unbekannt, ob die Zeitschrift noch weitergeführt wird.

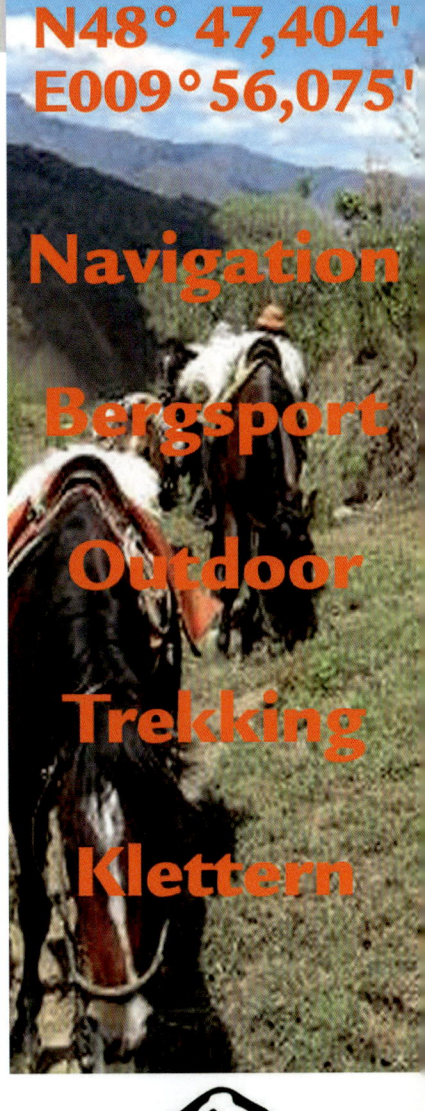

# Anhang

C. Fußnoten

1. Zahlen gemäß http:\\www.un.org
2. Campo Abierto, Nr. 2, S. 4
3. Campo Abierto, Nr. 19, S. 7-12
4. Stübel, Alphons: Skizzen aus Ecuador, S. 82
5. Reiss, Wilhelm: Reisebriefe aus Südamerika 1868-1876, S. 82-83
6. Barreiro, P. Agustín: Relación de un viaje hecho a Cotacache, La Villa, Imbabura, Cayambe, etc., Comenzado el 23 de Julio de 1802, por Francisco José de Caldas, S. 22-27
7. Serrano, Marcos; Rojas, Iván; Landázuri, Freddy: Montañas del Sol, S. 83
8. Barreiro, P. Agustín: Relación de un viaje hecho a Cotacache, La Villa, Imbabura, Cayambe, etc., Comenzado el 23 de Julio de 1802, por Francisco José de Caldas, S. 22-27
9. Whymper, Edward: Viajes a través de los majestuosos Andes del Ecuador, S. 246
10. Whymper, Edward: Viajes a través de los majestuosos Andes del Ecuador, S. 240-241
11. Serrano, Marcos; Rojas, Iván; Landázuri, Freddy: Montañas del Sol, S. 115
12. Condamine, Charles Marie de la: Journal du voyage fait par ordre du Roi a l'Équateur, S. 20
13. El Comercio, 9. 11. 1975, S. 13
14. Condamine, Charles Marie de la: Journal du voyage fait par ordre du Roi a l'Équateur, S. 20
15. Alpine Journal, Vol. 68 (1963), S. 302-303
16. Condamine, Charles Marie de la: Journal du voyage fait par ordre du Roi, a l'Équateur, S. 58
17. Whymper, Edward: Viajes a través de los majestuosos Andes del Ecuador, S. 105
18. Condamine, Charles Marie de la: Journal du voyage fait par ordre du Roi, a l'Équateur, S. 58
19. Whymper, Edward: Viajes a través de los majestuosos Andes del Ecuador, S. 158
20. Martínez Holguín, Nicolás G.: Pioneros y Precursores del Andinismo Ecuatoriano, S. 241ff
21. El Comercio, 14. 9. 1973, S. 31
22. Martínez Holguín, Nicolás G.: Pioneros y Precursores del Andinismo Ecuatoriano, S. 241
23. Campo Abierto, Nr. 7/8, S. 5
24. Campo Abierto, Nr. 7/8, S. 5
25. Stübel, Alphons: Die Vulkanberge von Ecuador, S. 331ff
26. Serrano, Marcos; Rojas, Iván; Landázuri, Freddy: Montañas del Sol, S. 83
27. Cruz, Marco: Die Schneeberge Ecuadors, S. 114
28. Stübel, Alphons: Die Vulkanberge von Ecuador, S. 331 ff.
29. Tremonti, Marino: Le Ande dell'Ecuador, S. 269-271; Montaña, Nr. 13, S. 82-83; Ghiglione, Piero: Le mie scalate nei cinque continenti, S. 545-569; Rivista Mensile del CAI, 1939, S. 516
30. El Comercio, 16. 11. 1975, S. 29
31. El Comercio, 16. 11. 1975, S. 29
32. El Comercio, 16. 11. 1975, S. 29; Cruz, Marco: Mountains of Ecuador, S. 153

C. Fußnoten

33 El Comercio, 16. 11. 1975, S. 29
34 El Comercio, 23. 11. 1975, S. 25
35 El Comercio, 23. 11. 1975, S. 25
36 El Comercio, 23. 11. 1975, S. 25
37 Cruz, Marco: Die Schneeberge Ecuadors, S. 150
38 Whymper, Edward: Viajes a través de los majestuosos Andes del Ecuador, S. 228ff
39 Montaña, Nr. 12, S. 41
40 Serrano, Marcos; Rojas, Iván; Landázuri, Freddy: Montañas del Sol, S. 53
41 Cruz, Marco: Die Schneeberge Ecuadors, S. 65
42 Whymper, Edward: Viajes a través de los majestuosos Andes del Ecuador, S. 193
43 Martínez Holguín, Nicolás G.: Pioneros y Precursores del Andinismo Ecuatoriano, S. 10-11
44 Serrano, Marcos; Rojas, Iván; Landázuri, Freddy: Montañas del Sol, S. 39
45 Cruz, Marco: Die Schneeberge Ecuadors, S. 83
46 Montaña, Nr. 13, S. 46
47 Martínez Holguín, Nicolás G.: Pioneros y Precursores del Andinismo Ecuatoriano, S. 15
48 Whymper, Edward: Viajes a través de los majestuosos Andes del Ecuador, S. 193
49 Whymper, Edward: Viajes a través de los majestuosos Andes del Ecuador, S. 186
50 El Comercio, 22. 3. 1974, S. 25; Campo Abierto, Nr. 6, S. 11
51 El Comercio, 9. 1. 1973, S. 16; Campo Abierto, Nr. 6, S. 10
52 Campo Abierto, Nr. 5, S. 5; Montaña, Nr. 13, S. 83
53 Montaña Nr. 13, S. 49
54 Neues Jahrbuch für Mineralogie, Geologie und Paläntologie, Jahrgang 1878, S. 113-167, Tafeln II und III
55 Reiss, Wilhelm: Reisebriefe aus Südamerika 1868-1876, S. 161-177
56 Neues Jahrbuch für Mineralogie, Geologie und Paläntologie, Jahrgang 1878, S. 113-167, Tafeln II und III
57 Whymper, Edward: Viajes a través de los majestuosos Andes del Ecuador, S. 144
58 Cruz, Marco: Die Schneeberge Ecuadors, S. 93
59 Cruz, Marco: Die Schneeberge Ecuadors, S. 93
60 Landázuri, Freddy: Cotopaxi, La Montaña de Luz, S. 23
61 Jara, Fausto; Moya, Ruth; Cotacachi, Merendes: Los cuentos de cuando los huacas vivían
62 Neues Jahrbuch für Mineralogie, Geologie und Paläntologie, Jahrgang 1878, S. 113-167, Tafeln II und III
63 Whymper, Edward: Viajes a través de los majestuosos Andes del Ecuador, S. 66-68
64 Meyer, Hans: Hochtouren im tropischen Amerika, S. 81
65 Hastenrath, Stefan: The glaciation of the Ecuadorian Andes
66 Montaña, Nr. 12, S. 48
67 Humboldt, Alexander Von: Kleinere Schriften; S. 145-153
68 Beck, Hanno: Alexander Von Humboldts Amerikanische Reise, S. 249ff
69 Campo Abierto, Nr. 6, S. 10; El Comercio 3. 6. 1971, S. 18
70 Serrano, Marcos; Rojas, Iván; Landázuri, Freddy: Montañas del Sol, S. 73; Campo

Anhang

    Abierto, Nr. 6, S. 15-18
71 Campo Abierto, Nr. 7/8, S. 3
72 Campo Abierto, Nr. 17, S. 7-12
73 Whymper, Edward: Viajes a través de los majestuosos Andes del Ecuador, S. 261
74 Whymper, Edward: Viajes a través de los majestuosos Andes del Ecuador, S. 259
75 Serrano, Marcos; Rojas, Iván; Landázuri, Freddy: Montañas del Sol, S. 57
76 Cruz, Marco: Die Schneeberge Ecuadors, S. 17
77 Whymper, Edward: Viajes a través de los majestuosos Andes del Ecuador, S. 161-162
78 Whymper, Edward: Viajes a través de los majestuosos Andes del Ecuador, S. 158
79 Cruz, Marco: Die Schneeberge Ecuadors, S. 88
80 Campo Abierto, Nr. 6, S. 11
81 Whymper, Edward: Viajes a través de los majestuosos Andes del Ecuador, S. 306, Fußnote 4; Eichler, Arthur: Ecuador - Nieve y Selva - Peaks and Jungles, 1970, S. 83
82 Zeitschrift des Deutschen Alpenvereins, Band 71, 1949, S. 54-55
83 El Comercio, 20. 10. 1972, S. 22; Campo Abierto Nr. 6, S. 11
84 Serrano, Marcos; Rojas, Iván; Landázuri, Freddy: Montañas del Sol, S. 85
85 Serrano, Marcos; Rojas, Iván; Landázuri, Freddy: Montañas del Sol, S. 85-86
86 Vinci, Alfonso: Cordigliera - Venezuela, Colombia, Ecuador, Peru, S. 187ff
87 Martínez Holguín, Nicolás G.: Pioneros y Precursores del Andinismo Ecuatoriano, S. 234-235
88 Vinci, Alfonso: Cordigliera - Venezuela, Colombia, Ecuador, Peru, S. 187
89 Serrano, Marcos; Rojas, Iván; Landázuri, Freddy: Montañas del Sol, S. 97
90 Eichler, Arturo: Nieve y selva en Ecuador, S. 125ff
91 Martínez Holguín, Nicolás G.: Pioneros y Precursores del Andinismo Ecuatoriano, S. 4
92 Cruz, Marco: Die Schneeberge Ecuadors, S. 41
93 Whymper, Edward: Viajes a través de los majestuosos Andes del Ecuador, S. 315
94 Tremonti, Marino: Le Ande dell'Ecuador, S. 275
95 Alphons Stübel: Skizzen aus Ecuador, S. 43
96 Alphons Stübel: Skizzen aus Ecuador, S. 43
97 Montaña, Nr. 3, S. 70; Tremonti, Marino: Le Ande dell'Ecuador, S. 274
98 Campo Abierto, Nr. 2, S. 5
99 Tremonti, Marino: Le Ande dell'Ecuador, S. 275
100 American Alpine Journal, Nr. 16, 1969, S. 285-288
101 Jahrbuch des Deutschen Alpenvereins, Vol. 97, 1972, S. 109-113; Serrano, Marcos; Rojas, Iván; Landázuri, Freddy: Montañas del Sol, S. 31
102 Jahrbuch des Deutschen Alpenvereins, Vol. 97, 1972, S. 109-113; Serrano, Marcos; Rojas, Iván; Landázuri, Freddy: Montañas del Sol, S. 31
103 Jahrbuch des Deutschen Alpenvereins, Vol. 97, 1972, S. 109-113; Serrano, Marcos; Rojas, Iván; Landázuri, Freddy: Montañas del Sol, S. 31

C. Fußnoten

104 Campo Abierto, Nr. 6, S. 11-12; El Comercio, 14. 3. 1976, S. 24; La Montaña, Nr. 12, S. 75

105 Campo Abierto, Nr. 6, S. 12; El Tiempo, 15. 11. 1978, S. 14; Montaña, Nr. 12, S. 75

106 Montaña, Nr. 12, S. 57 und 82-84

107 Andinismo, Vol. 1, 1979, S. 28; Fantin, Mario: Le Ande, S. 70

108 Tremonti, Marino: Le Ande dell'Ecuador, S. 276-277; Montaña, Nr. 8, S. 2-9

109 Cruz, Marco: Die Schneeberge Ecuadors, S. 151

110 Paz y Miño, Guerrero, Bonifaz: La Exploración al Reventador, 1931

111 Jiménez de la Espada, Marcos: El Gran Viaje, S. 178-179 (Fußnote 13)

112 Gianotti, Emilio: Viajes por el Napo, 1997, S. 207-209; Dyott, G. W.: The Volcanoes of Ecuador-Guideposts in crossing South America, National Geographic Magazine 55, Nr. 1, Januar 1929, S. 67-93, insbesondere S. 81

113 Cruz, Marco: Die Schneeberge Ecuadors, S. 166-168

114 Jiménez de la Espada, Marcos: El Gran Viaje, S. 179

115 Wolf, Theodor: Geografía y Geología del Ecuador, S. 371

116 Reiss, Wilhelm: Reisebriefe aus Südamerika 1868-1876, S. 181

117 Sauer, Walther: Geologie von Ecuador; S. 135

118 Eichler, Arturo: Nieve y selva en Ecuador, S. 131

119 Spruce, Richard: Notes of a botanist on the Amazon and Andes, Band II, S. 500ff

120 Spruce, Richard: Notes of a botanist on the Amazon and Andes, Band II, S. 525

121 Andrade Marín, Luciano: Viaje a las misteriosas montañas de Llanganati, S. 149-157

122 Anhalzer, Jorge: Llanganati, S. 88

123 American Alpine Journal, Vol. 1, 1930, S. 228-229

124 The Sangay Tragedy, Geographical Magazine, Vol. 50, No. 2, 1977, S. 129-134

125 Serrano, Marcos; Rojas, Iván; Landázuri, Freddy: Montañas del Sol, S. 111

126 Serrano, Marcos; Rojas, Iván; Landázuri, Freddy: Montañas del Sol, S. 113

127 SAEC-Report von Francois Panchard, 1997

128 SAEC-Report von Shane Mc. Carrthy, 1995

Anhang

D. Liste der Ziele - alphabetisch

C22.	Achipungo	4649 m	S. 184
B7.	Altar-Trekk	bis 4514 m	S. 110
D2.	Antisana	5798 m	S. 200
A9.	Atacazo	4457 m	S. 64
E7.	Carihuairazo Máxima	5018 m	S. 252
C17.	Casaguala	4537 m	S. 168
A7.	Casitagua	3519 m	S. 60
D1.	Cayambe	5790 m	S. 194
A1.	Cerro Cusín	3989 m	S. 48
F3.	Cerro Hermoso	4571 m	S. 292
A3.	Cerro Negro	4263 m	S. 52
D5.	Chimborazo	6310 m	S. 217
C10.	Corazón - Nordostgrat	4782 m	S. 152
C11.	Corazón - Südwestgrat	4782 m	S. 154
B5.	Cordillera de Angamarca	bis 4340 m	S. 98
E1.	Cotacachi	4939 m	S. 230
B3.	Cotopaxi - Antisana	bis 4370 m	S. 86
D3.	Cotopaxi - Nordroute	5897 m	S. 207
D4.	Cotopaxi - Südroute	5897 m	S. 214
C20.	Cubillín	4730 m	S. 179
E8.	El Altar	5319 m	S. 258
F1.	El Reventador	3562 m	S. 276
E9.	Felstürme von Atillo	4665 m	S. 266
A2.	Fuya-Fuya	4279 m	S. 50
A8.	Ilaló	3188 m	S. 62
C15.	Iliniza Norte	5116 m	S. 162
E4.	Iliniza Sur	5263 m	S. 239
C3.	Imbabura - Normalroute	4621 m	S. 129
C4.	Imbabura - Südroute	4621 m	S. 132
E2.	Las Puntas	4452 m	S. 234
A11.	Lava Potrerillos	bis 3876 m	S. 68
B4.	Llanganati	bis 4018 m	S. 90

klettern
HOT ROCKS · COLD ICE · BIG WALLS

**Mehr lesen
Mehr wissen
Mehr ziehen**

Holt euch das kostenlose Probeheft!
n 0180/535 40 50-2610*, Fax 0180/535 40 50-1756*, E-Mail: bestellservice@scw-media.de
(*4 ct/Min. aus dem deutschen Festnetz, Mobilfunkpreise können abweichen)

www.klettern.de [der Infopool für Kletterer] www.klettern-shop.de [die Quelle für aktuelle Kletterführer und Videos]

Anhang

E5.	Morurcu	4881 m	S. 244
B9.	Nationalpark Cajas	bis 4140 m	S. 120
B8.	Osogoche	bis 4470 m	S. 114
A6.	Pambamarca	4075 m	S. 58
A10.	Papallacta	bis 4370 m	S. 66
B2.	Papallacta - Oyacachi	4493 m	S. 82
A13.	Pasochoa - Nordwestroute	4199 m	S. 71
A12.	Pasochoa - Südroute und Nordroute	4199 m	S. 69
C8.	Pichincha Guagua	4776 m	S. 144
C7.	Pichincha Rucu - Nordroute	4698 m	S. 143
C6.	Pichincha Rucu - Normalroute	4698 m	S. 139
A5.	Pondoña - Pululahua	2989 m	S. 56
C21.	Quilimas	4630 m	S. 183
E6.	Quilindaña	4877 m	S. 248
C16.	Quillushapa	4575 m	S. 167
B1.	Río Oyacachi	bis 3180 m	S. 76
C13.	Rumiñahui Central	4631 m	S. 158
C12.	Rumiñahui Máxima	4722 m	S. 155
C14.	Rumiñahui Sur	4696 m	S. 159
F4.	Sangay	5230 m	S. 300
C5.	Saraurcu	4670 m	S. 134
E3.	Sincholagua	4873 m	S. 237
A4.	Sincholagua - Pululahua	3356 m	S. 53
C23.	Soroche	4689 m	S. 186
C9.	Tablarumi	4510 m	S. 149
C24.	Tintillán Grande	4500 m	S. 190
C18.	Tungurahua - Normalroute	5016 m	S. 172
C19.	Tungurahua - Südroute	5016 m	S. 177
B6.	Umrundung Tungurahua	bis 3730 m	S. 102
C1.	Volcán Chiles	4723 m	S. 124
F2.	Volcán Sumaco	3780 m	S. 282
A14.	Von Agoyán nach San Pedro	bis 1640 m	S. 73
C2.	Yanaurcu de Piñán	4535 m	S. 126

D. Liste der Ziele - nach Höhe

A14.	Von Agoyán nach San Pedro	bis 1640 m	S. 73
A5.	Pondoña - Pululahua	2989 m	S. 56
B1.	Río Oyacachi	bis 3180 m	S. 76
A8.	Ilaló	3188 m	S. 62
A4.	Sincholagua - Pululahua	3356 m	S. 53
A7.	Casitagua	3519 m	S. 60
F1.	El Reventador	3562 m	S. 276
B6.	Umrundung Tungurahua	bis 3730 m	S. 102
F2.	Volcán Sumaco	3780 m	S. 282
A11.	Lava Potrerillos	bis 3876 m	S. 68
A1.	Cerro Cusín	3989 m	S. 48
B4.	Llanganati	bis 4018 m	S. 90
A6.	Pambamarca	4075 m	S. 58
B9.	Nationalpark Cajas	bis 4140 m	S. 120
A12.	Pasochoa - Südroute und Nordroute	4199 m	S. 69
A13.	Pasochoa - Nordwestroute	4199 m	S. 71
A3.	Cerro Negro	4263 m	S. 52
A2.	Fuya-Fuya	4279 m	S. 50
B5.	Cordillera de Angamarca	bis 4340 m	S. 98
A10.	Papallacta	bis 4370 m	S. 66
B3.	Cotopaxi - Antisana	bis 4370 m	S. 86
E2.	Las Puntas	4452 m	S. 234
A9.	Atacazo	4457 m	S. 64
B8.	Osogoche	bis 4470 m	S. 114
B2.	Papallacta - Oyacachi	4493 m	S. 82
C24.	Tintillán Grande	4500 m	S. 190
C9.	Tablarumi	4510 m	S. 149
B7.	Altar-Trekk	bis 4514 m	S. 110
C2.	Yanaurcu de Piñán	4535 m	S. 126
C17.	Casaguala	4537 m	S. 168
F3.	Cerro Hermoso	4571 m	S. 292
C16.	Quillushapa	4575 m	S. 167
C3.	Imbabura - Normalroute	4621 m	S. 129

Anhang

C4.	Imbabura - Südroute	4621 m	S. 132
C21.	Quilimas	4630 m	S. 183
C13.	Rumiñahui Central	4631 m	S. 158
C22.	Achipungo	4649 m	S. 184
E9.	Felstürme von Atillo	4665 m	S. 266
C5.	Saraurcu	4670 m	S. 134
C23.	Soroche	4689 m	S. 186
C14.	Rumiñahui Sur	4696 m	S. 159
C6.	Pichincha Rucu - Normalroute	4698 m	S. 139
C7.	Pichincha Rucu - Nordroute	4698 m	S. 143
C12.	Rumiñahui Máxima	4722 m	S. 155
C1.	Volcán Chiles	4723 m	S. 124
C20.	Cubillín	4730 m	S. 179
C8.	Pichincha Guagua	4776 m	S. 144
C10.	Corazón - Nordostgrat	4782 m	S. 152
C11.	Corazón - Südwestgrat	4782 m	S. 154
E3.	Sincholagua	4873 m	S. 237
E6.	Quilindaña	4877 m	S. 248
E5.	Morurcu	4881 m	S. 244
E1.	Cotacachi	4939 m	S. 230
C18.	Tungurahua - Normalroute	5016 m	S. 172
C19.	Tungurahua - Südroute	5016 m	S. 177
E7.	Carihuairazo Máxima	5018 m	S. 252
C15.	Iliniza Norte	5116 m	S. 162
F4.	Sangay	5230 m	S. 300
E4.	Iliniza Sur	5263 m	S. 239
E8.	El Altar	5319 m	S. 258
D1.	Cayambe	5790 m	S. 194
D2.	Antisana	5798 m	S. 200
D3.	Cotopaxi - Nordroute	5897 m	S. 207
D4.	Cotopaxi - Südroute	5897 m	S. 214
D5.	Chimborazo	6310 m	S. 217